Gilles Kepel

Passion arabe

Journal, 2011-2013

suivi de

Passion en Kabylie

et de

Paysage avant la bataille

Gallimard

Dans la même collection

Gilles Kepel est professeur à l'Institut d'études politiques de Paris et responsable du programme doctoral sur le monde musulman.

PASSION ARABE

JOURNAL, 2011-2013

À Milan et Ianis-Augustin,
du Ponant au Levant

PROLOGUE

DUBAÏ

Lundi 4 février 2013

La cité du rêve

Il n'y a plus une chambre disponible dans la capitale de tous les rêves arabes. À l'heure où les palaces d'Égypte et de Tunisie sont désertés pour cause de révolution et où les *snipers* ont pris position aux fenêtres des hôtels d'Alep, ici les immenses centres commerciaux climatisés regorgent de chalands venus du monde entier à l'occasion du *Dubaï Festival*.

Les vendeurs sont syriens, palestiniens, libanais, égyptiens, maghrébins, mais aussi indiens, pakistanais, bengalis, philippins, chinois, afghans, népalais, sans compter les Iraniens, dont la masse démographique et la civilisation millénaire pèsent de tout leur poids sur un golfe Persique dont les Arabes leur disputent vainement le nom.

Comme dans les empires coloniaux européens d'antan, toutes les indications sont bilingues, à cette différence que l'arabe est désormais au-dessus de l'anglais. Il n'en constitue pourtant que la traduction, des urbanistes occidentaux ayant conçu et mis en œuvre le développement de la métropole de verre et d'acier dont les tentacules pénètrent chaque jour plus loin dans le désert et dans la mer.

Du balcon de mon hôtel, sur la plage de Jumayrah, le regard embrasse l'île artificielle en forme de palmier qu'on peut reconnaître, dit-on, depuis la Lune — logo cosmique projetant la cité globale dans l'Univers sidéral. La tour la plus haute du monde se dresse sur ma droite, aiguille infinie dardée sur les cieux. Vers la gauche, invisible au-delà de l'horizon terrestre, il y a Bahreïn, où la révolution a été étouffée le 14 mars 2011, un mois jour pour jour après sa survenue. Derrière moi, inaudible, la Syrie.

Je viens de voir sur les sites de partage vidéo en ligne les images du dernier massacre à Alep. Une centaine de cadavres de jeunes hommes, mains liées derrière le dos, tués d'une balle dans la tête et jetés dans un ruisseau canalisé à la manière d'un égout.

Le chef du comité militaire de cette grande ville dont l'histoire plonge ses racines jusqu'à l'aube de l'humanité est le colonel Abdel Jabbar al-Akaïdi. Il a déserté l'armée de Bachar al-Assad et rejoint l'Armée syrienne libre. Je l'ai rencontré à Antioche le 17 octobre dernier pour un long entretien dans lequel il m'a dépeint la Syrie démocratique de demain ; je l'ai revu sur une vidéo toute récente où il accuse le régime de ce crime de guerre. Derrière son dos, deux versets du Coran : « Accrochez-vous tous ensemble à la corde d'Allah, et ne vous séparez pas ! » et « Préparez contre eux [les impies] ce que vous pouvez réunir d'armement et de chevaux en alerte, pour terroriser l'ennemi d'Allah et le vôtre ! »

❖

Dubaï, ville-entrepôt, cité marchande de tous les possibles, a tiré sa prospérité immense et subite de sa localisation entre trois grands pays producteurs d'hydrocarbures, richissimes, mais mal à l'aise avec la mondialisation. En Arabie saoudite, la pudibonderie édifiée en système de gouvernement étouffe les aspirations de chacun et la bureaucratie sclérose les initiatives. Dans la République islamique d'Iran, semblable rigorisme, sous sa version chiite, se complète d'un conflit avec le reste de l'univers, sur fond de chantage nucléaire et d'embargo, délabrant la vie de tous les jours. En Irak, la dictature de Saddam Hussein, l'occupation américaine, la guerre civile ont déchiré le tissu social. On vient de ces trois pays — et de la plupart des États arabes — à Dubaï pour vivre, tout simplement, et souvent pour survivre. Pour commercer, investir, entreprendre dans cette Amsterdam tropicale enfantée par les sables, fécondés par le flux des pétrodollars.

Ce matin, à l'université américaine de Sharjah, capitale de l'émirat voisin, où l'on m'avait invité à parler des bouleversements du monde arabe, j'ai commencé le récit des deux années qui m'ont vu parcourir en tous sens cet univers traversé par les révolutions, le revisitant une dernière fois au terme de quatre décennies de pérégrinations qui furent ma passion d'arabisant. C'est ce journal dont j'achève ici la rédaction, dans cette cité introuvable du rêve des Arabes, le damas de leur Passion.

Je lis le voyage d'un voltairien en Orient. C'est affreux. Oh, la vilaine chose que l'esprit dans un pays de soleil !

GONCOURT, *Journal*, 1864.

I

ISRAËL, PALESTINE

Mardi 15 mars 2011

Golgotha

Jérusalem. Je quitte l'Université hébraïque, où je participe à un colloque sur les printemps arabes, pour me rendre à la résidence Notre-Dame, sur laquelle flotte le drapeau du Vatican, face aux murailles de la vieille ville. Je dois y retrouver un journaliste palestinien pour parler de la politique de lotissement israélienne qui enserre l'antique cité arabe et l'isole graduellement pour en faire une enclave touristique coupée de son environnement originel.

Sur le trajet, je longe le tramway automatique, qui sera prochainement inauguré, et dont les voitures vides vont et viennent, s'arrêtent et repartent. Encore au stade des essais, il a été dénoncé par une campagne de presse internationale, car il relie à la vieille ville ces quartiers édifiés unilatéralement sur le territoire annexé par l'État hébreu après la guerre des Six-Jours de juin 1967.

Arrivé sur place, je reçois un appel de mon contact, qui ne pourra me rejoindre : la grande chaîne améri-

caine de télévision qui l'emploie l'envoie en urgence
à Bahreïn couvrir l'invasion de l'île à majorité chiite
par les forces armées saoudiennes. L'assaut s'est produit hier, mettant brutalement fin au troisième des
« printemps arabes », déclenché après les révolutions
de Tunisie et d'Égypte et à leur inspiration.

❖

Je dispose de deux heures avant mon prochain
rendez-vous. Je franchis la muraille par la Porte
neuve et déambule à la recherche de l'hospice armé-
nien catholique, situé station VIII de la *Via dolorosa*,
le chemin de croix, où j'ai logé lors de mon premier
séjour à Jérusalem, il y a presque quarante ans.

Cela fait longtemps que je ne me suis pas pro-
mené dans la vieille ville, et je m'égare dans les
venelles. Je débouche inopinément sur l'entrée du
Saint-Sépulcre, entre deux échoppes à souvenirs des
marchands du Temple. La basilique est invisible de
l'extérieur, enclavée entre des constructions adventives empilées les unes sur les autres.

Contrairement à l'islam puis au judaïsme domi-
nants, qui ont dégagé de vastes perspectives pour
leurs lieux saints, à la mosquée al-Aqsa ou au Mur
des lamentations, le christianisme commémore le
sacrifice de son Dieu en catimini. Et là où fut crucifié son Seigneur, il est dépecé depuis des siècles par
la zizanie entre curés catholiques, popes orthodoxes,
moines coptes ou arméniens et pasteurs protestants
qui se battent pour quelques mètres carrés sacrés où
chaque secte marmonne ses messes et fait commerce
de ses cierges et images pieuses.

Pour mettre de l'ordre dans ces querelles de clocher, l'Empire ottoman confia à l'éminente famille

musulmane des Nusseibeh les clés du sépulcre de Jésus, fiducie qui se poursuit depuis lors. J'avais découvert ce fait qui m'avait stupéfié en lisant un livre sur Jérusalem lors de mon premier séjour, à l'âge de vingt ans. La vie a voulu que je fasse la connaissance des trois frères Nusseibeh, personnalités charismatiques auxquelles je me suis lié de sympathie : l'un préside la principale université arabe de Jérusalem, al-Quds (la sainte), nom arabe de la ville, un autre est le très écouté et francophile conseiller culturel de l'émir d'Abu Dhabi, et le troisième l'un des cadres dirigeants d'une multinationale pétrolière française.

Une guide au fort accent américain montre à son groupe de touristes la paroi rougeâtre de la roche et les persuade que la couleur provient du sang du Christ, crucifié juste au-dessus, qui a coulé sur le crâne d'Adam enterré là et a lavé le premier homme de ses péchés — crâne, précise-t-elle, se dit *calvas* en latin, d'où vient le terme « calvaire », *Golgotha* en hébreu. Puis elle conduit ses ouailles édifiées frotter leurs chapelets et leurs Bibles sur la pierre tombale du Seigneur, souvenirs bénits qui seront rapportés par ces pèlerins noirs et blancs, la plupart affligés d'obésité, à Washington. Ils y résident, comme l'indique le badge surdimensionné accroché à leur cou pour éviter qu'ils ne s'égarent.

Dans la cour, le minaret d'une petite mosquée de quartier implantée là par la puissance publique islamique depuis la conquête arabe hurle l'appel à la prière musulmane de l'après-midi ; le son saturé par l'amplificateur réglé au maximum fait vibrer le prie-Dieu sur lequel je me suis agenouillé pour contempler à mon aise la simonie mondialisée.

❖

Je retrouve Nahum Barnea, éditorialiste au quotidien de langue hébraïque *Yedioth Aharonoth*, au *Restobar*, un café branché situé juste devant l'entrée de la résidence du Premier ministre, pour parler des options stratégiques d'Israël dans le Moyen-Orient transformé par la survenue des printemps arabes.

Devant les grilles, les parents du caporal Gilad Shalit, enlevé par le Hamas en juin 2006, ont édifié une tente, où l'animation est effervescente. À onze heures ce matin, tous les Israéliens ont arrêté leurs activités durant cinq minutes pour évoquer le conscrit otage et réclamer sa libération.

Au même moment, et par coïncidence, à Gaza, en Cisjordanie et, dans une moindre mesure, à Jérusalem-Est, de jeunes Palestiniens défilent au cri d'un slogan qui a circulé sur les réseaux sociaux du Web : « Le peuple veut la fin de la partition ! » Calqué sur le mot d'ordre qui a porté les révolutions de Tunisie, d'Égypte et de Bahreïn — « Le peuple veut la chute du régime » —, il a deux objectifs : la fin de l'occupation israélienne, dont la relance des constructions de logements dans les colonies a rappelé l'actualité, et le départ des partis au pouvoir à Gaza (Hamas) et à Ramallah (Fatah). Ils sont accusés de faire perdurer la partition, au point d'entériner l'existence de deux Palestine, pour servir leurs propres intérêts politiques, mais aussi d'être corrompus et répressifs.

Le *Restobar* se nommait autrefois *Café Moment*. Le 9 mars 2002, à 22 h 30, un militant du Hamas a déclenché sa ceinture explosive dans cet établissement chic et stratégiquement situé au cœur politique d'Israël. Onze morts et cinquante-quatre blessés. Ce fut un tournant majeur dans la seconde Intifada.

Mercredi 16 mars 2011

Laissez-passer pour Gaza

Neuf heures moins cinq : un coup de fil d'un jeune diplomate français du consulat général à Jérusalem, qui a été mon étudiant, m'informe que le *Shabak*, la DST israélienne, a accepté que je passe le poste frontière d'Erez pour aller aujourd'hui même dans la bande de Gaza.

Depuis quinze jours, nous jouons au chat et à la souris pour obtenir cette autorisation, appelée « coordination », et qui arrive, comme d'habitude quand elle est accordée, à la toute dernière minute. Chaque fois que je suis invité en Israël, je vais également en Cisjordanie et à Gaza, mais cela demande des négociations interminables qui mobilisent une foule d'intermédiaires.

Au cours de mon voyage précédent, en 2009, après l'opération « Plomb durci » contre le Hamas, on m'avait à la dernière minute refusé l'entrée dans un territoire alors transformé en champ de ruines par les bombardements de l'aviation israélienne. Les autorités de l'État hébreu ne souhaitaient pas qu'un universitaire français arabisant constate *de visu* l'ampleur des dégâts. Échaudé, j'ai alerté cette fois-ci des ambassadeurs, un vice-Premier ministre, des responsables de services spéciaux actifs et retraités, bref, tout le saint-frusquin, mais j'y suis arrivé : je dispose d'une fenêtre de quelques heures pour passer, et je dois partir immédiatement.

Visiter l'État hébreu a longtemps été mal vu par ma génération d'arabisants, en majorité antisionistes et propalestiniens, car c'était une manière d'entériner « l'entité sioniste », de trahir la cause palestinienne. J'ai toujours adopté une pratique différente : pour exercer mon métier, il faut que je circule partout, que je parle à tout le monde. Je vais en Israël, et, quand je m'y trouve, je voyage également dans les territoires palestiniens. J'en ai fait une question de principe auprès de mes interlocuteurs israéliens avant ce séjour, eu égard au refus de passage vers Gaza en 2009.

Depuis plus de trois décennies, ma ligne de conduite consiste à irriter délibérément, et avec équanimité, les idéologues de tous bords, « du Golfe à l'Océan », comme le dit l'expression arabe qui définit en extension ce monde. Je renvoie ceux qui font courir le bruit de ma conversion à l'islam, imputée à ma vie privée, à ceux qui inventent de manière récurrente « le Juif Kepel ». Qu'ils se débrouillent entre eux !

L'orientaliste assumé est un funambule qui manque à chaque instant de basculer dans le vide de l'embrigadement partisan, politisé au paroxysme. C'est aussi un animal à sang-froid et au cuir épais, condition de la survie de l'espèce. Ce drôle d'hybride est menacé par un prédateur sournois : le laudateur. Si les éloges viennent d'un camp particulier, c'est qu'il s'est laissé mener comme un benêt, que sa vigilance a été prise en défaut : il est piégé, fini, acheté, récupéré, condamné moralement, intellectuellement failli.

✧

Entre mon dernier voyage à Jérusalem, en 2009, et aujourd'hui, le monde arabe a changé. Le déclenchement des « printemps » a engendré une foule de prophéties autoréalisatrices, « dans un moment d'enthousiasme » — expression employée par Marx pour décrire les révolutions de 1848 en Europe. Derrière la métaphore banale de Prague 1968, c'est celle du printemps des peuples de l'Europe de 1848 qui paraît la plus parlante, avec les soulèvements qui font tache d'huile d'un pays à l'autre. Dans les deux cas, on a communément oublié que l'écrasement des idées progressistes est advenu dès l'année même, que ce soit par l'invasion des chars soviétiques ou l'élection de Louis-Napoléon Bonaparte, le futur Napoléon III, à la présidence française.

Mais qu'importe, à Tunis et au Caire, la jeunesse s'exprime sur Twitter et Facebook. Elle parle, paraît-il, français ou anglais, elle renverse les tyrans, va instaurer la démocratie... C'est la « révolution 2.0 » qui succède à Ben Laden et à l'ubiquité du djihad. *It's a Global World* : les arabisants à la poubelle et les orientalistes à la retraite !

Dans cette euphorie générale, personne ne semble prêter attention à l'événement qui s'est produit avant-hier, lundi 14 : le troisième « printemps arabe », celui de Bahreïn, a été écrasé, un mois à peine après son déclenchement, par des chars saoudiens. La contre-révolution a agi avec célérité dès lors que le pétrole, l'arabisme et le sunnisme étaient menacés. En allant à Gaza, abcès de fixation du conflit israélo-arabe, mais aussi vecteur de l'influence iranienne depuis que le Hamas, favorisé par Téhéran, y a pris le pou-

voir en juin 2007, je veux voir comment l'air du printemps arabe se joue sur sa variation palestinienne.

✧

C'est la troisième fois que je franchis le passage
d'Israël à la bande de Gaza. Je m'y étais initialement
rendu en 2004, juste après une visite à Yasser Arafat
retranché dans Ramallah, et qui exerçait cahin-caha
son empire sur les deux morceaux de la Palestine. La
frontière, en conséquence de la seconde Intifada des
années 2000 et de l'infiltration des bombes humaines
vers l'État hébreu, était déjà très surveillée, mais de
façon artisanale si on la compare à l'extrême infor-
matisation qui prévaut depuis la conquête de Gaza
par le Hamas, en juin 2007.

L'imperméabilité absolue et le gouffre entre les
deux mondes de chaque côté me rappellent l'ancien
rideau de fer. Je le franchissais enfant avec mes
parents pour rendre visite à des cousins de mon
père, à Prague, à l'époque où il traduisait les pièces
d'un dramaturge dissident peu connu, Vaclav Havel :
mêmes murs de béton, mêmes miradors et barbelés, mêmes champs labourés. Mais c'est sa propre
population que le communisme enfermait derrière
ce *limes* pour l'empêcher de fuir à l'Ouest, alors
qu'Israël confine un million et demi de Palestiniens
dans ce ghetto à l'envers du XXIe siècle.

Tout est fait, au poste de transit d'Erez, pour éviter
l'irruption d'un terroriste en mal d'attentat-suicide
— ou d'un héros assoiffé d'opération-martyre, c'est
selon le point de vue. Contre cette arme absolue du
combattant prêt à sacrifier sa vie, le béton et l'électronique ont gagné la guerre d'usure.

C'est surtout dans le sens Gaza-Israël, où le danger est maximal, que le filtrage d'Erez est le plus impressionnant. Après avoir obtenu l'accord préné-gocié des autorités israéliennes — sans lequel les gardes-frontières ouvrent le feu sur le passager qui s'aventurerait inopinément —, on marche à pied pendant un bon kilomètre dans un couloir grillagé, suivi à chaque pas par des caméras. J'ai toujours accompli ce parcours seul sans personne autour de moi à l'horizon, dans le *no man's land* où serpents et lézards sont les rares êtres vivants que croise le regard et où la stridulation des insectes allège de temps à autre la pesanteur du silence.

Une fois franchies les lourdes et étroites portes automatiques de métal coulissant dans le mur de béton, on confie ses affaires pour inspection à un carrousel à bagages que manie un employé palestinien taciturne, unique individu à la ronde, et dernière victime potentielle d'une *human bomb* qui serait parvenue à déjouer tous les obstacles.

Après avoir franchi le scanner corporel, bras levés et jambes écartées, et récupéré ses *impedimenta* dûment fouillés, on rencontre le premier fonctionnaire israélien en chair et en os au guichet des passeports, dans une sorte de structure aéroportuaire surdimensionnée pour les quelques voyageurs qui bénéficient de laissez-passer délivrés au compte-gouttes.

« *Le peuple veut la fin de la partition* »

À la frontière austro-tchécoslovaque d'antan, le contraste était accusé par les balcons fleuris du monde libre, face aux immeubles grisâtres et sans

apprêt du socialisme réel. À Erez, on quitte les autoroutes rectilignes de style californien plantées de
palmiers d'ornement en provenance d'Ashkelon, la
dernière ville israélienne, pour un ruban sinueux de
goudron défoncé qui conduit à la cité HLM sordide
de Beit Hanoun (la maison de la tendresse).

À un tournant, le chauffeur du Centre culturel
français de Gaza, où je fais une conférence ce soir
et qui est venu me chercher côté palestinien du
checkpoint, fait une embardée pour éviter la masse
énorme d'un cheval alezan mort, charogne abandonnée au milieu de la route, que commencent à manger
deux chiens efflanqués.

Partout divaguent des bourricots au poil sale, car
les carrioles à ânes pallient le manque d'essence.
Le conducteur m'explique : « Seuls les moteurs bas
de gamme et costauds fonctionnent avec la *benzine
masri*. » Il s'agit d'un carburant égyptien de mauvaise
qualité qui passe par les tunnels de contrebandiers
sous la frontière égyptienne, à Rafah. Les troubles
révolutionnaires dans la vallée du Nil ont perturbé
l'approvisionnement, et il a dû faire la queue à la
pompe.

Des salafistes marchent au bord de la route,
abondamment barbus et vêtus d'une djellaba qui
découvre leurs chevilles, flanqués de leurs femmes
entièrement bâchées d'un voile noir fendu d'un
interstice pour les yeux. Nous entrons dans la cité
Zayed, mieux construite et plus propre, financée par
le défunt cheikh homonyme, premier président des
Émirats arabes unis. Un terrain de jeux bien tenu y
est destiné aux enfants des cadres du Hamas.

❖

La plupart des chefs du mouvement islamiste que je devais voir sont partis hier pour la Turquie. Un conclave y réunit divers responsables de la mouvance des Frères musulmans au Moyen-Orient. Pris au dépourvu par les révolutions démocratiques, ils affinent leur stratégie pour tenter de récupérer le mouvement, j'imagine, en coordination avec leurs sponsors régionaux. Mes rendez-vous planifiés avec eux sont tombés à l'eau.

En 2007, j'avais rencontré le Premier ministre du Hamas, Ismaël Haniyeh, ainsi que les principaux dirigeants du bureau politique, dont Mahmoud Zahar, son éminence grise. J'avais dû ce traitement de faveur au fait que j'avais autrefois connu à Washington le conseiller du Premier ministre, alors en exil aux États-Unis, où il assurait le contact avec les *think-tanks* locaux. C'était un lecteur du livre que j'avais consacré dans les années 1980 aux Frères musulmans égyptiens, dont il louait — ce qui m'inquiétait vaguement — le caractère « objectif ».

Le nouveau gouvernement du Caire a relâché brusquement la pression sur sa frontière avec Gaza, et ne met plus les mêmes restrictions à la circulation des barbus qu'à l'époque de Hosni Moubarak. Cela explique que mes interlocuteurs potentiels soient soudainement partis. Tous ceux qui le peuvent profitent du moindre appel d'air pour quitter Gaza, d'où la plupart n'ont pu sortir depuis 2007.

Je fais un tour au *think-tank* du Hamas, *Beit al-Hikma* (la maison de la sagesse), d'après le nom d'une institution savante du Bagdad abbasside médiéval. Je suis frappé par la volonté des participants à la table ronde sur les bouleversements en cours en pays arabes — et qui insistent pour plusieurs d'entre eux sur leur qualité d'« indépendants » — de faire état de leur esprit d'ouverture démocratique, dans un contexte politique métamorphosé par le renversement des régimes autoritaires d'Égypte et de Tunisie. Il y a peu de temps encore, chez les Frères, la démocratie était synonyme d'impiété, car elle confiait la souveraineté au peuple faillible et non à Allah l'Infaillible.

Un kakémono accroché dans notre salle de réunion apporte son soutien à la mobilisation contre la partition palestinienne, qui se déroule depuis deux jours en Cisjordanie et à Gaza à l'initiative d'associations de la société civile voulant faire d'une pierre deux coups : lutter contre l'occupation israélienne et secouer la pesante tutelle des appareils du Fatah en Cisjordanie et du Hamas à Gaza.

Là où retentit, de Tunis au Caire, et du Yémen à Bahreïn, le slogan « le peuple veut la chute du régime », on entend en écho local, dans les deux parties de la Palestine, entre lesquelles rien ni personne ne circule plus depuis juin 2007, « le peuple veut la fin de la partition ». Pour contrer cette initiative populaire, le président de l'Autorité palestinienne, Mahmoud Abbas, a depuis Ramallah tendu la main ce matin même à son adversaire Ismaël Haniyeh, « Premier ministre » du Hamas à Gaza, lui proposant de se rendre dans la « bande » « demain » (mais le terme arabe peut désigner un futur indéfini) pour restaurer l'unité palestinienne, ce que le Hamas a accepté, lui souhaitant la bienvenue. [En réalité, le voyage n'eut jamais lieu.]

Les régimes du Fatah et du Hamas, également contestés par la jeunesse, s'adonnent à une sorte de ping-pong, se renvoyant la balle sans que la partie puisse s'arrêter.

✧

Le Centre culturel français de Gaza est la seule institution étrangère de son espèce qui demeure sur le territoire. C'est un lieu de tolérance précieux où se réunissent les jeunes et les intellectuels, une fenêtre sur le monde pour ceux qu'enserrent les infranchissables clôtures, la mer hostile et la mise au pas de tous les espaces d'expression libre par les barbus.

Au débat en arabe que je dois ouvrir sur les révolutions dans la région participent des universitaires et des étudiants, mais aussi des activistes des droits de l'homme. Ils sont pleins d'espoir, sans trop savoir comment traduire, à Gaza, tiraillés entre Israël, l'Iran, le Hamas, le Fatah et l'Égypte, le grand souffle qui s'est levé sur le continent arabe.

J'essaie d'imaginer ce qu'ont été les soirées poétiques de l'institut Goethe de Téhéran, dans les derniers mois précédant la chute du chah, à la fin de 1977. Cette sensation inédite de pouvoir s'exprimer sans plus être emprisonné dans la foulée par la police du régime — avant que les milices de la République islamique prennent le relais.

« *Gangsta' rap* » à *Gaza City*

Mon rendez-vous avec un ministre du Hamas a été annulé à la dernière minute pour des raisons de sécurité. La marine israélienne vient d'arraisonner en haute mer le *Victoria*, un cargo ayant appareillé en Turquie à destination de l'Égypte : elle y a trouvé des cargaisons d'armes iraniennes, soupçonnées d'être destinées au parti islamiste et convoyées vers

à travers les réseaux de contrebande des
lu Sinaï.

Les tunnels creusés entre Gaza et l'Égypte ont été
démultipliés depuis que le régime de Moubarak est
tombé. Il se murmure que les officiers égyptiens, dont
la hiérarchie est d'autant plus aisée à corrompre qu'il
n'existe plus de direction politique capable d'imposer le contrôle de la frontière, se sont déjà beaucoup
enrichis en laissant passer des masses de marchandises. Les magasins sont du reste bien approvision-
nés, contrairement à 2007, où l'on ne trouvait rien.

Les Iraniens profitent du désordre pour faire
entrer par les tunnels tout un arsenal balistique en
pièces détachées dont ils espèrent qu'il menacera
un jour Tel-Aviv. À titre de représailles, des missiles
israéliens ont été lancés sur Gaza, et l'on annonce
deux morts dans la soirée. Lors de ces alertes, les
dirigeants islamistes se mettent aux abris et coupent
les contacts.

✦

Khaled et Ayman se définissent comme des
rappeurs. Dans le restaurant où nous dînons, entre
les narguilés et le thé à la menthe — le Hamas a
interdit la vente d'alcool, comme en Iran, au Koweït
et en Arabie saoudite —, ils ont posé leur ordinateur
portable et se connectent sur *www.myspace.com/
palrapperz*, qui contient la plupart de leurs chansons.

Leur *look gangsta' rap* dénote avec la tenue islamiste des uns et les tristes habits européens de mauvaise facture des autres. Mais la capuche du haut de
survêtement rabattue sur la tête et le fond pendant
du pantalon sont-ils si loin du burnous et du séroual
traditionnels arabes ?

Nous écoutons *Lamma kount-e zghir* (quand j'étais gosse), un slam en dialecte palestinien de Khaled qui parle des rêves brisés de l'enfance et des ailes imaginaires qui permettraient d'échapper au confinement israélien et à la trique des barbus en s'envolant au-dessus des barbelés.

Sous leurs airs de durs, ils affichent des manières policées et un regard d'ange, comme si la musique leur donnait une force intérieure capable de triompher de toute adversité. Ils me font penser à Grand Corps Malade et à Saint-Denis, dans le « 9-3 », où je viens de passer une année à enquêter, mais aussi aux rappeurs de Tunisie, d'Égypte et même de la péninsule Arabique qui ont créé une internationale lyrique des révolutions démocratiques arabes connectée sur le Web. À l'automne dernier, le Hamas a fait fermer l'espace culturel où ils se produisaient, le centre Sharek, et la Toile est devenue leur scène sur le monde.

Sur l'écran de leur téléphone portable, ils me montrent les images de la manifestation d'hier et de ses bastonnades, du rassemblement de la matinée à l'université, interdit et durement réprimé :

> Les milices du Hamas sont venues avec leur drapeau vert, alors que le mot d'ordre était de n'avoir que des drapeaux palestiniens. Du coup, les sympathisants du Fatah ont sorti les leurs de leur cachette. Vous avez vu, dans les rues, il n'y a que des drapeaux du Hamas, du Hezbollah libanais, tous les deux relais de l'Iran, et ceux de groupes gauchistes palestiniens alliés au Hamas parce qu'ils sont contre l'Amérique qui soutient le Fatah de Mahmoud Abbas.
>
> Quand les Verts [la milice du Hamas] ont vu ça, ils leur sont tombés dessus à coups de bâton :

c'était la première fois depuis qu'ils ont pris le pouvoir en 2007 qu'on osait manifester contre leur régime ! Mais c'est fini, ils ne pourront plus se comporter comme avant — sauf si Israël attaque à nouveau... On est entre l'enclume isla-miste et le marteau sioniste. Et ne comptez pas sur Aljazeera pour parler de nous : son directeur général, Wadah Khanfar, est membre du Hamas !

Jeudi 17 mars 2011

Au rendez-vous des blogueurs

Ramallah. Dans les bureaux flambant neufs de la Primature palestinienne, dont les contribuables de l'Union européenne ont réglé la facture, le Premier ministre de l'Autorité, Salam Fayyad, me taquine sur mon arabe. Dans le monde des hauts fonctionnaires internationaux dont est issu cet ancien responsable d'organisations monétaires, on n'est pas habitué à fréquenter d'Européen parlant une autre langue que celle des chiffres.

Hier soir, les rappeurs de Gaza ont voulu savoir si je le verrais à Ramallah. À ma réponse affirmative, ils m'ont demandé de lui dire qu'ils soutenaient son action. « Il n'est pas comme les autres, m'ont-ils dit. Il porte nos espoirs. » Guère aimé des apparatchiks du Fatah, Fayyad ne l'est pas davantage de ceux du Hamas, qui doivent toutefois composer avec lui, tant la communauté internationale lui prête crédit.

Ce Premier ministre atypique, qui n'a pas derrière lui de troupes d'électeurs disciplinés, s'est trouvé à l'unisson de la jeunesse de la place Tahrir. Venu participer en tenue décontractée à une émission où il apportait son soutien aux manifestants réclamant la fin de la partition de la Palestine, il a expliqué qu'il avait demandé à ses enfants comment s'habiller — idée qui ne traverserait pas l'esprit des politiciens nationalistes comme islamistes, imbus des hiérarchies générationnelles.

Pour cet architecte de la reconnaissance de l'État palestinien par le concert des nations, la paix ne pourra s'établir que si la Palestine est réunifiée — il a proposé de constituer un gouvernement d'union, où siégeraient des représentants du Hamas, pour organiser de nouvelles élections — et dotée d'un statut d'État reconnu par l'ONU.

Mais le Hamas, qui ne peut pas refuser sous peine de jouer les diviseurs, n'a pas envie d'affronter les urnes. Sa majorité au scrutin de 2005 s'expliquait bien plus par le rejet de la corruption du Fatah que par l'adhésion à l'État islamique et à l'application de la charia. Six ans après, le parti islamiste fait l'objet d'un désaveu aussi clair que le soutien dont il avait bénéficié, surtout auprès des populations qui ont subi sa férule à Gaza. Et quant au Fatah, il ne se porte guère mieux.

Fayyad se retrouve bien seul face aux vieux crocodiles des appareils palestiniens — et à Bibi Netanyahou, qui redoute qu'un État palestinien reconnu n'affaiblisse la position d'Israël. Il lui reste les jeunes. Mais ici comme ailleurs dans le monde arabe la génération des internautes est divisée, inexpérimentée et peu au fait des stratégies du réalisme politique.

❖

J'ai rendez-vous avec une blogueuse — appelons-la Kamilia — au coucher du soleil, place el-Manara, là où se tiennent tous les soirs depuis le 15 mars manifestations, *sit-in*, grèves de la faim et tout le répertoire de la désobéissance civique branchée et postmoderne dont les médias devraient être gourmands.

Sur un bord de cette petite place, quelques centaines de jeunes s'époumonent sans grande conviction, entourés d'un cordon de chaouchs débonnaires qui se donnent la main pour les séparer de la circulation automobile. Mais il n'y a pas un journaliste en vue. Ici, contrairement à Gaza, la mobilisation ne fait pas recette.

Kamilia et les autres internautes révolutionnaires ont établi leur quartier général au *Stars and Bucks*, un faux Starbuck's qui tente de reconstituer avec peu de moyens l'atmosphère conviviale et les fauteuils en cuir de la célèbre enseigne de Seattle. Il y a là un côté AG des années 1970, et ces jolies filles, dont trois bonnes décennies m'éloignent, me replongent dans l'ambiance des cafés du Quartier latin.

Fille de cadres de l'OLP, l'Organisation de libération de la Palestine, née et grandie dans l'exil, Kamilia est revenue en Palestine après les accords d'Oslo. Étudiante à Londres, salariée d'une ONG, elle vient de la Jérusalem occupée au volant de sa voiture personnelle (les résidents de Cisjordanie ne sont pas autorisés à traverser la ligne de démarcation avec Israël, contrairement aux Arabes de Jérusalem). La jeune révolutionnaire aux yeux en amande m'explique comment fonctionne la mobilisation.

Interrompue par des appels incessants sur son téléphone portable, qu'elle extrait d'un petit sac rose, il ne lui vient pas à l'idée de s'exprimer avec moi en

une autre langue que l'anglais, qu'elle parle comme
une Britannique cool :

> *Tout se passe sur Facebook. Les* admin *[admi-*
> *nistrateurs] de chaque groupe de* friends *se réu-*
> *nissent en une sorte de comité de coordination,*
> *qui décide au jour le jour des actions à mener.*
> *Sur la Toile, tout le monde semble mobilisé ; des-*
> *cendre dans la rue est une autre affaire.*

Elle s'enthousiasme quand je lui raconte les
manifestations de Gaza, bien plus puissantes qu'ici.
Lorsque je lui parle du projet de reconnaissance d'un
État palestinien, elle le rejette comme une chimère
et marque son désaccord avec Salam Fayyad. Pour
elle, il ne saurait y avoir qu'un seul État, où Juifs et
Arabes vivraient ensemble.

Pour un instant, je retrouve les utopies de ma
jeunesse, quand nous défilions pour une « Palestine
laïque et démocratique » place Saint-Michel. Mais de
l'eau a coulé sous les ponts de la Seine et du Jour-
dain. Mon internaute m'explique que la plupart des
Juifs n'ont aucun attachement à Israël et qu'ils en
partiront dès lors que l'État unique deviendra majoritairement arabe, au gré du déséquilibre démographique.

À Jérusalem, dimanche dernier, vingt-cinq mille
personnes ont assisté à la cérémonie de *shiva*, ou
deuil rituel, pour les cinq membres de la famille
Fogel — les parents et trois des six enfants — poi-
gnardés à mort le vendredi précédent dans la colonie d'Itamar, près de Naplouse, en Cisjordanie, non

loin de Ramallah. Quatre des défunts, la mère et les enfants, détenant la nationalité française, le consul général de France s'est rendu aux obsèques et l'ambassadeur au chevet du grand-père maternel des enfants, un rabbin conservateur.

Les images du carnage à l'arme blanche sont insoutenables, surtout celles de la fillette de trois mois. Le gouvernement de Benyamin Netanyahou les a fait circuler à travers le monde pour susciter une révulsion compassionnelle et permettre à l'État hébreu, selon le *Jerusalem Post*, de rééquilibrer en sa faveur les sympathies de l'opinion internationale. Il s'agirait de renverser les sentiments mobilisés contre Israël et son armée depuis la diffusion des images de la mort du petit Palestinien Mohammed al-Durra, tué par balle à Gaza le 30 septembre 2000, au début de la seconde Intifada.

Signe des temps, la conférence annuelle de l'Université hébraïque de Jérusalem sur la situation au Moyen-Orient, à laquelle j'avais été invité pour prononcer l'allocution d'ouverture lundi, lendemain de la cérémonie de *shiva*, promettait comme morceau de choix la séance consacrée aux attentats-suicides et au terrorisme ; au lieu de quoi, c'est le panel sur l'Égypte qui rencontra le plus grand succès. On y disait : « Good Morning, New Egypt », et les collègues israéliens faisaient part de leur « optimisme attentif ».

Les universitaires hiérosolymitains revenus du Caire témoignèrent du caractère proprement égyptien — à leurs yeux — de la révolution démocratique, où n'avaient prévalu ni slogans panarabistes ni mots d'ordre islamistes qui auraient voué Israël à l'extermination. Ils en avaient rapporté un autocollant au format de plaque d'immatriculation en guise de numéro minéralogique avec les mots, en arabe et en anglais, « ÉGYPTE — 25 JANVIER », hommage à la grande manifestation de la place Tahrir qui a donné son nom au mouvement et changé le destin du pays.

Dan Meridor, le vice-Premier ministre israélien qui m'avait reçu à la suite du colloque, est considéré comme l'intellectuel et la colombe de la coalition gouvernementale. Au contraire d'Avigdor Lieberman, le ministre faucon des Affaires étrangères, il n'a pas de troupes de députés à la Knesset, un peu comme Fayyad à Ramallah.

Selon lui, les slogans pour la démocratie scandés à Tunis et au Caire ne provenaient pas de la rhétorique islamiste :

> *La plupart d'entre nous peuvent s'y identifier. La chute des régimes s'est faite presque sans violence et a démontré le rôle nouveau du* soft power *dans la région. Or, dans ce domaine, Israël est en retard et ne parvient pas à se projeter vers l'avant, protégé par ses murs et ses barrières de sécurité, par sa suprématie militaire. La tuerie d'Itamar ou l'issue incertaine des guerres contre le Hezbollah de 2006 et contre le Hamas de 2009 rappellent pourtant la fragilité de la situation sécuritaire.*

Vendredi 18 mars 2011

Tel-Aviv fête « Pourim » —
la révolution commence en Syrie

Je passe cette matinée chômée dans un brunch à Ramallah en compagnie d'une amie palestinienne, dont le père était le dirigeant de l'OLP Abou Jihad, fondateur du Fatah, compagnon d'Arafat, exécuté par le Mossad à Tunis en 1988. Je l'avais connue alors que j'étais rapporteur du jury de sa thèse à Genève il y a une décennie ; des années plus tard, j'avais supervisé l'admission de sa propre fille dans la filière « Moyen-Orient-Méditerranée » de Sciences-Po, que j'avais créée à Menton, et dont je suis aujourd'hui éloigné par décision administrative.

Ce soir j'irai à Tel-Aviv fêter *Pourim* avec une collègue de Sciences-Po qui espère y retrouver et renforcer son identité juive. Je ne pense pas que ces mondes pourraient se mélanger sur le sol de la Terre sainte. Plus personne ne passe les frontières. Finalement, l'orientaliste *goy* et *kafir* (gentil, infidèle) est le seul qui puisse parler à tous et circuler partout.

✧

À l'heure du déjeuner, je regarde les chaînes arabes à la télévision de l'hôtel : il y en a près de six cents. Elles vont du télé-achat à la prédication religieuse, des récitations du Coran et des sermons à la chanson de variétés locale ou doublée de l'américain, des actrices dénudées, botoxées et peroxydées aux présentatrices voilées et des barbus enturbannés aux *play-boys* gominés.

Aljazeera ne montre que la partie libérée de la Libye, où des drapeaux français sont brandis à Benghazi à côté de l'ancienne bannière du roi Idris Ier, renversé par Kadhafi en 1969. Sur la chaîne nationale libyenne de Tripoli, on se croirait en Irak avant la chute de Saddam Hussein : même diarrhée verbale, mêmes postures des intervenants chantant les louanges du colonel-guide, qui prononce un discours clownesque.

La chaîne qatarie assure le service minimal sur

Bahreïn, où la révolution gêne les intérêts de la famille régnante à Doha, et ignore les manifestations de la jeunesse palestinienne qui brouillent l'image exaltante qu'elle veut donner du Hamas. Pour entendre les révoltés de Bahreïn, il faut zapper sur les canaux irakiens, dont le gouvernement est contrôlé par des chiites pro-iraniens, paradoxale conséquence de l'invasion américaine : des clercs enturbannés de noir y critiquent violemment la dynastie sunnite de Manama.

Soudain, un bandeau défilant indique que des incidents ont éclaté dans la ville syrienne de Deraa, à la frontière jordanienne. Des enfants qui écrivaient sur les murs « le peuple veut la chute du régime », le slogan de Tunisie, d'Égypte, de Bahreïn, du Yémen et de Libye, qu'Aljazeera a popularisé partout, ont été arrêtés et torturés par les Forces spéciales de Bachar al-Assad. La révolution commence en Syrie.

❖

En ce soir de shabbat, la laïque Tel-Aviv où le printemps s'est installé fête *Pourim* — qui commémore la défaite des ennemis d'Israël. L'avenue Rothschild, avec ses immeubles Art déco et ses établissements de nuit, est envahie de jeunes déguisés — avec une prédilection pour les oreilles de lapin, car c'est ce que l'on trouve de moins cher au *shouk* (souk), m'explique-t-on, et le travesti sexuel. Sodome et Gomorrhe. En temps de grande peste, au Moyen Âge, il paraît que la fête battait son plein de la sorte, pour oublier les circonstances adverses et exorciser les calamités.

Non loin du café branché où nous dînons avec ma collègue de Sciences-Po, j'ai rencontré il y a quelques jours un responsable de la défense de l'État hébreu. Il parlait parfaitement arabe, et c'est dans cette langue que nous avons conversé. Il avait une vision bien plus pessimiste du devenir de l'Égypte que les universitaires et le vice-Premier ministre Dan Meridor. Selon lui, le pays allait s'enfoncer dans la *faouda* (le chaos), l'armée était trop discréditée pour imposer une solution politique, et seuls les Frères musulmans, avec leurs millions de militants disciplinés, pourraient restaurer dans un premier temps l'ordre auquel aspirerait une population désenchantée par la crise économique :

> Ma'alesh *[c'est pas grave]. On fera la cogestion du Hamas avec les Frères égyptiens. Ça sera plus facile qu'avec Téhéran, qui domine aujourd'hui Gaza, et avec qui nous n'avons pas de relations. Au moins, au Caire, on saura quel numéro appeler.*

La nuit est tombée. Les roquettes *made in Iran* commencent à pleuvoir à partir de Gaza sur les villes israéliennes voisines de la frontière de barbelés, Ashkelon et Netivot, peuplées de Séfarades, de Russes et d'Éthiopiens. Le point de passage d'Erez a dû aussitôt fermer. L'aviation israélienne va lancer ses missiles. Les acteurs de l'embrasement s'installent méthodiquement.

Samedi 19 mars 2011

La France attaque Kadhafi

Aéroport Ben-Gourion. Je reprends au point du jour un vol pour Paris. En Corse, sur la base aérienne

« Capitaine-Preziosi », à Solenzara, on arme les chasseurs-bombardiers Rafale qui vont intercepter et neutraliser la colonne de chars qu'a envoyée Kadhafi écraser l'insurrection de Benghazi. Les Libyens appelleront cette opération *Darbet Sarkou* (la frappe de Sarko). La France et l'Occident s'ingèrent dans les printemps arabes. Semaine sainte des révolutions.

II

ÉGYPTE

Mardi 5 avril 2011

« *L'Égyptien aujourd'hui* »

Dans l'avion d'Egyptair qui m'emmène au Caire, je lis *Al-Masry Al-Youm* (l'Égyptien aujourd'hui), le quotidien libéral financé par des hommes d'affaires indépendants qui a pris parti dès les premiers jours pour la révolution et le départ de Moubarak. Sous le règne de ce dernier, la censure sur les médias s'était allégée par rapport aux années de plomb de Sadate et de fer de Nasser ; mais quelle incroyable transformation pour celui qui fréquente l'Égypte depuis trente ans et a péniblement appris à déchiffrer l'arabe de presse dans ce journal fastidieux qu'on appelait « l'officieux *Al-Ahram* », la *Pravda* locale ! Sa une s'ornait immanquablement d'un grand portrait du raïs se congratulant à annoncer des projets pharaoniques, ou recevant des homologues étrangers.

Ce matin, la une d'*Al-Masry Al-Youm* présente onze photographies, outre une publicité montrant deux femmes orientales jeunes, minces et belles, aux cheveux longs, vêtues de pantalon et *tee-shirt* ajustés, en train de faire du shopping d'un air extatique avec leur carte Visa. Sur les onze, trois islamistes. Au-dessus du titre, Mohammed Badie, le guide suprême des Frères musulmans, dont le quotidien dévoile le programme. Au-dessous, le cheikh Qaradawi, le plus célèbre téléprédicateur du monde arabe, hôte de l'émission religieuse dominicale phare d'Aljazeera, « La charia et la vie », d'origine égyptienne et natu-ralisé qatari : il y annonce que l'État islamique — la revendication politique des Frères — sera « civil », que la logique veut que le président de l'Égypte soit un musulman explicitement croyant, et que le parti des Frères doit être indépendant de la confrérie.

Le troisième est Abdel Monim Aboul Foutouh, médecin quinquagénaire leader de la génération des Frères qui a fait ses armes dans les universités sous Sadate dans les années 1970, et sur laquelle j'ai rédigé ma thèse il y a trente ans. Selon l'article, il viendrait de démissionner en critiquant l'autori-tarisme du guide suprême. Les commentateurs qui ont enterré les islamistes à l'occasion des révolutions arabes sont allés un peu vite en besogne : mais les trois tendances qui s'expriment en une montrent que la mouvance s'est fragmentée et implose sous l'effet d'une démocratisation qui ébranle ses certitudes. Ces trois barbus ont les cheveux tout blancs, même le moins âgé : ils ont subi à intervalles réguliers l'épreuve de la prison.

Les équilibrent plus ou moins deux photos de libé-raux glabres, l'écrivain Alaa al-Aswani, auteur du best-seller arabe et international *L'Immeuble Yacou-bian*, vient en accroche de son éditorial de dernière page. Alaa, dont j'ai recensé le roman comme « chef-d'œuvre de la littérature arabe contemporaine », a mis depuis longtemps sa notoriété au service de la

lutte contre le régime de Moubarak et contre les islamistes radicaux, dont le livre qui l'a rendu célèbre
fait des portraits terribles. Il s'était opposé avec
virulence au Premier ministre de transition nommé
par Moubarak avant son départ, le général Ahmed
Chafiq, et, au terme d'un débat télévisé marathon
auquel ce haut gradé n'était pas rompu, ce dernier
avait dû présenter sa démission.

L'autre portrait est celui de l'homme d'affaires
copte richissime Naguib Sawiris, propriétaire de
la plus grosse compagnie de téléphonie mobile en
Égypte et l'une des principales au Moyen-Orient,
photographié à la tribune du parti qu'il vient de
fonder « Les Libres Égyptiens ». Il y explique que
son mouvement n'est pas copte, et qu'il a renoncé
à le nommer « Les Frères égyptiens » pour éviter la
polémique avec les Frères musulmans.

L'avion d'Egyptair a eu du retard. Le couvre-feu
vient d'être prorogé jusqu'à deux heures du matin
— mais il n'y a de toute façon plus personne pour le
faire respecter. Je retrouve à une heure avancée de la
nuit un ami dans son appartement de Zamalek, l'île
résidentielle au milieu du Nil. Fin juriste, éduqué à
l'école française, mais socialisé par l'Université américaine, comme une bonne partie de l'élite ancienne, il a
rédigé son propre journal de la révolution, qu'a publié
le *New York Times*. Nous échangeons nos expériences
dans un sabir mondialisé égypto-franco-américain,
prétexte à des rapprochements où le frottement des
cultures suscite des fulgurances aussitôt oubliées.

J'ai apporté un châteauneuf-du-pape. Problème : le
tire-bouchon à poignées qu'on abaisse, de fabrication

locale, est cassé, la tige vrillée a cédé et est restée
fichée dans le bouchon. L'instrument inutile, avec
ses bras dressés comme s'il prononçait un discours
politique, et sa tête qui tourne dans le vide, figure le
tyran que la révolution vient d'émasculer.

You know, Gilles, you should never do it... *à
ton père* — 'ib *[la honte]* !

Pour mon hôte, féru de psychanalyse, le peuple
égyptien ne sait trop que faire du corps encombrant
de ce pharaon détrôné, ce Badinguet du Nil, despotique, mais un peu débonnaire, cible perpétuelle de
bons mots, de *nokat*. La dernière qui circule en ville :

*On a eu le vendredi de la colère [les manifesta-
tions ont lieu le vendredi, profitant de la foule qui
sort des mosquées à la fin de la prière], le vendredi
du départ, et maintenant on va avoir le vendredi
du* wahhashtna *[tu nous as manqué] ; reviens,
on n'a plus personne à brocarder !*

Face au flacon obstinément scellé, nous voici tous
deux telles des poules devant une machine à coudre.
Nous nous débrouillons à l'égyptienne : pendant que
je tiens la bouteille par le collet, il tape à coups de
marteau sur un crayon feutre appliqué sur le bouchon qui finit par plonger dans le liquide vermillon.
Quelques gouttes couleur de sang ont giclé du cou et
coulé sur le journal déplié sur la table, en maculant
les photos. Je remarque que c'est la livraison du jour
d'*Al-Masry Al-Youm* que j'ai lue dans l'avion.

Mercredi 6 avril 2011

« Talk-show » sur Aljazeera

Au bord du Nil se dresse la ruine du siège de l'ancien parti du pouvoir — dont le plus récent avatar se nommait Parti national démocrate (PND). Le malheureux était trop près de la place Tahrir pour que les manifestants qui occupèrent ces deux hectares libérés pendant presque trois semaines eussent épargné cette victime expiatoire facilement accessible du pouvoir exécré.

La façade léchée par les flammes, avec ses climatiseurs calcinés comme des verrues noircies sur un visage immonde, est juste un peu plus noire que les constructions sales des dernières décennies. La spéculation immobilière et l'architecture d'un régime autoritaire du tiers-monde ont transformé la charmante capitale des années 1930 en un immense Moloch de laideur, de pollution, d'embouteillages et de vacarme — que les classes aisées ont fui vers les *gated communities* de la périphérie, protégées par des murs et des gardes armés.

J'interviens dans un colloque sur le rôle des médias dans les relations entre l'Ouest et le monde arabe organisé par l'instance de l'ONU chargée du dialogue des civilisations, sans être trop sûr de ce que signifient au juste « l'Ouest » et « le monde arabe ». La manifestation se tient dans le bâtiment de style soviétique de la Ligue arabe (officiellement Ligue des États arabes), symbole de tous ces gouvernements tyranniques que leurs populations vouent désormais aux gémonies. Signe des temps, les murs extérieurs sont couverts de graffitis et d'affichettes pour la Libye libre — alors que le régime de Kadhafi occupe toujours son siège à la Ligue. Des Libyens qui arborent le drapeau de l'ancien roi Idris — celui des révolutionnaires de Benghazi — sont massés à l'entrée ; quand je m'identifie comme Français, ils me congratulent de joyeux « Sar-kou-zy, Sar-kou-zy ! » et font claquer leurs oriflammes.

❖

Je suis invité à 22 heures au *talk-show* d'Aljazeera *Mubashir* (en direct). Chaque soir, toute l'Égypte est collée à son poste, à suivre les débats qui font florès depuis l'explosion des chaînes privées. C'est la grande agora cathodique où la parole libérée se déploie dans tous les sens, en une joyeuse logorrhée qui veut brûler la langue de bois des six décennies écoulées.

Aljazeera, qui use de standards linguistiques traditionnels et contraint ses journalistes et intervenants à s'exprimer en arabe grammatical, a été bousculée par ces télévisions égyptiennes pour les quatre-vingts millions d'habitants du pays qui parlent en dialecte. Elle a donc ouvert depuis quelques semaines ce décrochage local, maintenant sa marque de fabrique de nationalisme arabe et son tropisme vers les Frères musulmans face au déferlement de l'identité nilotique exacerbée par la révolution.

La chaîne d'informations en continu a installé provisoirement ses studios dans un immeuble délabré du quartier 'Agouza, dans la rue où j'habitais lorsque je faisais ma thèse, il y a trente ans. On est loin du luxe des chaînes du Golfe. La dernière couche de peinture doit remonter à l'époque de ma thèse, et l'ameublement consiste en des fauteuils et sofas aux couleurs passées qui semblent venir d'un marché aux puces, dans une adaptation du style « Louis Farouk », célèbre pour ses extravagantes dorures nouveau riche, ici écaillées.

J'y retrouve Kamel Helbawi, un vieux monsieur rondouillard et jovial. Ancien porte-parole de l'organisation mondiale des Frères musulmans, basé à Londres, il me succédera dans cette soirée d'interviews en continu. Son séjour britannique l'a amené à prendre ses distances avec l'appareil des Frères, trop autoritaire. Il m'invite chez lui, à la campagne, « pour boire du lait de bufflonne » dans son village natal. Il me présente aussi son fils, qui a étudié en France — mais à l'Institut de formation pour imams de l'UOIF — l'Union des organisations islamiques de France, créée en 1983 —, à Château-Chinon, et ne parle pas un mot de français.

L'animatrice du *talk-show* se repoudre le nez. Les lèvres framboise de sa bouche sensuelle sont rehaussées par sa veste cramoisie ; son voile, son chemisier, son pantalon se déclinent en un camaïeu de gris assorti au maquillage de ses yeux clairs. Au rythme des questions qu'elle pose de sa voix melliflue, je ne vois pas passer les trois quarts d'heure de l'interview-fleuve où l'on refait en dialecte l'histoire du monde arabe et de ses révolutions. Miracle de la séduction halal au bord du Nil.

Jeudi 7 avril 2011

Le blues du delta

Abdelrahman est étudiant en mastère d'informatique à Mansourah, une université du delta. Abdallah est un jeune enseignant à la faculté de commerce de l'université islamique al-Azhar. Avec leur coupe de cheveux branchée, leur apparence cool et soignée, leur langage corporel décontracté, ils ressemblent tous deux à n'importe quel Européen d'origine arabe et partagent les codes de leur classe d'âge mondialisée.

Le premier fait partie de la jeunesse des Frères musulmans, le second l'a récemment quittée, mais demeure dans sa mouvance spirituelle et idéologique. L'un estime que les Frères doivent être réformés de l'intérieur, l'autre que l'organisation, qui s'est enfermée dans une culture obsidionale depuis une décennie, est trop sclérosée pour répondre aux défis de la démocratisation qui se posent à la société égyptienne depuis la révolution du 25 janvier.

Abdelrahman a participé aux assises des « Jeunes Frères », qui, il y a moins de quinze jours, le 26 mars, ont fait des propositions au « Bureau de guidance » — l'équivalent d'un Bureau politique —, dirigé par le guide suprême Mohammed Badie. Elles visaient à en réformer le fonctionnement, organiser des élections internes transparentes, poser la question de l'acceptation des principes démocratiques dans l'organisation et dans la société… et attendaient patiemment la réponse, menaçant de démissionner s'ils n'obtenaient pas satisfaction.

Mais la contre-culture des Frères, à l'instar de l'idéologie communiste dans la France d'après guerre, représente une véritable société dans la société. Elle est si prégnante, avec ses ramifications associatives, éducatives, entrepreneuriales et même familiales, que la direction de l'organisation a fait le dos rond, convaincue que claquer la porte équivaudrait pour les jeunes à un suicide social.

Ibrahim al-Zaafarani, l'un des quinquagénaires en vue de l'ancien *Majliss al-Choura* (comité central) et considéré comme un libéral, a fait défection formellement ces derniers jours pour fonder son propre parti, *Al Nahda al islamiyya* (la renaissance islamique). La rumeur du Caire veut que toutes les portes se soient fermées autour de lui. Mais les jeunes se sont construit une convivialité alternative avec leur classe d'âge sur la place Tahrir, ce qui leur permet, même si elle est légère et conjoncturelle, de s'émanciper de cette socialisation transgénérationnelle structurée par l'organisation, le *tanzim*.

Abdelrahman a quand même voté « oui » au référendum de mars, qui proposait d'élire les députés de l'Assemblée constituante avant le prochain président, tandis qu'Abdallah a opté pour le « non ». Le suffrage positif a été encouragé par l'armée, les Frères, les salafistes et la plupart des tenants de l'ancien régime qui perdurent dans l'Égypte profonde et veulent minimiser le changement pour conserver leurs positions de pouvoir ; il a obtenu la majorité, avec plus de 77 % (dans un pays habitué à des trucages systématiques des résultats des élections, et où personne ne vote plus depuis longtemps). Il a agrégé tous ceux qui craignent que la poursuite du désordre postrévolutionnaire ne se traduise par un chaos économique et social.

En prenant de vitesse les innombrables mouvements et groupuscules qui poussent tels des champignons après la rosée du 25 janvier, les partisans du « oui » veulent contrôler la future Assemblée. Beaucoup pensent que l'état-major, représenté par le Conseil suprême des forces armées, l'organe exécutif du pays depuis la chute de Moubarak, espère y faire prévaloir ses vues, au prix d'une alliance de conjoncture avec les Frères ; les militaires savent que le prochain chef de l'État ne pourra être issu de leurs rangs — une première depuis la prise de pouvoir par les « officiers libres », en juillet 1952. Les « nonistes », au contraire, veulent qu'un président soit élu rapidement pour remettre l'économie en marche par décrets, leur laissant le temps de s'organiser en partis afin de renouveler en profondeur le paysage politique institutionnel.

Selon Abdallah :

> *Le « non » l'a emporté dans les circonscriptions les plus « civilisées », où la classe moyenne émergente se reconnaît dans le nouveau vocabulaire de la démocratie ; le « oui » a gagné, grâce aux consignes des Frères et des salafistes, des caciques de l'ancien régime et de l'armée, le suffrage massif et passif des zones rurales.*

✧

Un ami copte — appelons-le Mansour — qui occupe des positions de responsabilités depuis la transition me reçoit dans un bureau officiel non sans demander à son assistante de partir pendant notre conversation. Il me confie son inquiétude :

> *Nous allons à la faillite, il n'y a plus d'investissements, le tourisme s'effondre. Même la police a disparu. Elle est discréditée, et il se répand une psychose de la* baltaguiyya, *ces criminels et nervis plus ou moins manipulés par l'ancien régime pour semer le désordre. Les gens achètent des armes aux policiers démobilisés.*

La pire inquiétude de Mansour est que les salafistes profitent de la disparition de l'autorité de l'État
pour faire régner par la force leur conception de
l'ordre islamique. Près d'Alexandrie, ils détruisent
des tombeaux de saints musulmans, vénérés par
la piété populaire, mais qu'ils considèrent comme
une hérésie au regard rigoriste de leur religiosité.
Ailleurs, ils auraient brûlé la maison d'une femme
soupçonnée de mauvaises mœurs. En Haute-Égypte,
à Qena, ils ont coupé l'oreille d'un copte accusé de
proxénétisme, et, dans une ville balnéaire de la mer
Rouge, ils surveilleraient les plages pour en interdire
l'accès.

Il faut toujours faire la part de l'inquiétude obses-
sionnelle de nombreux chrétiens égyptiens, mais les
rumeurs s'accumulent, et construisent des représentations qui deviennent des faits sociaux. Il me
demande des nouvelles de la France et ajoute :

> *Je vais te choquer, mais je trouve que Marine
> Le Pen est intelligente et qu'elle dit des choses
> sensées !*

✧

Gamal al-Ghitani est un des plus grands roman-
ciers égyptiens. Ses livres, qui s'enracinent dans la
culture profonde de l'Égypte, ont été pour la plupart
traduits en français et dans bien d'autres langues.
Il m'emmène dans un salon que réunit, une fois
par mois, un journaliste qui anime un *talk-show*
sur une chaîne par satellite et signe des éditoriaux
dans *Al-Masry Al-Youm*. Il y a là une cinquantaine
de personnes de toutes les générations, hommes et
femmes, quelques-unes voilées, venues discuter de

la révolution, qu'elles ont vécue au jour le jour, avec un romancier qui l'inscrit dans une perspective historique et un *khawaga* — un étranger — arabisant qui la compare à ce qui se passe ailleurs dans la région.

Un peu partout, dès avant le 25 janvier, des initiatives de la société civile s'étaient multipliées, par le bas, en défiance de la surveillance omniprésente des organes de sécurité, détricotant lentement, mais systématiquement, la machine pyramidale du pouvoir. Je suis frappé par la disparition de tout interdit dans les propos — autrefois, on était toujours convaincu que quelque mouchard rapporterait vos dires et on faisait attention de ne pas franchir l'invisible ligne rouge d'une autocensure castratrice. Le débat part dans tous les sens, les analyses les plus fantaisistes se donnent libre cours. Sans doute est-ce la rançon d'une émancipation toute neuve ; c'est aussi un motif d'inquiétude si se préparent, comme on le suppute, derrière les murs des casernes, des commissariats, des mosquées ou des ambassades étrangères, des forces structurées avides de s'emparer du pouvoir quand il ne sera plus à prendre, mais à ramasser.

Vendredi 8 avril 2011

La place Tahrir vue d'en haut

Le jour de la prière en congrégation à la mosquée, le vendredi, est devenu jour de manifestation. C'est l'occasion de maintenir la pression sur les institutions qui demeurent après la chute de l'État-Moubarak : le Conseil suprême des forces armées, le gouvernement de transition, la justice. Aujourd'hui, le mot d'ordre est au jugement de l'ancien raïs.

La foule se rassemble sur la place Tahrir depuis la fin de la matinée. Je l'observe du balcon de l'appartement de Pierre Sioufi, au neuvième étage d'un immeuble né de la frénésie bâtisseuse et optimiste de l'Égypte du roi Farouk, au sortir de la Seconde Guerre mondiale, dont ce descendant d'une famille de chrétiens chaldéens venus au Caire sous la monarchie est le propriétaire désargenté. Le blocage des loyers par l'État nassérien à leur valeur absolue des années 1950, après le putsch des « officiers libres », rebaptisé révolution, a rendu impossible l'entretien des constructions, et les parties communes se sont terriblement dégradées. Celui-ci, dont la plupart des locaux sont à usage de bureaux, a été relativement épargné, les administrations et sociétés qui y siègent ayant pris en charge la maintenance des ascenseurs et le nettoyage des escaliers.

La plupart des grandes chaînes de télévision qui ont filmé les manifestations de la place Tahrir l'ont fait du balcon de Pierre. Le *New York Times* a même consacré un article à cet appartement et à son extraordinaire occupant. Ses immenses pièces ne sont plus ornées que de rares meubles de bric et de broc et de quelques images rétro ou kitsch accrochées au mur. Sur un matelas à même le sol dort enroulé dans une couverture un manifestant épuisé par les veilles. Le teint mat, pauvrement vêtu, sans doute est-il originaire de Haute-Égypte, sans argent pour payer son billet de retour ni désir de revenir dans sa cambrousse après avoir goûté aux dix-huit jours de happening de la place, entre le 25 janvier et la chute de Moubarak.

Dans l'appartement vont et viennent de jeunes

révolutionnaires, des gauchistes charmantes en *tee-shirt* moulant barré de slogans contre la corruption et l'oppression imprimés au pochoir, mais aussi des islamistes barbus à la tête rasée et au verbe haut en parka verdâtre et des journalistes égyptiens et étrangers. C'est la bohème et la maison du bon Dieu réunies. Dans l'entrée, adossé à une bibliothèque pleine de vieux livres en français dont la reliure se délite (comme la rare édition en quatre volumes du dictionnaire d'arabe classique de Kazimirski), Pierre est assis face à un immense écran d'ordinateur. Il s'affaire à mettre sur YouTube et Facebook les images qu'il a filmées et ainsi à connecter la scène de théâtre du *Meidan* (la place) Tahrir au monde global et postmoderne.

Pierre est le démiurge de la révolution démocratique égyptienne, à la fois son chef op', son réalisateur et son *admin*. Géant placide dont la barbe grise a envahi les joues et chaussé d'épaisses lunettes sous une crinière en bataille, il tient de Karl Marx comme du Père éternel. Il passe avec une égale tranquillité et gentillesse de l'arabe au français et à l'anglais et adresse un mot aimable à chacun de ses hôtes, connus ou inconnus, auxquels il offre l'hospitalité équanime de sa conversation informée.

Son *tee-shirt* XXL s'orne du logo détourné de Kentucky Fried Chicken ; le KFC de la place Tahrir a été le principal pourvoyeur de nourriture des manifestants, accusés par l'ancien régime de s'alimenter comme des Américains et donc d'être manipulés par la CIA. Sur le logo, le célèbre visage à la barbe blanche du colonel Sanders — fondateur et emblème du KFC — surmonte un dit traditionnel de la sagesse arabe : « Honore ton aïeul ».

✧

La place est un vaste espace qui longe le Nil. Occupée autrefois par les casernes des soldats britanniques et leur terrain de manœuvres, c'est un peu le Champ-de-Mars de la ville européenne à l'époque de la monarchie, situé dans sa lisière. On y a installé le Musée égyptien, où s'entassent les chefs-d'œuvre dans un désordre poussiéreux propice à des vols nombreux pendant les troubles.

L'Université américaine vient de quitter ses locaux au charme néocolonial désuet pour un immense campus *high-tech* dans un quartier périphérique cossu situé à deux heures d'embouteillage. Une série de bâtiments hideux marquent l'emprise nassérienne et défigurent le site, masquant le fleuve aux regards par des symboles bétonnés du pouvoir militaro-socialiste des années 1950-1960.

La Mugamma'a, immense bâtisse grisâtre, concentre des services de police et d'administration et symbolise la bureaucratie de l'État pharaonique et autoritaire. Dans les années 2000, l'acteur comique et réalisateur Adel Imam y avait situé son film à succès *Terrorisme et Kebab*. Cette comédie ridiculisait l'islamisme radical en y situant une prise d'otages se dénouant lorsque les revendications des djihadistes avaient été satisfaites : de la viande pour faire des brochettes traditionnelles, rêve des Égyptiens pauvres pour qui elles restent un luxe.

À côté, la Ligue arabe, dont Nasser avait voulu faire un relais de sa politique étrangère, du combat antisioniste et antioccidental, mais où les dirigeants autoritaires des États membres se sont surtout entre-déchirés pendant des décennies, jouxte le ci-devant hôtel Hilton. Le raïs avait fait édifier ce parallélépipède massif qui barre la vue de la ville au Nil pour accueillir les dignitaires du tiers-monde. Délabré par des années de mauvais entretien, il dresse son squelette entouré d'échafaudages, déchiqueté par des travaux gigantesques de mise aux normes pour le nouveau concessionnaire, le Ritz-Carlton.

Le dernier monument de cette triste série est le siège de l'ancien parti unique, le PND, dont le cadavre témoigne de la colère des manifestants qui l'ont incendié, livrant aux flammes les archives de la presse égyptienne moderne qui y étaient entreposées.

Le *Meidan* — en arabe classique, le terme désigne selon Kazimirski « une vaste place destinée aux courses, à la lutte, aux joutes ; une arène » — a longtemps été occupé par le chantier du métro, percé par un consortium de sociétés françaises. Il en reste un espace improbable entouré de palissades, derrière lequel stationnaient les cars de touristes déchargeant leur cargaison bigarrée et bardée d'appareils photo dans un musée des Antiquités avide de leurs devises. S'y dissimulent désormais les blindés et les transports de troupes couleur sable, que l'on distingue à peine depuis le balcon de Pierre.

Connue en temps normal pour ses embouteillages indescriptibles et le concert incessant des klaxons, la chaussée est envahie ce vendredi par une foule mouvante où dominent les tons clairs des chemises des hommes et des voiles de la majorité des femmes. Cette manifestation ne parcourt pas les rues du Caire, mais demeure confinée sur la place — où des flux humains tournent en rond autour de leur axe,

l'ancien jardinet central que des jours de piétine-
ment ont transformé en un espace boueux. C'est là
qu'étaient installées les latrines, ainsi que les tentes
pour les premiers secours durant les affrontements
avec la police et les nervis (*baltaguiyya*) du pouvoir
déchu.

Sur les bords du *Meidan* des tribunes ont été éri-
gées. Devant la plus grande se rassemblent les Frères
musulmans, bien alignés, par contraste avec le
désordre du reste des manifestants ; ils achèvent en
rythme les prosternations de la prière du vendredi,
qui occupe aussi des chaussées et trottoirs des rues
environnantes. C'est sur cette même tribune que le
cheikh Qaradawi arrivé tout exprès du Qatar avait
harangué la foule, le 18 février, le vendredi suivant
la chute de Moubarak, surimposant de ce jour le
discours des Frères aux paroles des révolutionnaires.

La plupart des gens qui défilent aujourd'hui ne
sont pas occupés à prier — qu'ils aient déjà accompli
leur devoir religieux ailleurs ou qu'ils ne s'en préoccupent guère. De tous côtés on agite des drapeaux :
égyptiens, mais aussi tunisiens, palestiniens et la
bannière du roi Idris, que les insurgés de Benghazi
ont substituée à l'oriflamme verte de Kadhafi. En
revanche, nul drapeau de Bahreïn, dont le soulèvement gêne le monde arabe sunnite et que Qaradawi
a qualifié de « sédition confessionnelle » en incriminant l'appartenance chiite de la plupart des manifestants de la place de la Perle, à Manama — qui
n'avaient pourtant d'yeux que pour le modèle égyptien de la place Tahrir.

D'immenses banderoles ornées de slogans sont
portées horizontalement sur la tête de dizaines de
personnes afin qu'ils soient vus et filmés depuis le
balcon de Pierre. La plupart des textes sont rédigés

en dialecte, même ceux des Frères musulmans, d'ordinaire plus attachés à l'arabe classique qui fonde leur identité religieuse. Le plus grand des drapeaux égyptiens apostrophe en vernaculaire, sur sa bande centrale blanche, le maréchal Tantawi, chef du Conseil suprême des forces armées. C'est le premier signe des tiraillements entre l'état-major et une partie des manifestants : *Ya Tantawi : Khalik lil thawra amin, wi hasib al-khayinin* (reste fidèle à la révolution et demande des comptes aux traîtres). Un autre, aux couleurs du drapeau syrien, porte la marque des Frères et de leur volonté de capter le vocabulaire des libertés après la tuerie perpétrée par les Forces spéciales de Bachar al-Assad dans la ville de Deraa la semaine dernière : *Allah, Souriya, Hurriya wi bass* (Allah, Syrie, liberté, un point c'est tout). Une banderole déployée devant la Mugamma'a décline le slogan axial des révolutions arabes au cas du jour, cette fois en arabe grammatical : *Al Sha'b yourid mouhakamat al-rais al makhlou'* (le peuple veut le jugement du président déchu).

En se mêlant à la foule, au sortir de l'immeuble de Pierre, on passe entre des vendeurs venus de la ville arabe ancienne, que l'on rencontre rarement dans les quartiers à l'européenne. Ils proposent des boissons traditionnelles et le *kosheri*, mélange de riz et de vermicelles dorés, l'ordinaire des pauvres, qui témoigne de la participation populaire à la manifestation. Des étals de livres à même le trottoir présentent des récits rédigés et imprimés à la hâte sur les turpitudes de l'ère Moubarak, entre la dernière édition arabe des *Protocoles des Sages de Sion* et des manuels pour apprendre l'anglais, la comptabilité, l'informatique, ou chasser les *djinns* et le mauvais œil.

L'ambiance est bon enfant. Chacun est venu avec sa pancarte écrite ou dessinée plus ou moins adroitement par ses soins, exultant l'irrépressible besoin de s'exprimer après soixante années de bâillon sous la férule d'avatars galonnés successifs — Nasser, Sadate, Moubarak. Je croise une grosse femme voilée de clair, sanglée dans une robe longue beige. Elle tient un panneau réclamant que les hôtesses d'Egyptair — où Sadate avait fait interdire les boissons alcoolisées pour donner des gages aux religieux — puissent porter le *hijab* à bord (seules celles au sol le portent pour l'instant, Mme Moubarak l'ayant défendu au personnel navigant). Je lui demande si elle souhaite aussi qu'elles puissent arborer le *niqab*, le voile facial. Au vu de ma tête d'Européen, elle me répond négativement en anglais : « *No, no !* », puis continue en dialecte : « Seulement le voile, pas le *niqab* ! »

On est venu en famille. Le repos du vendredi, équivalent du congé dominical européen, est propice à une dimension festive qui tient du *Mouled* — la cérémonie populaire commémorant l'anniversaire du Prophète ou d'un santon musulman — et de la foire du Trône. On propose pour 1 livre (12 centimes d'euro) de tremper trois pinceaux dans des godets de peinture aux couleurs du drapeau égyptien et d'en strier les joues et le front des enfants, comme lors des matches de football.

Juchés sur des caisses, des orateurs de diverses obédiences haranguent les badauds-manifestants, style Hyde Park Corner. Un vieux monsieur très digne, assis sur une chaise pliante, cravaté, canne à la main, tient silencieusement une pancarte sur laquelle il a calligraphié les principes démocratiques sur lesquels doit reposer la future Constitution. Des marxistes en appellent à l'unité de tous les travailleurs arabes devant quelques passants étonnés. À quelques dizaines de mètres de la Mugamma'a un groupe de barbus crie des slogans dans un mégaphone et recueille des signatures pour la libération du cheikh djihadiste égyptien Omar Abdel-Rahman. Emprisonné dans un pénitencier « Supermax » aux États-Unis, il a été condamné à plusieurs peines de perpétuité pour sa participation au premier attentat contre le World Trade Center, en 1993. Scène impensable, à cet endroit, il y a encore trois mois.

Tout cela voisine sans animosité. Les hommes à la robe au-dessus des chevilles, le front marqué par la *zebiba* noire — le cal de ceux qui se prosternent avec zèle aux cinq prières quotidiennes —, côtoient des filles en pantalon ajusté et cheveux au vent, contre lesquelles ils tonnent pourtant dans leurs sermons et qu'ils rêvent de recouvrir d'un *niqab* sombre.

Le seul moment de tension que je perçois advient devant le siège de la Ligue arabe, où un groupe de jeunes femmes chiites de Bahreïn, voilées et portant des lunettes de soleil siglées de grands couturiers sur un visage fardé avec soin, manifestent pour la chute de la dynastie sunnite des al-Khalifa ; elles se font prendre à partie par des Égyptiens qui les accusent de sédition confessionnelle — et de gâcher la fête d'une révolution qui cherche à maintenir son unité et à passer à la seconde phase, le procès des caciques de l'ancien régime. Pourtant, les premiers actes d'un drame sanglant se préparent au milieu de l'ambiance festive, sans que ni moi ni les dizaines de milliers de personnes rassemblées sur la place où l'on danse et chante des slogans pour juger Moubarak et les « corrompus » ne nous en rendions compte.

✧

Au Garden City Club, j'ai rendez-vous pour un dîner tardif avec mon jeune collègue Stéphane Lacroix, tout juste arrivé de Paris, et Nabil Abdel Fattah. Cet universitaire dirige l'un des centres de recherches en sciences sociales de la fondation d'*al-Ahram*, l'un des lieux où, sous l'ancien régime, on pouvait pousser la liberté de pensée et d'expression jusqu'au point où l'on savait que l'on devait s'arrêter.

Au fil des whiskies, nous essayons de préciser une analyse des événements, en vue du débat que Nabil m'a proposé d'animer demain dans son centre sur les « révolutions arabes ». Pourquoi la révolution semble-t-elle marquer le pas ? Que veulent les militaires ? Que préparent les Frères ? Où en sont les salafistes ? Comment les laïques et les démocrates peuvent-ils s'organiser pour faire entendre leur voix ? L'éparpillement des partis « en cours d'enregistrement » reflète au moins autant l'ego des fondateurs désireux de traduire en politique leur capital financier ou associatif qu'un véritable projet de société ou l'expression de forces sociales.

Je hasarde l'hypothèse que le *Meidan*, la place Tahrir, est la *majaz*, la « métaphore » même de la révolution, la scène de son théâtre, où elle se donne en spectacle à la terre entière. Filmée depuis le balcon de Pierre, transposée en ligne, la scène emblématique du *Meidan* a su capter l'attention de l'Égypte et du monde, élaborer un discours qui s'empare du sens. Il exprime désormais avec une puissance irrépressible, par la magie d'Internet et du satellite, les valeurs centrales de la société et sa vérité — relé-

guant la propagande malhabile et usée du pouvoir
de Moubarak dans le registre du faux.

Mais un hiatus entre la rhétorique de la révolution et son incarnation populaire se fait sentir avec
force depuis la chute de Moubarak. Il n'émerge pas
de parti révolutionnaire capable de capitaliser sur
la seule journée où les masses du peuple sont effectivement descendues manifester dans tout le pays,
contraignant l'état-major à lâcher Moubarak pour de
bon. C'était au lendemain de son ultime discours du
10 février 2011, dont chacun attendait qu'il annonce
son départ, alors qu'il se contenta de proclamer de
pauvres réformettes. Dès l'aube, l'Égypte entière était
dans la rue ; l'après-midi, le vice-président Omar
Suleimane, chef des tout-puissants services de renseignement, déclarait que le raïs démissionnait et
que le Conseil suprême des forces armées assumait
le pouvoir exécutif.

Samedi 9 avril 2011

Al-Azhar sur la ligne de front

J'ai rendez-vous ce matin avec le cheikh Ahmed al-
Tayyeb, le grand imam d'al-Azhar. Il est en principe
le chef suprême de l'islam sunnite en Égypte et à travers le monde. C'est à lui que le ministre français de
l'Intérieur et des Cultes va parfois demander un avis
juridico-religieux autorisé — ou *fatwa* — pour faciliter la résolution d'un problème lié à la pratique de
l'islam dans la République française laïque. Dans la
réalité, le cheikh pâtit d'être nommé par le gouvernement égyptien : cela affaiblit son prestige en Égypte

même, où l'institution azharienne a été contestée par
les Frères musulmans, qui la tiennent pour inféodée
au régime, et par les salafistes, qui voient en elle un
islam trop tiède et mondain. La manne pétrolière a
donné au wahhabisme saoudien des moyens incom-
mensurables avec les maigres ressources d'al-Azhar
et a permis à l'Arabie de dominer culturellement l'expansion contemporaine de l'islam sunnite dans une
acception conservatrice et rigoriste qu'elle huile de
ses pétrodollars.

Al-Azhar s'ancre encore dans la piété populaire
des confréries mystiques, le soufisme, traditionnellement plus souple avec les autres formes de religiosité
qu'elle agrège au lieu de les détruire frontalement,
comme les salafistes.

L'institution est aux avant-postes dans la guerre
pour le contrôle de l'islam sunnite. Elle oppose
l'Égypte, gonflée de la plus grosse population pauvre
de la région et riche de son histoire multimillénaire,
et l'Arabie, aussi dispendieuse des revenus de ses
hydrocarbures pour promouvoir sa vision de l'islam
qu'elle est démunie culturellement.

Ahmed al-Tayyeb a été nommé grand imam d'al-
Azhar en février 2010, au décès de son prédécesseur.
Descendant d'une lignée de guides de la confrérie
soufie Khalwatiyya, installée dans la bourgade de
Gournah, sur la rive occidentale du Nil, à Louxor,
entre les ruines immenses des temples et au-dessus
des tombeaux pharaoniques, il a accompli une partie
de ses études en France.

J'ai fait sa connaissance lorsqu'il occupait ses fonctions précédentes de recteur — civil — de l'univer-

sité et l'ai retrouvé vêtu de l'habit religieux, les joues
barbues et coiffé du turban, à son invitation pour
une conférence, au printemps de 2010. Elle était
consacrée à l'imam Achari, un juriste et théologien
médiéval dont al-Azhar a voulu faire son référent en
opposition à l'imam Ibn Hanbal, dont se réclament les
wahhabites saoudiens, leurs disciples et leurs clients.

Lors de la révolution, le grand imam — comme
du reste le pape copte Chenouda III — a fait preuve
d'une prudence que beaucoup, dont ses ennemis,
ont jugée excessive. Tandis que le cheikh Qaradawi,
azharien, mais Frère musulman naturalisé qatari,
s'emparait des micros de la plus vaste tribune place
Tahrir pour le sermon du vendredi 18 février, les
représentants du grand imam s'étaient vus marginalisés. Les Frères leur avaient assigné, en lieu de
la position papale qui aurait dû leur revenir, une
modeste chaire où prêcher l'islam « modéré ». Des
étudiants d'al-Azhar sous influence salafiste ont
manifesté, réclamant l'élection d'un nouveau grand
imam par ses pairs, et non sa désignation par l'État.

✧

C'est dans cette ambiance tendue que je retrouve le
cheikh al-Tayyeb. La cour du grand imamat est située
dans un bâtiment neuf en lisière de la vieille ville.
Elle est occupée par un blindé et des transports de
troupes, et deux mitrailleuses sont posées au départ
de l'escalier d'honneur. Je souhaite l'interroger sur le
rôle que peut jouer al-Azhar dans cette période révolutionnaire où l'Égypte semble déboussolée.

Que pense-t-il de la polarisation des forces en
présence, partagées entre un camp islamique, voire
islamiste, et un autre libéral, sinon laïque ?

— *Il est interdit par l'islam de détruire les tom-beaux des santons, qui sont les amis de Dieu et que les fidèles révèrent comme tels. Et il est inter-dit aussi de s'en prendre aux chrétiens, qui sont des gens du Livre, des monothéistes à qui a été révélé le Livre saint. Ceux qui attaquent nos com-patriotes coptes sont des fanatiques que l'islam rejette et qui se réclament d'une version dévoyée de la religion qui ne vient pas d'Égypte.*

— *Pensez-vous qu'il soit possible dans la future Constitution de séparer la religion de l'État ?*

— *Non, notre pays est profondément croyant, musulman, bien sûr, mais aussi chrétien. La séparation complète de la religion et de l'État, que vous appelez laïcité, est inenvisageable chez nous.*

❖

En arrivant au siège de la Ligue arabe pour un rendez-vous avec son secrétaire général, Amr Moussa, je trouve la place Tahrir bloquée par des rouleaux de barbelés. On entre dans le bâtiment par une porte dérobée, à proximité des blindés embus-qués derrière les palissades à la hauteur des écha-faudages de l'ancien Hilton.

Dans le taxi que j'ai dû quitter pour accéder à pied à la place interdite à la circulation, la radio annon-çait confusément que la manifestation d'hier avait tourné au vinaigre. Il y aurait eu des tirs au moment du couvre-feu, vers 3 heures du matin, faisant un ou plusieurs morts, des dizaines de blessés et des centaines d'arrestations. Sur la place, j'ai remarqué deux véhicules calcinés, un camion avec une longue plate-forme et un car.

J'interroge Amr Moussa sur ses intentions politiques :

> *J'ai appelé à voter « non » au référendum. Je ne veux pas entériner des élections parlementaires contrôlées par l'état-major militaire et les Frères musulmans. Il n'est pas question que le nouveau président soit l'otage d'un vice-président contrôlé par l'armée.*
>
> *Le chef de l'État que je veux être aura besoin, pour faire face aux défis de l'Égypte, d'une nouvelle Constitution. Elle devra être à la fois présidentielle et parlementaire, un peu sur le modèle de celle de votre Vᵉ République. Seul un président bénéficiant de la légitimité d'une élection transparente au suffrage universel pourra surmonter la polarisation entre les courants islamiques et libéraux qui bloque pour l'instant le processus de changement issu de la révolution.*

✧

Au sortir de l'immeuble de la Ligue arabe, je traverse le *Meidan* Tahrir pour remonter chez Pierre Sioufi. Le sol de la place est jonché de détritus et de projectiles, de chevaux de frise et de poutres métalliques. Des gavroches nerveux, souvent crasseux, un bout de bois ou une barre de fer à la main, sont aux aguets çà et là. Il règne un silence pesant.

Au centre du *Meidan*, un attroupement hostile cerne une grande et grosse femme en noir, le visage dissimulé par un *niqab* fendu sur les yeux, que l'on oblige à ouvrir son sac. Il y a certainement des agents provocateurs qui se déguisent en femmes voilées, et celle-ci attire la suspicion par sa taille et sa corpulence plutôt masculines. De la fumée monte vers le musée. Soudain, un ondoiement parcourt la foule des jeunes qui s'y précipitent en criant. Ce n'est pas le moment de traîner pour un *khawaga* — un étranger — en costume cravate.

J'emprunte l'ascenseur pour rejoindre l'appartement de Pierre. Un tract autocollant des Frères musulmans y a été apposé. Je le détache soigneusement et le range dans mon carnet. Il reprend le slogan des manifestations : « Relève la tête, tu es égyptien » face au visage d'un jeune homme à la tête dressée dans un design très années 1930, au-dessus d'une oriflamme aux couleurs nationales, et s'intitule « Notre pays, construisons-le / De la corruption, protégeons-le ». Voici ma traduction de son texte :

> *Je m'enorgueillis d'appartenir à l'Égypte. Pour cela je la bâtis, je combats la corruption* [fassad]*, je ne donne de pourboire* [rashwa] *à personne.*
> *— Positif : je refuse la faute et je guide vers la voie droite* [sawab]*.*
> *— Propre : je ne jette pas mes déchets dans la rue.*
> *— Organisé : je respecte la circulation et l'ordre en tout lieu.*
> *— Honnête : je protège les possessions de tous.*
> *— Courageux : je n'opprime pas et je ne consens pas à l'oppression.*
> *— Appliqué : je soigne mon travail et l'accomplis avec abnégation.*
> *— Coopératif : je mets ma main dans la main de celui qui fait le Bien.*
> *— Optimiste : j'ai espoir que demain sera meilleur qu'hier.*

Nous apportons le Bien [al khayr] *à tous les gens.*
[Signé] *Les Frères musulmans*

J'ignore si c'est l'organisation elle-même qui a fait imprimer cet autocollant ou s'il a été distribué avec leur sigle par tel ou tel groupe se réclamant d'elle. Ce sont les préceptes d'un parti d'ordre nouveau qui se veut rassembleur. Il ne comporte aucune citation d'un texte sacré islamique, mais s'en prend, en incriminant le *fassad*, la corruption que condamne le Coran dans un sens éthique, à la pratique généralisée de la corruption de l'administration par le *bakchich*, terme dialectal passé en français, ici désignée par le dépréciatif arabe classique *rashwa*. C'est un curieux mélange de codes de civilité, d'urbanité et de morale qui s'efforce de faire le lien entre la critique du passé et la construction de l'avenir.

Pierre vient de se lever. Il a filmé toute la nuit le déroulement des événements et a déjà mis en ligne les images sur YouTube après les avoir « rapeties », m'explique-t-il en français d'Égypte et d'informatique. Elles ont été reprises par tous les grands sites d'information à travers le monde.

Une très jeune fille en survêtement orange, les cheveux bouclés, coupe courte élégante, les yeux bouffis par le manque de sommeil, me propose en anglais un café turc. Je lui réponds en arabe pour lui préciser le niveau de sucre « *ar riha, min fadlek* » (un soupçon, s'il vous plaît). Comme elle me regarde avec surprise, Pierre lui dit que je suis un *moustachreq*, un orientaliste, puis il m'emmène voir ses films et me raconte leur contexte :

Hier, en fin d'après-midi, une dizaine d'officiers en uniforme se sont joints aux manifestants pour exiger la démission du maréchal Tantawi. Ils lui reprochent sa tiédeur dans la poursuite en justice des dirigeants du régime déchu. C'était le militaire le plus ancien dans le grade le plus élevé.

Dans la soirée, le général qui commande la région militaire est venu, accompagné d'une escorte, chercher ces officiers. Ils n'ont pas voulu le suivre. Ils savaient qu'ils passeraient en cour martiale. La foule a arraché les épaulettes du général, et il n'a dû son salut qu'à son escorte.

C'est à cause de cette attaque double contre l'institution militaire que l'armée a décidé de passer à l'action au moment du couvre-feu, à 3 heures du matin, alors que les manifestants n'avaient pas quitté la place.

Sur les images on distingue l'avancée des blindés, les troupes à pied, et l'on entend le crépitement des tirs. Les mutins auraient été arrêtés. La rumeur dit même que certains seraient morts. À l'aube, un camion arrive avec des barbelés, que les soldats commencent à décharger et à installer. Puis on voit ces derniers se rassembler sous le commandement d'un officier et quitter la place sans achever leur travail, abandonnant les véhicules sans surveillance. Des ordres et contrordres se seraient-ils succédé ? Lesquels ? Pourquoi ? Les images laissent un sentiment de flottement incompréhensible dans la prise de décisions. Sur la place désertée par l'armée, quelques individus arrivent et lancent des cocktails Molotov en direction des véhicules abandonnés qui s'enflamment aussitôt.

✧

Mamdouh Ismaïl est le premier salafiste que je rencontre en Égypte. Il n'y en avait guère lorsque j'y faisais ma thèse, au début des années 1980. Le mouvement a surtout connu de grands développements sous Moubarak, qui l'a en partie instrumentalisé contre les Frères musulmans. Mais de nombreux groupes ont échappé à l'emprise du pouvoir, construisant des contre-sociétés dans les quartiers populaires, en particulier à Alexandrie, où ils pourchassaient les femmes non voilées, les marchands de vidéo, les coiffeurs pour dames et les Coptes. On a attribué à des salafistes radicalisés et manipulés par la police secrète l'attentat contre l'église des Deux-Saints, à Alexandrie, au Nouvel An 2011, et ces soupçons n'ont pas peu contribué à décrédibiliser le régime finissant de Moubarak.

J'ai été étonné qu'Ismaïl accepte sans barguigner ma demande de rendez-vous, transmise hier par l'intermédiaire d'une jeune journaliste voilée, plus encore qu'il m'en fixe le lieu au syndicat des avocats, bâtiment de style néopharaonique, construit au début du siècle dernier près de l'ancien siège des tribunaux mixtes, au cœur du Caire. Je m'attendais à voir un hurluberlu en robe courte, barbe hirsute et moustache rasée, à l'instar des salafs de banlieue parisienne, qui parcourent les cités lookés « cloche » — anorak passé sur la djellaba, Nike aux pieds — pour s'y livrer à leur prosélytisme délétère contre la France impie. Mon interlocuteur porte veston et cravate, son pantalon tombe sur ses chaussures où il casse le pli, et il me reçoit dans son grand bureau de président de la section des droits de l'homme du syndicat des avocats...

Je ne vous cache pas ma surprise. Je vous croyais beaucoup plus âgé. J'avais lu il y a bien longtemps la traduction arabe de votre livre Le Prophète et le Pharaon *[parue dans les années 1980]. Vous savez, ça a été le roman de notre génération, celle des étudiants islamistes...*

Ismaïl est un ancien membre des *Gama'at Isla-miyya*, les associations islamistes estudiantines radicales auxquelles j'avais consacré de longs chapitres, et qu'il a rejointes quand il faisait son droit à l'université du Caire. Lui-même s'est toujours considéré comme un opposant et tient la proportion des salafistes manipulés comme très faible :

Pas plus de 5 %. Dès 1999, j'ai fait une demande pour déclarer un parti salafiste. Je n'avais aucun espoir d'être agréé, mais je voulais marquer le coup et prendre date. Mon appartenance aux instances dirigeantes de l'Ordre des avocats me permettait de me maintenir dans une zone de semi-liberté que tolérait le régime de Moubarak. Je viens de déposer une nouvelle demande d'agrément pour Hizb al-Nahdha al-Misri *[parti égyptien de la renaissance].*

— Concevez-vous votre organisation sur le modèle des partis salafistes représentés au Parlement koweïtien ?

— Il veillera en effet, comme eux, à ce que le gouvernement applique la loi islamique tout en respectant les libertés publiques. La coalition de pouvoir que nous appelons de nos vœux est une alliance entre les Frères et les salafistes. Elle regroupera toutes les tendances de la mouvance

*islamique pour faire face au libéralisme. C'est lui
l'ennemi. Si on le laisse faire, il ouvrira la voie à
la corruption de l'Égypte.*

Après l'entretien, Ismaïl contacte obligeamment
le porte-parole de la *Da'wa Salafiyya* (la prédication
salafiste) d'Alexandrie, qui accepte de me recevoir
demain matin. À l'époque de Moubarak, il y a encore
trois mois, il était impossible pour un étranger de
l'approcher, au risque de se faire expulser du pays
par la police politique. Nous nous quittons pour qu'il
puisse mettre la dernière main à une déclaration de
la section des droits de l'homme de l'Ordre des avocats sur les affrontements de la nuit.

Dimanche 10 avril 2011

Alexandrie : les salafistes et le Club grec

La plage de Glym, dans le quartier de San Stefano,
était prisée des Alexandrins de la première partie du
siècle passé. Je l'imagine vaste et propre, avec des
cafés sur la corniche, où les Grecs buvaient l'ouzo
et les Italiens le Campari, devant les villas entourées
de jardins et les rares automobiles.

C'est ici peut-être que Constantin Cavafy trouva le
cadre de son poème nostalgique *Jours de 1908*. Un
jeune homme pauvre « allait se baigner à l'aurore, et
la nage le rafraîchissait ». Puis il remettait « toujours
le même complet couleur cannelle très fané » pour
disparaître à tout jamais dans la « cité à la dérive »
— comme la nommait cet autre Grec, romancier du
Proche-Orient des années 1940, Stratis Tsirkas.

La corniche a été envahie d'immeubles hideux et pulvérulents, mal entretenus. La circulation est si dense et rapide que traverser la chaussée sous la menace de coups de klaxon ininterrompus équivaut à une tentative de suicide. De toute façon, il n'y a plus aucune raison de s'y aventurer : il n'existe plus de café où prendre un verre d'une boisson alcoolisée. L'ordre moral islamique est passé par là, le *halal* règne en maître.

✧

Avec mon jeune collègue Stéphane Lacroix, nous attendons Abdel Monem Chahat, qui nous a donné rendez-vous au Club des ingénieurs, encore une de ces institutions qui bénéficiaient, sous Moubarak, d'un régime de semi-liberté.

Toute la plage de Glym a été colonisée depuis l'ère nassérienne par ces clubs dédiés aux ordres professionnels qui composaient l'une des arcatures de l'Égypte socialiste, bannissant du sable les classes cosmopolites de l'Alexandrie d'antan. Des bâtisses en béton délabré, des chaises en plastique dépareillées se succèdent sur le bord de mer, vouant le socialisme balnéaire aux comptables, professeurs, entrepreneurs, avocats, journalistes *et alii*. De toute façon ils ne se baignent plus dans les eaux désormais trop polluées de Glym, et leurs femmes dûment voilées ne s'exhibent plus en maillot de bain depuis une bonne vingtaine d'années.

Nous avons eu un peu de mal à entrer dans ce club réservé aux membres où nous sommes arrivés avant l'ingénieur Abdel Monem, porte-parole officiel de la plus grosse mouvance salafiste d'Alexandrie, bloqué dans les embouteillages. Lorsque la capitale estivale du pays a été vidée de sa vaste composante levantine et européenne par les nationalisations et les expulsions nassériennes, ses biens vacants puis ses quartiers périphériques ont été investis, à la manière des quartiers européens de l'Algérie indépendante, par des ruraux. L'explosion démographique et la nationalisation des terres sous l'égide du socialisme arabe les avaient chassés des campagnes. C'est au sein de ces populations déracinées que le salafisme se répand comme une traînée de poudre depuis vingt ans.

Notre interlocuteur arrive décontracté et affable, en veste et pantalon, pas plus vêtu d'une djellaba que l'avocat cairote rencontré hier. Sa barbe se déploie en deux pointes qui lui donnent, avec son visage au nez camus, son crâne dégarni et sa petite taille, l'air improbable d'un Silène qui aurait survécu à la mort du Grand Pan.

Stéphane, qui est parfaitement instruit de la production livresque des salafistes locaux et de leur littérature en ligne, m'a averti que les plus en vue sont très jaloux de leur identité nationale et soucieux de ne pas apparaître, aux yeux des étrangers, comme de simples supplétifs stipendiés de l'Arabie saoudite. Pourtant, le mouvement a été d'emblée porté dans la vallée du Nil par l'association *Ansar al-Sunna al-Muhammadiyya* (les partisans de la norme établie par le Prophète Mahomet), que ses adversaires surnomment l'« ambassade religieuse de l'Arabie saoudite ».

À mes questions sur l'histoire du mouvement, l'ingénieur Abdel Monem attribue la naissance du salafisme dans le monde au mouvement islamique égyptien inspiré par le grand réformateur Rashid Rida, Libanais installé au Caire au tournant du

XXᵉ siècle et auteur d'un commentaire du Coran rigoriste.

Depuis les années 1980, il a surtout pris corps chez certains étudiants des *Gama'at Islamiyya*, qui, après l'assassinat de Sadate en 1981, n'ont voulu rejoindre ni les Frères musulmans ni les djihadistes radicaux, mais se sont consacrés à la réislamisation intensive de la société par le bas.

— *Pensez-vous créer un parti, comme l'avocat Mamdouh Ismaïl ?*

— *Pas du tout. Pour moi, les salafistes ne sont qu'un groupe de pression. Notre but est de faire en sorte que les candidats des différents partis appliquent notre programme : respect de la charia, obligation pour le raïs d'être un musulman croyant, etc. À cet égard, je trouve Amr Moussa trop laïque pour une candidature à l'élection présidentielle.*

— *Et le Frère musulman Aboul Foutouh ?*

— *C'est pareil : je ne crois pas qu'il saura faire respecter la loi islamique.*

— *Comment considérez-vous les incidents attribués aux salafistes contre les soufis, les femmes et les Coptes ces dernières semaines ?*

— *La plupart de ces accusations sont des affabulations des médias. En Égypte, tous les journaux et les télévisions sont aux mains des « libéraux » et des laïques. Ce sont des ennemis déclarés.*

Notre entretien est interrompu par l'appel tonitruant à la prière de midi que font hurler les haut-parleurs de la mosquée du Club des ingénieurs.

Pour aller au Club grec, où je dois retrouver à déjeuner mon ami de trente ans Georges, je hèle un taxi qui déposera en chemin Stéphane à la Bibliotheca Alexandrina. Le compteur du tacot brinquebalant porte des indications en polonais, souvenir de l'internationalisme prolétarien de l'époque de Nasser, lorsque l'Égypte était une quasi-colonie soviétique. Sa fonction est désormais exclusivement décorative : le prix de la course se négocie de gré à gré.

Stéphane s'assied à côté du chauffeur, tête rasée, abondamment barbu — ce sont les travaux pratiques immédiats du cours magistral de salafisme que nous venons de subir. Accrochés au rétroviseur pendouillent des *paraphernalia* du 25 janvier. Une discussion s'instaure entre eux :

> — *C'est la révolution !*
> — *Tu y as participé ?*
> — *Bien sûr, contre la corruption ! Maintenant nous sommes libres.*
> — [Faussement naïf] *Tu fais partie des Frères ?*
> — *Non, je suis salafiste.*

Me mêlant au débat, je demande :

> — *Je croyais que les salafistes n'avaient pas participé à la révolution ?*
> — *Si, tout mon quartier est salafiste, on a tous participé, on est tous allés aux manifestations devant le gouvernorat,* Al Hamdulillah *[Dieu soit loué] !*

Nous apprenons qu'il réside dans la *zone* misérable de Karmouz, entre la gare centrale et les catacombes de Kom al-Chougafa, que sa famille vient d'Assiout en Haute-Égypte (il n'en a plus l'accent caractéristique, mais en conserve un teint très mat). Karmouz est peuplé de migrants de cette région. À vingt-sept ans, il est père de deux enfants. C'est peu pour un salaf — le principe de réalité sociale commencerait-il à l'emporter, même chez eux, sur la prolificité prosélyte ? Il a appris la mécanique auto, qui ne payait guère, puis a conduit ce taxi, mais la vie est dure, il y a moins de clients depuis la révolution.

Notre chauffeur n'a jamais quitté Alexandrie, sauf pour retourner au bled à l'occasion de célébrations familiales, et pense que nous sommes du Yémen. Même si Stéphane a vécu dans ce pays et si son arabe conserve des traces de la diction propre à la péninsule Arabique, ni lui ni moi n'avons le type yéménite. J'essaie de lui faire deviner d'où nous venons en lui donnant les premières lettres du mot France en arabe, mais il n'y parvient pas et n'a jamais entendu parler de la France lorsque j'en prononce le nom.

Je lui ai fourni comme adresse le Club grec, à côté du consulat de Grèce — un monument de l'Alexandrie moderne depuis la fin du XIXe siècle, situé à moins de un kilomètre du quartier où il habite. Il n'a aucune idée de l'endroit où il se trouve, et confond *Yunani* (grec) avec *Yabani* (japonais). Je téléphone à Georges et lui passe le chauffeur afin qu'il lui indique l'itinéraire, en lui précisant en français que c'est un salaf. « Surtout tu ne le fais pas entrer au Club ! », me répond-il affolé...

❖

J'arrive au Club grec avant Georges, coincé dans les embouteillages ; la circulation est difficile autour de chez lui, l'ancien quartier grec, situé de part et d'autre de l'antique voie canopique, connue des vieux alexandrins comme l'avenue du Roi-Fouad-Premier. Personne ne l'appelle de son nom officiel d'avenue de la Révolution (comprenez le coup d'État des « officiers libres », en juillet 1952). On l'appellera peut-être plus tard avenue de la Révolution, mais du 25 janvier 2011 ! D'autant que ce quartier autrefois cossu, dont les belles villas ont été transformées en bâtiments administratifs, désormais décrépis, après leur mise sous séquestre à l'époque nassérienne, abrite le siège du gouvernorat, qui a été brûlé puis démoli en janvier et n'est plus qu'un monceau de ruines au cœur de la cité.

À Alexandrie, la fureur populaire s'en est prise aussi à la quasi-totalité des commissariats, incendiés de fond en comble. C'est dans l'un d'eux qu'un jeune homme bien sous tous rapports, récemment rentré des États-Unis, Khaled Saïd, fut torturé à mort. L'impunité de la police, qui en était venue à traiter de la sorte un enfant innocent de la classe moyenne, en disait long sur la crise morale de la fin de l'ère Moubarak — au moins autant que l'attentat contre l'église copte des Deux-Saints au Nouvel An, dans cette même Alexandrie. La page Facebook « Nous sommes tous Khaled Saïd » — mise en ligne par le jeune directeur de Google au Moyen-Orient, l'Égyptien résidant à Dubaï Wael Ghonim, sympathisant des Frères musulmans — fut l'un des principaux adjuvants de la mobilisation prérévolutionnaire, en capitalisant l'indignation de la classe moyenne et de la jeunesse éduquée contre l'ancien régime.

Georges habite entre le consulat de Libye, cerné

par les chars qui bloquent la circulation, et celui d'Arabie saoudite, une magnifique villa Art nouveau appartenant autrefois à une riche famille juive locale. Depuis des décennies, le trottoir devant son appartement était squatté nuit et jour par des fellahs en tenue rurale traditionnelle, *gallabieh* et turban, assis sur leurs talons dans l'attente d'un visa pour l'eldorado wahhabite et salafiste des pétrodollars. Depuis les événements, ils ont été remplacés par un blindé de l'armée, qui seul assure, maintenant que la police s'est évaporée, la sécurité dans le quartier. Les jeunes sous-officiers qui l'ont en charge sont bien habillés, propres, polis. Ils incarnent cette « armée main dans la main avec le peuple » célébrée durant la révolution. Georges et les habitants du quartier leur apportent des sucreries.

Le Club grec est un bâtiment bas qui a connu des jours plus glorieux. Même en cette journée dominicale, il ne rassemble plus que quelques tablées d'habitués, des joueurs de jacquet égrotants, de vieilles femmes qui échangent des commérages en grec, et quelques autres, plus jeunes, qui sont venues accompagnées de leur mari égyptien et parlent arabe avec eux.

À l'entrée, la liste affichée des membres du club, classés par ancienneté sur une feuille Excel, voit les noms grecs se raréfier au profit des patronymes égyptiens typiques, coptes, mais aussi musulmans. Elle est désormais rédigée en anglais. Dans le foyer, trois panneaux en marbre gravés d'or recensent en grec les noms des « grands évergètes » d'antan (parmi lesquels des fortunes de l'Athènes d'aujourd'hui, comme les Bénaki, mécènes du plus important musée privé hellène, ou d'opulentes familles de Chio), puis des « évergètes », et enfin des simples donateurs.

Sans doute Cavafy et Tsirkas ont-ils hanté ces

lieux, mais rien ne marque, dans cette salle où seule demeure la mémoire hiérarchisée de la richesse, la trace du passage des meilleurs auteurs de l'hellénisme moderne, désargentés. La communauté autrefois florissante ne compte plus que quelques centaines d'âmes, et beaucoup de trépassés, dont les cimetières occupent de vastes espaces mitoyens.

✧

Georges arrive enfin, avec, dans un Tupperware, des feuilles de vigne farcies préparées par sa bonne, quelques tranches de mortadelle rapportées d'Italie, et dans sa poche une flasque d'ouzo pour célébrer dignement les agapes de nos retrouvailles. On ne peut quasiment plus boire d'alcool dans les restaurants d'Alexandrie, sauf ceux des rares palaces. Un vieux Nubien édenté et affecté de trachome, maître d'hôtel dans ce club depuis des temps immémoriaux, s'approche en claudiquant, apportant la « champagnière » — comme on dit en français d'Égypte — qui, à défaut de bouteille de champagne, sert désormais de seau à glace.

Georges vient de publier à Athènes à compte d'auteur un recueil de nouvelles sur l'Alexandrie de sa jeunesse. Il est la quintessence du « Franco-Levantin » — prononcé en roulant le « r » et avec un accent aigu sur l'« e » muet. Cette espèce menacée, en voie de disparition, désignait la subculture de l'Alexandrie cosmopolite et de la vallée du Nil. Ses différentes composantes, minoritaires d'origine sud-européenne, arménienne, chaldéenne, maltaise, libano-syrienne... ainsi qu'Égyptiens cultivés, communiquaient en ce français nilotique, à la mélodie italienne. Il était faufilé d'expressions particulières démarquées de l'arabe, comme « bonne arrivée », et l'on y comptait en piastres — un étudiant désargenté n'avait « pas la piastre ».

Toujours à fleur de peau, Georges est plein d'enthousiasmes et d'indignations. Il n'a pas changé, depuis trente ans que je le connais : il m'emmenait aux dîners assis où l'on portait cravate dans les salons naphtalinés de l'avenue Fouad, dont les hôtes portaient des noms de personnages à la Patrick Modiano, lui-même issu d'une lignée alexandrine. Je me rappelle l'argenterie usée au milieu du mobilier Art déco et les fêtes de la station balnéaire d'Agami, où des barbelés et des vigiles armés de bâtons protègent désormais de la foule musulmane pratiquante, barbue, mais voyeuriste, la portion de plage où se sont réfugiées les dames en maillot de bain.

La révolution l'inquiète, la prolifération des salafistes encore plus : la décadence d'Alexandrie a atteint avec eux son nadir. Depuis que la police a disparu, on ne parle plus que de vols et d'agressions. Marié sur le tard avec une Française, il passe l'été sur la Côte d'Azur, l'automne en Hellade et envisage de s'installer pour de bon à Nice. *Apochaireta tin, tin Alexandrian pou chanis !* (« salue-la, cette Alexandrie que tu perds »).

Lundi 11 avril 2011

Les Frères musulmans, première force de l'Égypte nouvelle

Issam al-Aryan est désormais le porte-parole officiel de la *Gama'at al-Ikhwan al-Muslimin* (organisation des Frères musulmans), sans doute la première force de l'Égypte nouvelle. Je le voyais régulièrement à mes passages au Caire, quand il n'était pas emprisonné. Ce médecin au caractère jovial, qui arbore la barbe grise et une grosse *zebiba* à l'aspect de chancre brunâtre, était déjà un carabin islamiste en vue des *Gama'at Islamiyya* dans les universités des années 1970. Il publiait des articles dans *Al Da'wa* (l'appel à l'islam), le mensuel des Frères à l'époque. Je l'avais cité et traduit assez longuement, et cela avait créé une relation entre nous, même s'il n'a jamais caché ses désaccords avec mes analyses, auxquelles il préfère naturellement celles des compagnons de route universitaires de l'islamisme.

Issam al-Aryan a fait partie des jeunes cadres du mouvement, refusant aussi bien la violence djihadiste que le rigorisme salafiste. Il représentait une solution de rechange à la vieille garde, jusqu'à ce qu'il rejoigne le « Bureau de guidance », à la fin de 2009, se substituant à ses deux camarades d'étude et de génération Ibrahim al-Zaafarani — qui vient de quitter l'organisation — et Abdel Monim Aboul Foutouh. Considérés comme les dirigeants des Frères les plus « ouverts », ceux-ci furent marginalisés par le nouveau guide suprême, le septuagénaire Mohammed Badie, issu de la mouvance radicale proche de Sayyid Qutb, le théoricien de la « souveraineté d'Allah » par opposition à la « souveraineté du peuple » — pendu par Nasser en 1966.

En devenant la figure des quinquas qui faisaient une stricte allégeance au guide suprême, Issam al-Aryan a choisi l'appareil contre la réforme démocratique de l'organisation à laquelle on associait généralement sa génération — tout en conservant une rhétorique favorable à la démocratisation de la société égyptienne. Depuis la révolution, il ne

s'écoule quasiment pas une journée sans qu'il participe à un débat télévisé — où ses adversaires laïques
ou libéraux l'accusent de pratiquer la langue de bois.

✧

Lorsque nous allons le voir avec Stéphane en ce
milieu de matinée, les Frères sont toujours dans
l'appartement sans apprêt sur la corniche de l'île de
Roda, près du Nilomètre, où le régime de Moubarak
les avait relégués et où j'ai rencontré déjà plusieurs
de leurs dirigeants, dont lui-même, dans le passé. Ils
doivent en déménager dans quinze jours pour des
locaux qui témoigneront de leur nouvelle puissance
en leur donnant pignon sur rue.

Il nous reçoit dans un bureau d'une dizaine de
mètres carrés où sont coincées à grand-peine une
table et trois chaises. Ce n'est pas encore trop impressionnant pour le mouvement auquel on augure la
conquête prochaine de ce pays. C'est la première fois
que je le rencontre en position de pouvoir, sans qu'il
lui faille négocier avec la sécurité d'État sa prochaine
mise en détention. Aujourd'hui, il peut affirmer ses
idées sans contrainte politico-policière. Son entrée
en matière n'en est que plus intéressante, quoique
surprenante :

> *Je voudrais commencer par vous dire que nous
> respectons tout à fait l'identité chrétienne de l'Eu-
> rope, et que nous n'avons pas l'intention de la
> convertir à l'islam. Et si l'Europe nous aide à
> développer ce pays et les autres pays arabes qui
> découvrent la démocratie, nous pourrons conser-
> ver ici les musulmans qui n'auront pas besoin
> d'immigrer pour chercher du travail et poseraient*

*des problèmes démographiques et politiques dans
les pays européens.*

Au fond de lui-même, je crois qu'il m'a toujours
pris, par-delà sa cordialité, pour une sorte de sup-
plétif universitaire du pouvoir français, voire de ses
services de renseignement : il me passe donc un message. Il a identifié l'inquiétude qui taraude la vision
européenne des révolutions démocratiques arabes.
Les Frères sont les seuls, me fait-il comprendre, à
pouvoir maintenir l'ordre — fût-il islamique — et
éviter un chaos qui se traduira immanquablement
par le déferlement migratoire vers le Nord. L'Europe, quelles que soient ses sympathies pour la laïcité ou le libéralisme dans le monde arabe, n'a de
toute façon plus le choix — il faut traiter avec eux et
les reconnaître comme interlocuteurs de référence.
C'est exactement la même stratégie que l'UOIF, la
branche française officieuse des Frères, lorsqu'elle
se pose comme le garant de l'ordre social — fût-ce
l'ordre moral islamique — en banlieue.

— *Vous allez créer un parti politique, appelé*
Al-Horreya wa-l'Adala *[liberté et justice]. Quels
seront ses rapports avec l'organisation ?*
— *Les deux instances seront indépendantes
l'une de l'autre. Tout le monde est invité à adhérer au parti, même les chrétiens. En revanche, il
est impensable que des membres de l'organisation
des Frères adhèrent à un autre parti.*
— *Pensez-vous à Aboul Foutouh et aux Jeunes
Frères, à qui l'on prête des velléités d'autonomie
politique, tout en restant membres des Frères ?*
— *Les revendications des Jeunes Frères qui
souhaitent la démocratisation de l'organisation*

sont à l'étude, mais il n'y a aucune raison de se précipiter pour faire des élections internes sous la pression des événements. D'autres tâches nous attendent au niveau de la société et de l'État, et les Frères doivent être en ordre de bataille. L'équipe dirigeante a une forte légitimité de par sa résistance à des décennies de persécutions. Les jeunes, quant à eux, n'ont pas de légitimité particulière que leur conféreraient les quelques jours passés sur la place Tahrir.

— *Selon vous, quel devra être le profil du futur président ?*

— *Il sera musulman et pratiquant. Il n'y a pas d'option. L'État sera civil, c'est-à-dire ni militaire ni théocratique, mais son référent* [marja'iya] *sera l'islam.*

Abdel Monim Aboul Foutouh me reçoit à *Dar al-Hikma*, une construction de style néomamelouk rue Qasr-al-Aini, non loin de la place Tahrir et du siège du Parlement. Le bâtiment tire son nom, qui signifie « maison de la sagesse », d'une institution du Bagdad abbasside qui rassemblait les hommes de plume et d'esprit — c'est le même que celui du *think-tank* du Hamas à Gaza. Il accueille diverses activités de l'Ordre des médecins, qui a été depuis des décennies un bastion des Frères. C'était, là encore, un lieu concédé par l'ancien régime à leur expression contrôlée. J'y avais dans le passé rencontré parfois Issam al-Aryan.

Il occupe le grand bureau bien meublé du secrétaire général de l'Union des médecins arabes, une fonction qui lui a donné à la fois une certaine protection politique transnationale face au pouvoir, et quelque autonomie envers l'appareil des Frères. Chaleureux, charismatique, le visage encadré d'une fine barbe blanche, il n'arbore aucune *zebiba* sur le front. Il porte, sans veston, une élégante chemise rayée avec une cravate assortie — par contraste avec al-Aryan qui n'a jamais eu cure de faire jurer motifs et couleurs de ses habits.

C'est la première fois que je le rencontre. Il me demande si je connais Alain Gresh — ancien rédacteur en chef du *Monde diplomatique* et fils d'Henri Curiel, fondateur du parti communiste égyptien, issu d'une riche famille juive du Caire dont la somptueuse villa est aujourd'hui l'ambassade d'Algérie. Gresh, longtemps responsable du Moyen-Orient au parti communiste français, a ensuite beaucoup œuvré au rapprochement entre « anti-impérialistes » et islamistes et coécrit un livre avec Tariq Ramadan. Il a invité Aboul Foutouh, m'informe ce dernier, à se rendre une fois à Paris au Parlement — dans une des salles, j'imagine, que l'Assemblée met à disposition pour des colloques.

Je lui demande quelle est sa position dans le débat qui oppose le cheikh Qaradawi, pour lequel « la logique veut que le prochain président égyptien soit musulman pratiquant », et Kamel Helbawi. Cet ancien représentant international des Frères rencontré il y a quelques jours au siège de la chaîne Aljazeera *Mubashir* estime, dans *Al-Masry Al-Youm* ce matin, que l'Égypte démocratique peut être aussi bien dirigée par une femme ou un copte et que les compétences doivent primer. Aboul Foutouh est en accord complet avec ce dernier et, je l'infère, en désaccord avec Issam al-Aryan, qui m'a dit le contraire au nom de l'appareil :

— *Ne pensez-vous pas qu'il faudrait procéder à des élections transparentes parmi les Frères, comme le réclament leurs jeunes membres ?*

— *Tout à fait. Le précédent « Bureau de guidance » [équivalent d'un bureau politique] élu l'a été en novembre 1994, et presque tous ses membres ont été emprisonnés juste après, puis condamnés parce qu'ils avaient participé à des élections non autorisées. Les circonstances politiques ayant changé, il faudrait procéder à de nouvelles élections.*

— *Sur la base de quelles divergences avez-vous été écarté du « Bureau de guidance » en décembre 2009 ?*

— *J'ai voulu laisser la place à d'autres, après y avoir siégé pendant vingt-trois ans. Je suis toujours membre de l'organisation, contrairement à mon ami Ibrahim al-Zaafarani, qui vient de la quitter et de créer un parti intitulé* Al-Nahdha, *mais je n'ai pas l'intention d'adhérer à « Liberté et Justice ».*

— *Plusieurs de mes interlocuteurs m'ont dit qu'ils verraient en vous un prochain président égyptien qui pourrait réconcilier les pôles islamiste et laïque. Allez-vous vous présenter ?*

— *Je n'ai pris aucune décision en ce sens, mais je consulte des amis à cet effet. En tout cas, j'ai voté « non » au référendum [contre les consignes des Frères, mais avec la plupart des laïques et des libéraux]. Il faut changer de Constitution, établir les bases de la démocratie, et non pas replâtrer le système autoritaire. Je suis favorable à une Égypte ouverte et démocratique, où même une femme ou un Copte pourraient être élus à la présidence. Mais il n'est pas envisageable pour autant d'ins-*

taurer dans ce pays une laïcité absolue, au sens
français ou turc, de séparation de la religion et de
l'État. Le peuple égyptien est profondément reli-
gieux. Il ne l'accepterait pas. Seule une laïcisation
relative peut être pratiquée.

La notion de « laïcisation relative » (*juz'iyya*)
qu'emploie Aboul Foutouh a été formulée par l'intellectuel de gauche devenu islamiste Abdel Wah-
hab al-Messiri, récemment décédé. Elle exclut une
théocratie à l'iranienne, mais conserve le référent
islamique d'un état civil (*madani*) où fonctionnent
des institutions démocratiques fondées sur la souveraineté populaire et des élections libres.

Le terme arabe qui rend « laïcité », *'alimaniyya*, a
été forgé au xixᵉ siècle sur le mot *'alim*, qui signifie
« monde », et s'entend comme « sécularisme », au
sens où le siècle et ses contingences s'opposent à
la loi divine. Il est presque toujours prononcé, de
manière erronée, *'ilmaniyya*, dérivé du mot *'ilm*
(science), marquant par ce flottement phonétique et
sémantique son assimilation malaisée par la culture
politique musulmane contemporaine. Dans le débat
politique égyptien d'aujourd'hui, il apparaît comme
clivant. Des musulmans classés comme « modérés »,
tels le grand imam d'al-Azhar ou le Dr Aboul Foutouh, le rejettent comme inapproprié, voire antina-
tional. Ils lui préfèrent le terme plus consensuel de
madani (civil), embrumé d'un flou conceptuel qu'aucun de ceux qui l'emploient ne semble désireux de
dissiper.

Mardi 12 avril 2011

Louxor, Osiris et les islamistes

La mosquée Aboul-Haggag, siège de la confrérie soufie du même nom, est installée sur les ruines du temple pharaonique de Louxor, d'où elle a chassé une église copte qui avait investi les lieux après la chute du paganisme de l'Empire romain. Elle conserve, sous une forme dégradée, un rite qui reproduit celui de la barque céleste que le culte des anciens Égyptiens faisait passer de temple en temple, symbolisant le voyage du soleil et la fécondation par lui du panthéon de Thèbes aux cent portes. Chaque année, lors du *Mouled* — la fête du saint fondateur —, les adeptes promènent des barques selon un parcours ritualisé à travers la ville moderne qui rappelle l'itinérance de la barque d'antan entre les temples de Karnak et de Louxor.

La mosquée a été endommagée il y a deux ans par un incendie. Le service des antiquités en a profité pour la restaurer en faisant tomber les stucs qui dissimulaient les hiéroglyphes et les images gravées des dieux et des déesses, Osiris, Isis, la vache Hathor ou le chacal Anubis, qui figuraient sur les colonnes antiques entre les énormes fûts desquelles s'est nichée la mosquée. Le *mihrab* lui-même — qui indique la direction de La Mecque et l'orientation de la prière — a été creusé dans un fût de colonne, de la même façon que les Coptes se sont épuisés à marteler les visages des dieux d'autrefois pour consacrer les temples païens remployés à l'adoration du Christ.

Tout cela est propre à irriter les salafistes, qu'offusque ce mélange des genres entre l'unicité absolue d'Allah révérée dans une mosquée et la prolifération des représentations d'un polythéisme exécré sur ses murs mêmes. Des femmes en tenue de paysanne viennent passer leur main et frotter leur ventre sur la clôture du tombeau du saint dans la pièce attenante — en désir d'enfant ou soucieuses de jeter le mauvais œil sur une voisine que reluque leur mari. Non loin de là, on aperçoit les stries dans le grès des colonnes que les ongles d'orantes innombrables ont creusé dans la même intention depuis cinq mille ans près des représentations des déesses Isis ou Hathor, ou du dieu Amon-Min ithyphallique, symboles de la fécondité.

À l'entrée du sanctuaire, on vend aux chalands des images pieuses, qui décrivent les litanies de saints et les lignages sacrés. Sur l'une d'elles, je vois le visage du grand imam d'al-Azhar, Ahmed al-Tayyeb, avec son fin sourire d'intellectuel, qui se distingue en impression plus nette dans la lignée photographique floue et hiératique de ses aïeux, de son père, et au côté de son frère, le cheikh Mohammed, actuel chef de la confrérie. Le chef des Aboul Haggag, avec qui nous prenons le thé dans un espace de réception attenant au sanctuaire, m'informe que sa famille et celle des al-Tayyeb sont liées par des intermariages.

Vendredi dernier, pendant que, sur la place Tahrir, se préparaient les affrontements de la nuit, se tenait sur l'esplanade de la mosquée Aboul-Haggag et du temple pharaonique de Louxor une conférence animée par deux dirigeants historiques de l'islamisme radical, les frères Tareq et Abboud al-Zomor. Originaires de Haute-Égypte, ils viennent d'être sortis par la révolution de la prison où ils avaient été jetés après la mort de Sadate, en octobre 1981.

Abboud était l'officier de rang le plus élevé du *Tanzim al-Gihad* (l'organisation du djihad), qui assassina Sadate, le 6 octobre 1981. Commandant dans l'aviation, où il était chargé des questions de sécurité, âgé de trente-cinq ans au moment des faits, il avait objecté au plan de l'assassinat lors de la dernière réunion préparatoire à celui-ci. Il ne voyait pas comment se ferait le lien entre la mort de Sadate et la capacité des régicides à mobiliser les masses pour instaurer l'État islamique.

C'est en effet le problème récurrent de l'islamisme radical, depuis l'origine jusqu'à aujourd'hui, en passant par al-Qaida et le 11 septembre 2001. En prison, Abboud, plus âgé que ses codétenus et mieux structuré intellectuellement, devint le principal dirigeant charismatique dans la communauté des islamistes derrière les barreaux. Il s'attira du reste le surnom respectueux de « cheikh Abboud ».

La plupart des islamistes emprisonnés, y compris les condamnés pour faits avérés de terrorisme et les frères al-Zomor, ont été libérés dans les contrecoups de la révolution, soit légalement parce qu'ils avaient purgé leur peine, soit en mettant à profit le relâchement général pour s'échapper. En rétrospective, à l'heure où le pharaon déchu Moubarak a été renversé par la révolution, les régicides du pharaon Sadate (comme le qualifiait le chef du groupe qui le tua, Khaled al-Islambouli), plus impopulaire encore, retrouvent une forme de légitimité, voire un statut de précurseurs.

Selon la presse, ils auraient choisi de tenir un meeting en ce lieu symbolique, proche du temple de Hatchepsout où, en 1997, des islamistes radicaux avaient tué des dizaines de touristes, pour signifier leur renonciation à la violence et annoncer leur participation à la marche de la démocratie dans la nouvelle Égypte. Ils auraient amené avec eux l'un des participants à l'affaire de Qena dans laquelle, il y a quelques jours, un copte avait eu l'oreille coupée ; il aurait regretté de s'être « fait justice » soi-même, au lieu de déférer aux autorités le délinquant supposé.

Mais des témoins oculaires musulmans comme chrétiens du meeting m'en font un récit différent. Rassemblant plus de dix mille barbus arrivés en cars spécialement affrétés de leurs bastions d'Armant, à quelques dizaines de kilomètres au sud, et de Manfalout, au nord, les frères al-Zomor, auréolés de l'héroïsme désormais conféré par leurs longues années passées dans les geôles du « despote » déchu, auraient voulu marquer la force du courant islamiste radical. Dans cette ville, les Coptes sont peut-être aussi nombreux que les musulmans, et se sont enrichis dans moult commerces, notamment l'orfèvrerie et les articles pour touristes. Les orateurs auraient réaffirmé le caractère strictement islamique que doit prendre l'État issu de la révolution. D'autres rassemblements similaires auraient suivi en Haute-Égypte, où les églises et les monastères dressent leurs croix carrées en trois dimensions au-dessus de leurs coupoles et de leurs clochers dans toutes les villes ainsi que dans de nombreux villages.

Mercredi 13 avril 2011

Revoir Gournah

Je ne suis pas retourné à Gournah depuis l'automne de 2001, il y a presque dix ans. Comme aujourd'hui, j'avais alors gravi le raidillon des ouvriers des sépultures de l'Antiquité qui mène, à travers un col dans la montagne en forme de corne (*Gournah*, en arabe et selon la prononciation locale), de la vallée fertile du Nil à la vallée morte des Rois.

J'y avais rencontré un enfant qui m'avait harcelé pour me vendre une fausse antiquité *made in China* prétendument trouvée dans une tombe. Il m'avait expliqué qu'il ne fréquentait plus l'école, pour gagner sa vie et celle de sa famille : il n'y avait plus d'argent, suite à la disparition des touristes après le 11 septembre. À ma question sur ce qui s'était passé selon lui en Amérique, il m'avait dit que les Juifs et les chrétiens avaient tué des milliers de musulmans dans des tours à New York — c'était ce qu'on lui avait appris dans ses derniers jours d'école.

Le sentier laisse à main droite les mausolées des santons musulmans édifiés par la piété des pilleurs de tombes au-dessus des nécropoles antiques, inépuisables mines de bijoux, d'or, d'argent, de pierres précieuses comme de momies aux fragments desquelles on prête des vertus médicinales. On distingue sur les premiers contreforts le mausolée du cheikh Abed al-Gournah, faiseur d'innombrables prodiges, et plus loin du « saint furieux » (*majzoub*) Abu Gumsan — mot à mot « le père chemise » —, un santon qui allait quasi nu, vêtu d'une simple chemise, et était très recherché des femmes en mal d'enfant qu'il rendait miraculeusement enceintes.

Son hagiographie est riche des conflits qui l'opposèrent aux saints lettrés de la lignée des al-Tayyeb, qui tenaient en piètre estime ce charlatan priapique, réincarnation paysanne du dieu Amon-Min ithyphallique. Son tombeau est surmonté d'une petite felouque qui rappelle la barque céleste qui traversait le Nil pour amener les pharaons à leur dernière demeure, sur la rive du ponant.

Jusqu'en 2006, les tombeaux s'élevaient au milieu des maisons en pisé du village, construites illégalement sur les zones antiques. Lorsque les habitants commencèrent à transformer celles-ci en *bed-and-breakfast* pour routards occidentaux et installèrent des douches, les eaux usées se mirent à infiltrer les sépultures antiques, leur causant des dommages terribles. L'administration des Antiquités fit raser les bâtisses au bulldozer en décembre 2006, relogeant les habitants dans une cité type HLM rural, éloignée de quelques kilomètres des flux touristiques, et privant la population des ressources traditionnelles qu'elle tirait de sa localisation privilégiée.

Depuis la révolution et la disparition de la police et des services de sécurité discrédités, plusieurs villageois sont venus se réinstaller sur l'emplacement dont ils ont été chassés, et l'on distingue leurs maisons flambant neuves. Dans la zone de Louxor, on estime que près de un millier de bâtiments sans permis ont été édifiés depuis la chute de Moubarak ; partout en Égypte, des paysans cassent les clôtures des sites antiques et s'approprient leurs terres pour y construire ou ensemencer, comme me l'a confirmé au Caire le ministre des Antiquités Zahi Hawass. La révolution, dans le monde rural, se situe sur un autre registre que les débats d'idées de la place Tahrir.

« Je suis égyptien, je suis libre », proclame en arabe le *tee-shirt* du serveur d'un café installé près des ruines, illustré de deux mains dressant vers le haut leurs chaînes brisées autour de l'inscription « 25 janvier ». L'État, quel qu'il soit, a toujours été vu comme une force d'oppression et ses lois, même prises au service des intérêts supérieurs du pays, comme l'arbitraire despotique. La liberté conquise signifie aussi de pousser ses avantages particuliers, dans un contexte économique et social difficile, en prenant précaution contre un avenir incertain.

La paupérisation qui s'est immédiatement accentuée avec le ralentissement des activités — dont témoignent à Louxor les hôtels fermés, les sites antiques peu fréquentés et les énormes bateaux pour touristes amarrés immobiles sur les quais du Nil — a suivi une période d'inflation importante, dont beaucoup pensent qu'elle n'a pas été sans rapport avec le déclenchement des troubles.

La hausse mondiale du prix des céréales, causée notamment par les immenses incendies liés à la sécheresse en Russie durant l'été de 2010, passée inaperçue dans les pays riches, où l'alimentation ne représente qu'une faible fraction des budgets des ménages, a eu des conséquences majeures dans le tiers-monde rural dont la Haute-Égypte est un exemple. Le kilo de tomates a plus que doublé en un an, passant de 3 à 7 livres (1 euro = 8,50 livres après la révolution, 7,50 livres avant) ; le riz, le sucre, la farine ont vu leur prix doubler. Les bouteilles de gaz butane, avec lesquelles on cuisine partout à la campagne, ont doublé aussi, et de plus, comme le contrôle a disparu, elles sont parfois à moitié remplies seulement. Les historiens n'attribuent-ils pas la cause de la Révolution française à l'envolée des prix des grains avant 1789 ?

Tout cela a exacerbé les tensions sociales, marquées par l'accaparement des terres soudain disponibles quand elles appartenaient à un cacique de l'ancien régime. Le voilà incapable de les défendre par la force s'il se retrouve emprisonné ou même inquiété par la justice pour malversations. Les éva-

sions massives des prisons d'Armant et de Qena
lorsque les manœuvres de dernière minute de
l'équipe de Moubarak en ont ouvert les portes n'ont
pas remis en liberté que des prisonniers politiques
islamistes. Ont pris le large des criminels ordinaires
disponibles pour la *baltaguiyya* et des individus
emprisonnés pour des affaires de vendetta (*thar*) que
les familles de leur victime recherchent pour les tuer
ou leur faire payer le prix du sang — d'autant mieux
que la police, autrefois omniprésente, a disparu du
paysage.

Le marché illégal des armes, dont se sont émus
des articles de presse et des émissions de télévision,
a explosé, alimenté par les armes de service des policiers déserteurs, mais les prix ont monté à cause de
l'inquiétude générale qui pousse à se défendre par ses
propres moyens. À Gournah, un 9 mm de fabrication
allemande se négocie à un peu moins de 1 000 euros
et une kalachnikov autour de 3 000 euros, en hausse
significative par rapport aux dernières semaines de
l'ancien régime. La contrebande libyenne abonde ce
marché, comme tous ceux du Moyen-Orient et du
Sahel, avec les inépuisables arsenaux pillés de Kadhafi.

Dans un centre de poterie où les enfants ruraux
apprennent un métier, les règles élémentaires de l'hygiène, et s'épanouissent par une activité créatrice,
les responsables ne cachent pas leur inquiétude ; les
gros bras locaux lorgnent les bâtiments et les élèves
pour les faire passer sous leur coupe et les racketter.
La raréfaction des touristes faisant baisser le nombre
et le prix des pièces vendues, un père a expliqué aux
responsables que si son enfant ne touchait pas le
salaire attendu à la poterie, il n'aurait d'autre recours
que de le livrer à la prostitution. La rumeur veut que
le prix de la passe masculine soit tombé en quelques

mois de 18 à 6 euros. Et dans les villages, on raconte que des femmes veuves, divorcées ou répudiées affamées et en perdition pratiquent des rapports tarifés pour environ 2,50 euros ; à ce niveau, soit le prix de moins de trois kilos de tomates, la prostitution touche une clientèle rurale, et affecte le tissu social au plus profond.

C'est là un terreau fertile pour la mouvance islamiste, et notamment les salafistes, qui se présentent comme les champions de l'ordre moral : les affaires qui ont défrayé la chronique ces dernières semaines y ont été liées plus d'une fois. Le copte dont l'oreille fut coupée par des barbus à Qena la semaine dernière était accusé par eux de proxénétisme, et une femme de mauvaise vie a vu sa modeste maison et son pauvre mobilier brûlés dans les environs du Caire.

Jeudi 14 avril 2011

Chrétiens et musulmans du Nil

La cange à bord de laquelle je remonte le Nil a accosté à Esnah, après avoir franchi l'écluse du barrage construit par les saint-simoniens français au XIX⁰ siècle et reconstruit par la Hongrie socialiste dans la seconde moitié du XX⁰. D'ordinaire on patiente des heures derrière les énormes bateaux grouillant de touristes, en se faisant aborder par les zodiacs de la police fluviale, qui peut accélérer le passage lorsqu'on lui graisse la patte. Il n'y a ni policier ni touristes en vue ; nous passons immédiatement et sans bakchich, sous la surveillance discrète de quelques militaires.

Esnah, où la chaleur est particulièrement éprouvante l'été, fut le Limoges de l'Égypte : on y envoyait les fonctionnaires ou les courtisans — et les courtisanes — en disgrâce. Sans l'almée Koutchouk Hanem, qui y avait été reléguée après sa défaveur auprès du khédive — son nom signifie en turc « petite madame » —, le roman français n'aurait pas été le même. C'est dans ses bras que Gustave Flaubert s'est révélé comme écrivain, lorsque sa cange y aborda, en mars 1850.

❖

Un taxi me conduit, avec l'ami niçois qui m'accompagne sur le Nil et y « photographise », au couvent copte de Saint-Mathieu. Il est niché près de la croupe des montagnes de la chaîne libyque, qui borne la vallée fertile où l'on coupe la canne, chargée sur des wagonnets qui l'emporteront à la sucrerie d'Esnah.

J'ai fait l'acquisition hier, au couvent de Saint-Théodore, derrière le temple de Médinet Abou, à Gournah, d'un petit guide en arabe des couvents, églises et sanctuaires chrétiens de Haute-Égypte, rédigé par un prêtre et orné d'une photo du pape Chenouda III. La disproportion entre les temples antiques immenses, avec leurs colonnes de huit mètres de haut faites pour l'habitat des dieux, et celle des lieux de culte coptes, terrés derrière leurs remparts de briques, est frappante. Les mosquées aussi sont plus petites que les temples, mais elles affichent leur présence visuelle par la hauteur des minarets et sonore par les haut-parleurs qui hurlent l'appel à la prière.

Saint-Mathieu, note le guide, est couvert de fresques du XIIe siècle qui ont été étudiées par l'Institut français d'archéologie orientale du Caire, dont l'ancien et illustre directeur Serge Sauneron a fouillé et publié le grand temple pharaonique d'Esnah. On les distingue à peine, sur les murs de la nef noircis par la fumée de deux millénaires de bougies. Le couvent et le cimetière attenant sont entourés d'une grille — rappel des nombreux conflits interconfessionnels qui ont émaillé l'histoire récente de la vallée, exacerbés par le développement des mouvements islamistes depuis les années 1970. Un simple policier, ventru et débonnaire, en garde l'entrée — nous n'avons rencontré aucun barrage ni contrôle de police depuis notre débarquement de la cange.

Le moine qui nous accueille n'est ici qu'à mi-temps, détaché avec un collègue d'un couvent plus dynamique de la ville de Louxor, comme ces prêtres qui, dans mon village du Midi, font la tournée des églises pour pallier la raréfaction du clergé. Mais l'Église copte ne connaît aucune crise des vocations, au contraire ; depuis que le régime nassérien a durement frappé les élites bourgeoises et séculières chrétiennes avec les nationalisations dans les années 1960, ce sont les religieux qui ont acquis le quasi-monopole de la représentation de la communauté. Le mouvement d'évangélisation interne lancé par le pape Chenouda, le renouvellement des cadres épiscopaux ont redonné un dynamisme à l'Église. Et comme la construction d'églises nouvelles est rendue difficile par les lois musulmanes, celles qui existent sont toujours bourrées de fidèles lors des offices, débordant sur le parvis.

Pourtant, le monastère de Saint-Mathieu semble assez isolé des forces vives du peuplement chrétien ; il est entouré de villages musulmans et veille surtout sur un cimetière monumental, témoignage d'une prospérité passée, au sein duquel la sépulture d'un prêtre récemment canonisé se distingue, photographié sur son lit d'hôpital, le visage émacié, entouré de respirateurs et de goutte-à-goutte, visité par un évêque en mitre ronde et croix épiscopale. On a exposé dans une boîte de Plexiglas son surplis et son étole à la vénération des fidèles. Une petite fente permet d'y glisser des messages pliés en quatre qui implorent sa bénédiction et sa protection ; ils s'entassent jusqu'à noyer dans la profusion du papier les habits sacerdotaux du curé thaumaturge.

Sur le chemin du retour à la cange, l'air vespéral est chargé de l'odeur de la mélasse, et l'obscurité est trouée de place en place par les brûlis dans les champs où la canne vient d'être coupée.

Le jeudi soir est festif en pays d'islam : c'est la « grande nuit » (*leila kebira*) des soufis, où l'on entonne le *zikr* — la remémoration du nom d'Allah, chargée de vertus propitiatoires pour les récitants — et où l'on exalte les défunts, où l'on célèbre aussi les fêtes de mariage, le tout dans un grand concours de haut-parleurs où les éloges des morts se mêlent aux musiques des orchestres des vivants, entrecoupés par les appels à la prière et récitations coraniques.

Le quai où nous sommes amarrés est proche d'une salle de mariage d'où sort un joyeux tumulte. Sur une piste, les hommes dansent au son d'une musique enregistrée. Toutes les femmes sont voilées, mais « modernes », avec des tissus aux couleurs gaies, parfois criardes, et des vêtements assez ajustés. Elles sont mêlées aux hommes autour des tables et dans les travées. La cérémonie me rappelle un mariage nord-africain de Seine-Saint-Denis auquel j'ai assisté il y a quelques semaines, mais où le hijab restait minoritaire.

Le vacarme dure toute la nuit. Des muezzins particulièrement inspirés emplissent l'obscurité de leurs nénies répercutées par les haut-parleurs saturés. Je me demande comment les Coptes et tous ceux que cette prédication nocturne ne concerne pas font pour dormir. Je finis par m'assoupir dans les odeurs de bango, le haschisch local de mauvaise qualité que fument des jeunes allongés sur le quai, profitant de la fraîcheur du Nil.

Vendredi 15 avril 2011

Esnah après Flaubert

Après l'agitation de la nuit, les rues sont presque désertes ce matin, et la plupart des échoppes encore fermées en attendant la sortie de la prière musulmane en congrégation, à midi. Esnah, dont le sol est meuble et où beaucoup d'immeubles sont de guingois, a l'air d'une ville-fantôme, mi-sortie d'un tableau de Jean Léon Gérôme, mi-cité bombardée et partiellement reconstruite. De nombreuses bâtisses menaçant ruine ont été abandonnées ou sont habitées par des squatters. Les lois foncières du nassérisme, jamais abolies par peur d'une explosion sociale, ont bloqué les loyers et se sont traduites par l'absence d'entretien des maisons, qui se délitent.

L'immense portique du temple ptolémaïque se dresse du fond de son trou excavé, profond d'une dizaine de mètres, entouré par les maisons modernes

édifiées sur les couches de limon et de sédiments que
le Nil a déposés pendant des dizaines de siècles de
crue, jusqu'à ce que le « haut barrage » stabilise les
niveaux. Les chapiteaux gigantesques, qu'a dessinés
Vivant Denon dans une planche magnifique de son
Voyage dans la Basse et Haute Égypte, dressent la
profusion de leur registre floral de papyrus et de
lotus à la hauteur des hommes d'aujourd'hui qui
déambulent sur le sol moderne, comme si ce divin
d'autrefois avait dû lentement sombrer pour que
nous nous hissions à son sommet.

Des dames coptes endimanchées, tête nue, se
rendent à la messe — réglée sur le jour de congé
musulman, en sus de l'office dominical. Les plus
âgées mettent une mantille à l'entrée de l'église de
la Sainte-Vierge, où les sexes sont séparés : femmes
à droite, hommes à gauche. Dans la ville, et plus
encore à la campagne, la *gallabieh* — la robe traditionnelle de Haute-Égypte portée par les hommes
avec le turban — l'emporte encore sur l'habit
européen, chemise-pantalon. À la messe, c'est le
contraire, mais pas à la mosquée, comme si les
Coptes avaient majoritairement accédé à une petite
bourgeoisie dont ils ont adopté les habitudes vestimentaires.

La messe dure jusqu'à quatre heures de temps. En
ce vendredi qui précède les Rameaux, la ferveur dans
l'église bondée est extrême : répons, signes de croix,
mains levées en des gestes d'orants identiques à ceux
des fresques anciennes du christianisme d'Orient.
Les prêtres barbus concélèbrent l'office derrière
l'iconostase, dont les portes sont ouvertes, permettant d'entrevoir le tabernacle. Ils chantent en arabe,
mais aussi en langue liturgique copte, le latin de la
communauté, dont les sonorités nasillardes incom-

préhensibles aux laïques donnent une dimension magique à la cérémonie.

Les icônes de la Sainte Famille, du Christ, de la Vierge, de la Nativité, les théories de saints et d'apôtres sont représentées dans un style saint-sulpicien mâtiné de tradition byzantine sur l'ambon. Avec leurs lances, leurs armures, leurs fleurs de lys, elles me font penser aux murs du naos dans les temples pharaoniques, décorés d'Osiris, Isis, de l'enfant Horus au sein, divinités du panthéon égyptien avec leurs signes distinctifs et fonctions bien assignées.

De la maison abandonnée de l'almée Koutchouk Hanem, où Flaubert a passé cette nuit de mars 1850 qui ferait de lui le maître de notre style, il ne reste que la porte condamnée, barrée d'une chaîne, au-dessous du niveau de la rue moderne ; le portique de briques s'orne de quelques inscriptions en calligraphie typique du XIXᵉ siècle khédivial, presque effacées par le temps, la poussière et le manque d'entretien. Des immondices s'y sont accumulées. Un panneau bleu fixé au mur indique le nom de la rue en arabe : *sh. Al Jubeirat.*

> *À 3 heures je me suis levé pour aller pisser dans la rue ; les étoiles brillaient. Le ciel était clair et très haut.*
>
> Gustave, à l'ami Louis Bouilhet, 13 mars 1850, à bord de notre cange, à 12 lieues de Syène [Assouan].

❖

Dans le café près des ruines du temple, je sirote mon café turc *ar riha* (avec un soupçon de sucre), protégé des ardeurs du soleil par un turban que le

marchand m'a noué sur le front à la mode d'Esnah. Une vieille télévision dont le son a été mis au
maximum déroule la litanie des noms des gouver-
neurs nommés par la révolution pour remplacer les
hommes de Moubarak. Beaucoup sont des militaires,
comme avant. Je remarque que le gouverneur de
Qena, le général de police Imad Mikhaïl, a un patronyme copte.

Tandis que la cange a repris sa navigation vers
Assouan, l'antique Syène, entre les berges dissimulées par les roselières, voiles gonflées par le vent
du désert chargé de sable, le *khamsin*, j'apprends
que les islamistes de Qena se sont révoltés. Ils ont
coupé les routes et la voie ferrée, isolant la Haute-
Égypte du reste du pays, et fait le siège du gouvernorat. Ils disent qu'ils le maintiendront jusqu'à ce
que la nomination du général copte soit annulée et
qu'il soit remplacé par un musulman. [Ils obtinrent
satisfaction quelques jours plus tard, et levèrent le
blocus.] Depuis son refuge des monts d'Afghanistan,
Al-Sahab, la maison de production audiovisuelle d'al-
Qaida, a mis en ligne, après des mois d'absence des
écrans, une vidéo d'une heure d'Ayman al-Zawahiri,
son idéologue, consacrée à son pays natal, l'Égypte.
Il y apporte son soutien à l'action du cheikh Abboud
al-Zomor pour que « l'islam domine l'Égypte et n'y
soit pas dominé ».

III

TUNISIE

Mercredi 26 octobre 2011

Lendemains d'élections à Tunis

C'est en tournant la clé de contact dans la voiture de location à l'aéroport de Tunis-Carthage que je me rends compte de ce qui a changé. Les préparateurs de véhicules ont l'habitude de mettre la radio très fort et omettent de l'éteindre avant de couper le moteur. Ainsi une voix sur la fréquence de Mosaïque FM crie-t-elle en arabe dialectal mâtiné de français : « Ennahdha a gagné, et je n'en ai pas peur ! » Une autre voix lui répond, inquiète des intentions du gouvernement islamiste probablement — le décompte n'est pas terminé — sorti des urnes lors des premières élections libres et démocratiques depuis l'indépendance, il y a trois jours.

Le son de la radio est branché et moderne. Créée sous Ben Ali pour toucher la jeune génération, elle est aujourd'hui la première du pays, au prix de quelques démissions dans sa direction. Les débats, chansons et flash d'infos en dialecte sont entrecoupés d'écrans publicitaires, la plupart en français, pour des opérateurs de téléphonie mobile qui se battent à coup de forfaits *discount*. Révolution du jasmin oblige, elle martèle son propre slogan entre deux pubs : « Mosaïque FM *youwassil sawtak* [transmet ta parole] » — une parole que Ben Ali avait confisquée.

Jeudi 27 octobre 2011

Ennahdha, pour et contre

Je suis invité à déjeuner dans une cité populaire de la banlieue de Tunis, dans la famille d'une jeune femme qui réside en France sans papiers, et dont les mandats contribuent à faire vivre les siens restés au bled. La mère est ouvrière dans une conserverie ; le père, chauffeur-livreur, est malade et se déplace avec peine. Il porte de belles chaussures de sport, cadeau envoyé par sa fille depuis un magasin de Barbès. Leurs deux autres enfants, le frère et la sœur de l'émigrée, font des études qu'elle subventionne. Une cousine est l'unique voilée du groupe. De Bourguiba, il reste l'émancipation des femmes et le planning familial. Mais ni l'économie, ni la répartition de la richesse nationale, ni l'éducation de masse n'ont suivi.

Seul un oncle se débrouillant en français, nous parlons surtout arabe, mon accent égyptien les amuse, leur rappelle les feuilletons populaires de la télé. Couscous à semoule fine, sars grillés accompagnés de coriandre, dattes *deglet nour*, raisin muscat du cap Bon récolté à Kélibia, la bourgade d'où l'on s'embarque nuitamment vers l'île italienne de Lampedusa dont les lumières vacillent à l'horizon, porte du paradis européen pour ceux qui ne se noient pas dans les tempêtes de la Méditerranée. Un proverbe rimaillé maghrébin que citent souvent les émigrés clandestins pour se donner du courage avant de se jeter à l'eau dit :

> *Je préfère être mangé par les poissons* [hout]
> *que par les vers* [doud].

Les sars juvéniles, comme ceux que nous dégustons, sont omnivores et deviennent carnivores à l'âge adulte.

On discute des élections de dimanche. Tout le monde a voté, sauf l'oncle francophone qui me sort pourtant de son cartable les professions de foi des dizaines de candidats de sa circonscription et les commente, pointant les accointances des uns et des autres avec l'ancien régime, les malversations publiques ou secrètes. La génération des parents a donné son suffrage au *Takattol* — le « Forum démocratique pour le travail et les libertés », un parti réformiste non religieux, plutôt proche du nationalisme arabe d'antan, arrivé en quatrième position.

> — *Pourquoi n'avez-vous pas voté Ennahdha ?*
> — *Parce qu'ils auraient permis à mon mari de prendre trois autres femmes !*

La réponse de la mère déclenche un éclat de rire général accompagné d'un sourire fatigué du père — pas trop le surmâle islamique dans son harem. Les jeunes, garçons et filles, voilées ou non, ont tous voté Ennahdha :

*On veut que ça change. Ce n'est plus possible.
On n'a aucun avenir. Même en Europe y a plus
de boulot.*

Comme dans tous les quartiers populaires du
pourtour méditerranéen musulman, nous sommes
dans une maison inachevée : au-dessus du rez-de-
chaussée, un étage est en construction, les piliers
sont sommés de tiges de fer à béton rouillé, comme
un bouquet disgracieux dont les fleurs auraient été
coupées. Les briques creuses sont montées de guingois en des cloisons qui ignorent le fil à plomb et
tomberont à la moindre secousse tellurique. Ce sont
des milliers d'heures de repassage, de garde d'enfants et d'accompagnement de vieillards européens
atteints de la maladie d'Alzheimer que traduisent ces
empilements de briques orangées, hâtivement cuites.

❖

Cet après-midi, changement de décor : je prends
le thé dans une villa du Belvédère, l'ancien centre-
ville colonial, chez un universitaire entreprenant et
jovial, dont la fille a été mon étudiante. Homme de
gauche, il fut plusieurs fois ministre dans les premières années qui ont suivi l'arrivée au pouvoir de
Ben Ali, en 1987. C'était l'époque où le successeur de
Bourguiba avait pratiqué l'ouverture démocratique
avant de convoquer des élections aussitôt annu-
lées parce que les islamistes d'Ennahdha y avaient
— déjà — remporté un score important.

Comme beaucoup de démocrates et de laïques, le
professeur a été jeté en prison, en même temps que
les islamistes, quand le régime a instauré la dictature
et le règne de la police politique, enfonçant ce pays

libéral dans une culture de la terreur qui l'a conduit dans une spirale de régression et de corruption. Puis il en est sorti et a ouvert un bureau d'études. Il est aujourd'hui actif en politique au sein d'un parti de gauche qui n'a pas fait un gros score à l'élection de dimanche.

Je lui demande :

> — *Que comptez-vous faire ? Vous allier à Ennahdha ou passer à l'opposition ?*
> — *On est sonnés par cette défaite, on ne la comprend pas. Mais entrer dans la coalition avec les islamistes, c'est le baiser de la mort ! On va structurer une opposition résolue : les barbus seront incapables de gérer le pays, et on gagnera les prochaines élections !*

Une bonne partie de l'élite intellectuelle a été anéantie par le pouvoir. Le régime avait interdit de penser, sauf à chanter ses louanges à tout propos. Les résistants ont eu une existence dure, sans espoir à court terme. Nombre d'entre eux, cassés par la répression, ne trouvaient aucune issue à leur héroïsme initial alors que la dictature se perpétuait avec la bénédiction des gouvernements européens et mangeait petit à petit toutes les années de leur vie. Ils ont fini par mettre un doigt dans l'engrenage et par accepter de voir leur travail couronné par un « prix Ben Ali » quelconque.

Ce genre de *deal* n'était pas envisageable pour la plupart des islamistes, plus durement réprimés dans leur masse. En contrepartie de ce pacte avec le diable, la bourgeoisie des beaux quartiers coloniaux, dont elle avait investi les villas abandonnées par les Européens, pouvait vaquer à ses occupations sous l'ombre tutélaire de l'ancien officier de police devenu président. Après les attentats du 11 septembre 2001, elle se convainquit, sans états d'âme excessifs — comme Paris, Washington et Rome —, que Ben Ali valait mieux que Ben Laden et que, face au terrorisme islamiste, le dictateur défendait le statut de la femme et la laïcité hérités de Bourguiba.

Pourtant, le régime, face à l'islamisation rampante de la société, multipliait les signes de piété ostentatoires, faisant édifier une gigantesque mosquée au sommet de la colline magique de Carthage, à côté du palais présidentiel — le premier bâtiment que l'on voit du hublot lorsque l'on descend pour atterrir à Tunis. Ben Ali se rendait ostensiblement au pèlerinage à La Mecque, entretenant avec le ministre de l'Intérieur saoudien, le prince Nayef, grand fauconnier et chasseur d'outarde dans le massif tunisien de Kroumirie, d'excellentes relations — qu'il mit à profit pour se réfugier auprès de lui en Arabie le 14 janvier 2011. Quant à Nayef, il distribuait ses largesses à la population locale, aujourd'hui une pépinière de salafistes.

Comme chez le raïs égyptien Moubarak, qui avait aussi bénéficié de dix ans de prolongation grâce au 11 Septembre, l'usure biologique fit son œuvre, malgré le cheveu noir de jais des teintures affectionnées par les autocrates arabes. L'entourage avide et pressé eut raison du sens politique des vieux dictateurs. Là où, dans la vallée du Nil, les deux fils du Pharaon prenaient le contrôle du monde des affaires, à Carthage la seconde épouse du suffète, Leïla Trabelsi, coiffeuse de son état, et sa parentèle mirent en coupe réglée toutes les transactions financières.

Ainsi que le disait cet ami de La Marsa, ancien condisciple de Sciences-Po et homme d'affaires, sur une terrasse blanche surplombant la mer d'azur, dans un écroulement de jasmin et de bougainvillées, sirotant un verre de muscat de Kélibia :

> *Déjà, être rackettés par un flic... mais par une coiffeuse ! Tu te rends compte ?*

✧

C'est à l'hôtel *Mechtel* que j'ai rendez-vous ce soir avec mon premier élu islamiste, tête de liste du mouvement Ennahdha dans une ville de province. Un *nahdhaoui* de la région parisienne, prospère entrepreneur immobilier, a organisé ce contact. J'ai séjourné autrefois au *Mechtel*, dont le nom signifie « pépinière », grand hôtel sinistre des années 1970 construit sur l'emprise de la pépinière du parc colonial du Belvédère.

J'y avais été invité au milieu des années 2000 par l'armée tunisienne, que Ben Ali détestait parce qu'elle était la seule institution qui avait conservé une certaine liberté de pensée tandis que l'Université et la presse étaient sous contrôle policier direct. Dans la salle où nous nous étions enfermés avec les officiers supérieurs, qui avaient laissé leurs képis dans l'antichambre, j'avais eu la discussion la plus passionnante de mon séjour d'alors à Tunis. Même avec les amis, les anciens camarades tunisiens de Sciences-Po, on évitait certains sujets dès lors que nous étions trois, chacun d'eux craignant que l'autre ne se trouve contraint pour quelque raison d'aller moucharder.

Le *Mechtel* est encore plus sinistre qu'il y a cinq ans. Nous sommes dans la section sans alcool et sans fenêtres du café. Mon interlocuteur a passé plus de

quinze ans en exil en France, d'où il vient de rentrer.
Il ne parle pas un mot de français, ayant gagné sa vie
comme professeur de théologie islamique en langue
arabe à l'Institut européen des sciences humaines,
l'école de formation de l'UOIF, à Saint-Denis. Docteur
de l'université égyptienne al-Azhar, il a été le mentor
d'Ahmed Jaballah, l'actuel président de l'UOIF, qui
a succédé en juin au Marocain Fouad Alaoui, suite
au coup d'État des Tunisiens d'Ennahdha, forts de
leur prestige au bled, sur la principale organisation
islamiste française.

Ce théologien n'est guère rompu aux usages du
politique. Il m'explique comment la victoire islamiste
va permettre de moraliser la vie publique — dans le
respect des libertés — sur un ton monocorde haute-
ment soporifique. Je me rappelle un jeune Marocain du Secours islamique que j'avais accompagné en
maraude sociale à Saint-Denis et qui avait quitté l'Institut de l'UOIF parce qu'il s'ennuyait ferme aux cours
de mon interlocuteur, auxquels il ne comprenait rien.

Tandis qu'il égrène son propos de citations du
Coran, j'observe le manège d'une jeune Tunisienne
à quelques tables de nous. En talons aiguilles, un
jeans ficelle galbant sa haute croupe, elle arbore
une épaisse chevelure blonde décolorée. Elle est en
conversation joyeuse, qui m'est inaudible, avec un
homme dont elle caresse le bras. Elle sort soudain
de son sac un voile noir qu'elle passe sur sa crinière
en éclatant de rire, puis le range et s'en va. Habite-
t-elle dans un quartier populaire où la pression des
barbus rend la vie difficile aux femmes d'allure trop
moderne ? Tout à son sermon, mon interlocuteur ne
la remarque pas.

Vendredi 28 octobre 2011

À *La Marsa, faubourg de Carthage*

Ce matin, je nage où se baignaient Salammbô et ses suivantes. Mais je suis seul dans la mer fraîche : pour les Tunisiens frileux, la mauvaise saison a commencé. La Megara de Flaubert est La Marsa d'aujourd'hui — le terme arabe signifie havre, et l'anse est relativement abritée.

Je loge à la villa de la Plage, une petite maison sur l'eau qui appartient à la France, legs de l'époque du protectorat, et que notre pays impécunieux, ni exportateur de pétrole ni empire manufacturier, devrait bientôt vendre, au grand dam des amis de La Marsa. Ils redoutent que ce patrimoine soit détruit et transformé en complexe immobilier pour achever de dénaturer la baie, bétonnée d'année en année par les affidés de Leïla Trabelsi et les investisseurs du Qatar.

Dans cette banlieue aux belles maisons blanches et aux jardins fleuris, on vit un pied à Tunis et quelques orteils à Paris, on parle volontiers français, et la communauté de ses habitants bourgeois s'est vue affublée du sobriquet de « république de La Marsa », ou « La Marsa-sur-Seine ». Il y a un monde entre les islamistes d'Ennahdha et cette élite qui les méprise. Mais le pragmatisme de la bourgeoisie tunisienne, qui s'est adaptée à Zine el-Abidine Ben Ali (dit « Zaba ») et Leïla, au flic et à la coiffeuse, pousse déjà certains à chercher les « accommodements raisonnables » avec le nouveau pouvoir barbu et ses femmes voilées.

En rentrant de la baignade, j'ouvre la porte un peu rouillée du jardin donnant sur la plage : elle

grince et dérange un couple de jeunes cachés dans
l'encoignure du porche. Le dos du garçon est par-
couru par les frissons du désir, le visage collé sur
le visage de la fille. C'est elle qui m'a entendu :
elle sursaute, écarquillant au bruit des gonds ses
yeux pâmés. Le garçon me jauge d'un regard bref
et se remet avec entrain à palucher et bécoter sa
conquête. Ce n'est qu'un *Gaouri*, un Européen
mouillé en tenue de bain. Mâtho et Salammbô n'en
ont cure. Salammbô porte un voile couleur fuchsia
et une longue robe noire en tissu synthétique que le
soleil fait scintiller et qui froufroute sous les mains
de son cavalier. Il me revient à l'esprit le terme
arabe pour frou-frou : *khashkhasha*, à la sonorité
plus râpeuse.

❖

L'hôtel *Mechtel* est devenu le quartier général des
rencontres avec les islamistes, en parallèle avec le
siège du parti. Mon interlocuteur de ce matin a été
élu tête de liste Ennahdha dans la circonscription
de Tunis I, où prédominent les quartiers populaires.
Nous nous étions déjà vus l'an dernier au Caire,
lors du colloque organisé par le grand imam d'al-
Azhar, le cheikh Ahmed al-Tayyeb, pour contrer
l'expansion mondiale du salafisme à la mode saoudienne. Ennahdha, avec son inspiration née chez
les Frères musulmans, est regardée de travers
par Riyad, qui héberge Ben Ali déchu et exilé ; en
revanche, elle est adoubée par son rival Qatar et
sa chaîne Aljazeera, qui lui consacre une large et
élogieuse couverture médiatique. Elle appartient à
cette nébuleuse islamiste « centriste » que promeut
l'émirat gazier et dont les astres sont le téléprédica-

teur égypto-qatari Youssef al-Qaradawi et le mentor d'Ennahdha, Rached Ghannouchi.

Universitaire polyglotte, l'élu de Tunis I fait partie des « compagnons de route » qu'Ennahdha a su rassembler. Par sa présence, cet ancien nationaliste arabe légitime le lien entre le nom adopté par le parti islamiste, signifiant « renaissance » en arabe, et le mouvement de la « renaissance arabe » du XIXᵉ siècle, qui a donné son lustre aux lettres arabes contemporaines, après des siècles de déclin sous la férule ottomane.

L'*Ennahdha* de l'époque était très influencée par l'Europe et profondément sécularisée ; celle de Ghannouchi est d'inspiration islamiste, mais recherche la caution de la modernité. Le nouveau député porte un surnom rare et vieilli, emprunté à un poète arabe préislamique, Abou Ya'rub. Il est accompagné par son fils, jeune homme élégant qui ressemble à une statue d'éphèbe barbu du musée du Bardo. Il poursuit ses études en France et met à profit les congés de la Toussaint pour assister comme chauffeur et secrétaire improvisés son père.

Abou Ya'rub évoque les cours sur Descartes qu'il suivit auprès de Michel Foucault, enseignant de 1966 à 1968 à la faculté des lettres de Tunis :

> *Il était la coqueluche des amphis bondés à l'époque où les étudiants tunisiens vibraient aux sirènes gauchistes et post-structuralistes. Maintenant, tout ça, c'est fini. Le français est passé de mode, et d'ailleurs il n'existe plus de grand universitaire français. Les étudiants se sont mis à l'arabe, ils redécouvrent leur véritable culture, la richesse de l'islam et ses solutions pour le monde d'aujourd'hui.*

Cela fait maintenant presque un demi-siècle que l'auteur de *L'Histoire de la folie* coulait des jours heureux dans la Mecque *gay* de Sidi Bou-Saïd en attendant que le Quartier latin se hérisse de barricades.

Le fils, aux commandes des téléphones portables sonnant sans cesse, nous interrompt courtoisement pour passer à son père une communication urgente. J'ai appris en arrivant que cheikh Ghannouchi et les dirigeants d'Ennahdha donnaient en ce moment même une conférence de presse. Comprenant de la conversation téléphonique en dialecte que sa présence y est requise, je propose à Abou Ya'rub de nous y rendre de conserve sans plus tarder.

Le fils prend le volant d'une grosse cylindrée allemande, que je suis dans mon véhicule de location, toujours branché sur Mosaïque FM. Il y a un côté Fangio chez le conducteur tunisien, peut-être contaminé par les habitudes du voisin automobiliste italien. Je peine à suivre la berline qui zigzague à toute allure, se rit des feux rouges, ignore les sens interdits, brûle les priorités, double par la droite. En feux de détresse, pleins phares, manquant renverser une théorie de femmes voilées au milieu de la chaussée, je me dis que, pour rouler de la sorte, les islamistes ont vraiment gagné dans ce pays autrefois tenu d'une main de fer par la police, jusque dans la surveillance du trafic.

❖

La conférence de presse a lieu dans une salle de mariages sur la route de La Marsa, qui affiche le nom anglais transcrit en arabe de « Top Happiness » — peut-être un gage linguistique à l'exil londonien de Ghannouchi pour célébrer les noces d'Ennahdha et de la Tunisie et en augurer le bonheur maximal.

À la tribune, le cheikh, hilare et détendu, flanqué du secrétaire général du parti, Hamadi Jebali, donné futur Premier ministre. Beaucoup de questions des journalistes portent sur les libertés publiques, le statut de la femme, le voile, le tourisme, la consommation d'alcool. Ghannouchi certifie que le parti n'a aucunement vocation à ordonner aux Tunisiens comment se vêtir ou quoi boire et multiplie les propos rassurants à l'adresse des classes moyennes sécularisées.

Jebali vient de faire une visite à la Bourse de Tunis, qui avait baissé au lendemain des élections. Il a assuré ses dirigeants de son soutien à la libre entreprise, évoquant le modèle de l'AKP turc — *Adalet ve Kalkınma Partisi* (parti pour la justice et le développement) —, le parti frère, qui a stimulé l'économie de son pays. La Bourse rassérénée a rebondi.

La conférence prend fin pour la grande prière du vendredi. Je vais saluer Ghannouchi, que j'avais revu en avril au congrès de l'UOIF, au Bourget, en Seine-Saint-Denis. Nous convenons d'un proche rendez-vous. J'en profite pour lui demander incidemment où il va prier, cherchant dans quelle mosquée de Tunis sera prononcé le « sermon de la victoire » en ce premier vendredi qui suit le succès électoral historique des islamistes. Il me dit qu'il se rend dans la mosquée la plus proche, comme indifférent au lieu.

La vêture des femmes

On m'avait informé de divers côtés qu'Ennahdha célébrerait l'occasion dans une grande mosquée de la ville coloniale, sise dans le quartier Lafayette, la

Masjid al-Fath. Le terme arabe *fath*, passé en français courant par le truchement du mouvement de libération de la Palestine — dont il constitue l'acronyme inversé — signifie « conquête », au sens étymologique d'ouverture, la conquête représentant « l'ouverture à l'islam » d'un territoire nouveau ; il désigne dans la littérature classique les guerres fulgurantes menées par les premiers cavaliers musulmans au VIIᵉ siècle pour soumettre à la nouvelle religion les vastes étendues qui séparaient l'Andalousie de Samarcande.

Cela paraissait tout indiqué en ce premier vendredi de la reconquête de la Tunisie ci-devant laïque par un parti islamiste. Sur le plan touristique de la ville de Tunis reçu à l'aéroport, datant de l'ère laïque, ne figure pas la mosquée, lieu de prières moderne sans intérêt architectural.

Abandonnant la voiture de location dans le quartier Lafayette et me mettant en quête de la fameuse mosquée, je suis orienté par les kiosquiers, distributeurs d'essence et autres marchands à la sauvette dans les directions les plus diverses. Ils marquent un instant d'hésitation, se demandant si je suis un dévot syro-libanais, ce qui correspondrait assez bien à mon *look*, ou un pieux égyptien, comme le suggère mon accent.

Dans la plupart des villes arabes, la population servile et mercantile est faite de banlieusards lointains, d'émigrants ruraux récents, qui colonisent pendant la journée afin de gagner quelque argent une cité qu'ils ne connaissent pas et dont la toponymie leur demeure culturellement étrangère.

Alors que je tourne en rond, un mendiant me fait la manche : il est assez bien mis pour sa condition, la barbe taillée. Je lui propose de me conduire à la mosquée *al-Fath* en échange de l'obole réclamée, ce qu'il accepte volontiers. Il s'exprime civilement et sort même quelques phrases en français grammatical, une fois qu'il m'a demandé ma nationalité et s'est convaincu que je n'étais ni syrien ni égyptien. Peut-être me prend-il pour un converti européen à la recherche d'une mosquée où accomplir ses dévotions. Les médias arabes font grand cas de ces néorenégats dans leur représentation lancinante d'un monde contemporain qui se soumettra irrépressiblement à l'islam.

Nous cheminons le long des voies du tramway, le « TransTu », que le dialecte local nomme *mitro*. Je l'interroge sur les circonstances de sa réduction à la mendicité, qui m'intrigue. Exhibant ses deux mains partiellement entourées de bandages, il m'explique qu'il était menuisier à Tripoli de Libye, a été accidenté à l'occasion de la guerre récente et est rentré en catastrophe, sans le sou pour faire vivre sa femme et quatre enfants. Tunis est plein de ces chemineaux rapatriés de Libye, qui ont tout perdu :

— *Avez-vous voté lors des élections ?*
— *Bien sûr !*
— *Pour qui ?*
— *Ennahdha, évidemment !*
— *Qu'en attendez-vous ?*
— *La première chose, c'est le changement de vêture des femmes* [taghyir libass al mar'a] *: nous sommes un pays musulman !*

Pour illustrer son propos, il me désigne de ses mains couvertes de bandages les femmes qui nous croisent le long des rails du *mitro* et les classe en deux catégories : *muhtarama* (respectable) et *ghayr muhtarama* (non respectable). Dans le premier groupe, les voilées et bâchées, un tiers environ des passantes ; dans le second, les autres, avec une acrimonie particulière pour celles qui portent un décolleté laissant apparaître la naissance de leur poitrine. Il agite ses bandages, très remonté, en ressassant le terme arabe pour « poitrine », *sadr*. Il me traverse l'esprit qu'il ne peut plus guère caresser les seins d'une femme dans son état.

Je lui répète ce qu'a dit Ghannouchi à la conférence de presse : Ennahdha ne veut pas légiférer sur la vêture des femmes. Il me confie d'un air entendu :

> *Ça, c'est pour ne pas faire peur aux Gouères [étrangers, pluriel de Gaouri] dans un premier temps, mais on va « avancer graduellement » !*

Il utilise une expression technique en arabe littéraire — *al haraka bil tadrij* — dont se sert l'idéologie islamiste pour désigner la conquête progressive de la société à travers la réislamisation par le bas.

✧

Nous atteignons enfin la mosquée. Je lui donne son aumône et il disparaît dans la foule en quête d'un autre passant à baratiner.

Les fidèles ont déjà quitté les lieux. La prière est finie, et il ne reste plus beaucoup de monde sur le parvis. J'attends mon jeune collègue Nabil Mouline, spécialiste des oulémas saoudiens. Il vient d'atterrir à Tunis, et je lui avais suggéré de se rendre illico à la mosquée *al-Fath* pour assister au sermon de la Victoire dont on m'a fait si grand cas.

Devant la mosquée, un vaste étal propose un échantillon exhaustif du cru salafiste saoudien, au premier rang duquel les ouvrages de ses principaux cheikhs, qui prônent une vétilleuse orthodoxie et l'obéissance absolue aux dirigeants de Riyad. Je n'y vois aucun livre de Ghannouchi ni d'un autre auteur que les salafistes anathématisent comme « la secte égarée des Frères musulmans ».

Plusieurs titres concernent le *Libass al-mar'a al-muslima* (le vêtement de la femme musulmane) cher au mendiant. Aux grilles d'enceinte de la mosquée sont accrochés, comme en exercice d'application, des robes longues, des niqabs et des gants de couleur sombre. Les vendeurs portent la tenue salafiste, tunique au-dessus des chevilles en signe de modestie devant le Créateur, barbe abondante, lèvre rasée, calotte sur la tête.

Je retrouve Nabil au sortir de l'office. En réalité, comme les marchands du temple le laissaient anticiper, la mosquée *al-Fath* est sous contrôle salafiste, et non point d'Ennahdha. Mes informateurs laïques étaient abusés par la contamination des piétés ostentatoires dont ils ne savent guère encore démêler les codes divers.

Durant le sermon, l'imam, un Saoudien invité, n'a pas même mentionné le succès d'Ennahdha aux élections. Des fidèles ont protesté, demandant qu'on s'en félicite. Il s'est ensuivi une algarade avec les salafistes présents en grand nombre, qui ont traité Ghannouchi d'hérétique. On en est presque venu aux mains.

✧

J'ai rendez-vous avec le professeur Ghazi Gherairi au siège de la « Haute Instance pour la sauvegarde des acquis de la révolution ». Sous le nom tourmenté de cette institution, qui a cessé d'exister dès lors que les élections pour la Constituante se sont tenues dimanche, se cache la clé de la transition démocratique qu'a connue la Tunisie depuis le renversement de Ben Ali. Elle s'est déroulée sans accrocs majeurs ni basculement dans la guerre civile — à l'encontre des autres révolutions arabes en cours ou avortées.

Selon le schéma communément admis des processus révolutionnaires, dans sa vulgate inspirée du marxisme, une fois l'ancien régime décapité, deux instances sont en compétition : d'un côté, un gouvernement provisoire regroupant des figures modérées de l'ordre précédent, qui voit graduellement son pouvoir s'effilocher ; de l'autre, un « Comité de salut public » — qui a connu diverses variantes au XXᵉ siècle, dont les plus célèbres sont les soviets de la Russie de 1917 et les *komiteh* (du français « comité ») de l'Iran de 1979. La seconde, en reprenant à son compte la « violence révolutionnaire », évince progressivement la première et favorise l'arrivée au pouvoir des classes sociales nouvelles ou de ceux qui s'en arrogent la représentation — le prolétariat et le parti communiste à Moscou, les « déshérités » et le parti khomeyniste à Téhéran.

À Tunis, la Haute Instance a servi en quelque sorte de rempart entre les deux, m'explique le professeur Gheraïri :

> *Elle a conquis, par son travail et sa capacité à agréger toutes les sensibilités politiques en son sein, une grande légitimité. C'est ce qui a fait d'elle une autorité de dernier recours dans laquelle les forces antagoniques du pays ont eu confiance, en dépit de tous les tiraillements.*
>
> *Aucune structure comparable n'a pu jouer*

pareil rôle dans les autres pays arabes entrés dans une dynamique révolutionnaire qui apparaît à ce jour plutôt erratique. La Haute Instance a contribué à contenir les risques de guerre civile, notamment après les violentes manifestations des laissés-pour-compte contre le siège du gouvernement, à la Casbah de Tunis en février 2011.

Comment cela s'explique-t-il ? Probablement par la place que tient en Tunisie la classe moyenne urbaine éduquée — un acquis du bourguibisme :

La Haute Instance a su trouver en son sein des porte-parole capables de se démarquer radicalement du régime de Ben Ali : des animateurs des associations de défense des droits de l'homme, des représentants des syndicats et de la société civile.
Les universitaires qui en faisaient partie avaient su jouer de leurs franchises pour éviter les compromissions avec le dictateur tout en maintenant leur enseignement à la faculté. Ils continuaient à transmettre le savoir et le goût de la liberté, envers et contre toutes les vicissitudes, aux générations nouvelles.

Ce sont du reste les juristes — pour la plupart formés en France, mais également férus de droit islamique — qui ont été l'âme de cette institution.

✦

Ghazi Gherairi est juriste constitutionnaliste. Ancien porte-parole de l'instance, il est le plus proche collaborateur du professeur Yadh Ben Achour, qui la présida. J'ai pris aujourd'hui un petit-déjeuner très matinal avec ce dernier, dans la grande propriété familiale des Ben Achour à La Marsa, voisine de la maison de la plage où je réside.

Nous nous connaissons depuis longtemps, et il m'a confié la publication de ses deux plus récents ouvrages dans la collection « Proche-Orient » aux Presses universitaires de France. La demeure, qui en impose, dans son parc, avec les statues de lions, est sise rue Ben-Achour : elle est partagée entre les diverses branches de la famille, qui descendent d'une lignée de savants, de lettrés et d'oulémas de premier plan venus d'Andalousie.

Le grand-père de Yadh, Tahar, fut l'une des principales figures de l'université islamique de la Zitouna avant de devenir le premier mufti de la République tunisienne indépendante. Quant à son père, Fadhel, il joua un rôle essentiel pour légitimer au nom de l'islam le Code du statut personnel de Bourguiba, fondement de l'égalité entre l'homme et la femme, et en faire admettre les dispositions progressistes dans un pays musulman face aux religieux plus rétrogrades qui avaient l'oreille de la masse.

Yadh a pareillement pris rendez-vous avec l'histoire. Lui qui avait démissionné de toutes ses fonctions à responsabilité lorsque le régime de Ben Ali prit son tour dictatorial entra en juriste dans la marche de la révolution, jouissant du double respect que lui valaient son nom et son prénom.

Son père avait trouvé dans sa lecture de la tradition religieuse un islam de l'esprit qui accompagnait l'émancipation féminine, battant en brèche l'islam de la lettre qui favorisait domination masculine et défense des positions de pouvoir acquises, un enjeu majeur des années 1950. Lui-même dut frayer la voie pour inscrire dans la loi l'impossibilité de la dictature tout en évitant les tentations arbitraires du populisme islamiste — le défi par excellence des révolutions arabes contemporaines :

> *La classe moyenne libérale a su mener à bien la transition, quasiment sans effusion de sang, mais ce n'est pas elle qui a remporté les élections ; ce sont les islamistes d'Ennahdha, haut la main.*
>
> *Néanmoins, en faisant adopter le principe du scrutin proportionnel au plus fort reste, les juristes de la Haute Instance ont « proportionné » ce succès. Ennahdha, avec 40 % des voix et 89 élus sur 217, est contraint de mettre en œuvre une coalition de gouvernement avec les laïques et de fonctionner selon les règles de la démocratie sortie des urnes.*
>
> *Si les islamistes ont dû accepter ces règles, c'est que leurs dirigeants savaient que l'avenir de la Tunisie passait par leur insertion dans le processus démocratique. Ils ne peuvent pas gérer ce pays en s'en emparant, comme les islamistes iraniens, ou comme a tenté de le faire le FIS [Front islamique du salut] en Algérie il y a vingt ans.*

Parce qu'une partie de ces dirigeants islamistes appartiennent aux classes moyennes, fussent-elles pieuses, la perspective d'un bouleversement social radical les effrayait sans doute aussi, les poussant à trouver un *modus vivendi* avec les classes moyennes libérales.

Samedi 29 octobre 2011

La pharmacienne de Montplaisir

Rendez-vous a été pris à Montplaisir avec la pharmacienne So'ad Abdelrahim, tête de liste d'Ennahdha élue dans la circonscription de Tunis II, où ont été regroupés les faubourgs résidentiels. Montplaisir désigne un secteur de la Tunis coloniale au temps du protectorat.

Tunis compte une rue Alain-Savary. Le dirigeant socialiste décédé en 1988, qui fut secrétaire d'État aux Affaires marocaines et tunisiennes lors de l'indépendance de 1956, démissionna pour protester contre l'enlèvement de Ben Bella. Je me demande si le gouvernement Ennahdha va laisser survivre longtemps une plaque de rue au nom d'un ministre de Mitterrand qui dut quitter son poste en 1984 face au raz-de-marée des partisans de « l'école libre » opposés à son projet d'unification de l'enseignement public et privé. C'était cinq ans avant que le port du voile ne remplace la question catholique comme irritant majeur de la laïcité en milieu scolaire...

Montplaisir est aussi devenu, dans l'idiolecte des vainqueurs des élections et de la classe journalistique tunisienne, la figure désignant le siège du parti *Ennahdha*, installé dans un immeuble de bureaux moderne sis dans le quartier. Selon une rumeur de Tunis, le Qatar, champion de la cause, aurait réglé la caution et un loyer de 10 000 euros mensuels. Selon une autre, Ennahdha est désormais suffisamment financé par la bourgeoisie tunisienne précautionneuse pour n'avoir plus besoin des fonds étrangers.

✧

So'ad Abdelrahim a été une activiste des droits de l'homme dans le cadre de l'Union générale tunisienne des étudiants, le syndicat islamiste, rival de l'Union générale des étudiants tunisiens, de sensibilité gauchiste.

Elle ne porte plus le voile depuis qu'elle a pris la présidence d'un groupe pharmaceutique. Avec ses cheveux teints auburn au brushing soigné, sa voix de mezzo-soprano, le mouvement de ses longues mains à l'appui de ses propos, son tailleur-pantalon bien coupé, ses yeux clairs et son sourire, elle dégage la séduction de certaines actrices du cinéma arabe contemporain.

Il n'en a pas fallu davantage pour que ses adversaires en fassent trop rapidement un hybride entre « ravissante idiote » et « crétine utile » qu'Ennahdha aurait mise en avant pour envoûter les classes moyennes libérales de Tunis II et s'assurer leurs suffrages. Elle est surtout devenue en peu de temps une star des réseaux sociaux.

L'élue d'Ennahdha s'exprime dans un parler tunisois rapide qui me fait penser à la fréquence Mosaïque FM de ma voiture de location. Elle veut me persuader qu'Ennahdha a intégré les règles de la vie démocratique :

> *La cause des femmes est primordiale, mais la vertu de celles-ci doit être préservée à tout prix. C'est la famille qui est le pilier de la société musulmane.*

Je me rends compte soudainement qu'elle me fait penser à Sarah Palin, prix de beauté et ancienne candidate républicaine à la vice-présidence amé-

ricaine, championne des valeurs morales conser-
vatrices. [Quelques jours après notre rencontre, le
9 novembre, So'ad Abdelrahim précisa sa pensée
dans un entretien à Radio-Monte-Carlo en arabe,
qualifiant les mères célibataires d'« infamie pour la
société », qui déclencha une avalanche de commentaires et lui attira le surnom de « So'ad Palin ».]

✧

Retour à l'hôtel *Mechtel* pour un entretien avec
Hamadi Jebali, que le parti a désigné comme son
candidat au poste de Premier ministre. Cet ingénieur
de soixante et un ans est lauréat des Arts et Métiers
à Paris, option « thermodynamique appliquée au
chaud et froid et aux énergies nouvelles et renou-
velables ».

C'est à la Cité universitaire d'Antony que ce fils de
nationaliste arabe dont le père avait été condamné
sous Bourguiba, puis s'était expatrié en France, est
devenu militant islamiste dans les années 1970, au
contact de Rached Ghannouchi. Les premiers activistes du Mouvement de la tendance islamique se
frottaient aux marxistes-léninistes tunisiens en exil
eux aussi — les uns en terre d'impiété, les autres
dans la patrie de l'impérialisme et du néocolonia-
lisme. Certains de ces « M.-L. » ont basculé dans
l'islamisme, y apportant leur vision de la lutte des
classes en contrepartie d'un accès aux masses populaires sourdes au matérialisme historique et n'entendant que le langage de l'islam.

J'avais entrepris dans ces années des études d'arabe
à l'université Paris-III Censier — seul Français de sexe
masculin dans un petit groupe d'étudiantes en filière
« renforcée » (pour non-arabophones). Elles se par-

tageaient entre des « beurettes » (le terme n'était pas encore usité) à la recherche d'une langue et d'une identité valorisées que leurs parents dialectophones ne pouvaient leur transmettre, et de jeunes « Françaises de souche ». Ces dernières vivaient toutes avec les marxistes-léninistes tunisiens inscrits en filière arabophone pour la carte de séjour étudiant, et souhaitaient épouser le combat de leur amant (ils se marieraient ensuite avec elles pour obtenir les papiers français) par une fusion linguistique et culturelle.

L'une d'elles, quand nous nous réunissions dans mon petit logement d'étudiant pour réviser ensemble les racines arabes autour d'un casse-croûte, avait un jour cessé de boire la piquette que nous nous cotisions pour acheter chez l'épicier djerbien de la Butte-aux-Cailles. Elle nous avait fait part de son intention de se convertir à l'islam, par osmose avec son homme qui avait glissé du *Capital* vers le Coran. Cette porosité entre islamisme et gauchisme se retrouvait aussi parmi les étudiants iraniens en France, sous le parrainage intellectuel d'Ali Shariati, traducteur des *Damnés de la terre* de Frantz Fanon en persan, où il avait rendu les termes d'« oppresseur » et d'« opprimé » par les vocables coraniques d'« arrogant » (*mostakbir*) et de « déshérité » (*mostad'af*).

Après quelques mots échangés en arabe, Hamadi Jebali, l'ancien « gadzarts » — élève de l'École nationale supérieure d'arts et métiers — logé à la Cité universitaire d'Antony, s'exprime dans son français précis d'ingénieur, désireux de bien se faire comprendre et de transmettre le message du mouvement.

D'emblée, il définit son combat en le différenciant

de l'« islamisme radical », tandis qu'il a déjà la certitude de devenir prochainement Premier ministre.
Nous resterons une heure et demie ensemble, et je
ne céderai la place qu'à un envoyé du Parti de la
réforme sociale, la branche koweïtienne et très for-
tunée des Frères musulmans, qui insiste plusieurs
fois pour obtenir son rendez-vous retardé.

Jebali, qui a passé plus du quart de sa vie en prison, dont dix ans en isolement, est de naturel affable.
Doué du sens de l'humour, il l'apprécie aussi chez
son interlocuteur — peut-être en souvenir de l'argot
gadzarique, l'*argad'z*, propice à l'ironie — et me pose
volontiers la main sur le genou pour attirer l'attention sur un point important. Son langage corporel
contraste avec sa vêture austère — le costume noir
pas très tendance qu'affectent la plupart des cadres
des Frères musulmans à travers le monde, de l'UOIF
aux Égyptiens.

Je me suis parfois demandé si un tailleur obligé,
dans quelque arrière-boutique du Caire, leur coupait
un modèle unique et suranné, un peu à la manière
des membres du Politburo de la défunte URSS. Nul
doute que la primature va le relooker — surtout s'il
prend la distance qu'il proclame par rapport à l'appareil des Frères musulmans et leur idéologie :

> — *Seriez-vous d'accord pour voir dans la révo-
> lution tunisienne le résultat de l'échec de Ben
> Laden dans sa stratégie de conquête du pouvoir
> par le djihad armé ?*
> — *Face aux souffrances causées par la dicta-
> ture et l'injustice, l'approche d'Ennahdha n'est pas
> la violence, contrairement aux islamistes algériens
> qui ont choisi la riposte armée et échoué dans les
> années 1990. En Tunisie, Ennahdha a supporté*

l'injustice, patienté, sans tomber dans le piège consistant à répondre à la violence par la violence. Et l'alternance qu'ont apportée les urnes doit se traduire par plus de liberté.

Jebali évoque alors ce qu'il appelle le « dialogue autocritique intérieur » du parti islamiste tunisien :

C'est l'échec des Algériens et des Égyptiens et les succès des Turcs qui nous ont conduits à refuser la violence et à aller vers toujours plus de démocratie et de liberté. J'espère que l'Europe et les États-Unis apporteront leur soutien au futur gouvernement Ennahdha, par leurs paroles comme par leurs actes, car ça renforcera notre choix.

Cette « autocritique », sur laquelle il passe rapidement, a en réalité affecté en profondeur l'organisation pendant les décennies 1990 et 2000 et amené la cohabitation difficile en son sein de différentes tendances. Leur spectre s'étend du primat de la démocratie, sur le modèle des partis démocrates-chrétiens européens, au projet d'application intégrale de la charia dans son sens littéral.

L'option du pluralisme a été notamment développée par les exilés pendant les décennies de côtoiement de la vie politique surtout française, mais aussi anglaise. Les clivages à l'intérieur du parti restent très profonds. Ils ont été mis sous le boisseau afin de mobiliser toutes les énergies pour la victoire électorale d'octobre 2011. Les observateurs informés s'attendent qu'ils ressurgissent avec les choix difficiles du gouvernement de cohabitation durant la session de la Constituante.

❖

Jebali a construit sa position de force dans le parti
à la fois en tenant l'appareil en interne et en proposant en externe un discours d'ouverture. Comparant
la mutation de l'islamisme en Tunisie au passage du
Komintern à la SFIO (Section française de l'internationale ouvrière), il s'est réclamé de l'expérience du
parti socialiste français, avec sa multiplicité de courants, d'approches et d'idées, ainsi que de l'évolution
des formations islamistes turques, indonésiennes et
malaisiennes.

À l'entendre, le problème des Frères musulmans
— dont il revendique l'inspiration originelle, mais
auxquels il ne s'identifie plus — vient de leur confusion entre politique et religieux au sein d'une même
organisation, le *tanzim* (l'appareil). Il les compare
aux communistes, qui confondaient idéologie et
mobilisation à l'intérieur du parti léniniste :

> *Ennahdha a découplé les deux fonctions :
> au mouvement* [haraka], *plus restreint, la pré-
> dication* [da'wa]; *au parti* [hizb], *plus large, la
> politique, le jeu politique avec des outils exclusi-
> vement politiques. On peut adhérer au parti sans
> se reconnaître dans le mouvement, en étant prati-
> quant ou non, musulman ou non, voilée ou non.
> Le parti est « civil »* [madani].

Ce dernier terme, attrape-tout, chargé d'équivoques, est à la mode dans l'ensemble des révolutions arabes. Comme sa traduction française, l'arabe
madani a des connotations d'urbanité — par opposition aux mœurs sauvages des Bédouins et des montagnards, ainsi que des islamistes radicaux, tous

enclins à recourir à la violence. Les islamistes du courant « centriste » (*wasatiyya*) comme le cheikh al-Qaradawi ou Ghannouchi en font usage comme une ultime concession aux laïques et aux libéraux pour indiquer que l'État ne sera pas *théocratique* — et sans prononcer pour autant le terme abominé de laïcité (*'alimaniyya*), qui représente pour eux le sacrilège suprême.

Dans le combat contre la laïcité qu'ils mènent avec vigueur, les islamistes l'identifient aux régimes dictatoriaux renversés ou à renverser — dont certains, comme le Baath irakien ou syrien, se réclamaient en effet autrefois avant d'instrumentaliser l'islam. Ils lui imputent « l'islamophobie » européenne, stigmatisée pour son refus du port du voile à l'école ou du niqab dans l'espace public, dénoncés comme liberticides.

Déstabilisées par ces discours, les forces laïques du monde arabe se réfugient à leur tour dans une posture défensive. Sous le parapluie de l'« État civil », elles débusquent ce qu'elles nomment le « double discours » (*izdiwaj al-khitab*) des islamistes « modérés », qui n'useraient du cache-misère conceptuel de la « civilité » que pour mieux endormir leurs adversaires et préparer l'instauration de l'État islamique pur et dur, montrant le coin de l'oreille en de multiples occasions.

IV

LIBYE

Mercredi 2 novembre 2011

En passant par Djerba

L'aéroport de Tripoli Mitiga est fermé. Autrefois destiné aux seuls vols intérieurs et aux avions des hiérarques du pouvoir déchu, il fait fonction de terminal international tant que les pistes de celui-ci, endommagées par les mines qu'ont larguées les bombardiers de l'Otan durant la frappe contre Kadhafi, n'ont pas été réparées. Mais c'est l'un des champs de bataille entre les milices qui se disputent la capitale depuis la chute de l'ancien régime. La semaine dernière, un appareil de Tunisair a été bloqué sur le tarmac par des hommes armés. Depuis lors, les liaisons aériennes sont suspendues.

Pour rejoindre la Libye depuis Tunis, j'ai donc opté pour un vol intérieur vers Djerba, d'où une voiture me conduira à la frontière de Ras Jdir, et de là, un chauffeur libyen que m'a débrouillé notre ambassade à Tripoli prendra le relais. Il m'a fallu une bonne journée pour monter tout ce scénario, et d'abord trouver un piston pour sécuriser une place dans l'avion de l'aube pour Djerba. Peine perdue : à l'aéroport, le billet est « annulé », et ce n'est qu'en faisant valoir au chef d'escale mon entretien récent avec Hammadi Jebali, le futur Premier ministre tunisien, qu'une place·m'est finalement proposée.

Les administrations ont entériné le nouveau pouvoir d'Ennahdha et se mettent à le servir avec le même empressement que celui de Ben Ali, selon de semblables modalités. Nous sommes nombreux à nous retrouver sans billet malgré nos réservations, et le comptoir d'embarquement résonne de violentes altercations entre passagers indignés et employés. Toutes les disputes suivent le même schéma : après quelques cris en dialecte, le client frustré recourt au français pour faire valoir ses droits bafoués — comme si le registre sémantique de cette langue garantissait un meilleur accès à la justice et à l'équité que le parler tunisien, vecteur ici des blocages, bakchichs et autres passe-droits. Et c'est en français également que les employés tancent *in fine* les passagers, leur reprochant leurs cris et leur comportement indignes d'un pays civilisé.

Dans cette Mecque du tourisme de masse qu'est Djerba, l'aérogare est d'ordinaire traversée par des hordes venues d'Europe. Attifées de shorts aux teintes vives et de *tee-shirts* à larges rayures, casquées de bobs bariolés et lourdement armées de caméscopes, débarquées par charters des Midlands, de Rhénanie, de Lombardie ou de Picardie, ce sont les vols de gerfauts d'un José Maria de Heredia qui serait revenu sur terre à l'ère de la division internationale du travail et des congés payés. Djerba est aujourd'hui déserte. Les tour-opérateurs ont vu grimper trop haut les primes d'assurance.

Seules quelques femmes djerbiennes, vêtues du costume berbère traditionnel et coiffées du chapeau de paille que l'on porte dans l'île, attendent sagement assises l'arrivée d'un proche par l'avion de Paris. Il apportera peut-être les euros nécessaires à l'achèvement de la maison de parpaings ou à l'achat de quelques arpents de palmiers ou d'oliviers, pauvre antidote à l'effondrement du tourisme depuis la révolution. Leur manne a un temps été compensée à la marge par l'installation des réfugiés libyens dans les complexes hôteliers vidés pendant le plus dur des combats, ces dernières semaines, avant la chute de Kadhafi.

Je fais le plein d'argent liquide à un distributeur automatique après l'autre afin de cumuler les plafonds autorisés. En Libye, pays délabré, mais richissime de sa rente pétrolière, on n'accepte pas les cartes de crédit. Les banques ne fonctionnent plus, et les prix sont exorbitants. Le chauffeur me conseille de changer mes euros en dinars libyens dans la dernière ville tunisienne, Ben Gardane, où les taux sont moins désavantageux qu'en face. Il y a un « cousin » dont il se porte garant qu'il ne me volera pas.

La voiture traverse les palmeraies aux touffes d'arbres épars, passant la bifurcation pour la synagogue de la Ghriba, réputée l'une des plus anciennes du monde, même si l'on ignore la date réelle de sa construction. C'était un lieu de pèlerinage juif fameux jusqu'à ce qu'un attentat suicide commandité par al-Qaida à un Franco-Tunisien natif de Ben Gardane, en avril 2002, y sème la désolation. Depuis lors, les Séfarades chassés de Tunisie vers Belleville

ou Sarcelles par le nationalisme arabe, ou attirés
en Terre sainte par la doctrine sioniste, hésitent à
revenir.

✧

À Djerba, c'est toujours le même tracé de chaussée
qu'on emprunte depuis deux millénaires pour quitter
l'« île aux Sables d'or », où Flaubert fit naître Mathô,
et rejoindre le continent à travers les hauts-fonds de
la lagune. Sur la terre ferme, les femmes ne portent
plus le costume berbère et le chapeau de paille, mais
de longues robes en tissu synthétique fabriquées en
Chine pour le marché musulman conservateur globalisé, ou un pantalon noir. Contrairement à Tunis,
presque toutes sont voilées dans cette région pauvre
vivant de la Libye et des effets induits de son pétrole
et durement frappée par la guerre des derniers mois
et l'arrêt des activités économiques.

Les hommes arborent immanquablement un blou-
son de cuir noir, en cet automne pluvieux, qui contribue à la sinistrose ambiante. Les stations-service
sont vides. Partout, des adolescents hâves vendent
des bouteilles d'essence importée en contrebande
de Libye, « à la moitié du prix légal », m'explique
le chauffeur, qui me dit se fournir chez un autre
« cousin » de confiance :

> L'essence en bouteilles du bord des routes est
> souvent coupée d'eau ou d'urine et casse les
> moteurs.

Un gigantesque bouchon annonce l'approche de
Ben Gardane, dernière agglomération tunisienne
avant la frontière. La chaussée droite construite par

les ingénieurs des Ponts et Chaussées du protectorat suit les traces des voies romaine, numide, byzantine, qui virent passer l'invasion hilalienne venue de la péninsule Arabique, islamisant les Berbères locaux, à l'exception de ceux qui avaient embrassé le judaïsme, et arabisant la plupart de gré ou de force.

En l'absence de la police, discréditée par son assimilation au régime de Ben Ali, les boutiquiers du marché noir libyen ont poussé leurs étals sur la chaussée, contraignant les voitures à serpenter entre eux et à rouler au pas. On passe entre des montagnes de pneus tout juste arrivés d'Asie, des lés de tissu empilés aux couleurs criardes, des débauches de paquets de couches-culottes et autres petits pots pour bébés et les inévitables bouteilles d'essence. Une explosion dans ce fatras créerait un gigantesque incendie et des centaines de morts.

Partout, des jeunes déguenillés agitent d'épaisses liasses d'argent libyen comme s'ils s'en éventaient, d'un air las, le regard vide. Le chauffeur me met en garde contre leurs ruses :

*Ils cachent des faux billets au milieu des vrais.
C'est le b.a.-ba de l'arnaque.*

Cela valorise d'autant le « cousin » de confiance qui arrive opportunément pour me faire le change à la fenêtre de la voiture, prévenu par un appel téléphonique. Pour prix de ma tranquillité d'esprit, et en remerciement du taux étudié qu'il me consent, je laisse au chauffeur, lequel me réclame le prix de la course à ce moment précis, un bakchich substantiel, qui doit correspondre au bénéfice que je suis censé avoir fait…

Me voici en possession d'un monceau de billets de banque libyens, ornés du portrait de Kadhafi, désor-

mais désuet. Sur l'un d'eux, le visage du « Guide »
déchu a été barbouillé de trois traits d'une peinture
épaisse aux couleurs du nouveau drapeau vert, noir
et rouge. Le despote y avait substitué sa propre bannière, verte comme l'islam, en fétichisant cette couleur. La place centrale de Tripoli avait été renommée
« place Verte » et le mobilier urbain, les administrations, les halls des hôtels pour étrangers et tout ce
sur quoi l'État étendait ses tentacules barbouillés de
verdâtre — devenu pisseux avec les ans et conférant
un halo glauque à toute atmosphère officielle.

Sur le verso des billets, l'ancien dictateur, capturé,
lynché et sommairement abattu il y a treize jours,
avant que son cadavre à moitié nu soit exhibé sur
YouTube et tous les sites de partage de vidéos, est
représenté dans ses œuvres et ses pompes. Il est
entouré de chefs d'État du continent africain, qu'il
percevait comme sa première aire d'influence, après
les divorces acrimonieux qui suivirent ses innombrables mariages manqués avec la Tunisie, l'Égypte,
et d'autres pays arabes. Le billet de 10 dinars l'exhibe
au milieu de dirigeants noirs posant en boubou ou
en costume cravate, flanqué de Ben Ali et de Moubarak, qui l'ont tout juste précédé dans la chute, mais
ont sauvé leur peau.

De Ben Gardane je gagne le poste frontière de
Ras Jdir. La route redevient rectiligne. À gauche,
la mer, le rivage de la Petite Syrte ; à droite, des
camps de réfugiés, tentes blanches alignées à perte
de vue, ceints de barbelés. Je distingue à l'entrée de
l'un d'eux l'enseigne en arabe du Secours islamique.
Sont parqués là par milliers les Noirs du Mali, du

Nigeria et de combien d'autres pays d'Afrique sub-saharienne que Kadhafi avait fait venir pour exercer les emplois subalternes dédaignés des Libyens gâtés par les dividendes pétroliers, mais aussi pour servir dans son armée et sa milice. Dès les premiers temps de l'insurrection, les Noirs ont été tout uniment désignés par les révolutionnaires comme « mercenaires » — le mot arabe pour celui-ci, *mourtaziqa*, stigmatisant tous les individus à la peau noire, hommes et femmes confondus, qui se sont vus pourchassés, mutilés, violés, abattus sommairement, car soupçonnés d'être des agents de l'ancien régime.

Certains de ces Noirs étaient des ressortissants libyens, descendants d'esclaves. Kadhafi les avait choyés pour qu'ils surveillent leurs maîtres d'autrefois appartenant à des tribus plus dangereuses pour son pouvoir absolu, pétrodictature empreinte de verbiage socialiste nommée par le « Guide » d'un terme arabe inventé pour l'occasion, *Jamahiriyya* (« massocratie »). La chute du tyran a ouvert la voie, sous le vernis démocratique, à une revanche des Libyens à peau claire sur les inférieurs du système tribal à peau d'ébène, dont le despote avait promu certains en bouleversant à son profit la hiérarchie traditionnelle des races.

Ceux qui étaient étrangers ont fui les persécutions vers leur pays d'origine quand ils sont parvenus à traverser l'immense désert du Sud, beaucoup d'entre eux jonchant les sables de leur cadavre déshydraté. Les autres ont rejoint les flots de réfugiés qui passaient la frontière tunisienne. Mais lorsque les fuyards, ressortissants d'Europe, de la plupart des pays arabes et même de Chine, étaient rapatriés dans des avions ou des bateaux affrétés à cette fin par leurs États, les Africains furent abandonnés à leur sort.

Ils sont les seuls à demeurer là, dans ces immenses camps de toile, incapables de rentrer chez eux, où ne les attend que la misère, et incertains quant à leur retour en Libye, où ils seraient à la merci des vengeances. Ils guettent un rafiot bondé pour partir clandestinement en Italie ou à Malte, au risque de périr dans les flots en pitance aux poissons, mais trop désargentés pour payer les passeurs et concurrencés par les Tunisiens qui ont investi les dernières économies familiales pour acheter chèrement une place pour Lampedusa.

À Ben Gardane, les marchandises ; dans le camp de toile de Choucha, les esclaves ou leurs descendants. Les grands flux du commerce mondialisé postmoderne, émancipés de la loi et du droit par tout à la fois la guerre, les révolutions et le djihad, se sont réinscrits avec brutalité dans les trajets ancestraux de la traite négrière musulmane et de ses caravanes. Les chameaux traversaient jadis le Sahara comme le font aujourd'hui les *pick-up* d'al-Qaida au Maghreb islamique, escortant les cargaisons de cocaïne sud-américaine vers leurs destinations européennes à travers les pistes du Sahel.

Résurgence berbère

Passé le poste de contrôle tunisien, où personne ne contrôle grand-chose, on arrive aux bâtiments libyens. On y distingue toujours, défigurés par les constructions adventives récentes, les vestiges d'immeubles dont Benito Mussolini aimait à garnir les lisières de son *imperio* pour clamer, face à la superbe de la France et de ses colonies, la modernité de l'architecture futuriste de l'*era fascista*. On se croirait à Menton, en 1940, à la frontière du pont Saint-Louis. Plus frappants encore que ces souvenirs d'autres violences et d'autres oppressions affleurant dans le présent tourmenté sont les inscriptions et les drapeaux dont on a barbouillé les murs. Les insignes de la « Grande *Jamahiriyya* arabe libyenne populaire et socialiste » ont été partout martelés. De la bandière verte par laquelle le Colonel avait voulu se peinturlurer un drapé islamique, il n'y a plus trace.

Ce pays avait déifié la langue arabe au point d'interdire toute autre écriture dans l'espace public, sur les panneaux de signalisation routière comme sur les devantures des magasins. Au sommet de son délire, Kadhafi avait même exigé que les passeports des étrangers soient intégralement traduits en arabe pour y apposer un visa d'entrée libyen. Aujourd'hui, les premières inscriptions que je vois (sans savoir les déchiffrer) sont rédigées en *tifinagh*, l'alphabet réinventé par les militants berbères au moment d'en fonder le nationalisme, dans les années 1960.

Évoquant la graphie phénicienne, il a été recomposé à partir des écritures touarègues anciennes préservées par le climat sec du désert et l'éloignement des prédations arabes, à l'abri des sables. Très peu d'Imazighen — les « hommes libres », comme se nomment dans leur langue les Berbères — sont capables d'en lire les glyphes. Mais leur affichage a valeur de revendication culturelle, surtout dans la Libye au sortir de l'arabisme exclusif du despote déchu. Chaque communauté cherche sa place dans le nouvel espace qui s'élabore à l'ombre des milices armées des « révolutionnaires ».

Ailleurs dans le pays, c'est la bannière du roi Idris qui s'est imposée, avec ses trois bandes rouge, noire,

verte, celle du milieu frappée de l'étoile et du croissant que l'islam affectionne. Sur les murs du poste
frontière, elle paraît comme intimidée par d'immenses drapeaux *imazighen* : trois bandes horizontales aussi, mais bleue pour la mer, verte pour les
montagnes et jaune pour le désert, blasonnées en
rouge du glyphe qui se prononce *z* en tifinagh, au
centre de la racine trilitère *m-z-gh* sur laquelle est
formé le mot *imazighen*.

Je suis surpris par cette force de l'affirmation
berbère dès l'instant que s'affichent les premières
marques de l'emprise de l'État libyen post-kadhafiste
sur son territoire. Je n'avais de sa présence en Libye
qu'une vague idée. Je la situais dans les oasis du
désert oriental proche de l'Égypte — où Siwa est le
dernier peuplement berbère vers l'Orient — et dans
les hauteurs du djebel Nefoussa, la chaîne de montagnes qui court en parallèle à la côte, une centaine
de kilomètres au sud, entre la frontière tunisienne et
Tripoli. C'était méconnaître le rôle des combattants
Imazighen dans la prise de Tripoli, surtout ceux de
la ville côtière de Zouara.

Dans Zouara, dont les milices contrôlent la région,
la frontière et ses trafics, les traces de combat sont
circonscrites aux bâtiments publics et aux immeubles
édifiés à des carrefours stratégiques. Partout sur les
murs des *z* tifinagh, les trois couleurs du drapeau
berbère, et des graffitis en arabe proclament la victoire des « révolutionnaires de Zouara » tagués à la
manière des noms des bandes dans les cités populaires des banlieues françaises.

Je remarque que le terme arabe pour « révolution-

naires », *thawar*, dont la première lettre, la fricative
sourde interdentale *th* (comme dans l'anglais *thing*),
devrait se noter avec trois points suscrits, n'en prend
généralement que deux, transcrivant la prononciation dialectale, *tawar*, avec l'occlusive dentale *t* à
l'initiale. À l'époque de Kadhafi, pareil manquement
aux règles de la grammaire de la langue classique
aurait valu le peloton d'exécution, mais on aurait
de toute façon été abattu par les sbires du régime
avant même d'avoir pu tracer sur le mur la moindre
lettre à la peinture. Les révolutions arabes s'accompagnent partout d'une surrection des dialectes sur les
supports écrits que la puissance étatique ne contrôle
pas — murs, blogs, chats, tweets, Facebook — et,
bien sûr, de leur expression orale à la radio et à la
télévision.

Le chauffeur libyen qui m'a récupéré à la frontière
est un membre de la tribu arabe al-Bousseifi, traditionnellement alliée aux clans berbères du djebel
contre les velléités dominatrices de la tribu mon-
tagnarde arabe de la ville de Zintan. Il m'emmène
déjeuner.

Au restaurant, il règne une ambiance décontractée :
les deux sexes sont mêlés, quelques jeunes femmes
ne sont pas voilées, et les *tawar* consomment de bon
appétit du poulet rôti ou des pizzas. Ils sont vêtus
d'une tenue hétéroclite moitié militaire, moitié civile,
pantalon de treillis, *tee-shirt* au nom d'une marque de
sodas ou d'une université américaine. Ils accrochent
au clou du portemanteau chapeau de brousse, casquette de base-ball ou kalachnikov pendue par sa
bandoulière, en un geste aussi banal que dans un
bistrot parisien un parapluie ou une canne. Je n'entends parler que berbère aux tables voisines ; les seuls
à converser en arabe sont le chauffeur et moi.

Le serveur s'approche pour prendre la commande. Après m'avoir jaugé quelques secondes, il me parle en un français parfait. À l'expression de ma surprise, il répond qu'il est un Marocain d'Agadir. Je lui demande s'il comprend le dialecte local, assez éloigné du chleuh qu'il utilise dans son Haut-Atlas natal :

> — *Ça fait vingt ans que je suis là, je l'ai appris, ça n'est pas difficile !*
> — *Pourquoi n'avez-vous pas fui les combats, comme la plupart des Tunisiens et des Marocains travaillant en Libye ?*
> — *Ici on est entre Imazighen, je n'avais rien à craindre !*

❖

Nous arrivons à Tripoli en milieu d'après-midi. La résistance des forces de Kadhafi a été faible face à l'offensive fulgurante des révolutionnaires. Ceux-ci étaient équipés initialement par des cargaisons livrées dans la montagne sur des pistes d'atterrissage de fortune où se posaient de petits avions français. Puis furent mis au pillage les immenses arsenaux où l'ancien régime avait accumulé les armements et munitions qu'il achetait dans le monde entier, avec une prédilection pour le bloc soviétique. Quelques immeubles calcinés à des carrefours témoignent de la violence des chocs, et, surtout, de-ci, de-là, des bâtiments sont ratatinés ou réduits à un monceau de gravats d'où émergent les poutrelles de béton, alors que les maisons voisines sont intactes. *Darbat Nitou !* (une frappe de l'Otan), me signale à chaque occurrence le chauffeur avec admiration, pointant ici un local de la police, là des services de renseignements, là encore la demeure d'un responsable de l'ancien régime... Il est impressionné par l'efficacité des frappes : elles n'ont touché que leurs cibles sans dommages pour les civils. Cette « guerre chirurgicale » postmoderne donne à Tripoli, qui sort pourtant d'un siège et de mois de bombardements, une allure de quasi-normalité. Rien à voir avec les quartiers ravagés du Beyrouth des années 1970-1980, où les affrontements entre milices des différentes confessions et idéologies n'avaient laissé de pierre debout dans les zones de combat, autour de la trop bien nommée « place des Canons » du centre-ville.

Au Liban, après la « guerre des Trente-Trois-Jours » de l'été 2006, je me rappelle avoir constaté comment les frappes de l'aviation israélienne pulvérisaient une pièce dans un immeuble en noircissant une seule fenêtre. Je me souviens aussi d'une voiture dont le cadavre de métal tordu et calciné gisait sur un bas-côté. Elles ciblaient avec précision leur tir, dans le sud du pays où le Hezbollah était retranché. Par contraste, dans le Nord, au camp palestinien de Nahr al-Bared, près d'une autre Tripoli, la cité libanaise, pilonné par les canons antédiluviens de l'armée pour tenter d'en chasser les djihadistes du mouvement *Fatah al-Islam* à l'été de 2007, j'avais observé que tout était détruit à la ronde, aplati sans fin par les salves maladroites de l'artillerie.

Aux carrefours, des gamins, pot de peinture noire et pinceau à la main, viennent maculer le mot *Jamahiriyya* sur la plaque d'immatriculation des véhicules à l'arrêt, sans guère demander son avis au chauffeur. Celui-ci leur donne quelques piécettes, effaçant au passage et à bon compte une compromission éventuelle avec l'ancien régime, notamment à Tripoli, où une partie de la population ne s'est découverte opposante qu'au lendemain de la libération de la ville par les révolutionnaires descendus de la montagne. Les dizaines de milliers de supporteurs du « Guide » qui se pressaient sur la place Verte pour clamer ses louanges jusqu'aux derniers moments n'ont pas disparu comme par enchantement du jour au lendemain. En caviardant cet hapax du numéro minéralogique, les enfants épurent la langue arabe et apurent les comptes de la collaboration avec la *Jamahiriyya*, expurgeant le vocabulaire et proclamant la victoire de la révolution d'un même geste ludique et lucratif.

✧

Je rejoins au stade de Tripoli la tribune officielle où se pressent diplomates et personnalités issues de la révolution. Celle-ci étant grande dévoreuse de ses enfants, les rapports de force entre milices rivales bougent sans cesse. Tel qui soudain paraît prééminent dans le paysage politique en disparaît sans prévenir quelques semaines plus tard, suite à un chamboulement de ces équilibres précaires entre groupes armés qui contrôlent telle bourgade, tel axe routier, et surtout tel champ d'hydrocarbures.

À la parade sur le sable, qui célèbre la mort de Kadhafi et rend hommage aux révolutionnaires qui en ont débarrassé le pays, défilent des *tawars* à l'armement et à la vêture hétéroclites. Certains sont juchés sur des Toyota où l'on a monté une mitrailleuse ; d'autres, à cheval, s'élancent dans une fantasia en déchargeant vers le ciel leur kalachnikov ; d'autres encore, à pied, s'essaient sans grand succès à marcher au pas cadencé, présentant les armes.

Je remarque dans les rangs de ces fantassins beaucoup de djihadistes à la barbe plus longue que le poing, le crâne et la moustache rasés, selon les recommandations du Prophète. Ce sont les anciens du GICL, le Groupe islamique combattant libyen, un mouvement islamiste armé, formé au milieu des années 1990 dans les montagnes de Cyrénaïque, et pourchassé sans merci par Kadhafi. Beaucoup de ses membres furent exécutés dans la prison d'Abou Salim, en banlieue de Tripoli, lors d'un massacre au cours duquel périrent plus de mille deux cents détenus, à la fin de juin 1996. Les rescapés ont poursuivi le djihad en Afghanistan, et plusieurs d'entre eux ont rejoint la hiérarchie d'al-Qaida, où les Libyens étaient surreprésentés. Après le 11 Septembre, on en retrouva bon nombre à Guantánamo.

Leur leader, Abdelhakim Belhadj, fut intercepté à Kuala Lumpur en 2004, puis récupéré par les services spéciaux britanniques et remis à Kadhafi — redevenu fréquentable après les attentats de New York et de Washington. Tout était bon à l'époque pour contrer le péril d'al-Qaida, y compris un chef d'État autrefois tenu pour terroriste, mais prêt à accorder des contrats aux compagnies pétrolières occidentales pour se réinsérer dans le concert des nations civilisées. Belhadj accepta de négocier avec le régime et recouvra sa liberté, assouplissant son radicalisme au profit d'un islamisme plus « modéré » qui avait les faveurs du Qatar.

L'ancien djihadiste se retrouva de la sorte disponible, avec ses hommes qui constituaient une milice soudée par l'idéologie islamiste, en *condottiere* au service de tout politicien proche de son obédience désireux de conquérir le pouvoir et de favoriser les intérêts du Qatar.

C'est ainsi que Moustapha Abdeljalil, dont je distingue le crâne dégarni et le front marqué par la *zebiba*, au sortir d'un *command-car* en contrebas de la tribune officielle, s'est attaché ses services. Ce ministre de la Justice de Kadhafi, qui avait signé l'ordre d'exécution des infirmières bulgares et du médecin palestinien accusés d'avoir transmis le sida à des enfants libyens avant qu'ils soient relâchés en 2007 grâce à une médiation franco-qatarie, a rompu avec l'ancien régime pour devenir l'une des principales figures de l'opposition au dictateur qui l'avait employé.

Abdeljalil vient de Cyrénaïque, la partie orientale du pays dont Benghazi est la métropole. Il lui fallait s'appuyer sur une milice armée dès lors que le Conseil national de transition s'installait à Tripoli après la prise de la ville à la fin d'août par les révolutionnaires issus des tribus de l'Ouest, qui le considéraient avec quelque suspicion. À peine arrivé dans la capitale, il a donné des cautions à la rhétorique islamiste, promettant l'application immédiate de la charia et le rétablissement de la polygamie interdite par Kadhafi, à la consternation des Occidentaux qui avaient, en dépêchant leurs bombardiers, assuré la défaite militaire de l'ancien régime et espéré favoriser l'émergence d'une démocratie libérale.

Mais Abdeljalil, qui a fait de Belhadj le gouverneur militaire de Tripoli, s'affronte à la puissante milice de Zintan, qui estime ne rien devoir lui céder, confortant graduellement son emprise sur la capitale. Sur le sable du stade, ses automitrailleuses prises à l'armée déchue, couvertes de graffitis à la gloire des « révolutionnaires de la montagne », défilent derrière les fantassins djihadistes et les tiennent à l'œil, prêtes à en découdre.

✧

En allant déposer mes bagages à l'hôtel *Corinthia*, je remarque de beaux étals de poisson. « Ils sont importés, me précise le chauffeur. On ne consomme pas de pêche locale à Tripoli. » Voyant ma surprise, il ajoute :

> *L'ancien régime faisait précipiter en mer les prisonniers d'opinion menottés depuis les hélicoptères. Personne ne veut manger de poissons nourris de chair humaine.*

Mythe ou réalité, cet imaginaire d'un despotisme qui a pénétré jusque dans la chaîne alimentaire et finit sur l'assiette, où il contraint ses sujets à une sorte de cannibalisme par la terreur, pousse l'abjection au paroxysme.

Kadhafi saturait la société : il était le meilleur en tout, meilleur soldat, poète, ingénieur, cuisinier, homme de science, chasseur et bien sûr dirigeant. Quelque Libyen qui excellait dans son domaine et en aurait tiré gloire devenait susceptible d'être enlevé et exécuté, rival potentiel pour ce mégalomane paranoïaque. Même Saddam Hussein, tout criminel génocidaire qu'il fût, avait laissé subsister, pour se targuer d'être un mécène des lettres et des arts arabes, des écrivains et des peintres en Irak, qui négociaient un territoire de compromis toujours plus réduit.

En Libye, rien de pareil. D'une unique visite dans le pays sous la dictature en 2003, je garde le souvenir d'interlocuteurs tétanisés ou veules, d'une *tabula rasa* de toute vie de l'esprit. Je n'avais plus mis les pieds dans ce qui m'était apparu comme le pire des régimes arabes, un concours où les compétiteurs ne manquaient pourtant pas.

La « massocratie » était une machine à dissoudre toute émergence d'un peuple souverain et à l'atomiser en des « masses » enthousiastes et irréfléchies dont seul le « Guide » exprimait la volonté. Dans la réalité, il manipulait les unes contre les autres des tribus assurant la cohésion sociale minimale, dans un pays où tout repère avait été effacé. Seul demeurait le dictateur à l'image et aux aphorismes tirés du *Livre vert* omniprésents sur murs, calicots, bannières.

Comme tous les totalitarismes, gourmands de salmigondis idéologique, celui-ci avait altéré non seulement le langage, en le farcissant de termes qui accompagnaient son emprise sur les esprits (et en interdisant les langues étrangères, vecteurs de liberté, au prétexte d'anti-impérialisme et de nationalisme arabe exacerbé), mais également en bouleversant le calendrier. Le comput kadhafiste commençait à la date du décès de Mahomet, en 632 (et non avec l'hégire du Prophète de La Mecque à Médine, dix ans plus tôt), et il comportait des années solaires, alors que les mois hégiriens sont lunaires.

Par ce coup de force, Kadhafi se prévalait d'être le meilleur, voire l'unique, interprète de l'islam — contre l'ensemble de la tradition exégétique, dont les imams étaient emprisonnés, exécutés ou exilés s'ils bronchaient. C'était aussi l'opportunité de vilipender la monarchie qu'il avait renversée, issue d'une confrérie religieuse et dont la légitimité islamique était du même coup révoquée.

Mais il était difficile d'extirper la religion du cœur du peuple, et elle constitua un refuge intime transmis par les familles. Avant même que les mouvements islamistes ne capitalisent, là comme ailleurs, le mécontentement social et les frustrations politiques dans les dernières décennies du xxᵉ siècle, l'imprégnation piétiste a laissé des traces plus profondes encore que dans la péninsule Arabique, où les machineries d'État encouragent sans cesse à l'accomplissement des dévotions quotidiennes.

En Libye, sans aucune contrainte, la plupart de mes interlocuteurs prient dès qu'ils en ont l'opportunité, avant le repas, au terme d'un rendez-vous ou pendant celui-ci. Il en va de même de la langue arabe : par-delà la dictature grammaticale du « Guide », son pourchas délirant des idiomes étrangers, de l'amazigh ou des dialectes, la civilisation arabe, dans l'épaisseur historique de sa littérature, a servi de refuge face aux slogans superficiels destinés à mobiliser les masses abêties. Dans ce pays, où le système éducatif a été ravagé, des gens modestes s'expriment avec élégance, citent la poésie classique et témoignent d'une connaissance du patrimoine littéraire à faire pâlir les ressortissants d'autres États arabes bien mieux dotés en institutions culturelles.

« *Darbet Sarcou* » *(la frappe de Sarkozy)*

Le *Corinthia* est un des rares hôtels sûrs de la capitale incertaine. Palace tout neuf, il a été construit par Saïf al-Islam, le fils du « Guide » chargé de moderniser l'image du régime après le 11 Septembre et de favoriser la signature de grands contrats en réinstallant les hydrocarbures libyens dans le marché mondial.

Tocqueville notait en son temps que les mauvais régimes signaient leur arrêt de mort lorsqu'ils tentaient de se réformer. Il en est sans doute allé ainsi de la Libye, où les réformes de Saïf al-Islam, tout en atténuant l'atrocité de la répression et en permettant à l'opposition d'émerger, ont accru le ressenti des disparités sociales.

Les beaux immeubles, les hôtels de luxe que pouvait s'offrir cet État pétrolier n'ont profité qu'aux étroites élites liées au pouvoir, augmentant la frustration de tous les laissés-pour-compte. Dans cet État peu peuplé, contrairement aux pétromonarchies de la péninsule Arabique aux infrastructures rutilantes, la voirie et le tissu urbain sont pitoyables et l'ensemble du pays dans un état de déréliction saisissant — sans même parler des ravages de la guerre révolutionnaire elle-même.

Paradoxalement, la société libyenne a connu, sous les quatre décennies de Kadhafi, une modernisation accélérée : la population s'est urbanisée aux trois quarts, et le taux d'enfants par femme est passé de plus de sept à un peu plus de deux. Cela a fait naître des demandes sociales nouvelles auxquelles le despote, qui gouvernait de manière archaïque, ne savait plus répondre : il consacrait sa fortune pétrolière à financer le terrorisme international et de coûteuses aventures militaires africaines, tentant d'acquérir par ses pétrodollars la suprématie sur le continent noir, et laissant son pays exsangue.

C'est aux aspirations consuméristes de cette jeunesse urbanisée que Saïf al-Islam avait été chargé d'adresser son message, à l'image d'un Gamal Moubarak ou d'un Bachar al-Assad. Des projets immobiliers de ce « réformiste », il reste, autour du *Corinthia*, sur le front de mer aux côtés de la vieille médina décrépie enserrée dans ses murailles et habitée de squatters africains dans l'attente d'un rafiot pour l'Europe, une forêt de gratte-ciel inachevés.

La chute de Kadhafi a arrêté les grues et les chantiers, dont les palissades servent de support aux tags des révolutionnaires qui ont libéré Tripoli, et qui partout ont tracé à la peinture fluorescente le nom de leur ville ou de leur village : Zintan, Misrata, Benghazi, Tajoura, Yefren, Jado, Zouara. Ces trois dernières signent en outre du *z* tifinagh pour proclamer leur identité berbère dans une capitale qui la déniait, mais dont l'exode rural descendu de la montagne amazigh peuple les banlieues.

J'avais découvert le *Corinthia* il y a quelques semaines, alors que Tripoli venait de tomber, mais que Kadhafi restait introuvable. C'était à l'occasion d'un voyage aller-retour d'une journée organisé en septembre pour des entrepreneurs hexagonaux, auquel m'avait aimablement convié le ministre français du Commerce extérieur de l'époque.

Tandis que nous étions rassemblés dans un salon, un des ministres libyens appartenant au gouvernement provisoire d'alors nous fit le récit de sa journée du 19 mars 2011, connue en Libye sous le nom de *darbet Sarcou* (la frappe de Sarkozy).

Frère musulman de Benghazi, exilé pendant plusieurs décennies à Seattle, où il enseignait à l'université, il avait rejoint sa ville natale dès les premiers jours du soulèvement de la Cyrénaïque, comme beaucoup d'expatriés abandonnant une vie confortable pour reconquérir leur pays, risquer leur peau face aux troupes suréquipées du dictateur. Montant au combat vêtus d'une tenue de chasse achetée dans un magasin de sport outre-Atlantique, ils tenaient une arme pour la première fois de leur existence, après deux ou trois heures d'entraînement au tir en guise de formation militaire.

Le front des révolutionnaires avait été enfoncé à Ajdabiyya par les blindés du régime, qui fonçaient sur Benghazi, tandis que les insurgés avaient reflué dans la panique. S'adressant à nous en anglais avec l'accent de la côte Ouest des États-Unis, le ministre Frère musulman nous dit :

> *Je suis monté sur le toit de ma maison à Benghazi et j'ai vu au loin le nuage de poussière en mouvement de la colonne de chars. J'étais convaincu que nous serions massacrés dans les heures à venir, et toutes les femmes violées. J'ai levé les yeux au ciel pour prier. Et soudain, dans le ciel, j'ai aperçu un scintillement. Quelques secondes plus tard, le nuage de poussière s'était immobilisé et transformé en une traînée de feu. C'étaient les Rafale français. Ils nous ont sauvé la vie, ils ont sauvé Benghazi et la révolution. Sans eux, je ne serais pas là, en train de vous parler, et Kadhafi serait peut-être toujours au pouvoir !*

Pendant que les hommes d'affaires parlaient contrats, une délégation d'Allemands, une fois déroulés leurs kakémonos et étalés leurs prospectus, s'étaient installés dans le hall de l'hôtel pour prendre leur suite. Ils ne semblaient pas embarrassés outre mesure par le refus de la chancelière de s'engager militairement contre Kadhafi.

J'étais parti visiter le complexe de Bab al-Aziziyya, l'ensemble de bunkers, de résidences, de casernes et de prisons d'où le despote régnait. J'étais accompagné d'une dame libyenne au français exquis, ancienne élève de l'école de la Mission laïque. Élégante, distinguée, elle était d'origine ottomane, comme une grande partie de l'aristocratie côtière issue des janissaires, ces soldats « cueillis » enfants dans les villages chrétiens des Balkans soumis à la Sublime Porte, enlevés à leur famille, circoncis de force et convertis à l'islam pour devenir les troupes de choc de l'Empire. Ils prenaient femme dans les villes de garnison, les échelles de la côte de Barbarie depuis la Cyrénaïque jusqu'à l'Oranie, et leur descendance a d'ordinaire la peau et les yeux clairs.

Dans ces familles, on a toujours sélectionné avec soin les femmes à la carnation « blanc porcelaine » pour la reproduction de la race, avec une prédilection autrefois pour les captives des navires européens pris à la course. Elles ont été remplacées par les ressortissantes blondes du bloc soviétique pendant les décennies philosocialistes où Kadhafi envoyait ses cadres se former à l'académie militaire de Frounze (l'actuelle Bichkek), ou à l'université tiers-mondiste Patrice-Lumumba de Moscou. Ces familles cousinent parfois toujours avec une Turquie qui reste très présente en Libye par ses entreprises, son influence culturelle et ses réseaux matrimoniaux parmi l'ancienne élite.

Avant de rejoindre Bab al-Aziziyya, nous avions fait halte dans le souk pour jeter un coup d'œil à la médina qui jouxte l'ex-place Verte, désormais « place des Martyrs ». Mon accompagnatrice n'était pas voilée, une rareté dans la foule qui se pressait aux échoppes. Native de Tripoli, elle s'exprimait naturellement dans le dialecte local. Pourtant les boutiquiers lui demandaient immanquablement d'où elle venait. Elle me confia sa lassitude d'être

constamment prise pour une étrangère en son pays
parce qu'elle ne portait pas le *hijab*. Ce phénomène
a commencé avec la révolution, qui s'est traduite par
un voilement généralisé des femmes. L'islam a fait
office de ciment idéologique pour la résistance face
au despote taxé d'impiété, tandis que l'expression
de la foi musulmane *Allah Akbar !* (Allah est le plus
grand) servait de mot d'ordre aux insurgés.

Bab al-Aziziyya avait été proprement ratatinée
par les frappes de l'Otan. Il ne restait plus un bâtiment intact, alors que les immeubles civils contigus
étaient indemnes, la guerre postmoderne réduisant
au minimum les « dommages collatéraux ». Murailles
et miradors étaient renversés, comme par le passage
d'une tornade surnaturelle, les abris pour hélicoptères crevés de trous béants. Les poutrelles de béton
armé tordaient vers le ciel des bras de métal rouillé
d'où pendouillaient des gravats, breloques des fastes
déchus de la dictature. Ce que les bombardements
n'avaient pas pulvérisé avait été systématiquement
saccagé par la population : pas un pan de mur qui ne
fût couvert de graffitis, insultant Kadhafi et sa famille,
exaltant les révolutionnaires des diverses villes et tribus, quelques slogans remerciant la France et l'Otan.

J'avais remarqué un : *Yasqot Kadhafi ould al yahou-
diyya* (À bas Kadhafi, fils de juive) en bonne place sur
une des portes monumentales disloquées. « La tante
maternelle [*khala*] de Kadhafi était juive, m'avait
assuré un interlocuteur que j'interrogeais à ce sujet,
et d'ailleurs Nétanyahou l'a confirmé ! » Cette rumeur
permettait de charger opportunément le despote de
tous les péchés d'Israël, et d'innocenter l'islam.

La résidence de Kadhafi et de sa famille était restée debout, bien qu'endommagée par les frappes. La
foule des badauds se pressait dans cette cité inter-

dite déchue, comme on va au train fantôme dans les
fêtes foraines, pour se donner le frisson. On traversait des chambres. Un lit à baldaquin surdoré avait
été éventré, et de la plume d'oie sale jonchait le sol.
On murmurait qu'il s'agissait du lit d'Aïcha, la fille
de Kadhafi, à la beauté troublante et à la garde-robe
de grands couturiers, dont on imaginait les frasques
sexuelles sur cette couche livrée aux déprédations du
populaire et à un voyeurisme revanchard.

Il paraît que le château de Versailles avait subi de
semblables outrages durant la Révolution française.
Mais Aïcha n'était pas Marie-Antoinette, ni Bab al-
Aziziyya la galerie des Glaces. Avec ses murs à petits
carreaux tagués de bas en haut par les enfants des tribus, le palais du tyran tombé ressemblait à une HLM
dégradée des années 1970 à Clichy-Montfermeil pro-
mise à la démolition par le Programme national de
rénovation urbaine. Le « Bédouin du désert » avait
un goût épouvantable.

Des enfants étaient grimpés sur des bouquets de
mitrailleuses qu'ils faisaient pivoter, se balançant
suspendus au canon de chars explosés et accomplissant des tours de manège incongrus sur cet arsenal
neutralisé. Les adultes descendaient dans les souterrains, à la chasse au trésor ou à la recherche de
cadavres. Dans un bunker excavé, Kadhafi avait fait
entreposer, en chambre froide, les corps de dix-huit
conjurés qui avaient tenté de l'assassiner en 1984,
leur refusant la sépulture. Il venait régulièrement
contempler les suppliciés congelés, pour les narguer
et tromper la mort, laquelle ne l'avait pas encore
rattrapé au jour où je visitais les décombres de Bab
al-Aziziyya.

Jeudi 3 novembre 2011

Le trophée de Misrata

Lors de mon second voyage, ce 3 novembre 2011, Kadhafi est mort. Il a été enfumé comme un renard du désert dans sa ville natale de Syrte, où il s'était réfugié parmi sa parentèle. Terré, forcé au sortir d'une canalisation de drainage, il avait été lynché, déculotté, sodomisé à la baïonnette, puis, loin des smartphones qui retransmettaient en direct sa pitoyable fin sur les sites de partage de vidéos, exécuté d'une ou de plusieurs balles. Son corps avait été emporté en trophée à Misrata, dont les révolutionnaires avaient lancé le plus gros de l'assaut contre Syrte, y perdant de nombreux jeunes face aux tirs professionnels des *snipers* du dernier carré des fidèles et des ultimes mercenaires.

L'ambassadeur de France, un arabisant de mon âge que j'ai connu dans ses postes précédents, me propose aimablement de l'accompagner à Misrata pour sa première visite officielle dans la ville libérée. J'y rejoindrai Jean-Baptiste Lopez, un photographe avec lequel j'ai déjà travaillé, qui vient de passer trois mois en compagnie des révolutionnaires de la ville, d'abord sous le feu des troupes de Kadhafi, puis pendant les campagnes pour libérer Tripoli et s'emparer de Bani Walid et de Syrte, les deux derniers bastions du despote, peuplés en majorité de membres de sa tribu.

Jean-Baptiste m'a fait parvenir ses photos du cadavre du despote subissant les outrages et j'ai hâte de recueillir son expérience. Sur le trajet, notre cortège traverse les bois de Zliten, où des centaines de chars du régime déchu avaient été positionnés sur la ligne de front autour de la ville assiégée, canons pointés vers Misrata, qu'ils pilonnaient sans relâche jusqu'à ce que les frappes de l'Otan les réduisent au silence.

Nous passons au milieu de cet immense cimetière de chars, perforés par un missile à l'uranium qui en a troué le blindage, atomisant par pyrolyse tankistes et machines, avant que la pression fasse sauter la tourelle qui gît sur le côté avec son canon. Comme si tous ces engins de mort avaient été décapsulés sans effort par un ouvre-bouteilles géant descendu du ciel.

Misrata est jalouse de son autonomie, et le marque d'emblée par le contrôle de son territoire, borné par des *checkpoints* monumentaux faits de containers empilés, mieux rendus par le terme arabe *bawaba*, qui signifie « portail », avec les connotations spectaculaires de ce mot. La ville est riche de son commerce, servi par un port en eaux profondes, stratégiquement positionné au cœur de la Méditerranée au point où la rive méridionale s'infléchit brusquement vers le sud pour amorcer la courbe de la Grande Syrte. Elle a vu débarquer les derniers musulmans d'Andalousie, chassés de Valence par la *Reconquista* au XVIe siècle, et une ligne de fret régulière s'était perpétuée sur ce trajet jusqu'à l'ère Kadhafi, irriguant la Libye en produits frais et articles de consommation européens grâce auxquels le « Guide », qui payait *cash* en pétrodollars, achetait la paix sociale.

Misrata constituait, toutes proportions gardées, une sorte de Venise libyenne, une cité marchande, dont la zone franche fonctionnelle, au contraire des ports de Tripoli et de Benghazi, paralysés par la bureaucratie et la corruption, avait permis l'émergence d'une bourgeoisie opulente tant qu'elle se tenait à l'écart de toute politique. Elle se rêve aujourd'hui, au sortir de la guerre et dans une Libye qui servirait de porte septentrionale à l'Afrique, en Dubaï du rivage des Syrtes. C'est en tout cas ce que nous expliquent les membres du conseil municipal. Les échevins qui nous reçoivent solennellement dans une salle souterraine épargnée par les bombardements exercent effectivement le pouvoir civil et militaire sur ce territoire autonome.

Ils expriment leur gratitude envers l'aviation française pour desserrer l'étau de Misrata et sauver la ville. Puis ils se montrent plus désireux d'un jumelage immédiat et *business-friendly* avec Marseille, Strasbourg, voire Paris, que d'une coopération à long terme franco-libyenne, à laquelle ils ne semblent pas prêter plus de réalité qu'aux mirages de l'immense désert qui commence à leurs portes.

✧

Misrata a été pénétré par les chars de Kadhafi le long de l'axe principal, *shari' Trablous*, l'avenue de Tripoli. Mais dès que les tankistes s'aventuraient dans les rues latérales, à l'aveugle, car ils ne disposaient pas de plan de cette ville au développement urbain rapide, ils se trouvaient coincés par des containers vides apportés du port et poussés autour d'eux. Jusqu'à ce que, tel un chevalier médiéval désarçonné et empêtré par son armure où le fantassin ennemi cherche le défaut de la cuirasse pour y plonger sa dague, le char immobilisé ne révèle une béance à un jeune révolutionnaire en tongs qui y lancerait la grenade mortelle.

Dans les immeubles les plus élevés de l'avenue, investis par les francs-tireurs de Kadhafi, les murs et les fenêtres noircis et criblés d'impacts témoignent des attaques des hélicoptères de l'Otan envoyés *in fine* dans ce milieu urbain dense où les frappes des avions auraient fait courir trop de risques à la population. En face des bâtiments les plus ravagés, on a établi un musée des martyrs dont nous signons le livre d'or. Il m'évoque des musées identiques en Iran ou dans les territoires du Hezbollah au Liban, murs couverts de portraits de jeunes hommes barrés d'un crêpe.

Mais les clichés reflètent, plus qu'en milieu chiite, où les images ont été retouchées et standardisées comme des icônes, la diversité des occupations de ces soldats de l'an II de Misrata. Certains sont coiffés d'une casquette de base-ball à l'envers ou d'une chéchia, d'autres arborent un *tee-shirt* bariolé où l'on devine les lettres du logo d'un soda américain ou une djellaba blanche boutonnée.

Chaque ville libyenne a son musée, et parfois son cimetière, des martyrs, qui lui sert aussi à justifier ses prétentions à jouer un rôle prééminent dans le partage des dépouilles du pouvoir après la chute de Kadhafi — en faisant valoir que ses révolutionnaires à elle ont payé le prix du sang le plus élevé. Dans cette surenchère macabre, Misrata, Zintan et Benghazi occupent le podium, mais les autres cités ou confédérations tribales ne sont pas en reste.

En bonne place devant le musée de Misrata, au milieu d'une collection de tanks calcinés, d'armes diverses, de cartouches, qui rouillent en plein air, deux trophées rapportés du pillage de Bab al-Aziziyya illustrent les ambitions politiques insignes de la ville. Ce sont des statues qui figuraient devant le palais de Kadhafi. Maculée de slogans révolutionnaires, la première, de facture maladroite, représente un poing dressé qui écrase dans sa paume un avion, emblème de la résistance du régime au bombardement américain de 1996, en rétorsion contre l'attentat dit de Lockerbie, ce village écossais où s'abîma un Boeing de la Pan Am dans un attentat préparé par les services libyens. Kadhafi la montrait avec fierté à ses hôtes étrangers et les faisait poser devant elle.

La seconde est celle d'un aigle menaçant aux ailes éployées, sa grande envergure signifiant la victoire éternelle du régime. Il a été barbouillé aux trois couleurs du nouveau drapeau libyen, sur lequel se détache la suscription *Allah Akbar !* et un pantin de Kadhafi, reconnaissable à sa perruque frisée, a été accroché à ses serres, bras et jambes ballants, comme un agneau que l'oiseau de proie de la révolution a enlevé pour s'en repaître dans son aire. Au-dessus de cette mise en scène du renversement de toutes les valeurs, deux drapeaux claquent au vent : celui de la Libye nouvelle, et l'oriflamme blanche et violette du Qatar.

❖

Jean-Baptiste m'accompagne dans le garage où il a photographié la dépouille mortelle de Kadhafi ; elle y a été déposée durant les premières heures qui ont suivi son retour de Syrte, avant d'être stockée dans un entrepôt frigorifique destiné aux viandes d'importation. Le flot continu des curieux venu flétrir le cadavre a maintenu une température élevée, accélérant la putréfaction des chairs abîmées jusqu'à ce que les autorités municipales la fassent enterrer en un lieu secret du désert, « selon le rite musulman ». Kadhafi aura donc été la proie de la vermine et non des poissons, contrairement aux prisonniers

qu'il faisait précipiter dans la Méditerranée, aux émigrés clandestins et à Ben Laden, « inhumé » en mer
d'Oman par l'armée américaine il y a quelques mois.

Le garage est la propriété du rejeton d'une des plus
grandes familles marchandes de Misrata, qui s'est
distinguée pendant le siège de la ville en assurant
l'approvisionnement alimentaire régulier des cita-
dins par le port grâce à son entregent financier. Nous
le rencontrons assis à un barrage près de sa maison.
Il porte une djellaba, une calotte sur le crâne et une
barbe fournie nouvellement poussée en signes de
piété et de modestie. Un autre membre de la famille
présidera peu après le parti politique issu des Frères
musulmans, *Al-'Adala wal Bina'* (justice et édification).

Il nous conduit au garage de sa villa, une demeure
cossue dans le goût surdoré du style « Louis
Farouk ». Le lieu sert d'entrepôt à des marchandises.
Au centre, un espace vide est ménagé. C'est là que le
propriétaire rangeait son 4 × 4. On distingue au sol
quelques taches d'huile de vidange qui donnent cette
odeur caractéristique des garages des pays chauds.

C'est dans ce même espace que furent installés
le matelas de mousse bleuâtre et le rideau serin
damassé où reposa sur le dos le cadavre de Kadhafi
à son arrivée à Misrata, et que Jean-Baptiste l'a photographié, improbable cliché d'une identité judiciaire
caravagesque dans cette morgue improvisée. Dans
l'album qu'il en a tiré, deux images sont remar-
quables. Sur l'une, le cadavre en contre-plongée
figure depuis le bas du cadre, à partir du pelvis au
ras duquel on distingue l'élastique d'un tissu jaune
qui dissimule à peine les organes génitaux.

Le corps est entièrement épilé, et le ventre et les
hanches qu'éclaire un rai de lumière s'élargissent

en amphore, en une physionomie obscène curieusement féminine, qui me fait penser à l'ambiguïté sexuelle du pharaon Akhenaton. Kadhafi entretenait un harem à Bab al-Aziziyya dans lequel il enfermait des jeunes gens des deux sexes, selon la tradition des souverains musulmans. Une jeune Libyenne enlevée par les Amazones du colonel et séquestrée pour satisfaire ses plaisirs parvint à s'enfuir en France puis en fit le récit, publié par la journaliste Annick Cojean dans *Les Proies* (Grasset, 2012).

La photo montre un corps couvert de taches de sang séché, mais encore très rouge — le décès ne remonte qu'à quelques heures. Au bout de la ligne de fuite, le visage incliné, les yeux clos, ensanglanté aussi, dont les poils de barbe et de moustache, les cheveux frisés en désordre sont pris dans l'ombre roide de la mort et contrastent avec la chair dénudée et lumineuse, presque offerte, du corps. La légende veut que, en déculottant Kadhafi, on ait découvert qu'il possédait un sexe gigantesque — et incirconcis.

L'immensité du phallus est un attribut du pouvoir, dont témoignent en Orient les obélisques, que l'arabe nomme *zibb fira'oun* (le zob du Pharaon). Il est peu crédible qu'un jeune Bédouin de Libye des années 1940 ait pu échapper à ce rite de passage inéluctable que représente la circoncision. Mais la construction du récit autour de sa verge fait de lui le parangon du prince pervers par excellence puisque non musulman, un mythe que veut accréditer aussi la rumeur de sa tante maternelle juive — et par voie de conséquence de sa mère juive — qui ferait du despote un enfant d'Israël selon la loi mosaïque, exonérant l'islam.

Tout l'espace supérieur du cadre est occupé par les curieux venus contempler et humilier le cadavre. L'un deux, une casquette de base-ball rouge vif comme le sang de Kadhafi vissée sur le crâne, pose pour le photographe en souriant de toutes ses dents. Sa grosse tête pleine de vie au premier plan contraste violemment avec le visage mort du despote, derrière lui, et il fait avec l'index et le majeur le V de la victoire.

Des mains entrent par les côtés dans l'image, coupées au niveau du poignet par le cadrage : l'une d'elles tient un *smartphone* pour immortaliser la scène et la mettre en ligne, d'autres, rendues floues par le mouvement, s'apprêtent à souffleter, pincer, griffer le trépassé. Une bouche en arrière-plan semble se préparer à un crachat. C'est *Le Christ aux outrages* de Fra Angelico, avec les instruments de la Passion isolés par le maître florentin à l'entour du tableau, figurés par métaphore : main qui soufflette, lèvres qui crachent, lance qui perce le flanc et à laquelle se substitue ici le flash du téléphone.

Une autre photo en plan serré du visage de Kadhafi montre deux index et un pouce lui appuyant sur la paroi nasale pour en tordre le cartilage. C'est la traduction en image d'une expression bédouine, *Kassarna khashmak !* — mot à mot : « On t'a cassé le nez ! », qui renvoie à la déchéance suprême infligée à l'ennemi vaincu dont on profane le cadavre.

LÉGENDES CORSE
ET JUIVE DE KADHAFI

Corse, été 2012. On m'a conté à la veillée, dans le village corse de Montemaggiore, la légende des origines insulaires de Kadhafi — une histoire à tiroirs dont l'intrigue et le dénouement font penser à une nouvelle de Borges. Je la restitue telle que je l'ai entendue, confuse, compliquée des informations dénichées en ligne par la suite. L'obscure clarté de cette *curiosité* fait chatoyer en sa part d'ombre le mythe du lieutenant Kadhafi, qui s'était bombardé colonel, pour singer Nasser, son idole, au lendemain de son coup d'État, en 1969. Voici l'histoire.

En 1942, un pilote de vingt-sept ans, le lieutenant Albert Preziosi, originaire du village haut-corsain de Vezzani, une bourgade d'altitude de trois cents âmes où l'on fabrique des pipes de bruyère, située en pleine forêt au pied du col de Vizzavona, disparaît dans le désert libyen. À moins que l'événement ne se soit produit en septembre 1941, et qu'il n'ait pas disparu.

Engagé dans les Forces françaises libres, il avait rejoint Londres le 17 juin 1940, à la veille de l'appel du Général. Il fut affecté au Landing Ground 16, la base aérienne britannique de Fuka, au nord-ouest de l'Égypte, où avait été positionné le groupe de chasse n° 1 des *Free French*, « l'Alsace ». Plus tard, Preziosi sera l'un des pionniers du groupe « Normandie », qui connaîtrait la gloire sous le nom de « Normandie-Niémen », comme le surnomma Staline.

En mission au-dessus de la Libye contrôlée par l'Axe, son avion, un Hawker Hurricane, a été abattu. Recueilli, caché, soigné, Preziosi a ensuite été exfiltré vers Fuka par une tribu bédouine hostile à la colonisation italienne. À moins encore qu'il n'eût jamais accompli cette mission, ayant rallié l'Égypte par voie de terre à partir de l'Afrique-Occidentale française d'alors, avec la colonne Leclerc qui prenait les forces de l'Axe à revers. Elle faisait la jonction avec les Anglais d'Égypte, à travers le Fezzan, cette partie méridionale de la Libye qu'arrachèrent les Français Libres à la domination mussolinienne.

Les photographies en noir et blanc montrent un jeune homme brun aux cheveux courts, l'air avantageux, physique d'acteur américain : un tombeur, aux dires de ses camarades. Une Bédouine — une princesse senousie selon les plus érudits des narrateurs — appartenant à la tribu qui l'a sauvé est séduite et donne naissance neuf mois plus tard à Kadhafi, officiellement né à Syrte le 19 juin 1942. Entre-temps, le bel aviateur corse a retrouvé les siens au terme d'une disparition d'un mois dans le désert, et on a marié la fautive à un membre de la tribu des Kadhafa qui assumera la paternité du futur dictateur.

Ou bien il a connu une infirmière palestinienne, voire juive, avec qui il a eu un bébé, que cette fille-mère a confié aux Kadhafa. Ou bien encore il a eu, durant sa traversée du Fezzan, « une copine "grande tente" libyenne », autrement dit une aventure avec la fille d'une tribu aristocratique. Cette liaison aurait été gardée sous silence parce qu'« un Européen qui faisait un gosse à une Libyenne, ce genre de choses pouvait causer des problèmes… et n'était pas bien vu par les Anglais », selon les souvenirs d'un aviateur du groupe, recueillis par l'enquêtrice Anne Giudicelli pour le site *bakchich.info*.

« Tu sais que j'ai eu un enfant en Libye. S'il m'arrive quelque chose en manœuvres, fais-lui parvenir cette lettre. » Ces propos que Preziosi aurait tenus à son supérieur, le commandant Pouliquen, fondateur de Normandie-Niémen, sont rapportés par un ancien agent du renseignement français, mais il n'existe nul support écrit à ces allégations. Le général Hugues Silvestre de Sacy, chef du Service historique de l'armée de l'air, un descendant du père de l'orientalisme français, le baron d'Empire Antoine Isaac Silvestre de Sacy, compilateur et traducteur en 1806 de la *Chrestomathie arabe*, a exprimé dans une correspondance l'incrédulité de la grande muette sur l'affaire. Il se basait sur des confidences du camarade qui partageait la tente de Preziosi.

Celui-ci a quitté le Moyen-Orient à la fin de juin 1942, quelques jours après la date officielle de la naissance de Kadhafi. Mais cette date elle-même est incertaine : le « Guide » — un titre emprunté peut-être inconsciemment au *Duce*, qui avait changé le calendrier en créant l'*era fascista* —, ayant lui aussi inventé son propre calendrier, flouta dans l'imbroglio des mois lunaires et solaires la date de sa propre naissance, peut-être postérieure d'une année, et sema la confusion des états civils.

En juillet 1943, le capitaine Preziosi est abattu en action au-dessus de l'URSS par un avion allemand. Il sera médaillé de la Résistance, décoré par l'Union soviétique, et le gouvernement français nommera « Capitaine-Preziosi » la base aérienne 126 de Solenzara, en Corse, située à une soixantaine de kilomètres du village de Vezzani, où a été érigée une stèle commémorative pour l'enfant du pays héros de la Résistance.

L'histoire est oubliée jusqu'en 1977, quand un journaliste de l'hebdomadaire d'extrême droite

Minute, qui a ses entrées dans les mess d'officiers et peu de sympathie pour la Résistance, l'exhume. Il veut trouver l'explication du soutien du dictateur libyen aux activistes du Front de libération nationale de la Corse, qui sont allés s'entraîner au maniement d'armes et d'explosifs dans les camps où celui-ci forme les apprentis terroristes.

Puis la rumeur s'efface de nouveau jusqu'à la visite extravagante de Kadhafi en France, durant l'hiver de 2007, qui plante sa tente dans le jardin de l'hôtel Marigny, à l'invitation de Nicolas Sarkozy. Après la libération des infirmières bulgares et du médecin palestinien condamnés à mort sur l'accusation fabriquée d'avoir inoculé le sida à des enfants de Benghazi, le dictateur est à nouveau en cour, et il promet aux entreprises françaises mille contrats mirobolants qui s'avéreront autant de chimères.

L'enquêtrice corse de Bakchich publie alors son récit sur le capitaine, qui est largement repris dans la presse généraliste. Il est illustré de photos où l'on remarque une troublante similitude entre le lieutenant Preziosi à vingt-sept ans et le lieutenant Kadhafi au même âge — quand il s'empara du pouvoir, grand séducteur lui aussi, jeune homme brun aux cheveux courts, l'air avantageux, physique d'acteur américain... Plus d'une journaliste occidentale a chaviré, avant que l'abus de Botox ne bouffisse les traits du visage — confié aux soins d'un chirurgien esthétique et friseur brésilien. On surnommait *Bou Chafchoufa* (« le frisotté ») ce vieillard lubrique, pour qui ses Amazones capturaient éphèbes et vierges destinés au harem de Bab al-Aziziyya.

Puis la rumeur s'occulte de nouveau des mémoires jusqu'à 2011, et une autre vient la recouvrir puis s'y mélanger : Kadhafi est juif. C'est celle-ci que l'on retrouve sur les graffitis de ses palais détruits et que j'ai entendue de façon récurrente en Libye, où personne ne m'a évoqué sa filiation corse, mince enjeu arabe face à Israël et au sionisme, même si l'étendard de l'île de Beauté exhibe la tête tranchée d'un roi maure.

Cet on-dit s'était déjà introduit dans la légende de Preziosi, dont une variante voulait qu'il eût engrossé une infirmière palestinienne, juive en réalité. Mais, en 2010, deux Israéliennes d'origine libyenne sont interviewées dans un programme télévisé de leur pays. Elles sont issues d'une communauté très ancienne, aujourd'hui entièrement disparue, émigrée en Israël et en Italie notamment, ou passée en Tunisie.

Dans son roman *La Compagnie des Tripolitaines*, l'écrivain libyen francophone Kamel Ben Hamida évoque une enfance à Tripoli dans les jupes de femmes musulmanes, juives et italiennes qui cohabitaient paisiblement, et la communauté juive de Tripoli disposait d'un quartier en propre dans la ville européenne. On visite encore les vestiges d'une synagogue rurale, à Yefren, sur le flanc méridional du djebel Nefoussa, en territoire amazigh, qui ressemble aux synagogues judéo-berbères du Tafilalet, dans le Sud marocain. Sans doute avaient-elles la même fonction : servir une communauté décaissant et émettant les lettres de change sur quelque Juif du sud du Sahel au profit des caravaniers musulmans qui traversaient le désert, avec leur chargement d'esclaves, d'ivoire et de bois précieux, et dont ce papier-monnaie valait assurance contre les rapines des nomades avides d'or.

La première des deux Israéliennes qui ont donné corps à la rumeur est une certaine Gitta Boaron, dont la presse américanisa le nom en Brown, vieille dame à la tête enserrée d'un fichu, résidente de Netanya (ainsi naquit peut-être au gré des reprises du Web et des traductions approximatives la confusion avec Benyamin Netanyahou, qui aurait « reconnu les faits »). La seconde est sa petite-fille Rachel Saada, une piquante brunette au sourire charmeur.

La grand-mère a expliqué que la sœur de sa propre aïeule, maltraitée par son mari juif, avait épousé en secondes noces un cheikh musulman. Et même si la fille du couple était musulmane selon l'islam — où les enfants suivent la religion de leur père —, elle était juive selon la loi mosaïque, et elle-même transmit l'identité juive à son fils, le petit Mouammar Kadhafi, cousin au second degré de Gitta. Elle jouait avec lui enfant, et il vint l'embrasser quand elle quitta la Libye pour faire son *'alya* en Israël, âgée de treize ans tandis qu'il en avait sept. Et la belle Rachel d'ajouter, dans un rire qui découvrait ses jolies dents blanches à la télévision, que son parent Kadhafi était si parfaitement juif qu'il pouvait compléter un *minyan* — le quorum de dix Juifs mâles et adultes nécessaire à la tenue d'un office ou d'une cérémonie religieuse.

Cette affaire, qui donna aux deux protagonistes leur quart d'heure warholien de célébrité, fut traitée dans l'État hébreu sur le mode de la plaisanterie. La perspective cocasse d'un Kadhafi faisant jouer la loi du retour et bénéficiant d'un emploi d'appariteur réservé aux immigrants dans une municipalité du Néguev suscita l'hilarité du présentateur. Mais lorsque le soulèvement contre le dictateur commença, elle fut prise tout à fait au sérieux en Libye et utilisée contre celui-ci pour trouver à son ignominie une cause qui innocentait l'islam.

Le chef de la tribu des Kadhafa, autrefois grand bénéficiaire des largesses de son plus insigne membre, publia une déclaration coupant tout lien avec lui (la langue arabe dit mot à mot « se déclarant innocent de lui ») au moment de sa déchéance, au motif récent que « sa mère était israélienne ». *N'a dîn oummok !* (maudite soit la religion de ta mère) est après tout l'une des imprécations arabes les plus répandues, forme atténuée du célèbre *Nik oummok !* — le « Nique ta mère ! » de nos banlieues populaires et du rock français.

La légende corse et la légende juive avaient une conséquence commune : le despote que combattaient les révolutionnaires aux cris d'*Allah Akbar !* en accomplissant un djihad durant lequel ils respectaient scrupuleusement le jeûne du ramadan n'était pas un véritable musulman. Il était même incirconcis ! Lorsque Kadhafi disparut, s'échappant de Tripoli tombée aux mains des révolutionnaires, le bruit circula sur des blogs arabes qu'il avait fui en Israël — le seul pays du monde contraint de l'accepter et de lui accorder la nationalité —, tandis que d'autres, fidèles à l'idéologie antisioniste ou reconnaissants envers le financement pérenne du « Guide » libyen, faisaient de l'offensive de l'Otan un complot juif ourdi par Bernard-Henri Lévy.

Ce n'était pas vers Israël, mais vers le Sud-Ouest, vers le terroir tribal primitif, que fonçait le convoi de Kadhafi et de ses derniers soutiens abandonnant Syrte, lorsqu'il fut touché par un missile tiré par un avion de l'Otan. Les archives de l'armée de l'air nous diront un jour si cet aéronef a décollé, comme tant de Rafale et de Mirage en mission sur la Libye en 2011, de la base « Capitaine-Preziosi » à Solenzara, concluant la légende corse en vengeant dans le sang du fils putatif l'honneur d'un capitaine.

V

OMAN, YÉMEN

Dimanche 1ᵉʳ janvier 2012
L'heure de la révolution a(vait) sonné

Le Sultanat d'Oman et le Yémen ont une frontière commune, qui sépare la région occidentale du sultanat — le Dhofar — et la partie méridionale de l'Arabie heureuse d'autrefois, le Hadramout. Lorsque le Yémen du Sud formait un État indépendant allié à l'URSS, des révolutionnaires marxistes franchissaient clandestinement cette frontière close pour soutenir les insurgés dhofaris. Ils appartenaient à un improbable Front de libération d'Oman et du golfe Arabe (Floga), financé par Moscou pour déstabiliser les monarchies de la péninsule, fidèles pourvoyeuses de pétrole et de gaz aux États-Unis, à la Grande-Bretagne, et au « monde libre ».

Étudiant, j'avais vibré au documentaire d'une réalisatrice libanaise chrétienne et progressiste qui racontait la saga édifiante du Floga, *L'heure de la révolution a sonné*, vu au cinéma Champollion, où l'on donnait alors des films militants pour le public soixante-huitard. Plus de trois décennies après, je n'ai aucun souvenir du récit, mais je me rappelle l'affiche : une jeune femme à la peau cuivrée, en short kaki, les cheveux courts bouclés, assise en tailleur à même le sol, jambes et cuisses bronzées, tenant droit un fusil dont la crosse reposait à terre, sourire conquérant aux lèvres.

En y repensant, je ne suis pas convaincu que ce soit cette révolution exotique qui m'ait motivé à pousser les portes du « Champo », comme je voulais le croire à l'époque, mais plutôt le ravissement d'un jeune gauchiste du Quartier latin pour cette sublime militante. Elle évoquait ma première répétitrice d'arabe à la fac de Censier, Fayza. Pour les beaux yeux de cette Joconde yéménite je m'étais épuisé en vain à réaliser à la perfection gutturales, laryngales et fricatives au laboratoire de langues.

Au Dhofar aujourd'hui, on voit surtout des femmes bâchées des pieds à la tête d'un niqab noir. Je me demande ce qu'est devenue la jeune militante de l'affiche, si elle vit toujours, si une rafale anglaise ou iranienne ne l'a pas fauchée dans sa fleur. Elle aurait quelques années de plus que moi, la soixantaine. S'est-elle couverte d'un niqab, et de honte pour avoir exhibé ses cuisses d'antan au Quartier latin ? Expie-t-elle ses péchés en marmonnant pieusement le Coran à ses petites-filles excisées, dans l'attente du jour du Jugement, comme elle récitait autrefois avec zèle l'œuvre de Lénine en aspirant au Grand Soir ? Ou a-t-elle suivi à Moscou un jeune officier du KGB qui a craqué pour la gazelle socialiste, aujourd'hui opulente babouchka brune, mousmé d'un oligarque pétrolier ?

❖

La frontière terrestre entre le Yémen et le sultanat, où j'ai passé les fêtes de Noël et le réveillon de la Saint-Sylvestre, est toujours fermée. Pourtant le Dhofar a été pacifié, le vieux sultan misanthrope Saïd ibn Taimour fut remplacé en 1970 par son fils unique Qabous ibn Saïd, trentenaire diplômé de Sandhurst et officier des Scottish Rifles, à la faveur d'un coup d'État fomenté par les Anglais, et l'aviation écrasa la guérilla révolutionnaire sous ses bombes.

Le Dhofar est un paradis de collines baigné par l'océan Indien où vient mourir la mousson. L'humidité et l'intense chaleur y ont fait proliférer l'arbre à encens, le *louban*. Ce terme arabe, d'où est issu notre *oliban*, se rapporte au lait (et signifie par figure le foutre dans l'usage dialectal). L'exsudat de l'arbre est lactescent lorsqu'on l'incise, munificente giclée d'un sperme chtonien, coulée gluante qui vire à l'or en séchant.

Sanctifié par les Anciens, l'oliban a doté le Dhofar d'une fabuleuse opulence tant que perduraient les religions antiques et le christianisme en Orient, qui en embaumaient temples et églises pour masquer les exhalaisons fétides des fidèles assemblés et flatter l'olfaction des dieux et des saints. L'islam en prohiba l'usage dans les mosquées, assurant l'hygiène des congrégations de croyants par les ablutions préalables aux prières, ruinant le Dhofar en le confinant hors des routes du grand commerce mondial, avant que son salut ne revînt de l'Inde, grosse gourmande d'encens brûlé devant ses divinités aux mille bras.

C'est dans la capitale dhofarie, l'indolente Salalah, en un palais enclos de bananeraies, de forêts de manguiers et de verts pacages où paissent d'étonnants troupeaux mêlés de chamelles, de vaches et de chèvres, semblant attendre d'embarquer sur l'arche de Noé, que l'atrabilaire sultan Saïd relégua son fils Qabous à son retour d'Albion. Horrifié par ses malles pleines de 33 tours d'opéras italiens et suspicieux du jeune officier écossais qui lui tenait lieu d'aide de camp, il exila pendant cinq ans ce rejeton auquel il trouvait mauvais genre auprès d'une mère que son fils adorait et que son époux avait répudiée.

Depuis son château de la Belle au bois dormant, le jeune Qabous entendait la canonnade des guérilleros marxistes en écho aux trompettes d'*Aïda* qu'il passait sur son *pick-up*. Un jour, les services secrets de Sa Gracieuse Majesté le ramenèrent à Mascate et l'installèrent sur le trône dont ils avaient éloigné son rétrograde et acariâtre géniteur. Tandis que militaires britanniques et persans liquidaient les insurgés, Qabous traça des routes et fit rénover tout le pays à son goût, ne laissant intact aucun édifice construit avant son avènement, modernisant d'une main de fer dans un gant de velours son État béni par la rente pétrolière.

Une fois les anciens chefs communistes cooptés à sa cour pour y devenir gentilshommes porte-coton, ce Louis II d'une Bavière tropicale importa à grands frais un orchestre philharmonique pour jouer des marches écossaises derrière une claustra lors des dîners de gala. Les airs en sont rediffusés par haut-parleurs dans les rues de Mascate, aux passages pour piétons, donnant à la ville le charme suranné d'une capitale d'opérette.

Pour tenir son rang face au Louvre d'Abu Dhabi, aux *malls* de Dubaï, au circuit de Formule 1 de Bahreïn ou au Mundial de football du Qatar, Qabous a fait édifier un opéra somptueux comme une pièce montée orientale. Il a ouvert ses portes à Mascate au printemps de 2011. Le sultan chérissait ce projet depuis toujours, nous apprend la brochure sur papier glacé en vente au foyer. Las, une représentation du *Lac des cygnes*, petits rats en tutu, danseur étoile galbé dans des collants qui ne dissimulaient rien de son anatomie, a suscité l'ire des imams conservateurs. Ils se sont déchaînés sur Internet et Facebook pour vitupérer l'impiété de ce prince ibadite — une secte éclairée de l'islam que les wahhabites saoudiens exècrent en chaire à longueur de sermon.

Les révolutions arabes d'aujourd'hui sont promptes à utiliser le répertoire religieux et sa morale bornée pour morigéner les souverains et exciter le peuple — et des émeutes sociales se sont produites à Sohar, au nord de la capitale, en février et mars, faisant plusieurs morts parmi les manifestants. Si la frontière avec le Yémen est de nouveau fermée, c'est qu'on a repris les armes au Hadramout, ce berceau de la famille Ben Laden devenu le foyer d'une insurrection au nom d'al-Qaida. Le sultan septuagénaire a dû envoyer ses lanciers tribaux qui défilent torse nu à la fête du trône monter la garde face à de nouvelles brigades internationales, salafistes djihadistes, fanatisées à faire rougir les matérialistes dialectiques du bon vieux temps.

Gardes du corps à Sanaa

Rejoindre Sanaa depuis Mascate impose de prendre une correspondance à l'aéroport de Manama, à Bahreïn. Pour se rendre du pays des ibadites à celui de leurs voisins zaydites, ces deux rites libéraux de l'islam lovés dans le relief accidenté qui leur donne refuge, il faut faire un détour par l'île à majorité

chiite dont la dynastie sunnite a écrasé le soulèvement en mars 2011.

La presse locale de langue arabe comme anglaise,
parcourue au salon d'attente, vilipende à longueur de
colonnes les factieux stipendiés par Téhéran. Dans
l'immense galerie hors taxes, un père Noël, peut-être
philippin ou sri-lankais, alpague les chalands pour
vanter la loterie qui leur fera gagner une voiture de
sport tournant sur un présentoir géant s'ils font leurs
emplettes en *duty free*.

✧

Je n'avais pas remis les pieds au Yémen depuis
la révolution de 2011. J'ai suivi entre-temps dans la
presse les batailles rangées entre régiments formés
de tribaux fidèles ou hostiles au président Saleh,
resituant en pensée les images et les souvenirs de
mes précédents séjours sur les plans des combats
de rue à Sanaa. J'ai localisé dans le campus de l'université où j'avais participé à des colloques les manifestations d'étudiants bravant la mitraille drapeau
yéménite peinturluré sur le torse nu.

Tandis que l'avion survole la ville à basse altitude, je cherche à travers le hublot les traces des
affrontements, la présence des blindés au milieu
des immeubles couleur sable qui luisent parmi les
montagnes dans le soleil de l'après-midi, sans succès. Sanaa est calme, et le Yémen ne ressemble pas
à la Libye que j'ai visitée il y a tout juste deux mois,
constellée de carcasses de chars calcinés.

Le président Saleh, atteint en son palais par les
éclats d'une bombe, est parti se faire soigner pour
une durée indéterminée chez le voisin saoudien,
lequel suit avec inquiétude les événements de ce

pays pauvre à la population plus nombreuse que la sienne et dont il craint les débordements au-delà de la frontière. Il y finance scrupuleusement et avec une forme d'équanimité les factions rivales qui s'entre-déchirent. L'Arabie, richissime de son pétrole, ne s'est urbanisée — à l'exception du Hedjaz, où le pèlerinage à La Mecque avait sédentarisé depuis des siècles une société musulmane cosmopolite unique en son genre, une communauté des croyants en miniature — que depuis quelques décennies.

À Riyad, les enfants des Bédouins nantis roulent en limousine climatisée, font leur shopping dans des *malls* où ils hésitent entre Hermès, Lanvin et Dior, dégustent en saison des asperges importées d'Allemagne à la table des grands hôtels. Ils estivent à Courchevel ou au Colorado, et alternent pendant l'année entre un appartement du VIIIe arrondissement parisien et une maison de ville dans Mayfair, à Londres.

Ils affichent pour la plupart une piété wahhabite exacerbée, rendant grâces à un Dieu intransigeant pour la fortune qu'il a fait sourdre de leur sous-sol, et, du même coup, prenant précaution par leur rigorisme contre les convoitises de centaines de millions de musulmans démunis. Les imams du royaume justifient le dénuement de ces derniers par la défaveur divine qu'aurait value une foi trop tiède, et la rente pétrolière des premiers par leur dévotion intense.

Au Yémen, où la vieille ville de Sanaa déroule cinq millénaires d'urbanité, des hydrocarbures bien chiches n'ont qu'effleuré de leur manne diffuse vingt-cinq millions de pauvres. Dans le souk, les dinandiers travaillent les métaux, les tisserands cousent les gilets, les torréfacteurs rôtissent le moka, les maçons édifient et les peintres décorent les hautes demeures de boue séchée inscrites au patrimoine de l'humanité, les armuriers affûtent la *jambiyya* — le poignard recourbé porté à la ceinture en attribut traditionnel de la virilité. La misère a figé l'authenticité des gestes séculaires et magnifiques d'une des plus antiques civilisations de notre planète.

Atterrissant un jour à Sanaa en provenance de Riyad, j'avais été saisi par le contraste extrême, dans cette même péninsule Arabique, à une heure de vol, entre la luxueuse insolence de ceux qui ne s'étaient donné que la peine de naître parmi les derricks et l'impécuniosité des héritiers de la reine de Saba, ce malheur moderne de l'*Arabia Felix*.

❖

L'ambassadeur de France a envoyé ses gardes me quérir à l'aéroport. Même si la situation s'est calmée depuis quelques semaines, le niveau d'alerte sécuritaire reste au plus haut, et les enlèvements d'étrangers demeurent une tradition nationale dans ce pays où il y a plus d'armes que d'habitants. D'ordinaire, les tribus kidnappent des touristes pour faire avancer un dossier bloqué par l'administration, goudronner une route, électrifier un village. Et les otages sont somptueusement traités selon les lois de l'hospitalité, sauf lorsque l'armée tente de les libérer sur les objurgations de leur gouvernement, occidental et bailleur de fonds par ailleurs, ouvrant la voie à un massacre.

J'ai souvenir d'avoir lu dans un quotidien régional, trouvé sur la banquette d'un train qui me ramenait d'une conférence en Bretagne, le récit émerveillé de la captivité au Yémen d'un coiffeur et d'un agent immobilier provinciaux, enlevés durant un voyage organisé. L'article était illustré d'une photo d'amateur de l'un des deux compères, hilare et grassouillet, posant en maillot de bain au milieu de gaillards moustachus harnachés de poignards, pistolets et mitraillettes.

Mais ce folklore est caduc depuis qu'al-Qaida dans la péninsule Arabique rachète à prix d'or les otages aux tribus et les convertit en une monnaie d'échange autrement précieuse, sans hésiter à exécuter ces impies dont le sang est licite. Le tourisme a périclité, contribuant à l'effondrement des ressources du pays, et les employés des ONG, les experts et le personnel diplomatique constituent une cible de choix d'autant plus recherchée qu'elle s'est raréfiée.

Je suis assis à l'arrière de la jeep blindée, un gilet pare-balles et un casque posés sur le siège. À l'avant, le gendarme, pistolet à la ceinture et mitraillette à portée, transmet des ordres au chauffeur et communique en VHF avec la voiture suiveuse, parlant en langage codé dans le chuintement de la radio qui emplit l'habitacle comme dans un film de guerre :

> *Tango... Ici Charlie... On quitte Vegas... Direction Vatican...*

Je rallume mon téléphone portable éteint dans l'avion. Il fait défiler en couinant des dizaines de SMS, un nombre inhabituel même pour les échanges de vœux du Nouvel An. Des collègues et des relations de travail avec qui je ne corresponds que rarement me congratulent, à mon étonnement. Je découvre ainsi que je figure dans la promotion de la Légion d'honneur du 1er janvier, pour trente et un ans passés au service de l'Université.

Dans la situation où me surprend cette nouvelle, j'aurais presque pu prétendre être décoré en action sur le champ de bataille. Jacques Berque avait commencé sa carrière comme officier des Affaires indigènes, l'orientaliste d'aujourd'hui finit la sienne protégé par les militaires, comme les savants de l'expédition d'Égypte, ses premiers précurseurs. « Les ânes et les savants au centre ! » ordonnaient les sergents-majors à Vivant Denon, à ses collègues et aux bêtes de somme lorsque la colonne française faisait le carré, à l'approche de cavaliers mamelouks en razzia.

La violence nous a rattrapés dans le monde arabe, initiée par le djihad, convulsant les révolutions. Elle est au cœur de notre métier, en ce début du XXIᵉ siècle dont la prédiction de Malraux serinée *ad nauseam* par les curés de toutes confessions voulait qu'il fût spirituel ou ne fût pas. Aujourd'hui, avec les amis de Sanaa, nous sabrons le champagne, fêtant la nouvelle année et ma décoration. Pour animer l'ambiance, on improvise une soirée diapos, je projette à l'aide d'un Barco les photos de Libye contenues sur mon ordinateur portable et prises par Jean-Baptiste Lopez, montrant à mes commensaux le siège de Misrata, la conquête de Tripoli et de Syrte, le cadavre profané de Kadhafi. Matière à comparaison avec le Yémen.

Lundi 2 janvier 2012

La guerre des tribus

Je suis reçu par le cheikh Sadek al-Ahmar, le chef de la principale confédération tribale yéménite, en son palais de Sanaa. La tribu du président Saleh faisait partie de celle-ci, et le prédécesseur du cheikh Sadek, le défunt cheikh Abdallah al-Ahmar, dirigeait aussi le parti *Al-Islah* (la réforme), émanation commune des Frères musulmans et du réseau tribal, qui soutenaient le régime. Mais les Frères et les al-Ahmar ont pris fait et cause contre le président vieillissant qui cherchait à transformer son pouvoir en dynastie et à minorer leur influence. Ils ont adoubé la jeunesse révolutionnaire, pétrissant rapidement le levain des revendications démocratiques et libérales des étudiants dans une épaisse farine tribale boulangée par les mitrons islamistes.

L'armée du président et celle du cheikh al-Ahmar se sont battues dans Sanaa, chacune bombardant le palais de l'autre, et contrôlant une partie de l'espace urbain, en un affrontement intertribal traditionnel, infligeant à l'adversaire des coups calculés, sans l'exterminer, pour préserver la capacité de négociation. C'est ainsi qu'un obus tiré du camp al-Ahmar a blessé le président et l'a contraint à partir se faire soigner à Riyad, son éloignement débloquant les pourparlers sur la transition au pouvoir. De même, le palais du cheikh n'a été que partiellement ruiné, chaque salve d'artillerie ennemie venant à l'appui d'une tractation précise.

Je suis introduit dans ce château semi-dévasté où, la canonnade ayant cessé depuis l'exil médical d'Ali Saleh, le cheikh al-Ahmar a repris ses audiences pour ses hôtes de marque ou ses solliciteurs, en quête d'un arbitrage, d'un secours financier, et de sa baraka.

Le *Mafraj*, la pièce de réception traditionnelle couverte, a été pulvérisé par les obus ; c'est sur un vaste

divan de forme circulaire, en plein air, que l'entretien
aura lieu, dans un jardin d'agrément en friche aux
arbres brisés, entre des bâtiments calcinés et criblés
d'impacts, d'autres encore fonctionnels. En attendant
l'arrivée du maître de céans, qui se fait désirer, ce
sont ses paons splendides qui me tiennent compagnie,
se pavanant impavides au milieu des décombres :

> *Toi que l'on voit porter à l'entour de ton col*
> *Un arc-en-ciel nué de cent sortes de soies ;*
> *Qui te panades, qui déploies*
> *Une si riche queue, et qui semble à nos yeux*
> *La Boutique d'un Lapidaire...*

Tandis que ma mémoire d'écolier exhume cette
fable de La Fontaine dans le palais désolé pour tromper l'attente, voici enfin que procède le cheikh, en
déployant une éblouissante tenue blanche traditionnelle, la *jambiya* passée dans une ceinture de cuir
ouvragée d'argent rehaussé de pierreries. Il est précédé par ses gardes du corps brandissant une panoplie et suivi par son interprète et son cameraman :
l'entretien sera retransmis dès ce soir sur sa chaîne
privée, montrant à ses partisans et téléspectateurs
qu'une personnalité française, forcément éminente,
est venue lui rendre hommage et témoigner de son
importance politique.

Il émane de sa prestance, comme de la plupart
des cheikhs de tribus, une sorte d'aura naturelle. Il
est cordial, d'autant plus lorsqu'il se rend compte
que nous pouvons converser en arabe, après avoir
balbutié quelques mots de bienvenue en anglais aidé
de son truchement. Il m'invite à qater avec lui. La
bienséance veut que je mastique une ou deux feuilles
au goût âcre de cet arbuste, qui dessèchent le palais,

rendent la langue râpeuse, et contraignent les habitués à s'hydrater sans cesse.

Outre son action directe, dopante et euphorisante, comparable aux amphétamines, la manducation du qat peut avoir des conséquences indésirables. La communauté française de Sanaa relaie d'expatrié en expatrié, comme un principe de précaution incantatoire, l'histoire de ce préfet en mission, énarque omniscient. Voulant s'indigéniser au plus vite pour analyser les mentalités locales, il se mit à qater comme un natif dès sa première séance, sans prendre garde aux effets constricteurs sur les sphincters et se réveilla en pleine nuit urètre bloqué, souffrant le martyre, vessie prête à exploser, après avoir bu des litres d'eau pour étancher sa soif inextinguible. L'imprudent fut amené aux petites heures par le consul, sorti de son sommeil tout exprès, à l'hôpital de Sanaa où on lui enfonça une sonde dans le méat sans anesthésie au milieu de ses hurlements, dans des conditions d'asepsie rudimentaires.

Le qat n'assèche pas seulement les gosiers, mais aussi la terre. Il a frappé d'aridité la verdoyante Arabie heureuse d'autrefois, dont les sources d'altitude attrapant la queue de mousson s'épuisent à irriguer cet arbuste soiffard et plutôt laid qui a rongé les cultures vivrières pour assouvir l'intoxication quotidienne de la population. Sur le coup de midi, les feuilles fraîchement coupées arrivent sur le marché, dans des centaines de milliers de sachets bleuâtres, rougeâtres ou grisâtres négligemment jetés dans la nature après usage. Ils s'accrochent à l'entour des villes et villages aux buissons d'épineux qu'ils couvrent à perte de vue d'une floraison artificielle et sale autant que pérenne, ou tournoient dans le ciel au caprice du vent, sinistres oiseaux aptères du temps du plastique asphyxiant la culture des sols et suffoquant celle des esprits.

À l'approche du moment de qater, la nervosité gagne, les chauffeurs arrêtent leur taxi ou leur camion, les employés s'absentent, pour acquérir au plus vite cette drogue quotidienne et commencer l'interminable masticage. Il produira ses effets lorsqu'une grosse boule de feuilles écrasées, « emmagasinée » (le mot français « magasin » vient de l'arabe *khazana*) dans la joue qui gonfle graduellement jusqu'à se dilater comme enkystée, exsudera ses sucs dans la gorge.

Il existe diverses présentations du qat. Les tribaux en tenue traditionnelle se font apporter des branches entières, qu'ils broutent avec frénésie, arrosées de grandes rasades d'eau à la gargoulette. Les urbains en costume deux pièces ou en chemisette ont jeté leur dévolu sur des feuilles tranchées au ras du pédoncule, d'autant plus petites, tendres et onéreuses que le qateur se pique de raffinement et s'humecte les papilles d'eau minérale en demi-bouteilles.

La vie tourne au ralenti dans la seconde moitié de la journée, au rythme de la rumination générale qui procure à peu de frais la satiété et assure une sorte de régulation sociale euphorisante. Elle tempère la violence dans ce pays surarmé, et rendrait fort malaisée l'invasion par le Yémen pléthorique de ses riches voisins pétroliers et faiblement peuplés : la plupart des soldats seraient incapables de se battre l'après-midi.

Le qat engendre parfois une addiction chez certains résidents étrangers qui se sont fondus dans le bled, comme le haschisch, l'opium ou la coca sous d'autres longitudes. L'un de mes anciens étudiants a fini complètement qaté, prétendant à une connaissance intime et exclusive du Yémen, méprisant tous ceux qui n'avaient pas accompli ce parcours initiatique, jusqu'à ce que l'on parvienne à l'exfiltrer et à le sevrer.

Une « séance » de qat — où l'on n'est pourtant pas assis, mais vautré par terre, surélevé sur les coussins et les matelas disposés au long des murs, appuyé sur un coude, comme dans les banquets de l'Antiquité — peut réunir ceux qui se sont étripés le matin ; devisant civilement, ils puisent à présent dans le même stock de feuilles fourni par le maître de maison et se passent courtoisement les indispensables rafraîchissements.

J'ai souvenir de séances organisées pour moi lors de séjours précédents par des amis yéménites, seules occasions pour rassembler le spectre de la plupart des sensibilités du pays. Les langues s'y délient, et, l'euphorie toxicologique aidant, chacun rivalise d'intelligence et trouve l'autre spirituel. Le Frère musulman, le socialiste, le chef tribal et le cacique du parti du président s'accordent sur les mesures à prendre pour résoudre les maux du Yémen et lui rendre sa prospérité, en une joute consensuelle, aimables hallucinations que dissipera le réveil au matin suivant, jusqu'à la prochaine séance.

Le cheikh al-Ahmar qate à la manière des chefs tribaux, dont il est le plus haut représentant : avec emphase et forces rasades, ponctuant de grands gestes son plan pour éloigner dans la dignité le président Saleh du pouvoir, rappelant le rôle central des tribus dans le Yémen de demain, requérant à cette fin l'appui de la France.

Le pays vit sous une sorte de gouvernement de tutelle, où siègent les ambassadeurs des cinq membres permanents du Conseil de sécurité, des

États du Conseil de coopération du Golfe ainsi que de l'Union européenne. Ils voient chaque semaine les autorités transitoires et le vice-président à qui ils prodiguent leurs recommandations, et chacun contribue selon ses capacités : les États-Unis s'occupent de coopération militaire et dépêchent des drones qui déciment les djihadistes dans le Sud ; les Saoudiens et les Koweïtiens paient ; les Qataris sont en froid, taxés de laxisme, sinon de bienveillance, envers les rebelles houthistes du Nord accusés d'être soutenus par l'Iran ; et les Français ont pour tâche d'aider à la rédaction d'une Constitution démocratique… J'imagine le conciliabule entre nos éminents constitutionnalistes et le cheikh.

Nous nous sommes pris de sympathie, et dans l'effusion des sentiments, il postillonne d'abondance des petits morceaux de feuilles de qat déchiquetées dont je m'essuie discrètement le visage d'un revers de manche. Il me rappelle un de mes vieux professeurs de Sciences-Po, qui traduisait son enthousiasme par une semblable hypersécrétion des glandes salivaires. Le cheikh et le mandarin sont tous deux les hommes d'un ordre ancien, qui s'efforcent de couler le neuf qui les déconcerte dans les moules d'hier, par la force s'il le faut.

Mardi 3 janvier 2012

Woodstock en terre d'islam

Des jeunes révolutionnaires sont venus débattre du neuf avec l'orientaliste de Paris dans les jardins de la résidence de l'ambassadeur de France, sous une tonnelle qui protège de l'ardeur du soleil matinal de janvier, vite brûlant à 2 300 mètres, l'altitude de Sanaa. En Égypte ou en Algérie, pareil rassemblement serait matière à procès en sorcellerie pour compromission avec l'impérialisme français. Mais ici, ce cadre bucolique constitue un havre où échanger des idées en liberté, loin de la pression tribale, et l'on est prié de laisser ses armes à l'extérieur.

Il est prévu que je fasse une brève présentation en arabe sur les révolutions en Égypte, Tunisie et Libye, d'où je viens, et que nous discutions ensuite à bâtons rompus. La plupart de ces jeunes gens n'ont jamais voyagé hors du Yémen, y compris dans les autres pays arabes, tant la pauvreté est grande, et presque aucun d'eux ne parle de langue étrangère. Comme en Libye, ils s'expriment néanmoins dans un arabe élégant.

La politisation à outrance aidant, ils suivent fiévreusement les débats des sciences sociales en traduction, s'intéressent à l'existentialisme et à Régis Debray, à Jürgen Habermas et à Michel Foucault. Tous lisent aujourd'hui sur Internet, qui abolit les anciennes frontières de la censure culturelle et compense la misère de l'édition. Ils sont unanimes à vouloir la démocratie, rejettent d'un même souffle la dictature du parti unique et l'arriération du système tribal, considèrent dans l'ensemble le qat comme une calamité, mais se montrent divisés sur les modes de son éradication.

Ils s'avèrent avides d'échanger sur la situation en Égypte, qui, pour les jeunes révolutionnaires du Yémen, fait encore figure de référence, mais aussi d'antidote à la propagande wahhabite omniprésente abondée par les pétrodollars. Dans les années 1960, l'invasion nassérienne du Yémen, au prétexte de

l'émanciper d'un imamat rétrograde, mais surtout
destinée à menacer la pétromonarchie saoudienne
alliée à l'Occident, grâce aux armes et subsides four-
nis par l'URSS à l'Égypte, a laissé des traces culturelles profondes : les anciens ont fait leurs études
au Caire avant l'ouverture d'une université à Sanaa.
Aujourd'hui, une bonne partie de l'opposition en exil
à Ali Saleh réside sur les bords du Nil. C'est cette
Égypte libératrice qu'ils retrouvent confusément
dans la place Tahrir, avec ses mots d'ordre de démocratie, et c'est elle, plus que la trop lointaine Tunisie,
ou la Libye méconnue, dont les tribus pèsent pourtant autant qu'ici, qui les enthousiasme et les inspire.

Il y a dans l'audience plusieurs jeunes Frères
musulmans yéménites, qui s'expriment comme leurs
confrères égyptiens, s'en prenant aux vieilles barbes
et aux apparatchiks du parti. Ils cherchent à concilier les aspirations démocratiques issues du monde
globalisé et une identité islamique qui signifie à
la fois tout et rien parce que l'on n'éprouve pas le
besoin de la définir, sinon contre l'extérieur. Dans la
société, elle s'est imposée comme consubstantielle,
après les déboires du socialisme et des régimes liberticides alliés à l'Occident. Elle fournit une citadelle
mentale dont toute critique, devenue *ipso facto* blasphématoire, aboutirait à un suicide culturel et social
pour celui qui la formulerait en public.

C'est de pareil fortin que je subis l'assaut, rapide
et violent comme une razzia, d'une étudiante entièrement couverte d'un voile et gantée de noir, dont
le niqab laisse passer une fente pour les yeux sur
laquelle a été chaussée une paire de lunettes. S'exprimant en un mélange d'arabe et d'anglais, elle
me somme de m'expliquer sur l'*islamophobia* de la
France, qui se veut une démocratie, mais se révèle

la pire des dictatures puisqu'elle a prohibé le port du
niqab, une liberté individuelle élémentaire :

> *La France est l'État* the most racist *au monde.*
> *La persécution des musulmans y a du reste*
> *commencé avec l'interdiction du port du* hijab,
> *pourtant un simple foulard, à l'école. Comment*
> *pouvez-vous prétendre contribuer à l'élaboration*
> *d'une Constitution pour le Yémen, où le port du*
> niqab *est majoritaire chez les femmes et représente*
> *une des libertés imprescriptibles de la révolution ?*

Je m'embarque dans une analyse du phénomène
salafiste en France et de ses effets corrosifs sur le
tissu social et l'intégration républicaine. À l'évidence, l'argumentaire ne convainc guère mon interlocutrice :

> *Votre critique du salafisme est bien la preuve*
> *du racisme islamophobe des Français. Le sala-*
> *fisme, c'est l'islam en ses sources. L'intégration*
> *n'est qu'un complot visant à désislamiser les*
> *musulmans. Mais c'est voué à l'échec. Comme*
> *le rapportent nos médias arabes, des centaines*
> *de milliers de Français se convertissent à l'islam,*
> hamdulillah *[gloire à Allah] ! Très bientôt, Insha*
> *Alla, la France sera en majorité musulmane !*

Le débat passe à un autre sujet, plus consensuel,
plusieurs des jeunes présents paraissant gênés par la
sortie de la *pasionaria* au *niqab*, sans que quiconque
ose publiquement la contredire. Elle poursuivra son
djihad sur Internet, me dénonçant en ligne avec
virulence comme orientaliste raciste et islamophobe.

Je suis rejoint à Sanaa par mon ami Gilles Gauthier, arabisant subtil et polyglotte. Ce traducteur du roman égyptien *L'Immeuble Yacoubian*, devenu un best-seller en France, est aussi un fin connaisseur du grec moderne, et nous nous récitons parfois des poèmes de Cavafy, corrigeant la mémoire l'un de l'autre.

Gilles a pris sa retraite de diplomate après avoir servi comme consul général à Alexandrie et ambassadeur au Yémen, et il garde un vaste réseau d'amitiés dans le pays. L'un des étudiants nous a invités à le retrouver sur la place du Changement, *Sahat al-Taghyir*, qui s'inspire de la place Tahrir (*Meidan al-Tahrir*) du Caire, mais sur le mode yéménite. Il s'agit d'un ensemble de rues devant l'université où les étudiants avaient organisé un *sit-in*, affrontant les forces de répression jusqu'à ce que les régiments qui avaient lâché le président et suivi dans la dissidence le cheikh al-Ahmar et l'opposition les prennent sous leur protection en contrôlant le quartier.

À partir de cet instant, les étudiants n'avaient plus eu à quitter les lieux sous la pression policière, contrairement à leurs camarades cairotes. Ils s'étaient sédentarisés sur place, construisant une sorte de village de tentes tenant du campement de tribus nomades, des « deux hectares libérés du Quartier latin » de Mai 1968, et d'un Woodstock en terre d'islam où le qat aurait remplacé la marijuana.

Face à eux, dans un autre quartier de la capitale, proche du musée, les partisans du président Saleh avaient rassemblé des tribaux fidèles, descendus des montagnes, qui faisaient pendant aux étudiants et aux forces, en partie tribales elles aussi, de l'opposition. Mais ceux-là n'occupaient les lieux que contre rémunération ; le départ d'Ali Saleh dans un hôpital de Riyad ayant interrompu les paiements, ils sont retournés chez eux, laissant des tentes vides et sales se défaire sous les assauts du vent, abandonnant le terrain à leurs adversaires.

Le campement de la place du Changement assure le gîte à des milliers de tribaux qui passent la nuit dans la capitale. Il abrite aussi les activités de toutes les formations politiques yéménites qui se sont mobilisées contre le président et y cohabitent pacifiquement, alors même qu'elles s'assassinent ailleurs dans le pays. Les tentes des houthistes et des salafistes, qui se sont massacrés dans le Nord, près de la frontière avec l'Arabie saoudite dont ils sont respectivement les ennemis et les clients, voisinent sans encombre dans ce vaste bivouac utopique où il est interdit d'interdire.

Les étudiants ont voulu en faire une projection du Yémen de demain, réconcilié par-delà les conflits intertribaux et politiques, un sanctuaire pacifique où les armes sont prohibées — l'ordre étant assuré par les régiments mutinés qui sont stationnés aux alentours. C'est un happening permanent, et, sous un vaste chapiteau, des meetings se succèdent pour débattre de la révolution et de l'avenir du pays et pour organiser des élections démocratiques.

Gilles et moi sommes les seuls étrangers visibles, avec notre garde du corps et une doctorante européenne qui nous a guidés dans le dédale des tentes. Nous sommes attendus par une foule militante, joyeuse et passablement désordonnée, attirée par l'annonce dans les haut-parleurs que deux « étrangers » (le terme *ajnabi* signifie que nous ne sommes pas arabes) vont venir raconter les révolutions dans les autres pays arabes.

C'est l'amphi Richelieu de la Sorbonne occupée, avec son mélange de militants politiques rompus à la rhétorique de tréteaux, de clochards célestes qui ont échoué là, de citoyens ordinaires qui veulent faire entendre une revendication aussi urgente et interminablement développée qu'incongrue... À ceci près que la scène se déroule sous un vélum improbable à Sanaa et non sous les lambris de l'Université de Paris surmontés des fresques de Puvis de Chavannes. Le public bigarré est composé, à côté des socialistes coiffés d'une casquette de cuir, de jeunes tribaux aux yeux écarquillés en tenue traditionnelle sanglés de leur ceinture ornementée, la joue gonflée par la boule de qat emmagasinée, d'employés en veston ou chemisette, de femmes en voile chamarré ou en *niqab* noir.

Ils nous écoutent sagement, soudain nous interrompent, s'alpaguent, laissent la parole à un orateur improvisé. Celui-ci se lance dans une tirade aux enjeux de laquelle nous ne comprenons mot, dans le crachouillis d'une sono qui sature puis s'arrête à cause des coupures de courant récurrentes, nous plongeant dans la pénombre où chacun hausse la voix, espérant dominer le brouhaha en attendant que réapparaisse la lumière et que revienne le son. Durant l'un de ces *black-out*, profitant du tapage, Gilles et moi nous faisons la remarque qu'un événement pareil eût été impensable il y a seulement quelques mois : des étrangers haranguant la foule dans la rue auraient été interpellés et immédiatement expulsés. Hommes et femmes sont plus ou moins mêlés, la majorité de ces dernières étant toutefois regroupées vers l'arrière de la salle. [Quelque

temps après notre passage, les femmes furent relé-
guées derrière un rideau noir.]

L'appel à la prière du soir, hurlé par les haut-
parleurs de la mosquée la plus proche, aux sonorités métalliques, termine notre meeting en vidant les
rangs des apprentis citoyens brusquement transfi-
gurés en pieux fidèles prosternés en direction de La
Mecque, sise quelques centaines de kilomètres au
nord, dans l'Arabie saoudite sourcilleuse et voisine.

Mercredi 4 janvier 2012

Aden, Aden Arabie

Avec Gilles nous partons revoir Aden, la métropole
maritime du Sud, située sur les pentes et aux alentours du cratère cassé d'un volcan éteint. En hiver la
température y est douce — les étés sont intenables.
Le rivage du Hadramout se prolonge jusqu'au Dhofar vers l'est, mais à une soixantaine de kilomètres,
dans la province d'Abyan, la route est coupée par des
djihadistes se réclamant d'al-Qaida, qui ont installé
un émirat islamiste en guerre contre l'État yéménite
ou ce qu'il en reste.

Lors de mon séjour précédent, il m'avait fallu
négocier interminablement avec un membre des services secrets l'autorisation de visiter l'antique ville
de Zabid, sur la mer Rouge, et les palais délabrés
de ses marchands, assurant le grand commerce des
épices entre l'Égypte et l'Inde, aux murs ouvragés
de briques travaillées en frises, dentelés de chaux
sculptée, aux plafonds de bois décorés de fresques
— témoignage nostalgique et décati d'un faste passé.

Il n'y a plus aujourd'hui de représentants des renseignements à l'hôtel *Gold Mohur* où nous résidons, sur une plage de la baie Arthur-Rimbaud (confondue dans la prononciation vernaculaire avec Rambo), autrefois le ghetto doré où la République socialiste du Sud-Yémen parquait les diplomates occidentaux, interdits de déplacement dans le pays.

L'ancien drapeau du Sud-Yémen est dessiné partout sur les murs et les palissades : et si Aden et sa région ont exprimé la révolution dans le langage de l'irrédentisme, ce n'est pas par regret de la dictature communiste d'hier, mais de la domination britannique qui l'a précédée. Elle avait apporté la prospérité à la ville et au port, où avitaillaient les vapeurs venus d'Europe par le canal de Suez en route pour les Indes et l'Extrême-Orient.

Les révolutions arabes ont écorné les mythologies construites par les régimes dictatoriaux qui ont confisqué les indépendances. Mais rarement se sont-elles traduites, comme à Aden, par la volonté de retourner dans le giron colonial, même si celle-ci n'est exprimée que par l'une des factions qui se disputent le spectre politique. Ses animateurs veulent faire de la ville une cité État, débarrassée d'un *hinterland* livré à l'arriération tribale et djihadiste.

Au-delà, c'est Singapour, cette création britannique, qui fascine — peut-être parce qu'elle a à son tour inspiré Dubaï, qui fait rêver les Arabes en les projetant au cœur de la mondialisation et de ses artifices. Mais là où Singapour et Dubaï irriguent depuis leur plate-forme marchande de prospères territoires voisins, manufacturiers pour la première, pétroliers pour la seconde, Aden n'est plus enserrée aujourd'hui qu'entre des régions déshéritées et dangereuses. Les supertankers faisant le tour de l'Afrique passent au large, depuis que son golfe même est synonyme de l'explosion inouïe de la piraterie du XXIe siècle, basée sur les côtes somaliennes, à quelques heures de navigation.

Les capitaines qui fréquentent encore ces parages racontent comment les villages misérables des pêcheurs somaliens — ruinés par l'exploitation extensive de leurs eaux poissonneuses millénaires par des grands chalutiers internationaux, puis abandonnés à leur sort par un État en déréliction, et devenus enfin pirates par défaut — s'ornent désormais de somptueuses villas. Elles ont été édifiées grâce à l'argent des rançons versées par les armateurs dont les navires ont été arraisonnés jusqu'en haute mer.

Il en allait de même pour les ports d'Afrique du Nord jusqu'au XIXe siècle, enrichis par le djihad barbaresque — la course contre les nefs des chrétiens —, dont les captifs étaient vendus comme esclaves ou rachetés par des ordres religieux spécialisés, assurant la prospérité d'Alger la blanche et des autres échelles de Barbarie, de Salé à Benghazi.

On raconte que cette manne corsaire alimente une grande partie de la région, que le fuel est fourni par l'armée yéménite, qui écoule au marché noir ses allocations de carburant subventionné. Les pêcheurs somaliens analphabètes qui partent à l'assaut des navires marchands sont soigneusement orientés sur ceux dont les cargaisons sont précieuses par des intermédiaires bien placés qui ont leurs entrées dans les livres de la Lloyd's.

Aux dangers de la mer s'adjoignent ceux de la terre. La famille Ben Laden est originaire de l'arrière-pays d'Aden, le Hadramout. Dans cette région de vallées fertiles creusées par l'érosion dans le plateau désertique, on récolte un miel régénérant et aphrodisiaque fort onéreux, dont le commerce est monopolisé par des barbus qui ferment boutique à l'heure canonique des prières quotidiennes, à l'instar de l'Arabie saoudite. C'est aussi la zone, bien moins peuplée que le reste du pays, où l'on a trouvé la plupart des hydrocarbures, et où l'on construit la grande usine ultramoderne de liquéfaction du gaz et le terminal où accostent les méthaniers.

Les élites traditionnelles du Sud, sultans des mini-États qui se partageaient le Hadramout avec la bienveillance des Britanniques d'Aden — comme les maharadjahs du Raj indien dont ils copiaient les palais tarabiscotés —, ont été décimées par les communistes, qui ont exécuté ceux qui n'avaient pu s'enfuir dans le Nord ou à l'étranger. À l'époque socialiste, la modernisation, la laïcisation et l'investissement dans l'éducation ont émancipé et dévoilé les femmes urbaines. Les jeunes gens qui partaient étudier dans les écoles de cadres en Union soviétique en ont ramené des femmes blondes qui troquaient les frimas de la toundra pour les plages de l'océan Indien, où l'on buvait en bikini les bières glacées de la brasserie locale.

Beaucoup s'en sont retournées chez elles, ne supportant plus la pression de l'ordre moral islamique, après l'effondrement du socialisme, mais elles ont abandonné sur place les enfants de ces couples mixtes, vestiges de chair de l'internationalisme prolétarien. Après une conférence que j'avais prononcée en arabe au centre culturel franco-germanique à Aden, au milieu de la décennie écoulée, j'avais été stupéfait, en prenant les questions, d'entendre garçons et filles s'exprimer dans un anglais et même parfois un français parfait. À ma surprise, ils répondirent être tous de mère est-européenne, qui leur avait enseigné les langues occidentales dès l'âge tendre.

En 1990, ce socialisme des sables ne survécut pas longtemps à la destruction du mur de Berlin. Sans les perfusions soviétiques, le pays n'était plus viable, et une réunification eut lieu avec le Nord, peu avant les découvertes pétrolières. La marginalisation du Sud qui suivit suscita en réaction un mouvement irrédentiste armé en 1994. Il fut écrasé par les troupes du président Ali Saleh, flanquées de bandes de djihadistes originaires du Yémen du Sud et revenues d'Afghanistan.

La brasserie et les tombeaux de la dévotion populaire soufie, tenue pour hérésie par ces adeptes d'un salafisme intransigeant, furent les premières victimes de ce déferlement. Les anciens cadres de l'ère socialiste qui n'avaient pas été tués fuirent en exil, en un retour pendulaire de l'histoire. Des bikinis des années 1970, il ne reste même plus le souvenir, et un voile noir couvre uniformément le visage et le corps de la plupart des femmes.

Le Sud ne qatait pas, contrairement aux montagnes du Nord, et la période communiste avait éradiqué les rares surgeons de cet opium du peuple. Dans la décennie 2000, je me rappelle n'avoir remarqué dans le Hadramout de joues gonflées qu'aux soldats qui tenaient les barrages routiers, symbole éclatant de l'occupation militaire nordiste. C'est contre cette sujétion que la révolution de 2011 s'est cristallisée à Aden.

✧

Dès que le bruit de la présence de Gilles et moi au *Gold Mohur* s'est répandu en ville, les diverses fac-

tions sont venues nous rencontrer, et il nous a fallu
nous diviser la tâche pour ne pas froisser nos interlocuteurs, chacun réclamant la prééminence et sus-
pectant l'autre de sombres menées. Sans surprise, le
responsable local des Frères musulmans est hostile
à la partition, en accord avec sa direction à Sanaa,
et considère celle-ci comme une *fitna*, une sédition
propre à ruiner l'unité des croyants ; selon lui, il y a
d'autant moins de sens à l'émancipation d'Aden que
la ville est un *melting-pot* où se sont mêlées toutes
les races de la région. Je remarque que lui-même
est d'ascendance africaine et que la conversion de
sa famille à l'islam est récente.

Un vieux monsieur bien mis, très Saville Row,
entouré de quelques notables et d'universitaires âgés,
dont une dame non voilée en tailleur, nous présente
en anglais un communiqué du Conseil national
d'Aden : l'indépendance de la ville est la seule issue.
Le communiqué est illustré d'une photo où un jeune
homme sale aux pieds et torse nus, sans doute un
réfugié d'Abyan, mitraillette à la main, terrorise les
passants d'une rue de la cité.

Un autre groupe, qui compte plusieurs hommes
d'affaires venus dans des 4 × 4 rutilants, nous montre
la déclaration de la « première conférence du Sud »
rassemblée au Caire à la fin de novembre 2011, où
les noms des anciens dirigeants socialistes figurent
en bonne place à côté de chefs tribaux locaux. Signe
des temps, elle a commencé par la récitation du Saint
Coran, avant d'appeler à se mobiliser « ensemble pour
le droit à l'autodétermination du peuple du Sud ».

Gilles et moi sommes saisis par l'extraordinaire
liberté de ton et d'expression, après tant d'années
de censure et de pensée unique, mais aussi par la
profusion des propos contradictoires, l'irréalisme

et la faible capacité d'organisation de la plupart de nos interlocuteurs, face à la puissante machine des Frères musulmans, à la résilience tribale et aux financements saoudiens.

Jeudi 5 janvier 2012

Hôtel « Arthur Rambo »

Signe de la préoccupation qu'inspirent les développements imprévisibles du monde arabe au-delà du cercle des spécialistes, la radio France-Culture m'a demandé une chronique matinale hebdomadaire durant le semestre. Je rédige la première dans la nuit au *Gold Mohur* d'Aden, et la téléphone depuis le standard de l'hôtel, calfeutré dans un bureau dont j'ai coupé la climatisation brinquebalante qui parasite le son. Mais la ligne est si mauvaise que mon propos est à peine audible, m'objectera-t-on, et peu adéquat au réveil des auditeurs. En voici quelques paragraphes :

> *Aden, Aden Arabie.*
> *[...] Sur un site salafiste francophone intitulé « sur la bonne voie* inchallah », *un internaute exalté, que j'imagine devant l'écran de son ordinateur dans une triste cité de tours et de barres quelque part dans l'Hexagone, fait des invocations pour la conquête d'Aden. Al-Qaida y avait commis à l'automne de 2000 un attentat spectaculaire contre un croiseur américain. Il cite un hadith du prophète Mahomet selon lequel « une armée de douze mille hommes sortira d'Aden Abyan, ils donneront la victoire à Allah et à Son Messager ».*

*Hier, un attentat a visé le club au nom évo-
cateur des « nuits de Dubaï », dans le quartier
du Cratère, le volcan explosé autour duquel s'est
construite la ville. J'ai entendu dire qu'il s'agissait d'un règlement de compte entre bandits pour
contrôler un bouge où l'on trouve des filles somaliennes et de l'alcool.*

*La force dominante ici est celle des autonomistes
sudistes, qui détestent les sectateurs d'al-Qaida, et
les accusent d'être manipulés par l'ex-président Ali
Saleh qui veut ainsi faire peur aux Occidentaux
et aux pays du Golfe en se présentant comme le
seul rempart contre le terrorisme islamiste. Ils le
haïssent pour avoir transformé l'unification du
pays, en 1990, en mise en coupe réglée du Sud
par le Nord, et ils le vouent au même destin que
Ben Ali, Kadhafi ou Moubarak.*

*Peu après 1990, la France avait inauguré en
grande pompe à Aden, en présence de Roland
Dumas et de Jack Lang, un institut Arthur-
Rimbaud destiné à faire venir ici des poètes en
résidence, une sorte de villa Médicis sudarabique.
Mais les poètes n'ont pas résisté longtemps aux
55 °C qu'atteignent ici les étés non plus qu'à la
réduction générale des dépenses publiques. L'institut a été vendu à un investisseur local qui en a
fait l'hôtel « Rambo ». Par une assonance cruelle,
le héros hollywoodien bodybuildé et bardé de
mitraillettes a remplacé le poète adolescent, qui
avait fini trafiquant d'armes à travers la mer
Rouge, avant d'être emporté par la gangrène.*

VI

ÉGYPTE II

Samedi 16 juin 2012

Jour d'élection présidentielle

Le Fayoum. Le nom de cette oasis située à une centaine de kilomètres au sud du Caire est connu des amateurs d'art du monde entier grâce aux portraits funéraires gréco-romains trouvés dans les tombeaux enfouis sous les sables, préservés de la corruption des siècles par le désert immarcescible.

Je suis habité par les portraits du Fayoum depuis que j'ai vu pour la première fois une dizaine d'entre eux par hasard lors de mon voyage initial dans la vallée du Nil, en 1974, à l'âge de dix-neuf ans. Empoussiérés, dans une vitrine mal éclairée par des néons clignotants, ils semblaient oubliés au fond d'une salle peu fréquentée du premier étage au musée égyptien du Caire, place Tahrir.

Après les interminables siècles hiéroglyphiques d'un panthéon plein de dieux et de déesses à tête d'animaux, gardé par des pharaons dont les masques impassibles reflètent l'immuable ordre divin régulateur des crues du Nil, les portraits qui apparaissent

inopinément peu avant notre ère marquent l'avènement fragile de l'homme, et ils nous font signe.

Soudain libre du fatras céleste, ce citoyen de
l'Antiquité qui nous ressemble, en faisant peindre
ses propres traits, nous tend notre miroir celé. Les
auteurs anciens portaient la peinture au pinacle des
beaux-arts, mais la vulnérabilité des supports et les
déprédations jalouses des chrétiens en ont occulté
à jamais les chefs-d'œuvre — préservés au hasard
parcimonieux des catastrophes, comme l'éruption du
Vésuve, dont les cendres nous ont conservé sous leur
gaze la fraîcheur des fresques de Pompéi. En Égypte,
la profondeur des sables a gardé indemnes des centaines de portraits exhumés par les archéologues et
dispersés dans les musées et les collections privées
aux quatre coins du monde ; des milliers d'autres
dorment les yeux grands ouverts dans leur sarco-
phage inviolé, transcendant par leur regard d'éternité
la dessiccation des chairs de la momie qui abrita leur
modèle périssable.

L'ère des portraits a duré quatre siècles, entre le
déclin des prêtres pharaoniques perdant leur emprise
sur les consciences et l'inquisition victorieuse du clergé
chrétien qui a confisqué les images aux hommes pour
les réserver aux icônes du Christ, de la Vierge et des
saints — avant que l'islam ne survienne pour bannir
toute représentation humaine. Ces quarante décennies ont produit, au rythme lent du temps jadis, une
mutation des styles analogue au demi-siècle hâtif de
l'âge industriel qui sépare Ingres de Modigliani : les
premiers portraits s'efforcent à un réalisme d'après
nature, les derniers, stylisés, visages oblongs, prennent
vie par le contraste lumineux des couleurs.

Cette peinture provinciale aux accents d'authenticité, que le climat sec du Fayoum a conservée alors

que les chefs-d'œuvre d'Apelle ou de Pausias, tant célébrés par les écrivains latins, ont disparu, est aussi un surprenant témoignage cosmopolite d'antan, qui parle à notre siècle féru d'universel. Voici des Égyptiens qui adoptent l'humanisme grec et ses codes artistiques, ceux de la démocratie à Athènes puis de la république à Rome — comme leurs descendants d'aujourd'hui place Tahrir ont cherché leur inspiration dans les démocraties européenne et américaine issues des Lumières et sont devenus amis sur les réseaux sociaux. Les premiers ont été vaincus par le pouvoir implacable de l'Église, les seconds se feront-ils confisquer leur révolution par les religieux de notre temps ?

Le Fayoum est célèbre, dans l'histoire politique de l'Égypte contemporaine, outre sa pauvreté qui classe le gouvernorat dans les derniers rangs du développement, pour être le lieu où le cheikh Omar Abdel-Rahman, un prédicateur aveugle, affligé du trachome comme tant d'enfants de fellahs misérables, connut la notoriété pour son engagement dans l'islamisme radical. C'est là qu'en 1970, à la mort de Nasser, ce jeune lauréat de l'université al-Azhar interdit aux fidèles de prier pour la mémoire du « mauvais Pharaon » impie qui venait de trépasser — ce qui lui valut le premier de ses nombreux emprisonnements.

Il devint fameux dans les années Sadate pour avoir fait défense à ses étudiantes de lui poser directement des questions. Craignant que le son de leur voix ne l'induise à « forniquer par l'ouïe », il exigeait qu'elles l'interrogeassent par l'intermédiaire de leur frère ou époux. Il devint en parallèle un des dirigeants des groupes qui prônaient le djihad armé.

Mis en cause puis disculpé dans le procès des assassins de Sadate en 1981, il fut exilé aux États-Unis en 1984 dans des circonstances peu claires où s'entrelacent les manipulations des services secrets, lorsque les États-Unis courtisaient les militants barbus qui recrutaient des combattants et levaient des fonds pour le djihad contre l'Armée rouge en Afghanistan. Dix ans plus tard, il y fut condamné à la prison à perpétuité pour avoir commandité le premier attentat contre le World Trade Center en 1993, prélude à celui de septembre 2001.

Ses partisans, qui clament son innocence et exigent sa libération, sont parvenus à en faire une cause célèbre en Égypte bien au-delà des rangs des djihadistes radicaux. Le coin de la place Tahrir qui jouxte l'ambassade des États-Unis a été occupé dès les débuts de la révolution par la nombreuse parentèle de ce prolifique polygame et ses sympathisants. Ils poursuivent jusqu'à ce jour un *sit-in* au milieu d'immenses portraits de leur idole accrochés aux ficus d'ornement plantés sur le trottoir à l'époque coloniale. Il y est coiffé du turban des lauréats d'al-Azhar, et une paire de Ray-Ban Clubmaster à monture noire dissimule sa cécité.

En campagne dans le Fayoum, le candidat Frère musulman à l'élection présidentielle Mohamed Morsi a promis de faire du retour du cheikh Abdel-Rahman en Égypte une priorité de sa politique étrangère dès qu'il serait président, conscient de la popularité du thème dans l'électorat local. À l'Assemblée et au Sénat, le Fayoum est représenté par des Frères et des salafistes fraîchement élus.

❖

C'est dans cette province contrastée qui compte un million et demi d'électeurs, où la communauté copte est active et nombreuse au chef-lieu Médinet el-Fayoum — « Fayoumville » —, que je me rends aujourd'hui.

En compagnie de l'équipe du film documentaire sur les révolutions arabes dont je commence le tournage avec l'élection présidentielle égyptienne, nous avons jeté notre dévolu en premier lieu sur un bureau de vote pour femmes au centre-ville. Les deux sexes ne votent pas ensemble, de peur que l'affluence et la presse des files d'attente, voire des isoloirs, ne favorisent des attouchements heurtant la pudibonderie officielle.

Je ne connaissais pas le terme pour « isoloir » — n'en ayant guère rencontré l'usage en plus de trente ans de fréquentation de sociétés arabes où le vote ne signifiait pas grand-chose. J'apprends qu'on utilise le mot *khalwa*, dont je savais d'autres emplois : il désigne la cellule — au sens monacal — où vivent l'élève d'une école religieuse traditionnelle, une médersa, ou le mystique dans un couvent dirigé par son maître spirituel. Il est surtout utilisé aujourd'hui pour nommer le crime de « promiscuité », constitué dès lors que sont découverts dans un lieu isolé deux êtres de sexe opposé que la morale religieuse interdit l'un à l'autre, et susceptible d'être sanctionné par le châtiment de l'adultère, la lapidation jusqu'à ce que mort s'ensuive.

On n'arrive à cette extrémité que dans l'Afghanistan des talibans, l'Iran des mollahs ou certains recoins de la péninsule Arabique, mais les salafistes l'exaltent dans leurs homélies comme un fondement de la préservation de l'ordre moral de la société musulmane, nécrosée par la dépravation occidentale. Dans la Malaisie islamique et postmoderne, la police est munie de lecteurs magnétiques qui permettent d'interpeller tout couple dont les cartes d'identité électroniques ne font pas apparaître qu'il est uni par les liens du mariage et se trouve en situation de *khalwa*.

C'est le nouvel usage du *khalwa* comme isoloir, fondement de la citoyenneté inédite issue de la révolution, que j'essaie d'observer aujourd'hui, avec la mémoire de ce que connote par ailleurs l'histoire sociale de ce mot. On nous fait bon accueil à l'école où nous présentons nos accréditations, protégée par des soldats en tenue de combat, casqués et armés de mitraillettes. La popularité de la chaîne France 24 en arabe nous vaut la sympathie, généreusement étendue à sa consœur France 3 qui diffusera le documentaire.

L'officier parle un peu français, mémoire de ses petites classes dans une école chrétienne, et nous facilite la tâche pour filmer tous les plans qui conviennent au réalisateur. Les électrices ne se montrent pas le moins du monde effarouchées par l'intrusion de ces mâles européens munis de caméras et de micros dans cette sorte de harem électoral que l'État leur a concocté.

Les hommes coptes et musulmans sont en général impossibles à différencier : ils sont vêtus à l'identique, du fellah enturbanné en djellaba jusqu'au citadin en costume, sauf s'ils affichent les signes ostensibles de leur confession particulière, ce qui n'est pas systématique. Le barbu au front tavelé d'une *zebiba* brune est immanquablement musulman, et notoirement pieux. Le poignet tatoué d'une croix carrée indélébile signale un copte — une manière pour l'Église de marquer son troupeau afin d'éviter les conversions.

En revanche, l'appartenance confessionnelle des femmes est toujours explicite. Sauf dans la bourgeoisie urbaine, les musulmanes égyptiennes sont voilées, fruit du martèlement des prédicateurs depuis les années Sadate, à de rares exceptions. Dans notre bureau de vote, toutes celles qui viennent accomplir leur devoir nu-tête sont donc coptes.

Quand je demande aux électrices leur impression en ce jour où elles désignent leur président, elles expriment unanimement une immense fierté :

> — *C'est la première fois depuis qu'existe l'Égypte que nous élisons notre Pharaon.*
> — *Je suis tellement heureuse que le peuple choisisse. C'est la démocratie maintenant, comme chez vous !*

En revanche, lorsque je les interroge sur leur choix, les clivages sont nets. Toutes les Coptes qui me répondent ont voté pour le général Chafiq, candidat de l'establishment militaire, même si la plupart le formulent par des périphrases, conscientes de l'impopularité d'un ancien régime dont elles s'efforcent de le dissocier :

> *J'ai voté pour le candidat qui ne mélange pas la religion et la politique, pour celui qui est moderne et saura gérer le pays en restaurant l'ordre et la prospérité.*

Par contraste avec les prudences de la communauté minoritaire, les musulmanes affichent sans
complexes le vote pour Morsi :

> *L'Égypte est musulmane. Mohamed Morsi gou*
> *vernera selon l'islam.*

La scrutatrice du candidat Morsi, particulièrement
prolixe, est omniprésente. Entièrement voilée, visage
compris, de violet foncé, elle porte son badge épinglé
à la cornette avec le nom du candidat. Je l'interroge
pour savoir si elle se définit comme salafiste :

> *Je suis Sœur musulmane. J'appartiens à l'orga*
> *nisation des Frères, mais tous les bons musul*
> *mans sont salafistes.*

Elle illustre cette porosité entre les deux courants,
la « salafisation des Frères » qu'a déclenchée le rouleau compresseur saoudien. Je cherche en vain le
scrutateur du général Chafiq. Il n'y en a pas. Soit
qu'aucun Copte n'ait osé s'afficher comme tel, soit
que le général fasse confiance aux militaires qui
contrôlent le bureau.

La Saint-Barthélemy des Coptes

L'inquiétude de nombreux Coptes est nourrie par
le traumatisme des « événements de Maspero », qui
désignent la répression sauvage d'une manifestation organisée devant l'immeuble de la télévision
(qui porte ce nom incongru) le 9 octobre 2011. Ce
jour-là, des jeunes Coptes étaient descendus dans

la rue pour protester contre le journal télévisé de la chaîne nationale, accusé d'avoir passé sous silence les attaques des salafistes fanatisés qui avaient mis le feu à une église de Haute-Égypte.

Les images ont fait le tour des sites de partage de vidéos. On y voit les véhicules blindés de l'armée foncer dans la foule et écraser les manifestants, dont les corps sont déchiquetés par les chenilles. Ces actes de barbarie — vingt-cinq morts et plus de trois cents blessés — ont été nommés dans l'histoire de la révolution « les événements de Maspero », car l'immeuble de la télévision d'État, sur la corniche du Nil, copie de la Maison de la Radio du bord de la Seine, a été édifié dans le quartier éponyme.

Outre l'analogie avec l'audiovisuel gaulliste, pareillement dénoncé comme « intox » par les soixante-huitards parisiens précurseurs en cela des jeunes Coptes d'octobre 2011, la scène a une autre résonance française, démultipliée par l'histoire moderne et contemporaine. L'égyptologue Gaston Maspero, qui a donné son nom au quartier et à l'immeuble de la télévision, fut l'un des fondateurs du musée du Caire, place Tahrir, dont les momies sont aux premières loges de la révolution.

Il eut pour descendant le libraire-éditeur François Maspero, chez qui les étudiants de ma génération allaient se procurer, rue Saint-Séverin, les opuscules gauchistes qui formaient notre vision du monde. Jusqu'à ce que Maspero, ruiné par les procès et la fauche « révolutionnaire » des livres qu'il vendait, fût contraint de mettre la clé sous la porte, cédant son catalogue à un repreneur, les éditions La Découverte, qui publièrent mon premier livre sur les mouvements islamistes en Égypte, *Le Prophète et Pharaon*, en 1984.

À travers le temps, toutes ces figures entrecroisées se font signe. Est-ce pour cette raison que les « événements de Maspero » m'ont tellement impressionné ? Parce que ces jeunes Coptes écrasés par l'armée exprimaient la quintessence d'une révolution qui serait trahie et récupérée, comme l'avait été Mai 68 par les appareils du parti communiste et du gaullisme ?

De toutes les images de répression de la révolution égyptienne, de manifestants énucléés par les snipers, blessés, tués, couverts de sang, celles-ci ont atteint le sommet de l'atrocité. Que s'est-il passé dans la cervelle des officiers qui ont ordonné aux blindés de laminer les Coptes sous leurs chenilles comme on écrase des cafards sous la semelle de ses chaussures ? Jamais pareille barbarie n'a été déployée face aux manifestants musulmans, déniant à ces jeunes qui brandissaient des croix toute humanité, les détruisant comme des insectes nuisibles.

Les vidéos montrent des corps tronçonnés, yeux ouverts sur une tête affixée à un torse séparé du reste du corps, ailleurs une paire de jambes et un bassin, des têtes fendues en deux, des membres épars. On pense à l'iconographie la plus violente du martyrologe chrétien — à ceci près qu'il ne s'agit pas de la fiction d'un peintre, mais de la captation par les images numériques d'une boucherie advenue à l'automne du printemps arabe de 2011.

Il est difficile de ne pas faire le lien avec le grand brouhaha de la prédication salafiste, qui réduit les Coptes à l'état de *kuffar*, des impies dont « le sang est licite ». Quels échos en sont arrivés jusque sous le crâne des militaires ? Ont-ils vu là des victimes expiatoires de la haine contre-révolutionnaire, dont la tuerie ne susciterait guère d'indignation chez les islamistes, voire vaudrait à l'armée un regain de sympathie dans leurs mosquées ? Après la répression sanglante de « Maspero », en effet, des salafistes (mais pas seulement eux) l'ont justifiée dans la presse en dépeignant la manifestation du 9 octobre 2011 comme un complot croisé et sioniste financé par Israël et l'Amérique pour affaiblir l'Égypte.

❖

Les Coptes traumatisés ont fêté leur Noël, célébré le 7 janvier selon le rite orthodoxe. Ils ont payé, en rétrospective, un lourd tribut à la violence qui a accompagné la révolution : le 31 décembre 2010, un attentat dans une église copte d'Alexandrie avait fait vingt et une victimes, la police arrêtant et torturant à mort ensuite un salafiste, Sayyid Bilal, présenté comme le principal suspect.

Bilal fut soupçonné par de nombreux révolutionnaires de n'avoir été qu'un agent manipulé par les services secrets afin d'attiser les flammes d'une sédition confessionnelle qui servirait au régime de Moubarak de contre-feu à la révolution (tandis que les salafistes en faisaient leur martyr révolutionnaire emblématique). Les attaques et destructions d'églises par ces derniers s'étaient par ailleurs multipliées, l'affaire de Maspero constituant le point culminant de cet immense malaise des Coptes, que les succès électoraux des Frères musulmans, traditionnellement peu amènes envers les chrétiens, ne contribuaient guère à rassurer.

C'est dans pareil contexte que le pape copte presque nonagénaire Chenouda III, chef sénile de l'Église, engoncé dans ses habits sacerdotaux, célébra dans le cliquetis des encensoirs qui allaient à toute volée et les volutes de l'oliban dispensé à profusion une liturgie remontant aux Pharaons. Il commémora le 7 janvier 2012 son ultime Noël (il mourrait quelques mois plus tard, livrant son cadavre embaumé à l'adoration des fidèles).

Jamais Nativité du Christ ne fut aussi courue par les sectateurs de Mahomet : au premier rang, une brochette de généraux d'état-major, tous musulmans, en uniforme de cérémonie, et, non loin, les dirigeants des Frères musulmans, qui se congratulèrent sous le signe de la croix. Le Caire vaut bien une messe.

Sur les bas-côtés, tenus à distance par diacres et bedeaux, les « jeunes de Maspero » s'égosillaient à traiter les généraux d'assassins, couverts par les patenôtres qu'entonnait le clergé. Sur le parvis des églises d'Égypte, les cordons de militaires avaient été doublés par le service d'ordre dépêché par les Frères musulmans, « afin de permettre à nos concitoyens coptes de célébrer leur fête ». L'ancien et le nouveau régime rivalisaient soudain de prévenances envers une communauté victimisée, mais dont la persécution suscite des réactions outragées dans la presse occidentale.

Seuls les salafistes se tinrent à l'écart de cette duplicité, rappelant qu'il était *haram* d'honorer les fêtes des impies et autres gens du Livre, et même de présenter des vœux à ces derniers, car leurs cérémonies mènent à leurs faux dieux et détournent les musulmans de l'adoration d'Allah, l'Unique.

Face aux accusations de polythéisme païen portées par les salafistes contre les chrétiens qui vénèrent selon eux trois dieux différents dans le Père, le Fils et le Saint-Esprit, la hiérarchie de l'Église copte s'est fendue à l'occasion de son Noël d'une lettre pastorale apologétique. Elle y justifiait son monothéisme avec d'autant plus de ferveur qu'elle professe le monophysisme, la doctrine qui pose que la nature du Christ est exclusivement divine et non humaine, motif du schisme du concile de Calcédoine, en 451. Je me demande ce qu'ont bien pu ou voulu comprendre les salafistes et les Frères aux arguties byzantines de ce communiqué sur le mystère de la Sainte Trinité, mais je doute que cela leur ait importé en quelque manière.

Les quotidiens parus au lendemain de cette journée des dupes, où les Coptes fêtaient Noël avec les généraux et les Frères à la cathédrale Saint-Marc, publiaient, sous la photo du pape Chenouda coiffé de sa mitre, celle de Moubarak sur une civière. L'écrou du raïs déchu avait été levé et on l'avait transporté au tribunal afin qu'il pût y entendre le réquisitoire du procureur demandant la peine la plus haute contre lui pour avoir ordonné de tirer sur les manifestants de la place Tahrir.

Cet entrechoc des photos m'a rappelé d'autres images, il y a trente ans, quand je travaillais sur ma thèse au Caire et que Sadate, en septembre 1981, avait enfermé en prison toute l'opposition, envoyé le pape Chenouda quinquagénaire en relégation dans un monastère et les Frères au bagne ; quelques semaines plus tard, le raïs était tué par un islamiste radical. Aujourd'hui c'est Moubarak qui est tombé, mais Chenouda et les Frères, blanchis sous le harnais, sont toujours là. Au Moyen-Orient, les institutions religieuses semblent plus solides que le pouvoir politique. Mais la tourmente révolutionnaire commence insidieusement à saper aussi, malgré les apparences, leur autorité.

« *Revenu d'Atlanta*
pour voter au village »

Le village où je me rends, à quelques kilomètres de Fayoumville, est entièrement musulman : on ne voit que des mosquées, pas d'église. Comme tous ses pareils, il a monstrueusement grossi au cours des dernières décennies, étendant de tentaculaires banlieues de parpaings et de briques crues hérissées de fer à béton qui dévorent les champs de canne à sucre et de luzerne. Mais le cœur du village semble tout droit sorti d'une fresque des temps pharaoniques : le long de la piste de terre battue, dans le canal d'irrigation où poussent les roseaux, une bufflonne se baigne entre des ibis ; sur la rive opposée cacardent des oies blanches au bec orangé ; un enfant au crâne rasé chasse devant lui un troupeau de canards qui se dandinent.

Nous arrivons au bureau de vote pour hommes, situé dans une école près d'un vaste banc public où attendent des dizaines de ruraux en djellaba (*gallabiyya*, selon la prononciation locale) beige, certains accroupis par terre, cheveux plantés dru, qui écarquillent les yeux lorsque nous débarquons de la voiture. C'est probablement la première fois qu'ils voient une équipe de télévision « pour de vrai », et peut-être aussi des *khawagât*, des non-Égyptiens, dans leur village, depuis la colonisation britannique.

Je repère deux hommes, dont l'un porte une canne, assis un peu à l'écart sur des chaises. Ils sont vêtus comme la masse des fellahs d'une djellaba de même teinte, mais elle est immaculée et bien repassée. Ils ont les cheveux plus soignés, coupés par un coiffeur urbain, et leurs chaussures noires sont cirées.

Je m'approche du groupe, entouré d'une nuée d'enfants surgis de nulle part qui m'interpellent en disant « Allô, allô ! » de leur petite voix. Je salue collectivement dans mon arabe le plus grammatical, en utilisant les formules de politesse musulmanes. On m'y répond avec une courtoisie aussi appliquée : la glace est rompue. J'explique ce que nous venons faire, et quelques-uns se portent volontaires pour nous aider à entrer dans l'école, gardée là encore par les militaires armés en tenue de combat. L'un des deux hommes aux chaussures noires s'est approché, et écoute, visiblement nerveux.

L'officier en fonction, bien moins serviable que son collègue du bureau de vote féminin en ville, s'en remet au magistrat qui supervise les opérations électorales. Celui-ci, suspicieux, sort un petit fascicule où figurent les cartes d'accréditation idoines, estime que la nôtre ne correspond à aucun modèle valable, et ordonne à l'officier de nous faire déguerpir, me signifiant que je dois me tenir à une distance de plus de cent mètres. Il se passe quelque chose dans ce village, il y a de mauvaises ondes.

En revenant dans la rue, je suis accueilli par une foule considérable assemblée par le bouche-à-oreille : tous veulent me demander d'où je viens, comment je parle arabe, si je suis musulman, etc. On leur propose un micro-trottoir : c'est l'émeute. Ils se bousculent pour intervenir en même temps devant la caméra, pressés de raconter qu'ils sont heureux de voter — mais aucun de ces paysans matois n'accepte de révéler à qui il a donné son suffrage.

Soudain un petit jeune homme portant pantalon et chemise, le seul de la foule ainsi vêtu, me dit (en anglais) :

> — *Vous comprenez l'anglais ? Je veux vous parler en anglais.*
> — *Pas de problème, prenez votre tour dans la file.*

Il rejoint ceux qui se sont mis en rang sagement, enchantés à l'idée d'apparaître à la télé. Il me rappelle le cadet d'une fratrie d'agriculteurs solognots dont mes parents étaient voisins à la campagne, qui avait passé l'agrégation de mathématiques, mais donnait un coup de main à la ferme.

Quand vient son tour, je lui demande de se présenter :

> *Je suis revenu des États-Unis pour l'élection présidentielle : j'achève mon doctorat de biologie à Atlanta. Tout le village vote Morsi, parce que c'est quelqu'un de bien et de propre. Ils en ont marre de l'oppression. Le général Chafiq, c'est pareil que Moubarak. Ils n'en veulent plus.*

Les villageois font cercle, ébahis par cet échange auquel ils ne comprennent mot, acquiesçant toutefois lorsqu'ils entendent le nom du candidat des Frères musulmans.

Je lui demande s'il pourrait répéter cela en arabe afin que les présents participent au débat, ou s'il préfère que je traduise moi-même. Au moment où il commence à se traduire, les deux hommes bien coiffés fendent la foule en hurlant, brandissant le poing et la canne, pour se jeter sur le jeune homme et lui intimer de se taire, le traitent de menteur, si énervés qu'ils en oublient la caméra qui filme l'échauffourée.

Les paysans restent cois, mais entourent l'étudiant en biologie pour le protéger et empêcher les deux *fouloul*, comme on nomme les partisans de l'ancien régime, de l'atteindre. Les deux individus retournent alors leur rage contre nous, tentant d'ameuter l'assistance et les soldats en nous accusant d'être des espions.

Le jeune Égyptien qui nous accompagne pour préparer les rendez-vous a fait mettre la voiture en position de départ, et nous prenons la poudre d'escampette avant que l'altercation tourne mal pour nous. Il y a quelques décennies, l'enfant de fellahs éduqué revenu de l'étranger avec un pantalon et une chemise aurait été socialiste, communiste ou nassérien. Il aurait dénoncé le féodalisme et les Anglais. Aujourd'hui, il explique en anglais qu'il soutient les Frères musulmans, autrefois incriminés comme suppôts de ce même féodalisme.

La machine fériste

Pour gagner l'élection présidentielle, Mohamed Morsi doit capitaliser le succès de l'ensemble des partis islamistes qui ont remporté les élections législatives égyptiennes, au terme du scrutin qui s'est achevé en janvier 2012. La victoire des Frères musulmans, avec leur puissante machine, y était attendue. C'est un symbole immense.

L'Égypte est le plus grand pays arabe, avec près de quatre-vingt-dix millions d'habitants au moment où ces lignes sont écrites (et quelques millions supplémentaires lorsqu'elles seront imprimées). Les Frères qui y naquirent en 1928 ont construit, depuis quatre-vingt-trois années de cooptation et de répression par le pouvoir, la force la plus organisée et disciplinée de l'islam politique international. Ils ont su maintenir une opacité dans le fonctionnement de leur appareil comparable à celui des partis communistes d'autrefois ou des armées arabes et de leurs services secrets.

Le pays, empêtré par sa démographie explosive et sa pauvreté, démoli par le mauvais gouvernement de Nasser, Sadate et Moubarak, grevé de dettes, n'a plus ni l'aura ni le leadership d'antan, passés aux pétromonarchies du Golfe : mais c'est le géant arabe, fût-il obèse, arthritique et myope. Si l'Égypte bascule, le monde arabe suivra-t-il, entraîné par son poids énorme ?

Pourtant, au-delà de l'effet symbolique du succès électoral des Frères en janvier au Parlement, la signification réelle du changement est plus complexe à appréhender : leur victoire, avec quelque 45 % des voix, n'a pas été le triomphe annoncé. Ils sont plus divisés qu'ils ne l'ont jamais été au cours de leur histoire, et leurs apparatchiks ont dû s'adapter à la contrainte démocratique, à laquelle ils sont mal préparés, ouvrant la voie à une importante et inédite contestation interne, derrière l'unanimisme de façade.

Surtout, la majorité absolue, près de 75 % des voix, obtenue par les divers partis islamistes — qui signe aussi la division de leurs rangs — est due à la grande surprise du scrutin législatif : le quart des suffrages qu'a récoltés la coalition des partis salafistes. Pourtant, leurs principaux dirigeants alexandrins m'avaient déclaré, en avril 2011, qu'ils ne se commettraient pas dans l'arène électorale, réfutant la démocratie impie qui fait du peuple le législateur à la place de Dieu.

L'attrait du pouvoir qui apparaissait soudain à portée, la rivalité avec les Frères, et probablement

— pour cette dernière raison surtout — les fortes incitations saoudiennes afin d'introduire leur cheval de Troie salafiste au Conseil du peuple égyptien, ont changé la doctrine, l'alignant sur le modèle koweï-tien, où deux partis salafistes ont des élus au Parle-ment et s'y font le relais de Riyad.

Tandis que les Frères ont fait le plein des voix dans la petite bourgeoisie pieuse, c'est dans les quartiers populaires informels que les salafistes ont remporté les scores les plus impressionnants. Ces immenses banlieues de bric et de broc, ces masures de brique inachevées, surmontées de bouquets rouillés de fer à béton pour construire un futur étage additionnel, mitent nuit après nuit l'espace agricole de l'étroit ruban nilotique, au rythme d'un croît démogra-phique exponentiel.

Les imams et les fidèles tiennent cette remarquable fécondité du lit des pauvres pour une bénédiction d'Allah le Très-Haut, mais c'est une malédiction humaine pour qui doit nourrir ici-bas ces bouches prolifiques. Aux oreilles de ces ventres affamés a su retentir la prédication salafiste prônant le ren-versement de toutes les valeurs d'un bas monde qui n'a que misère en partage, résonner l'homélie prêchant l'obéissance absolue aux injonctions d'un Dieu intransigeant qui voile de noir le visage des femmes et allonge la barbe des hommes. Pour prix de leur soumission — c'est le sens du mot *islam* en arabe —, ils pourront recueillir cette manne céleste postmoderne, l'aumône en pétrodollars de la pénin-sule Arabique.

Dans nombre de circonscriptions déshéritées, les candidats salafistes ont débarqué avec des camion-nettes de victuailles, de médicaments et des billets gratuits pour le pèlerinage à La Mecque. Ils ont éta-

bli leurs quartiers dans les sièges des associations
caritatives liées aux mosquées — là où leurs concurrents laïques, libéraux ou socialistes ne se risquaient
que précautionneusement et où même les Frères
étaient perçus comme des membres de l'*establishment* détesté, fussent-ils barbus.

En termes purement politiques, le succès des
salafistes serait incompréhensible : ces derniers
n'ont pris, à quelques exceptions près, le train de la
révolution qu'à la vingt-cinquième heure, plus tard
encore que les Frères dont la bureaucratie était sus-
picieuse envers une dynamique qu'elle n'avait pas
enclenchée. Elle haïssait *a priori* le mouvement qui
déplacerait les lignes de leur cogestion avec l'armée
de cet immense chaos qu'est devenue l'Égypte.

Aux galonnés en uniforme la grande politique, aux
barbus en cravate la petite ; aux premiers les relations internationales, Israël, la guerre et la paix ; aux
seconds, l'assistanat social, les associations caritatives, les dispensaires, les coopératives — tout le legs
de l'État providence du socialisme nassérien que la
gabegie et la corruption ont dilapidé — et les mosquées pour faire le liant.

En arabe, on nomme ce chaos *faouda*. Ce terme
de dernier recours désigne les embouteillages
inextricables du Caire, le nuage noirâtre de pollution qui obscurcit le ciel été comme hiver, le labyrinthe bureaucratique qui étouffe les initiatives. Cet
ensemble de pesanteurs sociales et culturelles qui
plombent le pays donne à ceux qui y vivent le sentiment que tout va de mal en pis sans qu'on sache
comment inverser l'irrépressible spirale descendante.
Sauf quand on est islamiste et qu'on pense que l'application de la charia restaurera l'ordre juste cham-
boulé par l'impiété des hommes.

On conclut habituellement ce constat désabusé d'un haussement d'épaules en signe d'impuissance, ponctué d'une interjection dialectale fameuse, *mafish fa'ida* (c'est sans espoir). Elle avait été prononcée par le plus fameux homme politique des années 1920, Sa'ad Zaghloul, fondateur du Wafd, le principal parti démocratique et libéral d'opposition à l'époque monarchique, avant le *pronunciamiento* par Nasser et les « officiers libres », en 1952. Zaghloul s'était aussi rendu célèbre par une autre expression, qui traduisait la conception la plus aboutie de la laïcité qu'ait connue l'Égypte : *ad dîn lillah, wal watan lil gami'* (la religion est pour Dieu, et la nation est pour tous).

Les héritiers du Wafd n'ont remporté qu'un score médiocre aux élections de 2011, et l'usage du terme laïcité en arabe est devenu un tabou que même les libéraux ou les socialistes n'osent plus profaner, de peur d'être traités de suppôts de l'athéisme par les barbus de tout poil. Ils craignent l'opprobre de la masse, confrontée à un déni de citoyenneté si profond et à tant de mépris social qu'elle trouve l'unique ressort de sa dignité dans une religiosité prégnante : en exaltant chaque individu comme une créature de Dieu, la foi affichée et proclamée sert de rempart moral face à l'immense broyeuse ici-bas de la *faouda*.

Paradoxalement, les jeunes révolutionnaires de la place Tahrir, qui ont brisé les idoles du despotisme, se sont empressés de communier devant les icônes numériques de Facebook et de Twitter qu'ils avaient confectionnées. La plupart évitèrent de porter sur la religion un œil critique, laissant du même coup en jachère la question sociale pour écorcher exclusivement l'oppression politique.

Pourtant, le vocabulaire religieux était sans prise

sur les slogans du début de la révolution. Les institutions ecclésiastiques, du pape copte au grand imam d'al-Azhar, balançaient entre soutien à Moubarak, condamnation des révoltes et silence, comme l'ont longtemps pratiqué la plupart des salafistes, tandis que les Frères mirent plusieurs jours à rejoindre, avec bien des réticences, les manifestants de la place.

L'avant-garde, descendue à Tahrir sans organisation ni parti autre que quelques noyaux militants soudains gonflés d'un réseau d'amis agrégés sur Facebook, n'était pas dotée d'une conscience structurée qui lui permît d'éduquer les masses et d'opérer une césure profonde avec les principales composantes de l'ordre ancien. Intimidée par la croyance religieuse, elle a perdu la partie politique, n'osant pas affirmer un magistère culturel qui rompe avec les grosses machines islamistes, pourtant le côté pile d'un système de pouvoir dont l'armée était le côté face. Elle n'est pas parvenue à conserver la main sur la révolution qu'elle avait engendrée, et, au moment où les élections ont traduit dans l'ordre institutionnel cet immense bouleversement, elle s'est fait confisquer le mouvement par les politiciens des partis religieux, qui ont tenté de le capter à leur profit.

Sénateur salafiste

Retour à Fayoumville, j'ai rendez-vous avec le sénateur salafiste puis le député frériste, dans un café-trottoir devant l'école où le premier va voter.

En cette fin d'après-midi de juin, la chaleur est suffocante, et le canal d'irrigation qui passe à côté des chaises ne donne aucune fraîcheur, mais le gargouillis de l'eau courante me fait rêver à la bière locale, une Stella glacée que j'imagine avec délice couler dans mon gosier. Je ne suis pas sûr qu'on en trouve au Fayoum — peut-être dans l'arrière-salle d'un bouge tenu par un Copte qui la vendrait au prix fort ? —, mais ce ne serait pas la meilleure entrée en matière pour construire les conditions d'empathie préalables à l'entretien avec mes prochains interlocuteurs. J'opte pour le *limoun*, cette boisson naturelle confectionnée avec le jus de petits citrons verts très parfumés qui ne poussent qu'en Égypte, et que le limonadier sucre à l'excès, même en recevant des instructions contraires, rarement suivies d'effet comme je le constate ce soir éclusant verre après verre sans pouvoir étancher ma soif.

Levant la tête pour boire, je remarque que l'immeuble qui surplombe le café a visiblement été surélevé récemment sans autorisation, profitant du laisser-aller postrévolutionnaire. Une permanence des Frères musulmans y est installée dans les nouveaux étages pas encore peints. J'ai l'impression que l'édifice penche déjà comme la tour de Pise, mais je n'ai pas le loisir d'évaluer le temps qu'il mettra à me tomber dessus, car le sénateur salafiste est arrivé.

Ce quadragénaire jovial est professeur de civilisation américaine à l'université du Fayoum, et il insiste pour faire notre entretien en anglais, car son message a vocation universelle. Il arbore la longue barbe, dite « barbe-cravate », de rigueur dans le mouvement, mais porte dessous une vraie cravate, contaminé peut-être par le code vestimentaire impie de la Chambre haute. L'Iran révolutionnaire, les chiites radicaux en général ainsi que l'islamiste chic Tariq Ramadan ont banni cet accessoire, assimilé à la croix chrétienne et à la bourgeoisie exploiteuse, et

lui ont substitué un curieux hybride entre le clergy-
man et le col Mao. Le salafisme sunnite ne semble
pas s'arrêter à cette superstition-là — à moins qu'il
n'ait déjà entériné l'accession de ses parlementaires
à la bourgeoisie cravatée.

Le sénateur est venu voter avec sa fillette. Elle est
vêtue d'une robe rose bonbon et d'un voile assorti,
son père d'un camaïeu de jaunes, canari, beurre clair
et mimosa, un goût sans doute ramené des années
d'études dans le sud-est des États-Unis. Peut-être
suis-je victime d'une hallucination due à la soif, mais
ils me font penser à une immense glace fraise-citron
aux couleurs artificielles, comme les *ice-creams* que
l'on débite dans les *malls* de province américains...

Le sénateur a fait sa thèse sur les télévangélistes.
Nous sommes donc vraiment collègues, et je lui
raconte comment j'ai étudié ce phénomène sur le terrain pour écrire au début de la décennie 1990 mon
livre *La Revanche de Dieu*. Il existe toute une tradition de l'islamisme rigoriste qui se mesure avec les
évangélistes protestants, dans la lignée de la *dispu-
tatio* médiévale entre clercs chrétiens, juifs et musulmans. À l'époque des vidéocassettes, la controverse
religieuse entre deux téléprédicateurs, le musulman
sud-africain Ahmed Deedat et l'évangéliste américain Jerry Falwell était un *best-seller* des librairies
islamistes du monde entier, ce dernier ayant été
écrasé par son adversaire, à en croire l'apologétique
islamique.

Ce frottement dialectique entre concurrents a
conduit à un curieux mimétisme, qui ne se limite
pas au vêtement du sénateur salafiste ; son anglais
épouse le rythme et les périodes de la parénèse télé-
vangéliste, et s'il ne citait pas à tout bout de champ
des versets du Coran et des hadiths du Prophète, on

pourrait le prendre pour un baptiste ou un métho-
diste de la *Bible Belt*.

— *Quelle est votre action au Sénat ?*

— *Quand j'y suis entré, j'ai senti que nous
avions une responsabilité collective. La première
chose importante, c'est qu'il y a beaucoup de pornographie. J'ai tout de suite proposé qu'on ban-
nisse la pornographie d'Internet. Il y a aussi la
situation en Syrie, où l'Égypte doit jouer un rôle.
Puis je me suis occupé de revaloriser le salaire des
professeurs d'université ; et surtout j'ai soulevé la
question de notre cheikh bien-aimé Omar Abdel-
Rahman, qui est en prison aux États-Unis depuis
tant d'années.*

*Les États-Unis, il faudrait les remercier pour
tout cet argent qu'ils nous donnent et dont nous
n'avons pas besoin ? Vous savez, l'Égypte est un
des pays les plus riches du monde. Depuis l'Antiquité, depuis les Romains, c'était le grenier du
monde. Nous sommes très riches, nous n'avons
pas besoin de leurs milliards.*

*Celui qui représente la révolution, c'est Morsi.
Nous allons voter pour lui. Au début de la révolution, nous les salafistes, nous étions sur la réserve,
nous avions peur de la* fitna, *la sédition confessionnelle, les massacres. Il fallait réfléchir avant
de donner notre avis et de nous lancer. Ce qui est
bien aujourd'hui, c'est que nous unifions tous les
groupes islamistes : au premier tour, j'ai voté pour
Abdel Monim Aboul Foutouh [islamiste modéré]
et maintenant pour Morsi. Les Frères musulmans
sont devant nous, pas contre nous. Il y a une
émulation. Il n'y a pas de différences à la fin des
fins, nous sommes tous frères, tous en un.*

Je n'en saurai guère plus, car le député Frère musulman nous rejoint à son tour, prétexte à force embrassades et accolades entre les deux barbus devant la caméra, afin de démentir les rumeurs qui font état de dissensions entre ces deux branches de l'islamisme qui composent la majorité absolue des deux chambres. Ou la composaient, car le Parlement vient d'être suspendu par une décision de justice arguant d'irrégularités dans son élection — une décision derrière laquelle beaucoup voient la main du Conseil suprême des forces armées.

Le député est aussi un universitaire et un ingénieur — nous restons entre professeurs —, mais spécialiste d'une branche de l'ingénierie que je n'identifie pas bien. Cet entretien-ci a lieu en arabe. Sa vêture est plus terne que celle du sénateur, et sa barbe beaucoup plus courte. Pas d'emphase non plus dans son propos, pas de périodes oratoires inspirées de l'homélie ni de citations des textes sacrés : les Frères sont des politiciens, qui ne parlent que de politique — ce pourquoi ils finissent par abandonner les mosquées à leurs concurrents salafistes. Il a surtout à cœur d'expliquer à l'Occidental qu'il voit en moi que les Frères sont des adeptes de la démocratie électorale et que leurs relations avec les Coptes ont toujours été, sont, et demeureront à jamais excellentes.

Sur le chemin du retour au Caire, nous passons en revue la journée avec mon collègue Bernard Rougier, qui m'a accompagné au Fayoum. Il est le nouveau directeur du centre de recherches français en sciences sociales d'Égypte, où j'étais en poste au moment de l'assassinat de Sadate et de l'avènement de Moubarak, il y a trente ans.

Dans le boîtier de la caméra de télévision, il y a tous ces portraits du Fayoum contemporain, ces électrices coptes et musulmanes de Chafiq et de Morsi, cet enfant de fellahs rentré d'Atlanta dans son village en pantalon et chemise, anglophone, ces deux *foulouls* avec leur djellaba impeccable et leur visage déformé par la haine, ce sénateur salafiste et sa fille, ce député Frère musulman… Leurs images numérisées que le réalisateur télécharge sur un disque dur nous apostrophent comme le faisaient les portraits à l'encaustique ou à la détrempe d'autrefois, confectionnés sur une planchette de figuier sycomore ou des bandes de lin.

De ce voyage fugace dans ce qui fut le jardin de l'Égypte antique, Bernard et moi retirons l'impression que la victoire à l'élection présidentielle de Mohamed Morsi est inéluctable.

VII

LIBYE II

Mardi 3 juillet 2012

Kidnappé à l'aéroport de Benghazi

À peine ai-je posé le pied sur le tarmac de l'aéroport de Benghazi qu'un groupe de malabars patibulaires en tenue de camouflage, pistolet à la ceinture, kalachnikov à la main, fondent sur moi. S'étant assurés de mon identité, ils veulent m'entraîner avec eux — sans que j'aie le temps de faire signe au réalisateur et à l'ingénieur du son qui m'accompagnent et se trouvent plus loin dans la file des passagers descendant de l'avion de Tunis (où nous sommes les seuls Européens).

Ce qui ressemble à première vue à un enlèvement ou à une prise d'otage est en réalité l'accueil VIP qu'a aimablement organisé à mon intention le cheikh Zouheir al-Senoussi, avec qui nous avons rendez-vous pour un entretien dans la foulée de notre arrivée. Parent du roi Idris, il a subi de longues années d'emprisonnement et de tortures et dirige aujourd'hui un mouvement fédéraliste qui revendique l'autonomie de la Cyrénaïque (*Barqa* en arabe), la partie orientale de la Libye, dont Benghazi est la métropole. C'est là que la révolution a commencé, le 15 février 2011.

❖

La grande ville de l'Est, siège de l'ancienne monarchie marginalisée par le despote, avait vu des mères de prisonniers politiques massacrés en détention manifester, jour après jour, sur la place Tahrir locale. Elles imitaient les « Folles de la place de Mai », à Buenos Aires, qui réclamaient quotidiennement la dépouille de leurs enfants tués en prison sur ordre des généraux argentins.

Ces manifestations purent se dérouler parce que la porte de cette immense geôle qu'était la Libye avait été entrebâillée par Saïf al-Islam, le fils de Kadhafi, qui cherchait à redorer l'image de la dictature à l'étranger au moment où elle se rapprochait de l'Occident. Mais dès que le mouvement déborda les limites tolérées et commença à agréger l'opposition, il fut réprimé dans la violence, selon les vieux réflexes du régime. En réaction, la ville se souleva, s'empara des casernes et chassa les représentants de Kadhafi.

Pendant six mois — jusqu'à la prise de Tripoli par les révolutionnaires, à la fin d'août 2011 —, Benghazi fut la capitale de l'insurrection, et de la Libye libérée. Depuis que le pays a été réunifié, elle est redevenue une ville de province, et certains de ses habitants se sentent frustrés que ne soit pas reconnu leur rôle décisif dans le déclenchement de la révolution et dépouillés de toute représentation dans le nouveau pouvoir. Cette frustration a engendré le mouvement fédéraliste.

❖

Le cheikh Zouheir dirige une de ces factions, qui a boycotté les élections législatives du 7 juillet, en protestation contre le trop faible nombre de députés de Cyrénaïque. La province est moins peuplée que la Tripolitaine, mais plus riche, car elle possède les principaux gisements et terminaux pétroliers et gaziers. Chaque faction a mobilisé ses contribules et enrôlé des *thawars*, révolutionnaires armés hier auréolés de gloire, héros couverts de blessures, aujourd'hui demi-soldes mal intégrés dans une Libye nouvelle, mais approximative. L'administration ne fonctionne guère, et l'armée régulière n'a pas été capable de recruter ni discipliner ces dizaines de milliers de combattants qui ont risqué leur peau face aux tanks de Kadhafi et n'ont aucune intention de rendre leur seul bien — les armes — à un vague Conseil national de transition né de leur sacrifice.

Les costauds qui m'ont accueilli sur le tarmac de Benghazi sont soldés par une improbable « Armée libre de Barqa », dont le cheikh Zouheir, fort de l'aura monarchique dont bénéficient tant sa tribu que la confrérie religieuse des Senoussis, est le tout aussi improbable commandant en chef. Pour l'heure, ils lui servent de gardes du corps.

Pendant que nous attendons les bagages, ils tentent d'intimider Mohamed, le jeune homme venu nous chercher, frère d'une amie libyenne de France et ancien élève du lycée français du Caire, qui s'est proposé pour nous piloter en Cyrénaïque. Je suis « à eux » : « On a des instructions. Il doit venir avec nous ! » Mouvements des épaules, gonflement des biceps, scintillement des armes qui accrochent les rayons du soleil matinal — ils dépassent d'une tête Mohamed, qui ne s'en laisse pas conter : « Mais c'est

moi qui les accompagne ! » Je tente une médiation :
ils n'ont qu'à me véhiculer dans leur automobile, et
Mohamed suivra avec le réalisateur et l'ingénieur
du son. Ils concèdent qu'il n'a qu'à suivre avec les
impedimenta : « De toute façon, on n'a pas le temps
de t'attendre, on a des ordres ! »

Il leur tient tête et obtient qu'ils patientent jusqu'à
ce qu'il sorte son véhicule du parking au station-
nement chaotique, compensant par un ton d'autorité, un arabe distingué et un charisme à la Omar
Sharif son infériorité physique et militaire. Le jeune
homme bien né et bien élevé domestique graduellement les reîtres à la gâchette facile qui font la loi
dans la Libye libérée. Ils s'avèrent néanmoins fort
utiles lorsque le douanier de cet aéroport disloqué,
qui a repéré le sac du matériel d'éclairage, s'avise
de réclamer un bakchich pour nous le restituer : un
bombement du torse, un claquement de culasse, et
l'affaire est réglée sans autres frais.

Tandis que le cortège des énormes 4 × 4 aux vitres
fumées démarre en trombe dans un crissement de
pneus et de sirènes, et que je me suis assuré que
Mohamed nous suit, je me remémore mon arrivée à
l'aéroport de Sanaa, au Yémen, le jour de l'An. Il y a
aussi un gilet pare-balles et un casque sur le siège à
mes côtés, mais mes accompagnateurs d'aujourd'hui,
par contraste avec les calmes gendarmes professionnels, sont des soudards de la révolution. L'ostentation des armes, brandies à tout bout de champ pour
intimider la population, les surexcite.

Calcul à courte vue juste avant le vote du 7 juillet,
dans quatre jours, où chacun pourra exprimer confi-

dentiellement dans l'isoloir son exaspération face à ces Rambos qui multiplient les queues de poisson et menacent les paisibles conducteurs de voitures ordinaires qui ne se rangent pas à temps sur leur fulminant passage.

Partout, sur des panneaux publicitaires, sur les murs, accrochés aux lampadaires et aux branches d'arbres, des candidats montrent leur bobine dans une débauche de couleurs, du rose bonbon au bleu pastel et du mauve à l'orangé. Aucun ne se singularise par un programme, tous affichant un même slogan, avec quelques variations dans l'ordre des mots : « islam, démocratie, justice, liberté ». Pendant la dictature, il n'y avait qu'un seul visage en Libye, celui du « Guide », et qu'une seule couleur — le vert. Aujourd'hui, le paysage urbain est envahi d'une foultitude d'effigies disparates.

Certains candidats sont en tenue traditionnelle, la plupart en costume-cravate, mais tous ont l'air un peu gauches dans leurs habits politiques neufs, empruntés, sortant soudain de la coulisse de l'histoire où ils étaient relégués et se risquant sur la scène publique pour y jouer un rôle. L'immense majorité ne fera qu'une apparition, figurants éphémères, mais quelques-uns deviendront des acteurs, par la volonté du peuple libyen — cet inconnu.

Les femmes sur les photos sont presque toutes voilées. Les hommes se répartissent à peu près également entre glabres et barbus, sur un nuancier qui va des Frères musulmans au poil taillé jusqu'aux salafistes à la pilosité surabondante. Le chauffeur arborant une gigantesque barbe noire et un crâne rasé, je mets prudemment et de manière exploratoire la conversation sur les salafistes djihadistes, qui ont leur fief dans la proche Derna. Ce port de

Cyrénaïque s'enorgueillit (ou s'afflige) de compter le ratio le plus élevé au monde d'anciens combattants d'al-Qaida — et d'ex-prisonniers de Guantánamo — par habitant.

J'ai bien fait de rester neutre. L'homme assis sur le siège de droite, qui lui n'est pas barbu, a une main posée sur la kalachnikov ; l'autre tient un téléphone portable sur lequel il reçoit sans cesse des instructions mystérieuses concernant notre itinéraire. Il m'explique que les salafistes sont les ennemis du cheikh Zouheir, qu'ils vouent aux gémonies en tant que marabout d'une confrérie mystique considérée par eux comme une superstition impie. Mes anges gardiens se flattent d'en avoir assassiné plusieurs.

À mes questions sur la possibilité d'aller à Derna, on m'assure que la Cyrénaïque, d'où ils auraient chassé les salafistes, est la partie de la Libye la plus ouverte à l'Europe et que les terroristes sont tous aujourd'hui dans l'Ouest, à Misrata et à Tripoli. Perplexe devant cette affirmation ponctuée d'un coup de crosse sur le tableau de bord, mais que je sais fausse et dont j'ignore si elle est vœu pieux ou volonté de m'intoxiquer, je décide d'économiser ma salive pour la suite du trajet. Cela me permet de remarquer avec quelque inquiétude que nous roulons maintenant à travers des campagnes monotones, peu peuplées, au sol ocre et pulvérulent, toujours à tombeau ouvert, ayant laissé Benghazi loin derrière, alors que le rendez-vous est censé avoir lieu en ville.

J'ai l'impression que Mohamed, le réalisateur et l'ingénieur du son ont été semés. Je commence à me demander entre les pattes de qui je suis vraiment tombé. Tout d'un coup, mes deux hoplites ne m'inspirent plus qu'une confiance limitée.

✧

Cela me rappelle un autre convoyage interminable avec deux hercules barbus aux larges épaules et au front bas, dans une Mercedes sans âge faisant mille détours dans la banlieue chiite de Beyrouth, en 2007. Elle m'emmenait à un rendez-vous avec le secrétaire général adjoint du Hezbollah. On m'avait au préalable confisqué mon téléphone portable qui avait été neutralisé pour éviter le géorepérage par les satellites israéliens. Lorsque nous avions plongé brusquement dans une entrée de garage sous un immeuble et étions descendus au énième sous-sol, dans la pénombre où clignotait une ampoule nue, puis quand on m'avait fait pénétrer sans un mot dans un ascenseur métallique étroit, j'avais eu un moment de doute.

J'avais pensé à mon ami Michel Seurat, enlevé en 1985 à l'aéroport de Beyrouth au pied de l'avion et véhiculé de cachot en cachot par ces mêmes chiites, jusqu'à mourir en détention. J'avais revu l'histoire du journaliste Daniel Pearl, piégé en 2002 à Karachi par des islamistes pakistanais entretenant des relations troubles avec les services secrets, qui lui avaient proposé un rendez-vous avec un cheikh, l'avaient capturé et finalement tué en l'égorgeant devant une webcam.

Mais la porte de cet ascenseur beyrouthin obscur où j'étais coincé entre les deux cerbères mutiques, dont je ne distinguais que l'odeur d'ail et la lourde respiration, s'était ouverte directement dans l'un des appartements du « parti de Dieu », une cache standardisée où m'attendait le cheikh Naïm Kassem, son idéologue en chef.

Assis dans un salon Louis Farouk jaune pisseux — toutes les caches étaient meublées à l'identique, pour qu'on ne puisse pas les différencier —, nous avions discuté avec ce petit bonhomme onctueux en soutane et portant turban, qui se frottait les mains à la manière de nos prélats d'antan, de son livre programme, *Hezbollah : la voie, l'expérience, l'avenir*, dont j'avais apporté un exemplaire. Il me l'avait aimablement dédicacé à la fin de l'entretien, en me faisant passer un message pour Bernard Kouchner, notre ministre des Affaires étrangères d'alors, de ne pas se mêler de médiation dans l'enlèvement des soldats israéliens par le Hezbollah au cours de la « guerre des Trente-trois-Jours » de l'été 2006. Puis il m'avait remis entre les mains des deux barbus au front bas, dont l'un, après avoir vu le cheikh me signer son ouvrage, m'avait gratifié d'un rictus en forme de sourire sans toutefois desserrer les dents.

De la même manière, notre équipée sauvage un peu anxiogène dans les environs de Benghazi s'achève heureusement. Après un ultime virage en épingle à cheveux effectué à toute allure en dérapage contrôlé, dans le hurlement des pneus et la puanteur du caoutchouc brûlé, je me cramponne aux poignées pour ne pas être projeté contre une fenêtre. Nous arrivons finalement sur la côte, au bord de la Méditerranée, dans une *rest-house* défraîchie, précédée d'une véranda dont les supports métalliques sont corrodés par l'air de la mer.

J'y suis accueilli par le cheikh Zouheir suivi de son entourage. Outre les inévitables molosses armés jusqu'aux dents, il y a avec lui une sorte de conseiller diplomatique, un jeune homme blond au teint diaphane qui parle anglais et arabe avec l'accent du Royaume-Uni, où il est né et a grandi dans une famille exilée à l'ère Kadhafi, liée à celle du cheikh. Celui-ci, cheveu ondulé poivre et sel, le visage brun barré d'une fine moustache, légèrement corpulent, vêtu d'un costume sombre à la coupe élégante et un peu datée, paupières mi-closes, me fait penser à un acteur, je ne sais plus lequel, jouant un rôle de parrain dans les films américains.

J'apprendrai plus tard que ces interminables détours dans la campagne n'avaient pas pour objet de brouiller mes repères, contrairement à l'épisode de Beyrouth dans la Mercedes du Hezbollah, mais de donner le temps à mon hôte de mettre la dernière main aux préparatifs. Il vient à peine d'emménager dans cette résidence, réquisitionnée pour l'occasion, afin de m'impressionner et de m'en faire accroire sur la surface et le pouvoir de « l'armée libre de *Barqa* ».

L'équipe de tournage et notre accompagnateur arrivent peu après, au terme d'une course-poursuite effrénée. On nous installe pour l'entretien dans un salon fleuri où a été disposé du mobilier ministériel immaculé, et le jeune conseiller diplomatique — faisant office de conseiller médias — vérifie le cadre sur l'écran de contrôle de la caméra. J'observe la mise en place minutieuse de l'éclairage, le réglage des projecteurs, la « mandarine » pour l'ambiance, avec les filtres gélatine couleur cyan qu'on accroche à ses volets, la « blonde » pour la lumière directe, tout ce matériel sauvé le matin même des griffes cupides du douanier de l'aéroport.

Le cheikh Zouheir a des manières courtoises, une politesse de grand seigneur détonnant avec la rusticité des lascars qui m'ont amené jusqu'à lui :

Je voudrais vous remercier du mal que vous vous donnez pour élucider les faits qui se sont

déroulés dans la région de Barqa *[la Cyrénaïque]
en particulier, et en Libye de manière générale.*

Il égrène son propos d'un ton posé, mais son
regard vif accroche la lumière. Au fur et à mesure
du récit de la captivité et des sévices, le personnage prend une épaisseur dramatique. Il est
plongé dans l'évocation de ces années terribles par
la magie de l'éclairage qui l'isole du temps présent,
comme il était isolé dans sa cellule, attendant un
firman qui provoquerait son exécution — mais ne
vint jamais.

La torture et la liquidation physique des membres
de la famille du roi Idris étaient une pratique routinière pour les « révolutionnaires » tiers-mondistes
qui s'étaient engagés derrière Kadhafi en 1969. En
entendant le cheikh, je me remémore l'histoire qui
me fut racontée à Aden en janvier sur les exécutions sommaires des sultans du Hadramout et de
leurs familles par les marxistes qui s'emparèrent du
pouvoir au départ des Anglais, presque à la même
époque. Je me rends compte que le même terme
— « révolutionnaires » — est utilisé pour parler de
ceux qui viennent d'être renversés et de ceux qui les
ont renversés, dans une sorte de télescopage de l'histoire où les mots deviennent équivoques et brouillent
notre intellection des choses :

*La dictature a engendré la formation de plu-
sieurs mouvements d'opposition dont l'objectif
était de la renverser. J'ai été l'un des premiers
à avoir conduit une opération de résistance à
Kadhafi. Mais en 1970, un an après sa prise
du pouvoir, le coup d'État que j'organisais a été
découvert. J'ai été arrêté et détenu en plusieurs*

lieux, comme la prison militaire de Cyrénaïque puis la prison du Cheval-Noir de Tripoli.

Après un silence, le cheikh reprend :

Avec mes conjurés, nous avons été torturés pendant deux ans, même après la fin des enquêtes. On a été pendus par les pieds, par les mains, battus. Ils nous plongeaient la tête dans l'eau jusqu'à suffocation. Nombreux sont ceux qui en ont gardé des handicaps majeurs. Nous avons beaucoup souffert, avant d'être déférés devant un tribunal militaire fantoche en 1972, qui m'a condamné à la mort par pendaison, tandis que d'autres étaient condamnés à la réclusion criminelle à perpétuité ou à plusieurs années de prison.

Avec le temps, et sous la férule d'un système dictatorial, les voix appelant à plus de justice se sont peu à peu étouffées et les bouches furent bâillonnées. Car, pour les gens, la « révolution » ne pouvait agir que pour libérer le peuple du régime policier mis en place par la royauté. Ils furent pris au piège des rhétoriques révolutionnaire et nationaliste. Cette situation a duré quarante-deux ans. Quarante-deux ans de lavage de cerveau d'un peuple tout entier.

Une revue gauchiste dont j'ai oublié le titre, lue sans doute vers 1970, en classe de seconde au lycée Louis-le-Grand, avait consacré un reportage élogieux aux « jeunes officiers révolutionnaires libyens ». Je ne me rappelle pas pour quelle raison cet article m'avait tant frappé. Il fait retour à présent dans mon souvenir plus de quarante ans après, et avec tant de précision que je vois encore la photo en noir et blanc l'illustrant : Kadhafi et son acolyte des premiers temps, le commandant Jalloud, un cliché flatteur des deux officiers, de facture romantique.

Depuis le Quartier latin post-soixante-huitard, nous les révérions en héros qui avaient renversé le « féodalisme » allié de l'impérialisme, préparant la marche de l'humanité vers l'avenir radieux du socialisme. Pourquoi Kadhafi était-il apparu ainsi sur le radar du groupuscule trotskiste où je militais à l'époque avec passion ? L'un des officiers libyens avait-il donné des gages à la IVe Internationale ? Ses camarades et lui avaient-ils pris leurs distances avec les « staliniens » de Moscou ? Je l'ignore.

Cette tocade n'avait pas duré bien longtemps, peut-être à cause de l'allégeance totale de Kadhafi à Nasser, que nous percevions comme un relais de la « bureaucratie soviétique ». Ou serait-ce parce que le catéchisme trotskiste était peuplé de figures de martyrs, victimes des purges staliniennes et de ce que notre professeur d'histoire, citant Soljenitsyne, avait nommé le Goulag dans un cours sur l'URSS — c'était la première fois que j'entendais ce terme, prononcé sous les huées des élèves communistes de ce lycée bourgeois ?

D'autres images en noir et blanc, d'un reportage télévisé, se superposent à la photo de 1970 — elles sont postérieures, je ne sais plus quand je les ai vues, mais elles m'ont marqué en définitive pour former mon opinion de Kadhafi : celles des étudiants de Benghazi, pendus en public, le 7 avril 1977, pour avoir manifesté contre le régime, diffusées par la télévision libyenne, puis une autre pendaison, en 1984, d'un opposant pacifique, toujours à Benghazi.

Le malheureux se débat au moment du supplice, tentant d'attraper l'air de ses pieds en des spasmes convulsifs, ultime résistance vitale face à l'ignominie de la dictature qui le tue, et donne son supplice en spectacle aux enfants des écoles massés dans un stade de basket-ball.

Une jeune femme, Houda Ben Amer, surexcitée par les slogans qu'elle hurle en brandissant le poing sort des rangs de la foule. Elle court s'accrocher aux jambes du pendu pour l'immobiliser, pesant de tout le poids de son corps afin de le précipiter dans la mort, en raffinant par un tourment de sa façon le calvaire que lui inflige le régime. Cette cruauté obscène lui vaudra une carrière politique de premier plan sous Kadhafi — qui, la découvrant à la télévision, reconnaît immédiatement une recrue de premier prix. Née dans une famille pauvre, elle devient un membre en vue des « comités révolutionnaires », l'organe exécutif de la dictature, et même maire de Benghazi, toutes fonctions durant lesquelles elle semble avoir éprouvé une dilection particulière à faire occire intellectuels, bourgeois et autres « féodaux ».

Ben Amer se rendit célèbre par un aphorisme qui résumait les idéaux du régime : « On n'a pas besoin de discours, on a besoin d'exécutions. » Celle que l'on surnomma « Houda le bourreau » — l'arabe dialectal dit *Houda ash-shannaga*, mot à mot « la pendeuse » — fut même promue présidente de la Ligue arabe, l'organisation internationale qui rassemble les États arabes. Lors de son arrestation, en septembre 2011, peu après la prise de Tripoli où elle avait fui (sa maison à Benghazi fut brûlée rageusement et ravagée de fond en comble dès février 2011), j'ai vu une photo d'agence qui la montrait aux jours de sa gloire, reçue officiellement par Bachar al-Assad à Damas, assise face à lui dans un fauteuil nacré. Elle affichait désormais, signe des temps, sa piété islamique par un voile blanc. En 1984, elle s'accrochait tête nue aux jambes du supplicié, les cheveux clairs tirant sur le blond.

Je me suis demandé quel était l'objet de leur entretien : venait-elle de réitérer son fameux aphorisme, conseillant au président syrien de conduire la répression sans merci aucune ? La photo montre Bachar en train de parler tout en rapprochant ses deux mains en coupe, comme s'il les serrait autour du cou d'un pendu imaginaire, tandis que Houda arbore un sourire extatique.

Vendredi 6 juillet 2012

À l'ouest de Syrte, près d'une canalisation

En contrebas d'un talus où passe une voie rapide, à l'ouest de Syrte, près d'une centrale électrique ceinte d'un mur couvert de graffitis, des caisses d'isolateurs en verre pour ligne à haute tension, éventrées, ont été abandonnées sur le sol. Alentour, des biques sales et noiraudes au poil long paissent de rares buissons d'épineux, poussant des bêlements sinistres à notre arrivée : c'est ici qu'une frappe de l'Otan a immobilisé le cortège de Kadhafi fuyant à tombeau ouvert.

Syrte, ultime bastion de l'ancien régime, investi par les révolutionnaires après une hécatombe dans leurs rangs, le 20 octobre 2011. C'est ce talus que perce la canalisation d'évacuation des eaux pluviales où il s'était réfugié : gros tuyau bétonné au débouché duquel il fut capturé, filmé par les téléphones portables, un dérisoire pistolet d'or à la main, en prononçant ces vaines paroles : *Khayrkoum ! Shnou fi ?* (ça va ! qu'est-ce qui se passe ?). Comme s'il essayait d'établir un contact anodin, de saluer banalement dans une dernière et pitoyable ruse les *thawar* ivres de rage et de vengeance lancés à sa poursuite, comme si son visage obsédant, omniprésent durant quatre décennies pouvait désormais passer inaperçu. Comme si son ubiquité pouvait fondre par quelque tour de magie noire dans l'anonymat et lui permettre de sauver sa peau.

Ces mots futiles du dictateur traqué qui mirent un point final à la logorrhée perverse et délirante, déclinée à coup de slogans puisés dans la phraséologie du *Livre vert*, ont été brocardés partout en Libye depuis sa mort. On les voit sur les peintures murales, on les entend dans les blagues que l'on se raconte pour exorciser la terreur qu'il suscitait de son vivant.

La canalisation, comblée de gravats et d'ordures, dégage une odeur fétide d'excréments amoncelés, sorte d'antimausolée improvisé pour conjurer la mémoire de Satan en la conchiant et la compissant. La bordure de maçonnerie est maculée de slogans haineux ou ironiques, parmi lesquels je distingue celui-ci : « Ici, on a pris le rat dans l'égout » — Kadhafi avait traité de *jirdhan* (rats) les insurgés dans un discours, en août 2011, promettant de les exterminer comme on élimine ces rongeurs lors des campagnes de dératisation. Et là, c'est lui qui a été fait comme un rat.

À quelques dizaines de mètres, les carcasses de voitures brûlées, rouillées, ont été laissées en place, roides mortes, figées dans la stupeur fatale où le missile arrêta la course éperdue du cortège des fuyards.

La violence de l'impact sur les premiers véhicules, directement touchés, a dû être hallucinante. Le métal est contorsionné en des figures gothiques qui paraissent sortir d'une fantasmagorie de Halloween. Les sièges et les pneus ont fondu. J'imagine que les corps ont été calcinés par l'uranium appauvri, qui dégage une chaleur de 10 000 °C lors de l'explosion.

Le sol est jonché de cartouches, de magasins de mitraillettes, de tubulures d'armes fendues, inutilisables, irrécupérables — et probablement radioactives. Il vaudra mieux éviter de manger les chèvres, qui se sont remises à paître dans l'indifférence, crottant dédaigneusement de temps à autre sur la tôle rouillée — ou de boire leur lait. On raconte que les ferrailleurs qui ont découpé les tanks percés par les missiles de l'Otan un peu partout en Libye ont développé des cancers.

Kadhafi, sonné par le choc, abandonné par son entourage dans le sauve-qui-peut général, a dû courir se mettre à l'abri dans la canalisation proche. Serrant son pistolet d'or comme un colifichet qui témoignait des fastes passés, il a été débusqué par la meute des poursuivants, puis molesté, sans que l'on sache exactement où ni quand il a été abattu.

À travers la fenêtre sans vitre d'une porte de voiture, ouverte par le souffle de l'explosion et tordue sur son axe, je vois un simple graffiti, sur le mur de la centrale électrique, encadré par le métal noirci des montants comme un faire-part de décès : *Mat Mou'amar* (Mouammar [Kadhafi] est mort). *Mat* — « il est mort » en arabe — est passé en français dans l'expression « échec et mat », qui viendrait de *ash sheikh mat*, « le roi est mort ».

Samedi 7 juillet 2012

On vote à Tripoli

Nous retirons nos accréditations, pour filmer le déroulement des élections, dans la salle de conférences de l'hôtel *Rixos*, un des palaces de Tripoli édifié au milieu d'un grand parc à l'époque où Saïf al-Islam Kadhafi faisait figure de prince héritier. C'est ici aussi qu'il prononçait ses discours-fleuves, durant la guerre, en 2011. De l'un à l'autre, le territoire contrôlé par le dictateur et sa famille se réduisait comme une peau de chagrin : libération de la Cyrénaïque, résistance de Misrata assiégée, insurrection dans la montagne du djebel Nefoussa.

Saïf al-Islam (« le sabre de l'islam ») s'efforçait de ressusciter le charisme de son père jeune, lorsque celui-ci jouait auprès des correspondant(e)s de la presse internationale le Bédouin tiers-mondiste frisé aux yeux de gazelle. Autres temps, autres mœurs : le fils travaillait son *look* branché à la tête rasée, membre de la *jet-set*, anglophone, trousseur occasionnel de starlettes, et titulaire d'un doctorat (frauduleusement obtenu) de la prestigieuse London School of Economics.

Mais, le 20 février 2011, dans l'un de ses discours-fleuves, le « réformateur » augura des rivières de sang si l'insurrection ne cessait pas et promit de faucher des milliers de vies libyennes pour établir la « démocratie de premier ordre » dont il prétendait nourrir la vision.

Aujourd'hui, la démocratie fait son baptême sans lui. L'héritier putatif de Kadhafi, privé de ses droits civiques, moisit au fond d'une geôle de la bourgade de Zintan. Les miliciens l'ont capturé lorsqu'il tentait de franchir la frontière nigérienne, le 19 novembre 2011. Il avait dissimulé sa célébrissime calvitie en s'emmitouflant la tête d'un ample turban touareg, délaissant la vêture mondaine qu'il affectionnait pour s'affubler des déguisements ataviques du père à l'heure où il a fallu sauver sa peau. Il fut trahi par les lunettes siglées d'un grand couturier qui surgissaient de son rude chèche bédouin comme une ultime incongruité.

Ces premières élections démocratiques dans un pays qui vient de sortir de la guerre civile et qu'ont traumatisé tant de décennies de kadhafisme ont été reportées à plusieurs reprises. Elles sont boycottées en Cyrénaïque par les fédéralistes — qui n'obtiendront en définitive que peu d'écho —, et chacun redoute que les milices armées ne les perturbent, pour imposer leurs choix. Pourtant, en dépit d'un scrutin complexe qui fait voter non seulement pour des partis, mais pour des candidats indépendants, les Libyens prennent très au sérieux leur nouvelle qualité de citoyens.

En Égypte, il y a quinze jours, j'ai recueilli des témoignages d'électrices et d'électeurs qui s'extasiaient de choisir leur pharaon pour la première fois depuis cinq millénaires. Mais ils avaient déjà voté plusieurs fois depuis la chute de Moubarak, pour le référendum et les élections législatives. Et sous l'ancien régime, des scrutins, dont le caractère truqué ne trompait personne, se déroulaient de manière routinière, même si un nombre infime d'Égyptiens s'y rendait. À tout le moins, on avait déjà vu un bureau de vote, des affiches électorales, des annonces de résultats — même si l'on n'y accordait guère d'attention. Rien de pareil en Libye.

Dans le verbiage de la « massocratie », qui empruntait à l'idéologie marxiste la dénonciation des « élections bourgeoises », toujours de mode dans les années 1970, le vote représentait la trahison de la « révolution », le dévoiement de la volonté des masses. En ce 7 juillet 2012, le déploiement militaire et policier autour des écoles où ont lieu les élections est beaucoup plus faible qu'en Égypte. Il faut dire qu'il n'y a guère d'armée ici, et encore moins de police, même si quelques véhicules flambant neufs, dons de je ne sais quel bienfaiteur étranger, l'Union européenne, le Qatar ou l'ONU, sillonnent parfois les rues en arborant les sigles d'institutions sécuritaires improbables aussi récentes que les voitures.

Je suis frappé par la quasi-disparition des « révolutionnaires », ces gamins armés juchés sur des *pick-up* tagués au nom de leur brigade ou de leur ville, et qui exerçaient une multitude de fonctions, depuis la circulation jusqu'à la sécurité, en substitut à l'État évanoui. On ne voyait qu'eux en octobre 2011, et encore lors d'un voyage que j'ai brièvement effectué en février de cette année à l'occasion d'une conférence.

Les « révolutionnaires de Zintan » — ceux-là mêmes qui ont capturé Saïf al-Islam — avaient investi le terrain, au grand dam des classes moyennes tripolitaines. Elles considéraient ces montagnards mal dégrossis comme des pillards et des violeurs avides de prendre leur revanche sur les habitants policés d'une capitale dont beaucoup avaient été choyés par le Guide et n'avaient tourné casaque qu'au dernier instant.

❖

Dans un premier temps, les montagnards ont chassé les troupes de l'ancien djihadiste d'al-Qaida Abdelhakim Belhadj, nommé gouverneur militaire de Tripoli par le président du Conseil national de transition Moustapha Abdeljalil. Je me souviens de ces jeunes de Zintan, campant sous leur tente en poil de chèvre dans le jardin autrefois manucuré de l'Institut de la propagation islamique (*da'wa isla-miyya*), une sorte de pensionnat où des Africains stipendiés étudiaient la « pensée » du Guide pour se livrer ensuite à un prosélytisme prolibyen tous azimuts dans le continent noir.

Avant même la chute de Tripoli aux mains des révolutionnaires, les pensionnaires avaient fui, craignant à juste titre l'ire populaire. Le jardin d'agrément s'était transformé en une sorte de jungle, me rappelant celui du ministère afghan des Affaires étrangères, un ancien complexe de facture soviétique, visité en 1997 à Kaboul sous les talibans, laissé à l'abandon et envahi par des pieds de chanvre indien à hauteur d'homme.

Je m'étais rendu au siège dévasté de la *da'wa isla-miyya* un vendredi à l'heure de la prière. Les jeunes révolutionnaires ne fréquentaient pas la mosquée. Ils s'occupaient à regarder sur leur ordinateur portable des vidéos de leurs faits d'armes, dérivant l'alimentation électrique d'une épissure sur un fil où pendaient des guirlandes multicolores, dernier reliquat des célébrations de Kadhafi. À les entendre, ils avaient investi Tripoli pour y établir la démocratie et en chasser les islamistes — leur bête noire étant Abdelhakim Belhadj.

J'avais pensé, en les voyant camper en pleine ville, à la grande théorie de l'évolution des sociétés, formulée par Ibn Khaldun au XIVe siècle dans ses *Prolégomènes*, opposant nomades et sédentaires. Le cycle de l'histoire voulait que ces derniers, amollis par la belle vie urbaine, deviennent une proie aisée pour de rudes Bédouins qui, à leur tour, verraient leur ardeur s'éteindre dans le confort émollient de l'urbanité, pour être vaincus par d'autres nomades fougueux surgis du désert, et ainsi de suite jusqu'à la fin des temps...

L'instauration de la démocratie, cette invention moderne et occidentale, est-elle propre à arrêter le cycle millénaire des *Prolégomènes* d'Ibn Khaldun ? L'avènement du Bédouin Kadhafi n'en était peut-être qu'un dernier soubresaut, trouvant là son ressort réel quand nous croyions dans les années 1970 que sa « révolution » était le produit du matérialisme dialectique prophétisé par *Das Kapital* de Karl Marx.

Quelle que fût l'idéologie dont se revendiquaient les régimes autoritaires du monde arabe depuis l'indépendance, ils ont failli moralement en érigeant en mode de gouvernement la privation des libertés, la torture et les procès iniques — sans parler de la corruption et de la ruine d'une économie dont les classes populaires furent les victimes par excellence. Ils ont sapé la notion même de citoyenneté, sur laquelle repose notre civilisation contemporaine, avec l'équilibre des droits et des devoirs entre gouvernants et gouvernés.

Ce qui se joue aujourd'hui en Libye est l'émergence de cette citoyenneté, l'inscription de ce concept abstrait dans une société concrète, ravagée par quatre décennies de despotisme, accouchée par le forceps de la guerre civile. Ses révolutionnaires courageux, mais tribalisés, sont tentés par l'usage de la force pour faire prévaloir leurs vues particulières face à l'intérêt général.

C'est ce qu'ont illustré naïvement par leur comportement brutal les lascars qui sont venus me récupérer à mon arrivée à Benghazi il y a quatre jours. Pour que les élections se déroulent dans la sérénité, il fallait que les révolutionnaires de Zintan quittent Tripoli, qui sans cela aurait été leur otage. Il s'est produit une sorte de pression civique qui les a contraints à disparaître.

Dans la Tunisie puis l'Égypte voisine, les élections ont placé en tête les partis islamistes. On sait que cela n'est pas advenu aussi clairement en Libye le soir du 7 juillet au terme d'un scrutin complexe. Comment cela s'explique-t-il ?

Dans le premier cas, Ennahdha a bénéficié d'une aura exceptionnelle, celle du parti des prisonniers. Les islamistes ont payé d'un prix incommensurable la répression et la torture sous le régime de Ben Ali. Et bien qu'ils n'aient pas joué de rôle important durant les journées révolutionnaires, ils ont capitalisé d'autant mieux leur succès que les jeunes déshérités, les militants syndicalistes et la classe moyenne laïque dont l'alliance a provoqué la chute du régime, le 14 janvier 2011, étaient désorganisés. Les pertes humaines, par-delà le martyre emblématique de Mohamed Bouazizi, immolé par le feu le 17 décembre 2010 à Sidi Bouzid, n'ont pas été si nombreuses (environ trois cents personnes) — relativement à l'Égypte et surtout à la Libye — qu'elles auraient donné aux acteurs révolutionnaires une insurmontable légitimité au moment du vote du 23 octobre 2011.

En Égypte, où les Frères musulmans — sans parler des salafistes — n'ont rejoint le train de la révolution qu'avec retard, le nombre des victimes a été plus important (près d'un millier de morts) et cela a continué après la chute de Moubarak à cause de la brutale répression par l'armée de toute manifestation de dissidence. Mais il n'a pas atteint la masse critique qui aurait permis à la coalition fragile des jeunes, des syndicalistes et des mouvements associatifs qui firent choir le tyran de galvaniser dans les urnes le moment d'enthousiasme de la révolution. Ils ne pesaient pas lourd face à l'appareil des Frères, prolongé par l'immense réseau de leurs associations caritatives, ni face aux slogans simples des salafistes dopés aux subsides du Golfe dans les banlieues misérables gonflées par l'explosion démographique.

En Libye, même si les islamistes radicaux ont été particulièrement réprimés durant les quinze dernières années, les pendaisons, la torture, les arrestations d'opposants ont touché toute la société. Les Frères et les autres islamistes sont entrés, là encore, tardivement dans la révolution, sans disposer comme en Égypte de l'appareil d'un parti ni d'associations caritatives réticulaires capables de drainer les suffrages au jour des élections. La légitimité est venue du sang versé — des dizaines de milliers de morts, un nombre imprécis à ce jour (mais sans commune mesure avec les centaines de victimes des deux pays voisins), tombés dans une guerre civile totale, tribale, régionale, contre l'État moloch de Kadhafi.

Parmi la masse des visages de candidats qui s'affichent partout à Tripoli, les partis islamistes, divisés en une demi-douzaine de formations, apparaissent noyés. Les Frères musulmans concourent sous le nom de « Parti de la justice et de l'édification » ; Abdelhakim Belhadj est l'homme fort d'un *Hizb al-Watan* (le parti de la nation) ; les salafistes présentent en ordre dispersé des candidats reconnaissables à l'exceptionnelle pilosité des hommes et au visage occulté des candidates dissimulées sous le *niqab*, à côté de slogans exigeant la mise en œuvre de l'intégralité des injonctions coraniques.

Le seul parti dont la propagande électorale se singularise à travers tout le pays, affiches géantes déployées sur des façades entières d'immeubles, tracts distribués par des jeunes gens en *tee-shirt* et casquette, présentoirs de carton dans la plupart des lieux publics, débauche de panneaux publicitaires dédiés édifiés tout exprès, est le « parti de la nation ».

Ostensiblement, il a bénéficié de très gros moyens financiers et des conseils d'une agence de communication. Sa charte graphique soignée décline un code bicolore gris souris et violet bordeaux, identique à celui de Qatar Airways. Il n'en a pas fallu davantage pour que le parti, qui s'inscrit dans le nuancier frériste favorisé par l'émirat gazier pour capter les révolutions arabes, soit accusé par la rumeur publique d'être à la solde de Doha.

Au siège du parti, villa moderne d'un quartier résidentiel enrubannée de calicots gris et violets, nous sommes reçus par le secrétaire général, un jeune « ingénieur en gestion de projet, avec une expérience en investissement immobilier et développement ». Il s'exprime en anglais avec un accent d'outre-Atlantique :

> *Il a été décidé de fonder le parti en avril 2011 à Istanbul, pendant une rencontre entre les leaders des révolutionnaires et des Frères musulmans.*

Il devait répondre aux besoins de la nation une fois la révolution accomplie et la victoire obtenue, m'explique-t-il avant d'en détailler la composition :

> *La première réunion s'est tenue en octobre 2011. Toutes les fractions se sont assises autour d'une table. Il y avait les Frères musulmans, le Groupe islamique combattant libyen [GICL, le principal mouvement djihadiste] et quelques membres du groupe salafiste. Il y avait également des soufis, des wasatis [qui suivent le cheikh Youssef al-Qaradawi, installé au Qatar], des malékites [islam traditionnel de l'Afrique du Nord], des indépendants et des révolutionnaires.*

Selon lui, cette mosaïque de figures ayant combattu ensemble pendant la révolution voulait finaliser leurs efforts en créant un parti uni qui contribuerait à relever la nation :

> *— On avait deux principes : le nationalisme à référence islamique, et le partenariat entre membres fondateurs. Le premier groupe à scissionner a été les Frères musulmans à la fin de novembre. Ensuite, des membres du GICL ont fondé leur propre parti en mars 2012, puis ont commencé à se rassembler des membres d'un groupe qui se revendiquaient comme représentants du centre et du sud de la Libye, et ils ont créé leur parti en avril 2012.*

— *Quel était le lien d'Abdelhakim Belhadj avec votre parti ?*

— *Il est entré au parti avec ses hommes et son mouvement, le GICL. Quand ils nous ont quittés, il a décidé de ne pas les accompagner. Il avait changé... Pendant plusieurs années c'était un dji-hadiste, à l'extérieur et à l'intérieur de la Libye. Cette époque est révolue. Son objectif maintenant est de servir la nation.*

— *On nous a beaucoup dit que la bannière violette du parti avait la même couleur que le drapeau du Qatar ? Y a-t-il un rapport ?*

Il me montre les essais de couleur du logo dans le dossier envoyé par l'agence de graphisme du parti :

— *En fait, nous avons choisi la couleur des évêques, le violet épiscopal, c'est l'emblème de la tempérance, l'une des quatre vertus cardinales !*

Quelles prouesses rhétoriques font accomplir les *spin doctors* de la communication politique à un investisseur immobilier devenu responsable d'un parti islamiste ! Je compare leur artifice avec le ressenti simple et vrai des nouveaux citoyens pendant le déroulement des opérations. Dans les écoles transformées en bureaux de vote, où l'on me fait partout très bon accueil, nous offrant de partager les petites bouteilles d'eau à la disposition des électeurs qui accomplissent leur devoir en pleine canicule, un matériel électoral standardisé a été installé grâce à l'aide de l'ONU. Je suis frappé par son extrême modernité. Les affiches en couleurs qui expliquent comment se déroule le processus sont illustrées à destination des analphabètes et des gens simples en général. Bien imprimées, claires, elles détaillent le cheminement de l'apprenti électeur depuis l'entrée dans le bureau jusqu'à la sortie.

J'ai moi-même accompli mon devoir électoral à Paris en mai et juin, dans le collège du quartier où j'habite. Bien sûr, nous n'avions besoin ni de symbole graphique ni d'encre indélébile où tremper notre auriculaire, et chacun de nous était sans doute pénétré de l'importance de son vote pour choisir le président de la République ou le député de la circonscription. Mais notre habitude démocratique séculaire a perdu la fraîcheur de cette première fois que vit avec un bonheur extraordinaire et un sérieux appliqué la Libye libérée.

Les haut-parleurs des mosquées accompagnant le vote de laudes saturent l'espace sonore, rappelant que l'islam est mis à contribution pour bénir les opérations électorales — manière peut-être de ne pas laisser le monopole de son usage aux partis islamistes. Mahmoud Jibril, le chef de la coalition non islamiste, qui remportera une courte et instable majorité au soir du 7 juillet, a multiplié les déclarations pour proclamer que, contrairement aux accusations de ses adversaires, il n'était pas un partisan de la laïcité, mais voulait faire de l'islam le référent de la future constitution. J'entame la conversation avec un électeur dans le bureau de vote d'un quartier résidentiel :

[En fond sonore] Allah Akbar, Allah Akbar, La ilah ila Allah, Al Hamdulillah *[Allah est le plus grand, Il n'y a d'autre dieu qu'Allah, Louange à Allah]...* .

— *Que ressentez-vous en ce jour ?*

— *Tout d'abord je vous remercie de votre venue en Libye pour expliquer au monde le déroulement de ces élections dans la joie. Vous avez vu qu'aujourd'hui c'est la fête. Vous entendez les louanges à Allah, la joie des gens qui utilisent un droit de vote dont ils ont été privés pendant quarante-deux ans dans l'ère de Kadhafi et dix-huit ans avant lui. Après soixante ans d'élections frauduleuses, le peuple libyen peut enfin s'exprimer par le vote. Moi je n'avais jamais mis de bulletin dans l'urne. Je suis venu pour vivre cet événement. Je suis venu pour voir la joie de la victoire sur le visage des jeunes. Cette victoire est importante pour les Libyens. Quand les révolutionnaires criaient : « Le sang des martyrs ne coulera pas en vain », on en voit bien la signification aujourd'hui. Les morts ont donné leur vie pour la démocratie. On ne pouvait vivre la démocratie que par le bulletin de vote. Aujourd'hui, elle se concrétise.*

Allah Akbar, Allah Akbar, La ilah ila Allah, Al Hamdulillah...

— *Pensez-vous que les élections vont inaugurer une période de stabilité ?*

— *Les révolutionnaires ont des armes entre les mains, mais les médias gonflent le sujet. Quand l'un d'eux brandit son arme, il ressent la joie de la victoire. C'est son droit, après la révolution du 17 février. Les affrontements qui se produisent parfois sont dus à la concurrence entre eux. Mais ils n'ont commis ni kidnapping ni vol. Quand le gouvernement se stabilisera et commencera à exercer ses pouvoirs administratifs et législatifs,*

ces affrontements et la détention d'armes dispa-
raîtront.

Allah Akbar, Allah Akbar, La ilah ila Allah, Al Hamdulillah...

Dimanche 8 juillet 2012

La Bastille de Kadhafi

La prison d'Abou Salim, dans la banlieue de Tripoli, était la Bastille de l'ancien régime libyen. À cette différence que, le 14 juillet 1789, il n'y avait plus que sept prisonniers de droit commun dans la forteresse du faubourg Saint-Antoine dont les révolutionnaires français, en la rasant, firent le symbole universel de la tyrannie vaincue. Le complexe pénitentiaire d'Abou Salim, derrière ses murs de béton surmontés de barbelés et scandés de miradors, abritait des milliers de prisonniers politiques, qui y furent enfermés et torturés jusqu'aux derniers jours de Kadhafi.

Le 24 août 2011, lors de la libération de la capitale, les prisonniers sont tous sortis de leurs cellules, et c'est celles-ci que nous venons filmer aujourd'hui. La prison avait connu une triste notoriété à la suite du « massacre d'Abou Salim », une campagne d'exécutions perpétrée dans ses murs le 29 juin 1996, dont le nombre exact de victimes n'est pas établi avec certitude, mais que l'ONG Human Rights Watch estime à 1 270. La plupart des morts appartenaient au GICL d'Abdelhakim Belhadj.

La tuerie, dont les circonstances ont fait l'objet de récits divers, serait advenue à la suite d'une tentative de mutinerie. Mais avec les années, cet événement et sa rumeur devinrent emblématiques de la dictature, et ce sont les familles des victimes manifestant opiniâtrement à Benghazi, puis la répression sauvage que leur rassemblement suscita qui furent le déclencheur de la révolution.

Contrairement à la Bastille, Abou Salim n'a pas été détruite — elle est conservée quasi intacte pour porter témoignage, prison fantôme dépourvue de détenus et de gardiens, en attendant qu'un développement immobilier ne récupère ces vastes terrains urbains pour les affecter à d'autres usages. À l'inverse du palais présidentiel de Bab al-Aziziyya, écrabouillé par les frappes de l'Otan, la prison où étaient entassées les victimes de Kadhafi a été épargnée, à l'exception des bâtiments de la direction, aplatis par les missiles avec une précision chirurgicale.

En ces heures matinales où nous entrons par la grande porte défoncée, dont le factionnaire a désormais davantage vocation à être moins gardien de musée que de prison, la canicule est déjà étouffante. Les plantes rudérales jaillies librement depuis presque une année des anfractuosités du béton et du goudron ont des feuilles racornies, pulvérulentes, comme accablées par la chaleur. La température devait être semblable à la fin de juin 1996.

Nous pénétrons dans une cour fermée aux hauts murs, surmontée d'un grillage. Les bourreaux, nous explique-t-on, étaient juchés sur le sommet des murs et mitraillaient les détenus pris au piège dans cette fosse dont ils ne pouvaient s'enfuir. Des fresques naïves aux couleurs vives représentent les prisonniers en tenue orange (le peintre a sans doute pris modèle sur Guantánamo), tous barbus, en train de tomber sous le feu de la soldatesque, un sang rouge coulant de leurs blessures, un peu à la manière des icônes primitives des martyrs chrétiens.

Nous sommes à la recherche des deux cellules couvertes de dessins d'une très belle facture que Mohamed Bellamine, un artiste de Misrata, barbe et cheveux fluviaux et voix de baryton, a réalisés entre son incarcération, à la mi-février 2011, et l'ouverture de la prison, le 24 août. Nous avons passé deux soirées à Misrata en sa compagnie : l'une dans l'atelier où il a été arrêté, un ancien garage où il sculpte désormais des personnages à la Giacometti à partir de restes d'obus, de cartouches, de blindages et de fragments d'armes diverses ramassés en ville, dont les rues étaient jonchées ; l'autre, dans un hôtel dévasté où il a imaginé un centre culturel qui expose des photos de la guerre — et où il m'a invité à improviser une projection des photographies de Jean-Baptiste Lopez devant des membres du conseil municipal.

Je lui téléphone pour qu'il nous explique depuis Misrata comment retrouver ses cellules parmi des centaines de semblables. Comme dans le désert égyptien, l'air chaud et sec a tout conservé en l'état. La pénombre des coursives, la poussière accumulée depuis une année procurent, lorsqu'on pénètre dans les geôles à l'air raréfié, aux murs gris et à l'odeur de renfermé, le sentiment qu'ont dû éprouver les inventeurs des tombeaux meublés pharaoniques. Je m'imagine en Lord Carnarvon ou en Howard Carter entrant dans la demeure funèbre d'un Toutankhamon qui aurait été prisonnier de Kadhafi !

Les bouteilles d'eau en plastique, entassées comme des vases canopiques, les boîtes en carton dans les-

quelles étaient serrés les trésors du quotidien, le fil
où pendent encore les frusques, désormais roidies
par la dessiccation — tout est resté dans l'état où
l'ont laissé les détenus qui ont fui sans retour le
24 août 2011.

Pour graver ses dessins sur les murs des cellules,
Mohamed Bellamine a utilisé l'aluminium des barquettes de rations alimentaires. L'effet produit est
celui d'un crayon. On croirait une crypte entièrement
décorée de *sinopie* préparant des fresques de damna-
tion et de rédemption qui ne seraient jamais peintes.
C'est un univers peuplé de personnages aux yeux
exorbités cherchant la lumière du jour, de constructions fantasmagoriques figurant l'enfermement, de
fleurs que l'on ne voit plus, de lancinantes calligra-
phies arabes qui répètent à l'infini le nom du peintre
et fixent sur le béton sa trace avant qu'un caprice
du despote ne le précipite dans la mort et l'oubli...

Voici le récit de l'arrestation et de l'incarcération
de Mohamed Bellamine, tel qu'il me l'a fait dans son
atelier de Misrata :

> *La révolution du 17 février fut une révolution
> annoncée, dont la date avait été postée sur Inter-
> net... Le régime savait que quelque chose allait se
> passer, et il l'a anticipé en arrêtant préventivement
> tous ceux qui avaient signé les appels en ligne
> à manifester, notamment les intellectuels, pour
> qu'ils ne jouent pas un rôle dirigeant. Les lignes
> téléphoniques et les messageries électroniques
> étaient surveillées. Ils ont piraté mon adresse et
> ont sauvegardé mes messages, surtout pour les
> journées du 14 et du 15 février, quand on a beau-
> coup échangé avec les amis liés à la révolution,
> dès que la ville de Benghazi a commencé à bouger.*

J'ai été arrêté ici, dans mon atelier, le 16 avec mon frère Habib. C'est un blogueur, écrivain et poète qui avait écrit beaucoup de textes contre le régime et la répression. Des ordres ont été donnés depuis Tripoli pour nous coffrer. Ils nous ont pris sans mandat d'arrêt et nous ont transférés à Tripoli.

Des hauts gradés menaient l'interrogatoire. Ils avaient un dossier avec nos textos imprimés et se relayaient de 3 heures de l'après-midi à 3 heures du matin. Ils croyaient que la situation était sous contrôle et restaient relativement polis... du moins jusqu'au 20 février, où il y a eu des événements terribles à Tripoli, des manifestations sauvagement réprimées dans le sang, des postes de police attaqués, etc.

Ce jour-là, nous avons été transférés à la prison d'Abou Salim et tabassés en guise d'accueil par une cinquantaine de membres de la légion de Kadhafi. La journée a été terrible pour moi. Ils sont venus à 3 heures du matin. Ils voulaient celui qui était né en 1969 — c'est mon cas —, l'année où Kadhafi a pris le pouvoir. Ils cherchaient toujours à distinguer les natifs de cette année-là. Ils m'ont dit : « Tu es né en 1969 et tu te comportes comme ça ? » Ils m'ont bandé les yeux, fait agenouiller, et ont commencé à armer la culasse avec un bruit métallique.

Le pays était à feu et à sang, et l'on ne savait rien, jusqu'à l'arrivée, au début d'avril, de jeunes de Benghazi qui avaient été arrêtés à Ras Lanouf et aussi de Misrata, transférés dans le dernier avion avant l'embargo aérien. Ils nous ont donné une quantité énorme de nouvelles, la décision de l'ONU, de la Ligue arabe, du Tribunal pénal

international, l'intervention de la France, la décision de Sarkozy et le bombardement de la colonne
blindée qui partait attaquer Benghazi... Tout au
long de cette période, on nous convoquait pour
interrogatoire, on nous torturait. Des codétenus
sont morts des mauvais traitements, d'autres à
cause du manque de soins médicaux.

Moi, comme artiste, j'ai essayé d'exprimer mes
sentiments en dessinant, toutes ces hallucinations, toute cette inquiétude... nourrir l'espoir en
soi pour tenir en prison ! Comme je n'avais rien
pour le faire, j'ai pris les boîtes en aluminium
des rations et j'ai commencé à les frotter sur les
murs. J'ai rempli deux cellules, la première où
j'ai été enfermé avec mon frère, puis une autre où
j'ai été transféré. Je souhaitais toujours changer
de cellule, car les murs se remplissaient vite. Je
rêvais de nouveaux murs vierges. Parfois, je me
disais que l'homme peut dessiner partout, même
sur l'air, pour dire quelque chose et transmettre
son message.

VIII

TUNISIE II

Vendredi 7 septembre 2012

Retour à Sidi Bouzid

C'est ici que tout a commencé. Le vendredi 17 décembre 2010, Tarek (dit Mohamed) Bouazizi, vendeur ambulant de fruits et légumes, s'immole par le feu en place publique — et embrase le monde arabe. Les régimes de Ben Ali, Moubarak, Kadhafi, Ali Saleh sont précipités dans les flammes. L'incendie porte jusqu'à Bahreïn et en Syrie, contraignant les pétromonarchies à débourser des centaines de milliards de dollars pour allumer un contre-feu afin de sauver leurs trônes.

Cette manne n'a pas peu contribué à favoriser, dans les lendemains tourmentés des révolutions, la victoire électorale de partis islamistes : ils ne feraient, espérait-on dans le Golfe, qu'une flambée des revendications démocratiques et laïques dont les dynasties avaient si peur, en les étouffant grâce au grand extincteur de la religion. Pourtant le feu social couve toujours sous la cendre politique.

✧

À Sidi Bouzid, le sacrifice de Bouazizi a émancipé la parole, serve sous Ben Ali. Mais les jeunes chassés de leurs campagnes par la misère, entassés dans les faubourgs de cette grosse bourgade, et dont le marchand des quatre-saisons fut l'emblème, restent désœuvrés, leur masse gonflée par le flux pérenne de l'exode rural. Les « diplômés-chômeurs », qui ont dopé les statistiques de l'enseignement supérieur avec leurs licences ou leurs maîtrises inadaptées au marché du travail, y traînent à la terrasse des cafés-trottoir du matin au soir, grillant cigarette sur cigarette, contraints au célibat tant qu'ils ne trouveront pas d'emploi. Ils ont la rage, manifestent à tout bout de champ contre les autorités, s'en prennent régulièrement au siège d'Ennahdha, nouvelle incarnation de l'État ; ils en ont encore brûlé le drapeau il y a quelques jours, comme on brûle au Pakistan ou en Iran la bannière étoilée.

Aujourd'hui, à Sidi Bouzid, étalon des révolutions arabes et de tous les espoirs qu'elles ont fait naître, la force montante est représentée par les salafistes du groupe *Ansar al-Charia* (les partisans de la charia), qui se sont emparés de la grande mosquée sise avenue Mohamed-Bouazizi. Avant-hier, ils ont saccagé le bar de l'hôtel *Horchani*, le dernier débit de boissons de cette agglomération où il faut désormais s'approvisionner au marché noir — au double du prix du commerce — pour consommer une bière.

Sidi Bouzid comporte deux centres. L'un, traditionnel, est constitué du mausolée du saint éponyme, le marabout de Sidi (monseigneur) Bouzid, l'un des conquérants arabes qui ont razzié, islamisé et arabisé la population berbère indigène des steppes lors de l'invasion hilalienne, au XIᵉ siècle. Ses reliques sont vénérées par un public féminin qui en cherche l'intercession pour trouver l'amour, enfanter un mâle, ou jeter le mauvais œil à la voisine soupçonnée de guigner le mari. Le souk hebdomadaire du samedi matin se tient alentour.

L'autre centre, colonial, s'organise autour d'une place rectangulaire bordée de bâtiments administratifs et plantée de ficus ornementaux, aux troncs chaulés de blanc. C'est là que Bouazizi s'est immolé, là aussi que l'on a édifié par la suite une sculpture de béton grossière figurant sa *caretta*, terme dialectal emprunté à l'italien qui désigne la baladeuse du marchand ambulant.

Les sociétés musulmanes prohibent les statues humaines, assimilées aux idoles du paganisme, et c'est ainsi que la pauvre charrette sert d'objet métaphorique au drame originel, tout alourdie de sa glèbe sociale. Pourtant, le culte des représentations anthropomorphiques chassé de la statuaire par le rigorisme islamique fait retour dans le monde musulman contemporain par la profusion des images, dont la religion la plus iconoclaste ne peut résister à la déferlante informatique.

Ici, cette vénération s'exprime sur un support plus spectaculaire que l'écran des ordinateurs ou des téléphones portables. La poste s'orne sur tous les étages de sa haute façade d'un cliché gigantesque, déjà patiné par les intempéries, représentant Mohamed Bouazizi. C'est l'un des rares que l'on possède de ce jeune homme discret, pris lors d'un mariage par un photographe local — on l'y voit en train de danser, insouciant, les mains dressées et les yeux au ciel.

Les murs des bâtiments publics sont couverts de graffitis en arabe, en français, et en anglais malhabile, cette dernière langue à l'intention des caméras de la presse internationale. Outre la gloire des « martyrs de la révolution » tombés sous les balles de la police, ils proclament avec virulence que la date et le nom de celle-ci sont « révolution du 17 décembre » — le jour de l'immolation — et non « du 14 janvier » — celui de la chute du régime de Ben Ali.

✧

Sur les murs de Sidi Bouzid, c'est toute la confiscation du soulèvement populaire par les classes moyennes de Tunis, les officiers supérieurs, les islamistes d'Ennahdha, que dénonce la population.

Nous sommes ici dans l'une des rares circonscriptions tunisiennes où le parti islamiste Ennahdha ne soit pas arrivé en tête. Son siège a même été incendié au moment des élections, tandis que le chef du gouvernement sorti de ses rangs, Hamadi Jebali, était vilipendé pour sa naissance dans la ville côtière de Sousse, qui a aussi engendré Ben Ali. L'élite politique et économique, généralement issue du littoral (Bourguiba venait de la presqu'île de Monastir), est haïe par les ruraux des steppes qui l'accusent de capter le profit de l'huile de leurs olivaies et de pomper la nappe phréatique pour ne leur laisser en partage que de maigres pâturages.

✧

En édifiant en place publique la statue de la baladeuse, on a enchâssé au cœur du quadrilatère urbain du pouvoir bordé de constructions coloniales le blason de la révolution, mais les mêmes hommes, maniant les mêmes réseaux d'influence et de prébendes, sont pour la plupart demeurés à leur poste. La *caretta* remplace la photo hier omniprésente de Ben Ali, et le tribunal, la préfecture, le commissariat de police, le siège du syndicat unique UGTT (Union générale tunisienne du travail) peuvent continuer à tourner au prix d'ajustements mineurs dans leur personnel dirigeant. Pourtant, ce sont les jeunes activistes de base, et surtout les enseignants syndiqués du secondaire et du primaire, souvent de sensibilité gauchiste et frondeurs envers leurs hiérarchies syndicale comme administrative, qui ont transformé le sacrifice de Bouazizi en insurrection victorieuse.

Dès le lendemain du drame, le samedi 18 décembre, jour d'affluence et de marché à Sidi Bouzid où se mêlent autour des étals du souk les chalands urbanisés de fraîche date et les paysans montés des douars pour vendre leurs récoltes, ils ont imprimé et diffusé des tracts, appelant à descendre dans la rue pour affronter la police. Sans ces jeunes syndiqués, l'immolation du modeste vendeur à la sauvette serait restée un acte isolé, vite oublié, comme cela est advenu tant de fois quand des désespérés ont mis fin à leurs jours par le feu au Maghreb en cet automne de 2010.

Au parloir de l'Unicité Divine

Je fais la connaissance de Tarek au comptoir de la pizzeria salafiste face à la mosquée de l'avenue Mohamed-Bouazizi où sont réunis une demi-douzaine de barbus en calotte et djellaba, raccourcie afin de dénuder les chevilles — en application d'une injonction du Prophète qui y voyait un signe de modestie.

Contrairement à ses « frères », qui sont déjà vêtus pour la prière, Tarek est encore en tenue de ville et affiche un *look* hybride qui tient du djihadiste et du vacancier : casquette de treillis militaire vissée sur le crâne, longue barbe non taillée, lèvre glabre, polo jaune à larges bandes horizontales blanches. Il porte une sorte de pantalon corsaire blanc à mi-mollet dissimulant scrupuleusement les *'awra* — les *pudenda* —, qui comprennent, dans la conception islamique rigoriste, outre les parties génitales, les cuisses et genoux.

Tarek est âgé d'une trentaine d'années, mais son visage est raviné de rides profondes et précocement gris. Fermé de prime abord, il s'éclaire dès que je me présente en usant d'un arabe grammatical farci de salamalecs, faisant état de mes nombreux voyages en Arabie saoudite, égrenant les noms des principaux « savants de l'islam », les oulémas saoudiens idolâtrés par les salafistes, citant leurs textes. Il m'interroge sur ce paradis terrestre où il n'a pu encore se rendre, même pour le petit pèlerinage à La Mecque, trop occupé par le prosélytisme à tout-va auquel il s'adonne depuis la chute de Ben Ali, qui coïncide avec son élargissement.

Il avait été emprisonné pour sa participation à un groupe djihadiste accusé de préparer des attentats à la bombe, et les rides sont probablement dues aux sévices qu'on infligeait aux islamistes radicaux incarcérés. Il fait fonction de responsable du service d'ordre de la mosquée, et n'a pas d'objection, au terme de notre entretien, à ce que nous filmions la grande prière du vendredi. Les salafistes, qui devraient être les pires ennemis des images, supports de l'idolâtrie, du paganisme et du polythéisme selon eux, sont fascinés par la télévision et les réseaux

sociaux que leurs imams ont investis pour y propager sans relâche la foi.

J'accompagne Tarek à bord de sa camionnette
dans le faubourg où il réside afin qu'il fasse ses
ablutions et passe une djellaba avant d'accomplir
la prière. Il y a avec nous un autre salafiste, plus
jeune, dont les traits évoquent l'Asie centrale, fruit de
quelque brassage ancien dans l'histoire des razzias
islamiques ; ses yeux bridés qui demeurent baissés
lui donnent un air chafouin.

Nous le déposons chez lui, à côté d'une tente caï-
dale sous laquelle les salafistes ont installé des divans
et des plateaux pour le thé et les gâteaux sucrés, à
l'enseigne d'*istirahat at tawhid* (parloir de l'Unicité
Divine). Tarek m'explique comment « les frères »
accueillent ici les jeunes qui traînent au café et les
persuadent à force de douceurs et de parénèse que
la solution à leurs problèmes réside dans l'embrigadement chez *Ansar al-Charia* (les partisans de la loi
islamique), principale organisation salafiste.

Nous arrivons à sa bicoque de parpaings, chaulée
de frais, dont il s'excuse pieusement de ne pouvoir
me faire les honneurs, car il n'y a pas de *harem* — de
séparation entre l'espace réservé à la famille, auquel
l'accès est prohibé aux hommes « interdits » par l'islam rigoriste, et les pièces de réception. Il a construit
sa demeure depuis la révolution, profitant de la disparition de tout règlement d'urbanisme, et vient de
convoler : il n'est que monogame et père d'un seul
nourrisson — une rareté pour un salafiste trentenaire, toujours prolifique et fréquemment polygame.

Il m'explique cet écart à la norme par son incarcération, advenue peu après son « entrée en islam »,
rapidement suivie du passage au radicalisme au
milieu de la décennie 2000 : jeune homme, il était

monté à Tunis où il vivait dans la *jahiliyya*. Ce terme, qui signifie dans l'usage islamiste « état d'impiété », traduit littéralement « l'ignorance » (de l'islam) caractérisant les païens de La Mecque avant la révélation du prophète Mahomet au début du VIIe siècle.

Je comprends qu'il était amateur de bières et coureur de jupons, peintre en bâtiment bien rémunéré grâce à un « certificat d'étanchéité » (en français dans le propos) qui lui donnait une maîtrise d'artisan reconnue. Une crise personnelle précipita la rupture avec sa vie peccamineuse d'antan et le conduisit dans les bras des salafistes djihadistes, si ardemment qu'il se retrouva bientôt dans les geôles de Ben Ali. Revenu dans son douar d'origine après sa libération, il fait désormais le commerce en gros des dattes, une profession à laquelle s'adonnait le Prophète et qui lui laisse du temps libre pour le prosélytisme.

Pendant qu'il accomplit ses ablutions, je fais un tour dans le quartier : deux adolescentes, cheveux au vent, bras dénudés, les cuisses et les fesses serrées dans un *jeans* ficelle, se sont aventurées dans la venelle où il réside. Elles reluquent du coin de l'œil des garçons se pavanant devant une Mobylette pétaradante qu'ils enfourchent à tour de rôle. Elles me dévisagent avec surprise, on ne doit pas voir tous les jours un gaouri traîner dans le coin, et répondent à mon salut en arabe en courant se cacher derrière une porte en ferraille où je les entends pouffer. Les salafistes n'ont pas encore fait régner l'ordre islamique dans l'espiègle Tunisie, mais pour combien de temps ?

✧

Retour à la mosquée. Un grand calicot accueille les fidèles : il montre des photos insoutenables de cadavres d'enfants ensanglantés, de maisons ravagées, de vieillards éplorés. À d'autres époques, elles auraient représenté des Palestiniens après un bombardement israélien sur la bande de Gaza. Mais ce sont des victimes syriennes, dont la banderole précise qu'il s'agit de musulmans sunnites martyrisés par l'hérétique alaouite Bachar al-Assad.

Les réseaux salafistes relaient scrupuleusement la ligne de l'Arabie saoudite, qui a fait du djihad contre le pouvoir syrien le fer de lance de son action contre l'Iran. Le royaume détourne ainsi opportunément toute critique contre son propre régime, d'autant plus adverse aux révolutions arabes qu'il a accueilli Ben Ali.

La masse des fidèles — la salle de prière contient quelque deux mille croyants — n'est pas salafiste, à en juger par les tenues vestimentaires. Ce sont les habitants ordinaires de ce quartier pauvre, cible par excellence de la prédication d'un mouvement qui procède graduellement dans son emprise sur les cœurs et les esprits. La banderole macabre cristallise les émotions — et vide les bourses : les pièces tintent continuellement dans le tronc « pour les frères de Syrie ». Le prône, lui, s'adresse à la raison des fidèles : il est dédié aujourd'hui à ruiner les superstitions populaires et le culte du marabout, le fétichisme et la médecine magique, contre lesquels tonne le sermon :

> *Ce ne sont que des déviations coupables de la voie d'Allah, détournant les croyants de leur dévotion exclusive pour Dieu l'Unique !*

L'édifice a été rebaptisé *Jami' at-Tawhid* (mosquée de l'Unicité Divine) après son investissement par les salafistes, qui font de cette expression la bannière de leur vision de l'islam. Elle s'inspire de *L'Unicité de Dieu* (*Kitab at-Tawhid*), le manifeste que rédigea à la fin du XVIIIᵉ siècle en Arabie Muhammad ibn Abd al-Wahhab, le théologien rigoriste dont la doctrine est le pilier de l'idéologie d'État saoudienne.

Le jeune imam Khalifa, très éloquent, maniant une langue soutenue qui se coule dans l'art oratoire de l'homélie classique, met en place les codes sociaux du wahhabisme saoudien, préparant les fidèles aux normes que les salafistes vont graduellement imposer pour contrôler la vie quotidienne. Dans la Libye voisine, mais aussi en Égypte, leur zèle s'est traduit par le dynamitage des mausolées de l'islam populaire — je me rappelle les ruines du marabout explosé que m'a montrées en juillet à Misrata le peintre Mohamed Bellamine, et je me demande quand ils se sentiront assez forts dans le berceau de la révolution arabe pour plastiquer le tombeau de Sidi Bouzid. Le basculement dans le djihad ne s'effectue — en principe — qu'à un second stade, lorsqu'un nombre suffisant d'adeptes a été endoctriné.

Après l'homélie, l'imam Khalifa harangue les fidèles dans la cour de la mosquée. Son propos est beaucoup plus politique, attaquant violemment le régime syrien, ainsi que les impies et les hérétiques en général. Planté sous la banderole, il lève l'index vers les photos : « Communauté de Mahomet, communauté de l'islam, comment peux-tu laisser faire pareils massacres ? » Il accepte ensuite notre demande d'entretien, en nous pressant, à la fois flatté d'une notoriété telle qu'une télévision étrangère soit venue jusqu'ici pour le filmer, et ne cachant guère son mépris pour des infidèles.

Après l'exaltation du prône du vendredi et la montée d'adrénaline de la harangue pour la Syrie, il est dans un grand état d'excitation. Il ne nous accorde que quelques minutes, caprice de diva du prêche. Mais je ne doute pas qu'une fois la caméra lancée, et mis en confiance par la terminologie salafiste dont j'use, il se montrera volubile et oubliera le temps ainsi que les prudences de la rhétorique religieuse.

✧

Nous sommes debout sous un auvent latéral de la mosquée. L'imam est entouré de la garde rapprochée de ses fidèles. Sur ses gardes dans un premier temps, il se détend au fil de l'entretien, comme captivé par la magie de son propre verbe, que rehaussent mes questions :

— *Comment vous situez-vous dans le champ religieux tunisien aujourd'hui ?*
— *Nous sommes,* hamdulillah *[louange à Allah], des serviteurs de l'Unicité Divine qui appartenons à Ansar al-Charia, dirigé par le frère Abou Iyadh.*
— *Que pensez-vous d'Ennahdha ?*
— *Ils sont favorables à la démocratie, qui repré-sente l'impiété* [kufr], *et nous excommunions la démocratie, contraire à la souveraineté divine, car si la majorité du peuple s'accorde sur le péché, alors le péché devient loi. Leurs objectifs sont bons, instaurer l'État islamique, mais leurs méthodes sont mauvaises.*
— *À propos de péché, que pensez-vous du sac-cage du débit de boissons de l'hôtel* Horchani *qui vient d'avoir lieu ?*
— *Le peuple est contre la consommation d'alcool, et nous sommes avec le peuple. Nous sommes*

contre la propagation de l'alcoolisme, qui contrevient à la moralité publique. Hamdulillah.

— *Quel regard portez-vous sur la révolution, et en particulier sur la situation plus d'un an après le sacrifice de Mohamed Bouazizi à Sidi Bouzid, alors que la jeunesse semble toujours désespérée et sans emploi ?*

— *Le soulèvement a commencé après que Mohamed Bouazizi est mort* [mat] ...

— *Pardonnez-moi, mais c'est la première fois que j'entends dire en Tunisie qu'il « est mort ». Est-ce à dessein que vous n'utilisez pas l'expression convenue* istash.hada *[il a connu le martyre] ?*

— *On ne peut pas parler de martyre ; il ne s'est pas sacrifié dans la voie d'Allah, même s'il avait commencé à faire la prière lors de la semaine précédant sa mort. Mais la jeunesse désespérée de Sidi Bouzid, aujourd'hui, va suivre la voie d'Allah.*

❖

Dès l'entretien avec l'imam achevé, direction l'hôtel *Horchani*, un établissement situé en bordure de la bourgade, dans un parc arboré de palmiers. Une plaque de marbre en arabe rappelle qu'il a été inauguré par « le combattant suprême, le président Habib Bourguiba », incarnation de la Tunisie moderne et laïque de grand-papa, le 11 mars 1976, avant un lointain printemps. Il a pris la suite d'un caboulot remontant à l'époque coloniale, dans lequel les paysans des alentours venaient boire l'argent qu'ils avaient gagné au souk du samedi ; il y avait aussi, m'a-t-on dit, un bordel attenant où les campagnards achevaient de soulager leur bourse.

La Tunisie indépendante a modernisé et moralisé l'établissement, tentant d'en faire une halte touristique. Mais l'hôtel, dont le saccage par les salafistes a fait l'objet d'articles dans la presse nationale partout repris sur la Toile, a visiblement connu des jours meilleurs, qui doivent remonter à l'époque du tourne-disque. Les palmiers, qui n'ont pas été taillés depuis des décennies, présentent un aspect pitoyable, encombrés de rames desséchées, et le jardin est envahi par les herbes folles. Le panonceau « hôtel » lui-même a été effacé par le vent, le soleil et la pluie.

Un central téléphonique des années 1970 trône derrière le comptoir, témoin obsolète et hors d'usage de fastes surannés. Au mur quelques chromos passés, des photos délavées, ici et là des roses des sables typiques de l'oasis de Tozeur, sur lesquelles la poussière des ans s'est accumulée, sans avoir eu à redouter l'intrusion du plumeau. Les toilettes sont déglinguées et puantes.

Tout sent un abandon qui remonte bien au-delà de l'irruption des salafistes avant-hier. Je me demande quels routards dépressifs auraient bien pu s'arrêter dans un bouge pareil. Le propriétaire nous emmène faire le tour des lieux. Il a promptement réparé la casse — qui semble s'être surtout concentrée sur l'alcool. Non seulement des sacs à gravats et des récipients à ordures, mais la fontaine ornementale de céramique multicolore et une resserre au mobilier éventré sont remplies de tessons de bouteilles vertes de Celtia, la bière nationale au goût amer, brisées à coups de gourdin, répandant partout une odeur entêtante, un peu rance, de houblon — vestige olfactif de la descente des barbus. L'établissement semble surtout avoir servi de bar, plus ou moins bien famé.

Le propriétaire, de très grande taille, les cheveux

blancs sur un front haut, s'exprime en français d'un air d'autorité. Il était absent durant les faits, se trouvant à Tunis où il suivait une course de chevaux — il est aussi éleveur, et des photos de ses pur-sang sautant des obstacles trônent au-dessus du comptoir :

> *Les terroristes nous avaient déjà menacés avant le ramadan. On a fermé comme chaque année durant le mois sacré. J'ai demandé au gouverneur, il appartient à Ennahdha ; il m'a dit que je pouvais rouvrir, et ils ont débarqué à plus de soixante-dix. On a appelé la police ; elle est arrivée quand tout était fini. Ils ont tout saccagé — il n'y a plus d'ordre dans ce pays, ce sont les terroristes qui font la loi.*
>
> *Mais je n'ai pas peur d'eux, vous savez, j'appartiens à une des plus grandes familles de Sidi Bouzid. Notre tribu est présente dans toute la steppe, je suis même apparenté au défunt Mohamed Bouazizi. Qui aurait cru que cette révolution engendrerait le chaos ? Au moins sous Ben Ali on pouvait travailler. De toute façon, j'avais l'intention de vendre : le terrain est très convoité, et j'ai eu de très belles offres. C'est pour le personnel que je me soucie.*

Pendant que nous parlons, un ivrogne d'une vingtaine d'années titubant et crasseux a réussi à s'introduire dans l'établissement par une porte restée entr'ouverte. Il est reconduit sans ménagement hors champ des caméras. Notre guide a discuté avec des jeunes qui trompent le désœuvrement en faisant des acrobaties sur un vélo de cross dans la rue devant l'hôtel. Ils n'ont pas du tout un *look* religieux, mais ils se sont joints à la pieuse razzia, profitant de la confusion pour subtiliser nombre de canettes de bière à la barbe des salafistes. Le guide me confie en aparté :

> *Après, ils se sont fait une méga-teuf, et ils ont ramassé un max de fric en revendant le reste. Depuis la descente des barbus, la canette est passée à deux dinars [un euro] au marché noir.*

Samedi 8 septembre 2012

La policière Fayda Hamdi

Marché de gros de Sidi Bouzid, à l'aube. C'est là que Mohamed Bouazizi venait s'approvisionner chaque matin en légumes ou en fruits qu'il embarquait dans sa baladeuse. Il la poussait ensuite sur deux kilomètres pour rejoindre un bon emplacement au centre-ville avant qu'il ne soit occupé par un autre marchand des quatre saisons — brûlé par le soleil de l'été, trempé par la pluie d'automne et de printemps, transi par la bise hivernale.

L'un de ses collègues se prête de bonne grâce à mes questions. Il a chargé un étal de poivrons verts, de pommes de terre et de tomates qui compose une sorte de drapeau italien entre la manière d'Arcimboldo et celle de Fabrice Hybert. La marchandise lui a coûté 90 dinars (45 euros) et, s'il l'écoule en totalité au terme de sa journée, il en touchera quelque 110 (55 euros), soit une vingtaine de dinars de revenu quotidien — dix bières au prix du marché noir. Âgé d'environ trente ans, il n'a presque plus de dents.

J'offre de le dédommager pour le temps qu'il a

distrait de sa course vers le bon emplacement, mais
il refuse aimablement et nous quitte en hâte. Cour-
bant son grand corps, il pousse sa lourde charrette,
les muscles bandés par l'effort, avant de disparaître,
silhouette évanescente sur le bas-côté, dans la poussière des camions que fait scintiller le soleil levant.

Pendant que nous nous dirigeons vers le souk hebdomadaire, je me remémore les récits contradictoires
qui ont alimenté la légende fondatrice de la geste
de Mohamed Bouazizi en ce 17 décembre 2010. La
rumeur en a fait d'abord un « diplômé-chômeur », à
l'image de ceux qui sont descendus dans la rue pour
affronter la police au lendemain de son immolation.
C'était en vérité un jeune homme sans instruction,
précipité par l'exode rural du douar où il était né
vers un faubourg pauvre de Sidi Bouzid, orphelin
de père, un manœuvre agricole, et soutien de famille
pour sept personnes.

La gauche et les tiers-mondistes ont vu dans le
sacrifice de ce prolétaire qui avait lâché la faucille
sans trouver de marteau à empoigner l'expression
ultime du désespoir social, exacerbé par les tra-
casseries de l'agent de police Fayda Hamdi. En
lui confisquant sa balance parce qu'il vendait sa
modeste marchandise sans patente, elle concrétisait
l'iniquité : la balance, symbole de la justice, saisie
par une police corrompue qui le rackettait comme
tous les autres commerçants ambulants, et qui la lui
restituerait contre un bakchich.

La rumeur a ensuite imputé son immolation à l'of-
fense d'avoir été verbalisé par une femme et giflé par
elle — humiliation insupportable dans une culture
populaire machiste. Cela l'aurait conduit à trans-
gresser ce tabou islamique absolu qu'est le suicide,
scandale social et religieux : il est *haram* (illicite) de

reprendre à Allah la vie qu'Il a donnée ; il Lui appartient de l'ôter à Sa créature lorsqu'Il le décidera. Le
geste de Bouazizi advient en 2010, au terme d'une
décennie marquée par les « attentats-suicides » ou
« opérations martyres » — selon le point de vue —
des islamistes radicaux, qui ont suscité la polémique
dans les rangs musulmans.

À l'interdit du suicide rappelé par certains imams
et théologiens, notamment les salafistes, d'autres
— surtout les Frères musulmans — rétorquaient que
le sacrifice délibéré de soi, lorsqu'il s'inscrit dans un
djihad, un combat sacré voué à tuer les ennemis de
l'islam, est agréable à Allah. Bouazizi ne cherchait à
tuer personne ; il fit de son corps une torche. Il n'est
pas mort immédiatement de ses brûlures : son corps
momifié vivant par les bandages qui l'emmaillotaient
de la tête aux pieds a été exhibé une dernière fois
sur le lit de sa chambre d'hôpital à côté du despote
venu lui rendre une visite compassionnelle pour les
caméras.

D'autres rumeurs ont imputé à la gifle une
cause qui la justifiait aux yeux des adeptes de la
dignité féminine : Bouazizi aurait rétorqué à la
policière, Fayda Hamdi, lorsqu'elle confisquait sa
balance : « Je vais les peser comment, mes fruits ?
Avec tes nichons ? », ce qui lui valut la claque fatale.
Ceux qui ont fait circuler cette version, écornant le
mythe fondateur de la « révolution du jasmin », en
dépeignent le héros comme un rustre sous l'emprise
de la boisson, qui aurait vidé quelques bières Celtia supplémentaires avant de s'arroser d'essence,
ramenant l'acte inaugural des révolutions arabes et
musulmanes au délire d'un soûlard mortifié.

L'État de Ben Ali, tentant de rétablir une situation
qui lui échappait, fit arrêter la policière pour vio-

lences dans l'exercice de ses fonctions et la maintint en détention préventive. Il entérinait dans l'affolement final du règne la version de la gifle inappropriée — une violence pourtant bien légère au regard des sévices infligés par le régime durant un quart de siècle aux opposants politiques.

Après l'exil du despote, le 14 janvier 2011, Fayda Hamdi passa encore trois mois en prison, bouc émissaire de tous les péchés de l'État policier déchu, face d'ombre de la geste héroïque de Bouazizi. Mais la puissante tribu Hamdi se mobilisa en faveur de sa contribule. Lors de son procès, tous les témoins oculaires attestèrent qu'elle n'avait jamais giflé Bouazizi, ce qui conduisit à sa relaxation sous les youyous de centaines de Hamdi qui faisaient le siège du tribunal — celui-là même devant lequel Bouazizi s'était immolé.

Depuis lors, l'ancienne policière municipale, réaffectée à un service administratif, a accordé de nombreux entretiens aux médias, niant avoir souffleté le marchand ambulant et mimant au contraire sous l'œil des webcaméras la gestuelle brutale d'un délinquant en rébellion qui l'avait agressée physiquement lors de son interpellation. Les photos d'elle diffusées après le 17 décembre la montraient en uniforme policier, une casquette sur des cheveux longs.

Elle pose désormais strictement voilée de blanc. On ignore si celle qui se sentait devenue « la serpillière sur laquelle Ben Ali s'essuyait les pieds » souhaite cacher ainsi la chute de ses cheveux consécutive à la dépression subie en prison, ou si elle s'est reconstruit une identité protectrice en adhérant à la norme islamique stricte si bien vue des nouveaux dirigeants. Leïla Ben Ali elle aussi, depuis sa fuite dans la péninsule Arabique, n'apparaît plus que soigneusement voilée de blanc, alors que l'ancienne coiffeuse tirait au temps de sa gloire de première dame un orgueil particulier de son impeccable mise en plis.

Un an après les faits, tel socialiste révolutionnaire traînant à la terrasse d'un café-trottoir de Sidi Bouzid ne fait plus mystère, devant les rares journalistes qui s'intéressent encore à lui, que ses camarades et lui ont « enjolivé » l'affaire dans leurs premiers communiqués. Ils ont élevé le malheureux Bouazizi au statut de « diplômé-chômeur » pour susciter la réaction indignée des classes intermédiaires et des intellectuels, inventant dans la foulée l'histoire de la gifle pour cristalliser l'émotion populaire. Ils jouèrent sur les ressorts latents du machisme, scénarisant l'humiliation d'un homme souffleté en public par une femme au prétexte qu'elle porte l'uniforme policier, discréditant ainsi l'État qui la mandatait. La fin — la chute de Ben Ali, la révolution arabe — justifiait les moyens — l'honneur perdu d'une fliquette.

Le souk du samedi

Le mausolée de Sidi Bouzid occupe l'ancien centre du souk hebdomadaire du samedi. Sous une coupole chaulée de blanc, le tombeau du saint et de son fils, recouvert d'un tissu vert synthétique décoré de formules propitiatoires en arabe — sans doute *made in China* ; à l'entrée, quelques vieillards assis sur leurs talons, le visage buriné, coiffés de la chéchia rouge du Sud tunisien ou du turban jaune des pèlerins de La Mecque, vêtus de la *jebba*, la tunique traditionnelle, se chauffent au soleil matutinal. Ils sourient de leur bouche édentée et m'offrent le thé mousseux à la cardamome dans de petits verres en forme de dés à coudre.

Parmi eux, le gardien du mausolée me fait les honneurs des lieux, montrant la grande cour ceinte d'un rempart crénelé où se tient la fête patronale. Il y a une batterie de cuisine et des matelas à l'usage des familles rurales qui viennent passer quelques jours ici en attendant que le saint les exauce pour guérir un malade, faire vêler la vache, régler le bornage d'un champ, trouver l'époux idoine, mettre ou enlever « l'œil ».

Des mains de Fatma aux cinq doigts tendus protecteurs, un œil dessiné dans la paume, sont accrochées aux murs. J'entends une femme marmonner *khamsa* (cinq) entre ses dents : c'est le chiffre magique qui permet de jeter les sorts ou de s'en prémunir. Certains de ces sanctuaires se sont adaptés, pour éviter le plasticage, à la pudibonderie des Frères musulmans et surtout des salafistes, qui prônent en ce début de XXIe siècle la ségrégation absolue des sexes. Ainsi, les salles abritant les sépulcres ont ouvert une seconde entrée. On ne peut plus tourner autour du tombeau, la circumambulation traditionnelle ayant été interrompue par des claies : chacun en est réduit à toucher, embrasser, vénérer sa propre moitié mâle ou femelle.

Ce n'est pas le cas ici. Les femmes, souvent jeunes, sont les plus nombreuses, mais elles se mêlent librement aux hommes présents, entraînés de concert par une douce giration en ellipse dont la tombe est l'axe, parmi le chuchotis des oraisons, dans la pénombre trouée par des rayons de lumière obliques où danse la poussière, descendant de fenestrons disposés en hauteur. La plupart des femmes ne sont pas voilées. Avec leurs cheveux détachés longs et soyeux, elles affichent une coquetterie à damner les barbus : elles se sont faites belles pour le saint. Elles tournent et virent autour de la sépulture, caressent de la main les coins de marbre lustré, certaines frottent leur pelvis contre le tissu vert luisant, et s'en vont après avoir laissé l'aumône d'une piécette dans le tronc affixé au tombeau.

✧

Le souk regorge des fruits et des légumes produits par les campagnes voisines. Cette fin d'été est profuse de raisins blancs et noirs, et de lourdes grappes pendent à des pampres bucoliques accrochés aux éventaires pour attirer le chaland. Elles m'évoquent le décor des scènes bachiques sur les mosaïques romaines de la Numidie antique exposées à Tunis au musée du Bardo, à côté du Parlement. Depuis la disparition de la police consécutive à la révolution, le souk connaît quelque anarchie, des étals sauvages se sont implantés au beau milieu des allées, ralentissant le flux des corps qui se pressent et se frottent d'autant plus.

Des bandes de jeunes garçons en survêtement *flashy*, le cheveu gominé, ont visiblement autre chose en tête que l'achat de légumes. La *passegiata* méditerranéenne oppose ses séductions à l'ordre moral venu de la péninsule Arabique, mais elle offre aussi ses dangers : soudain un cri retentit, c'est une femme qui s'est fait chiper son porte-monnaie ou son téléphone. Le voleur a immédiatement disparu dans le moutonnement infini de la foule.

Les primeurs cèdent la place aux objets de bazar, des camelots font l'article dans une sono qui crachouille, proposant des lots à prix cassé. Tout

vient de Chine, sinon de Turquie. J'aperçois la banderole des salafistes vue hier à la mosquée Tawhid :
le son de leur mégaphone couvre graduellement celui
des bonimenteurs. La pression des corps est telle
que, porté par le mouvement, on ne peut plus aller
à contresens du flux dominant où l'on est entraîné
comme par le courant d'un fleuve.

Les salafistes de Sidi Bouzid ont posté sur les sites
de partage une vidéo où on les voit postés au carrefour du souk qu'ils occupent à cet instant, grou-
pés sous leur banderole. L'imam Khalifa que j'ai
interviewé hier y explique aux internautes comment
Ansar al-Charia pourchasse les voleurs et permet aux
chalands de faire leurs courses en paix. Il réclame
l'application des châtiments islamiques pour éradiquer définitivement la délinquance.

Je retrouve le jeune salafiste aux traits asiatiques
que Tarek avait véhiculé hier en rentrant se changer
avant la prière. Il garde un visage fermé et s'écarte
rapidement. Je m'en étonne auprès du collègue qui
m'accompagne, un professeur de sociologie à l'université de Sfax, natif et résident de Sidi Bouzid :

— *C'est curieux, hier il était plutôt ouvert,
peut-être a-t-il été surpris de me trouver ici ?*
— *[Rires] Non, non, Monsieur Gilles, ne cherche
pas. C'est quand il m'a vu moi qu'il a fait la tête !*
— *Ah bon, et pourquoi ?*
— *Parce que je le connais, c'est le fils d'un cousin éloigné, on appartient à la même tribu.*
— *Et alors ? Les salafs s'affichent ostensiblement ; je ne vois pas où est le problème.*

— *Parce qu'il sait que je sais ce qu'il fait vraiment, et ça l'a gêné de te voir avec moi, parce que t'es un gaouri à qui on la raconte* [rires] *!*

— *Qu'est-ce qu'il fait ?*

— *Toute sa famille vend de l'alcool au marché noir et de la* zalta *[haschisch et dérivés]. Lui, il est entré chez les salafs pour protéger leur business, mais c'est un gars qui boit de la bière ! Tous ceux-là, ils sont allés avec les barbus pour saccager le bar de l'hôtel* Horchani *: ils dégageaient leur principal concurrent ! Maintenant, c'est eux qui contrôlent le marché et qui font les prix !*

Je m'approche du salaf le plus éloquent, un grand jeune homme barbu et calotté qui boit un verre d'eau pour retrouver sa voix, après s'être égosillé dans le mégaphone pour inciter avec succès les passants à donner pour les martyrs de Syrie. À côté de lui, le seau en plastique qui fait fonction de tronc est rempli de pièces — je pense à celui du mausolée, qui ne doit pas être bien plein à cette heure-ci, et à son gardien âgé et placide.

Je lui demande la permission de le filmer — l'équipe de tournage se fraie tout juste un chemin à travers la presse —, en m'autorisant de l'imam Khalifa. Il me considère avec suspicion et fait de sa haute taille quelques gestes par-dessus les têtes mouvantes de la foule. En un rien de temps, j'aperçois des calottes qui convergent rapidement, et nous nous retrouvons cernés d'un groupe de barbus. Les jeunes sont costauds, c'est la police des mœurs salafiste, celle qui fait la chasse aux malfaiteurs.

Ils me font penser aux *mouttawa* saoudiens, officiellement intitulés *Hay'at al-amr bil ma'rouf wal*

nahy 'an al-munkar (brigade du pourchas du vice
et de commanderie de la vertu), qui traquent les
couples illicites dans les *malls* : ils s'assurent que
toute activité s'arrête à l'heure des cinq prières
quotidiennes et coupent les mains et les pieds des
voleurs.'

Nous rejoint un barbu plus âgé et petit de taille,
l'œil noir, qui m'interroge en arabe sans aménité
particulière :

— Salam 'aleikoum. *C'est pour quelle chaîne ?*
— Wa 'aleikoum as salam ! *La télévision fran-
çaise, France 3. Hier, on a interviewé l'imam Kha-
lifa et...*
— [En français] *France 24 ?*
— *Euh... c'est comme France 24, mais avec
des émissions plus longues.*
— *France 24, ça va.*

Il disparaît aussi vite qu'il est arrivé, flanqué de
ses sbires. Pendant que le réalisateur filme le grand
salaf qui harangue les passants, que la perche de l'ingénieur du son capte le tintinnabulement des pièces
de monnaie dans le seau, j'interroge mon collègue
de l'université de Sfax :

— *C'était bizarre, cette descente : tout ça pour ça ?*
— *Ils voulaient vérifier que ce n'était pas
Nessma TV, la chaîne privée tunisienne qui a
diffusé le dessin animé* Persepolis. *C'est la bête
noire des salafs. Sinon, France 24 en arabe est
très regardée, et même en français, ils pensent
que ça va leur faire de la pub, que les gouères les
prennent au sérieux. Même si ce n'est pas positif,
ils s'en fichent. Ce qu'ils veulent c'est occuper le*

*paysage audiovisuel, pour apparaître comme une
grande force politique.*

Gauchistes et « diplômés-chômeurs »

Nous quittons le souk, où j'ai acheté, pour me prémunir de l'ardeur du soleil, un chapeau de paille
berbère à un vendeur d'une vingtaine d'années qui,
après m'avoir surfacturé — 4 dinars (2 euros) au lieu
de trois (1,50 euro) — engage la conversation dans
un français parfait. S'étant enquis de ma profession,
il m'informe qu'il est titulaire d'une maîtrise d'histoire et que *La Méditerranée à l'époque de Philippe II*
de Fernand Braudel est son livre de chevet : « J'adore
ce livre, il y a tout dedans. » Il trouve toutefois que
les chapitres qui concernent le monde musulman
pâtissent d'une méconnaissance des sources primaires en arabe, et il aurait rêvé d'y consacrer ses
recherches. Aucune chance : il n'a trouvé et ne trouvera pas d'emploi correspondant à son diplôme et
est réduit à vendre des chapeaux sur les marchés
— « Mais je gagne plus qu'un maître de conf' à la
fac ! »

Nous roulons vers la bourgade de Regueb — « les
collines » dans la prononciation dialectale —, à une
cinquantaine de kilomètres de Sidi Bouzid. C'est là
que, le 9 janvier 2011, sont tombés sous les balles de
la police cinq des premiers martyrs de la révolution.
Nous avons rendez-vous pour déjeuner avec les responsables de l'association des diplômés-chômeurs.

La région est connue pour la qualité de son agneau de lait — en dialecte *'allouch*, d'où vient le patronyme Lellouche, fréquent chez les Juifs tunisiens émigrés en France.

À force de parcourir les routes où, des gargotes qui grillent les agneaux, émane un de ces fumets qui devaient flatter l'olfaction des dieux antiques, nous avons l'estomac dans les talons. J'ai l'idée d'offrir, aux frais de la production, un festin de *'allouch* à l'équipe, aux collègues tunisiens qui nous accompagnent et aux diplômés-chômeurs qui veulent bien nous parler.

Je sympathise avec leur porte-parole francophone, qui maîtrise aussi bien le vocabulaire que la cartographie des groupes gauchistes des facultés de la région parisienne. Il arbore sur l'ordinateur dont il ne se sépare jamais un autocollant de la CNT (Confédération nationale du travail), l'organisation anarcho-syndicaliste française. Sur son *tee-shirt* un dessin représente une masse de petits poissons noirs bien rangés en un banc formant un très gros poisson qui s'apprête à en dévorer un autre qui les affronte, blanc, de taille moyenne, l'air méchant. La légende en arabe dit : « Unissez-vous ou vous serez mangés. »

Il nous conduit dans un estaminet où nous achetons la moitié d'une carcasse d'agneau qui sera débitée pour la grillade. Lorsque arrive la viande, seul notre appétit pantagruélique nous donne la force de mastiquer les morceaux durs et filandreux. Dans la voiture, en route vers le lieu de l'entretien, un collègue tunisien me glisse à l'oreille :

Tu t'es fait arnaquer comme un gaouri ! Ce n'était pas du 'allouch. D'ailleurs la viande était trop rouge. Pour le prix, ils t'ont refilé du ber-

kouss *[en dialecte, le broutard abattu à un an,
qui est presque un mouton].*

C'est la seconde fois, aujourd'hui, que je me fais
qualifier de gaouri. Ce terme dépréciatif signifie,
dans l'acception maghrébine, « étranger non musulman ». Un étranger ignorant de la vérité profonde
des choses, et qui peut donc se faire fourguer du
berkouss pour du *'allouch*.

L'histoire de ce mot (généralement méconnue de
ceux qui l'emploient) est révélatrice de la hiérarchie
des civilisations qu'a établie un islam imbu de sa
supériorité ontologique sur les autres religions, et
notamment le christianisme, assimilé par l'usage
de ce terme à l'impiété. Gaouri est la déformation
dialectale maghrébine du turc *gavour* (le « Giaour »
du poème de Byron ou du *Combat du Giaour et du
Pacha* de Delacroix). Il est venu au Maghreb dans
les bagages des janissaires ottomans. Il est lui-même
issu de l'arabe *Kafir*, qui signifie l'impie, le mécréant
passible de mort s'il ne se convertit pas à l'islam.
Le pluriel de gaouri, gouère, est passé aujourd'hui,
sous forme de singulier, dans l'argot « rebeu » parlé
dans les banlieues populaires de l'Hexagone pour
désigner un « Français de souche » (ou « souchien »)
de manière méprisante.

Ce sont ces méditations linguistiques que j'ai en
tête quand nous arrivons au café des faubourgs de
Regueb où nous filmons l'entretien. Il est plein de
tablées de jeunes qui meublent leur oisiveté à jouer
aux dominos et aux cartes ou regardent l'écran
plasma de télévision dévider des chansonnettes liba-

naises et égyptiennes sur un des robinets à clips, propriété d'un milliardaire du Golfe, qui abrutit avec l'opium d'une variété inepte le peuple arabe téléphage.

Il nous faut plusieurs fois interrompre les prises de vues, à cause du vrombissement des moteurs des tracteurs qui vont et viennent vers les champs tout proches. Des camions passent, chargés de femmes entassées entre les ridelles, les travailleuses agricoles qui acceptent, me dit le porte-parole des diplômés-chômeurs, un salaire de misère dans les olivaies possédées par « la bourgeoisie compradore et lati-fundiaire de Sfax ».

Les diplômés-chômeurs volontaires pour l'inter-view sont cinq, dont un seul, le porte-parole, parle français. Je m'enquiers de l'expression idoine en arabe pour « diplômés-chômeurs ». On la rend par une lourde périphrase, qui sonne mal et se traduit par « les titulaires de diplômes qui sont privés de travail ». Je la répète à haute voix pour ne pas me tromper :

Pas la peine, en dialecte tout le monde dit dibloumi-choumar. *On comprend très bien, y compris les non-francophones.*

Tous les cinq tiennent à peu près le même dis-cours : la révolution a été trahie par la bourgeoisie de Tunis, qui a récupéré le mouvement des jeunes et des chômeurs. Le 22 janvier 2011, une marche des jeunes de Sidi Bouzid et des environs réclamant la démission des ministres de Ben Ali s'achève devant le palais du gouvernement à Tunis, La Casbah, par un *sit-in* — nos interlocuteurs y ont participé — vio-lemment réprimé.

Un mois plus tard, lors de la marche dite « Casbah II », ils obtiennent le départ de l'ancien Premier ministre de Ben Ali, mais le processus révolutionnaire est en voie d'étouffement par la bourgeoisie. Celle-ci prépare les élections du 23 octobre 2011 en cooptant les islamistes réactionnaires d'Ennahdha afin d'empêcher que la lutte des classes n'aboutisse à la victoire des ouvriers, des paysans, des étudiants et des chômeurs. La révolution est dévoyée par un Thermidor islamiste, dans lequel la petite-bourgeoisie barbue utilise l'islam pour prôner l'obéissance à l'ordre social tout en offrant un exutoire spirituel en désignant la laïcité comme l'ennemie.

Aujourd'hui, le mécontentement du peuple face à l'aggravation des difficultés sociales est récupéré par les salafistes, version religieuse des partis fascistes des années 1930, qui mobilisent le lumpenprolétariat pour se livrer à des exactions contre les enseignants, les artistes et les journalistes progressistes, au service des intérêts réactionnaires incarnés par les pétromonarchies du Golfe.

Après cette démonstration, nos amis marxisants nous conduisent à la place principale de Regueb. Sur les murs de la sous-préfecture sont peints de grands portraits des cinq martyrs de la révolution. Ils me font penser à ceux de la rue Mohamed-Mahmoud, à côté de la place Tahrir, au Caire. Un groupe dans lequel on remarque des barbus engage avec nous une algarade dont je ne comprends pas bien l'objet, sinon que la France colonialiste, impérialiste et islamophobe est responsable de tous les malheurs de la Tunisie. Je me rends compte qu'ils s'en prennent en réalité surtout aux représentants des diplômés-chômeurs, accusés de dénigrer auprès des télévisions étrangères le bilan globalement positif de la Tunisie islamique et de ne pas présenter l'application de la charia comme l'avenir radieux de l'humanité.

✧

Nous filmons un douar, hameau semblable à celui qu'a quitté Mohamed Bouazizi pour partir à Sidi Bouzid. Il se niche au bord de la route, au flanc d'une colline de pierrailles. Des épineux délimitent les enclos privatifs autour de gourbis rebâtis en maçonnerie. Des poules crottées s'enfuient, escortées d'une théorie de poussins ébouriffés, et des pintades criaillent en pataugeant dans le lisier. Les femmes se cachent à notre approche. Des gamins nous accompagnent, car les chiens mordent ceux dont l'odeur ne leur est pas familière : ils nous suivent en clabaudant furieusement, d'une voix rauque, sans nous toucher. Il se met à pleuvoir, quelques gouttes.

Les paysans sont accroupis ou allongés sur le sol autour du *hanout* (l'échoppe), un simple cube de béton percé d'une porte et éclairé par une ampoule nue qui pend du plafond. Il y a de rares boîtes de conserve sur des étagères en plastique, et des sodas dans un Frigidaire qui ne marche guère : celui que j'achète est tiède. Parmi les hommes avec lesquels nous discutons de l'exode des jeunes et de l'épuisement de la nappe phréatique, l'un d'eux tranche par son vêtement soigné. Notre guide me prend à part et me chuchote que c'est l'un des dirigeants de la section tunisienne de la IVe Internationale, un trotskiste qui a passé l'essentiel de sa vie en prison, torturé, sous Bourguiba puis Ben Ali. Brisé, il est retourné dans son douar d'origine et ne veut plus entendre parler de politique.

En le regardant, je me rappelle un Tunisien trotskiste avec qui je suivais les cours de civilisation musulmane du regretté Mohammed Arkoun, à Censier, en 1975. On sympathisait aussi tous deux avec la IVᵉ Internationale à l'époque, lui la section tunisienne, moi la française. Je me souviens de notre stupéfaction de petits-bourgeois bien nourris du Quartier latin lorsqu'il nous avait raconté sa jeunesse au douar où il n'y avait rien à manger. Sa mère faisait cuire des pierres dans la marmite pour tromper la faim des enfants, avec l'espoir que le bruit du bouillonnement les berce et finisse par les endormir sur leur ventre creux.

Je le regarde avec plus d'attention — près de quarante ans ont passé, et le visage de mon camarade s'est estompé dans ma mémoire qui flanche ; j'ai oublié son nom, mais je me rappelle une mâchoire un peu carrée, comme celle de l'homme qui se trouve devant moi. Et si c'était lui ? Il ne parle qu'à peine, et seulement en dialecte, avec les villageois et les collègues tunisiens. Au moment où nous nous préparons à partir, que je remercie et salue chacun, quand vient son tour il me décoche un sourire triste et m'adresse en français ces quelques mots cryptiques : « Alors, Monsieur Gilles, il n'y a pas d'islamistes ici, pas de salafistes… », avant de retomber dans le silence.

Le soleil perce à l'horizon du ponant, sous la couche nuageuse, et darde ses rayons à travers les gouttelettes de pluie. Un arc-en-ciel se dessine puis disparaît comme nous rentrons sur Sidi Bouzid. L'atmosphère s'emplit de rouge. Le crépuscule est tombé quand nous retrouvons le berceau des révolutions arabes.

Dimanche 9 septembre 2012

« Partisans de la charia »

Il y a eu des échauffourées pendant la nuit entre des jeunes désœuvrés et la police, et l'on respire une odeur de grenades lacrymogènes que n'a pas dissipée le vent et dont l'âcreté domine les senteurs du matin.

On m'appelle sur le téléphone portable : « Vite, c'est incroyable, Abou Iyadh en personne est devant la mosquée Tawhid ! » Je me hâte pour le rejoindre et tombe sur le chef d'*Ansar al-Charia*, entouré d'une garde rapprochée dissuasive. De son vrai nom Seif Allah (le sabre d'Allah) Ben Hassine, ce quadragénaire est le salafiste djihadiste le plus en vue du pays.

Militant du Mouvement de la tendance islamique — le précurseur d'Ennahdha — dans les années 1980, il dirige sa branche armée, le Front islamique tunisien. Lorsque la répression de Ben Ali s'abat sur l'organisation, à la fin des années 1980, il fuit le pays. Après un détour par le Royaume-Uni, d'où ses prêches virulents le font expulser, il rejoint l'Afghanistan où il fréquente Ben Laden à Kandahar et fonde le Groupe combattant tunisien, qui s'illustre en organisant l'attentat contre le commandant Massoud, le 9 septembre 2001. Le réseau qu'il recrute fomente aussi l'attaque contre la synagogue de la Ghriba, à Djerba, en avril 2002. Arrêté en Turquie en 2003, il est extradé en Tunisie, où il est emprisonné et torturé jusqu'à la révolution, qui le libère. Il fonde dans la foulée *Ansar al-Charia* au printemps de 2011, et investit les mosquées, qu'Ennahdha délaisse pour se focaliser sur la politique.

Depuis sa base, dans le sud de Tunis, c'est lui qui organise les violentes manifestations contre la chaîne Nessma TV lorsqu'elle diffuse le dessin animé *Persepolis* incriminé pour avoir représenté Dieu, en octobre 2011. Lui encore qui incite les étudiantes couvertes d'un *niqab* et leurs défenseurs à occuper le décanat de la faculté des lettres à l'université tunisoise de la Manouba pendant l'hiver. Lui toujours qui, au mois de mai 2012, rassemble des milliers de partisans sur le parvis de la grande mosquée de Kairouan, symbole le plus prestigieux de l'islam en Tunisie, et y réclame l'application immédiate de la charia.

Il se fait alors le relais d'une déclaration de l'émir d'al-Qaida Ayman al-Zawahiri qui accuse Ennahdha d'impiété pour avoir entériné la démocratie. Durant l'été de 2012, ses affidés saccagent une exposition d'artistes à La Marsa au prétexte que ceux-ci critiquent l'islam. Cet homme qui fait trembler la Tunisie se targue aussi de ramener la tranquillité dans les quartiers déshérités lorsque s'y produisent des émeutes. Sa présence à Sidi Bouzid témoigne de l'importance que revêt pour *Ansar al-Charia* la ville d'où sont parties les révolutions arabes et dont la conquête représenterait une victoire immense dans l'ordre des symboles politiques.

De petite taille, Abou Iyadh porte une djellaba grise. Son regard vif, presque rieur lorsque je m'adresse à lui en arabe, semble amusé du décalage entre mon apparence de gaouri et mon propos. Il explique volontiers les objectifs d'*Ansar al-Charia* et n'écarte pas *a priori* la possibilité d'être interviewé face à la caméra, après que je lui eus fait état de notre entretien avec l'imam Khalifa dans la foulée de la prière du vendredi et de notre rencontre avec les salafistes au souk hier. Soudain l'un de ses gardes du corps m'interpelle en français, avec l'intonation des banlieues populaires de la région parisienne, sans doute un Tunisien né et élevé dans l'Hexagone, dont Abou Iyadh a toujours privilégié le recrutement :

> — *Mais vous êtes Gilles Kepel ! Comme le monde est petit !*
> — *On se connaît ?*
> — *Pas personnellement, mais je vous ai vu à la télé.*

Tandis que je reprends le dialogue avec Abou Iyadh après cette interruption, je remarque que l'attitude de mon interlocuteur a changé. Il met soudain de multiples obstacles à la perspective d'un entretien, me dit que je dois m'engager par écrit à reproduire tous ses propos dans leur intégralité, que l'islam prohibe le *tamthil* (le terme désigne la représentation théâtrale, cinématographique ou télévisuelle), et que seule la *choura* (le conseil) des « Frères » en décidera. Il enregistre mon numéro tunisien sur son téléphone portable, mais se refuse à m'appeler pour tester : « Je ne veux pas donner mon numéro ! » Il nous laisse néanmoins celui de son secrétaire.

Mes tentatives pour l'amadouer en lui parlant des autres dirigeants islamistes qui figurent dans le film restent sans effet. Avant qu'il disparaisse dans sa voiture et s'éloigne en cortège vers le centre-ville, protégé par un 4 × 4 rempli de gardes musculeux et barbus, le guide me présente l'un d'entre eux. C'est le responsable de l'expédition punitive menée il y a quelques jours contre les habitants d'un quartier des environs qui buvaient de l'alcool.

Après leur départ, il me fait savoir que le « rebeu »

qui m'a interpellé a murmuré en dialecte à ses voisins : « Ne vous laissez pas avoir par son bla-bla en arabe ; là il fait le gentil, mais après, quand il passe dans les médias, il casse les Frères ! » Dans le miel de la jactance de l'orientaliste se dissimule toujours le poison de l'impiété.

Lundi 10 septembre 2012

La révolution culturelle salafiste

Je rencontre aujourd'hui à Tunis deux des victimes emblématiques d'*Ansar al-Charia* : Habib Kazdaghli et Nadia Jelassi. Le premier est le doyen de la faculté des lettres de la Manouba, la seconde est artiste plasticienne.

Séquestré dans son bureau, Kazdaghli a été poursuivi en justice par une étudiante en *niqab* qui occupait celui-ci et l'accusa de violences lorsqu'elle en fut expulsée — un tribunal a jugé la plainte recevable. Des fenêtres, on voit la hampe où pendait le drapeau tunisien, qui, au moment de l'occupation, a été amené par les salafistes et remplacé par leur bannière noire frappée de la calligraphie blanche : « Il n'y a de dieu qu'Allah, et Mahomet est Son Prophète. » Une bagarre s'est ensuivie, mais une étudiante a réussi, non sans prendre des coups, à refaire flotter l'emblème national, que les salafistes tiennent pour une marque d'idolâtrie païenne. Elle a été reçue par le président Marzouki.

Dans l'entrée du bureau, ils avaient installé des matelas, dormant et mangeant entre deux prières. Pendant que le doyen me montre les lieux et me

narre sa version des faits, je suis frappé par la similitude de cette action avec les occupations de facs
par les gauchistes dans mes années estudiantines.

✧

J'avais rencontré lors d'un précédent voyage, sur
ces mêmes lieux, le chef des salafs de la faculté, un
étudiant nommé Mohamed Bakhti. Arrêté au cours
du démantèlement du groupe dit « de Soliman »,
d'après la ville proche de Tunis d'où ils préparaient
des attentats contre le régime de Ben Ali, il fut élargi
après la fuite du despote.

Il avait la vue très basse, conséquence probable des
traitements reçus pendant son incarcération. Bien
qu'il fût déjà âgé d'une trentaine d'années, il avait été
autorisé à s'inscrire pour reprendre des études d'histoire, en compensation de l'interruption de celles-ci
durant la dictature. Je lui avais demandé :

— *Quelle est votre conception de l'histoire ?*
— *Il n'y a d'autre histoire que celle du prophète
de l'Islam, le salut et les prières d'Allah soient sur
lui,* Hamdullah.
— *Est-ce cela qu'on vous apprend ici ?*
— *Pas du tout. Les professeurs sont tous
athées, des chiens de garde des Français qui leur
ont lavé le cerveau pour corrompre les musulmans et qui enseignent des mensonges. Mais nous
allons les chasser,* insha' Allah !

Je lui avais montré une interview de lui dans *Jeune
Afrique*, illustrée de sa photo. Après me l'avoir fait
traduire en arabe, et l'avoir déclarée *sahih* (exacte),
il m'avait demandé de la lui donner, sans manifester

aucune prévention contre sa propre représentation figurée (pourtant objet d'interdit dogmatique) qu'il avait longuement contemplée de ses yeux de myope chaussés de verres teintés. En échange, il m'avait montré les opuscules qu'il lisait, serrés dans un sac en plastique à l'enseigne d'une marque de vêtements, dont les auteurs étaient des oulémas saoudiens de la tradition wahhabite, maîtres à penser du salafisme international.

Fluet, avec quelques poils d'une barbiche tirant sur le roux difficultueusement poussés sur le menton et un mince filet de voix, il n'avait pas l'allure d'un grand séducteur. À ma question sur son statut matrimonial, il avait répondu que l'une de ses deux femmes, avec laquelle il avait conclu un mariage halal, venait de lui donner un premier enfant, l'autre s'apprêtant à accoucher.

Le doyen est professeur d'histoire. Élu par ses collègues et bénéficiant de leur soutien unanime, il a tenu tête tant aux étudiants salafistes qu'au ministre de l'Enseignement supérieur, membre de la tendance dure d'Ennahdha qui ne cachait guère ses sympathies pour cet islam corsé. Il aborde son procès avec confiance, convaincu que son dossier est vide et que l'accusation tombera. Il a traversé ces vicissitudes avec une volonté de fer et un certain sens de l'humour. Spécialiste de l'histoire du parti communiste tunisien, il en a longtemps été membre — et je me dis que ce doivent être sa formation militante, son habitude de la lutte politique qui lui ont forgé cette armure, là où d'autres auraient craqué.

Je l'interroge sur son patronyme, Kazdaghli, d'origine turque. « C'est un collègue turc en visite à la Manouba qui m'en a appris la signification, me répond-il : "L'enfant de la montagne de l'oie." » Comme beaucoup de membres de la bonne société tunisoise, il est de souche ottomane. Sa famille est de rite hanéfite, la branche de l'islam répandue en Anatolie, plus libérale que le malékisme dominant en Afrique du Nord, mais l'usage de la langue turque s'y est perdu depuis des générations.

❖

L'artiste Nadia Jelassi nous reçoit dans son atelier, dans une banlieue coquette de Tunis, où elle réside avec son mari, polytechnicien. Elle a composé une installation, qui figurait dans l'exposition d'art contemporain de l'été au palais Abdaliyya, à La Marsa. Quelques jours avant la clôture, un huissier mandaté par des salafistes est venu constater que certaines œuvres, dont la sienne, avaient un caractère blasphématoire envers le sacré, contrevenant ainsi à l'ordre public. Des barbus se sont ensuite introduits dans le palais et ont lacéré ou cassé plusieurs pièces. Elle-même n'a pu récupérer qu'une partie de son installation, l'autre ayant été dispersée par les assaillants.

Après les faits, elle a été convoquée par un juge d'instruction, qui lui a notifié une inculpation pour diffusion de produits culturels susceptibles de porter atteinte à l'ordre public. Cet article du code pénal, introduit sous Ben Ali en 1991, constituait la base légale de la censure implacable qui s'abattit sur la Tunisie sous le règne du dictateur : un délit punissable de cinq années de prison. Contrairement au doyen qu'une longue habitude militante et le soutien de ses collègues ont corseté, elle est atteinte dans la fragilité même de son identité d'artiste par cette double attaque. Quant aux galeries locales, elles lui ont fait comprendre qu'elles ne prendraient pas le risque de l'exposer à l'avenir sous peine de se voir saccagées.

Pour la caméra, elle recompose l'installation avec ce qu'il en reste : trois bustes féminins en polystyrène, fabriqués en Chine, de taille différente et recouverts d'un *hijab* comme on en trouve dans les souks sur les étals. Elle les pose sur le gazon de son jardinet, dans un cercle de gros galets encollés d'articles de journaux qui reprennent des thèmes de la rhétorique islamiste.

L'installation complète rappelait des images de femmes lapidées, le buste émergeant d'un tas de pierres évoquant les exécutions pour adultère en Afghanistan. Les salafistes ont prétendu que l'installation incitait à jeter des pierres aux femmes voilées. L'affaire a suscité un tel malaise au sein du gouvernement que le ministre de la Culture a dû se fendre d'un communiqué affirmant sa solidarité avec elle, que me tend le mari polytechnicien de Nadia. Celui-ci l'a imprimé sur un papier de brouillon, au verso d'une feuille remplie d'équations. La posture d'Ennahdha par rapport aux salafistes me paraît soudain aussi compliquée que ces formules mathématiques, pour moi impénétrables.

Mardi 11 septembre 2012

Grève des journalistes à Tunis

Dar as Sahafa. J'assiste à l'assemblée générale des journalistes d'un des principaux et plus anciens quotidiens arabophones, *as Sahafa* (la presse), convoquée pour protester contre la nomination d'un rédacteur en chef par le gouvernement Ennahdha, accusé de vouloir la mettre au pas afin de transformer le titre en organe de propagande du parti. Elle se tient dans un de ces bâtiments modernes de la périphérie de Tunis nés de la spéculation immobilière du pouvoir déchu, dont les affidés tiraient d'importants revenus.

Beaucoup de journalistes des autres titres tunisiens sont venus manifester leur solidarité, et les cameramen des télévisions sont présents. Créé par une famille de la bourgeoisie intellectuelle — un portrait du fondateur s'affiche dans le hall —, le journal a été saisi par l'État et est devenu un propagandiste zélé du régime de Ben Ali. À sa chute, la rédaction a été l'un des ferments du débat démocratique et s'est rendue célèbre par son esprit frondeur envers les islamistes de gouvernement. Et Ennahdha ne dispose pas de grand média qui soutienne sa ligne politique...

Les journalistes sont en règle générale imprégnés de la tradition laïque qu'avait instaurée Bourguiba. Le nouveau rédacteur en chef s'est fait connaître dès sa prise de fonctions en coupant des têtes. Sa personne même est attaquée : ancien commissaire de police sous Ben Ali, mis à l'écart dans une affaire de malversations, il cristallise les oppositions. Il aggravera son cas quelques heures après l'AG en démarrant sa voiture alors qu'un journaliste s'accrochait aux essuie-glaces, l'éjectant sur la chaussée à pleine vitesse et l'envoyant à l'hôpital pour finir en garde à vue.

Juchés sur un escalier, les orateurs haranguent les grévistes et leurs sympathisants. Ils dénoncent l'atteinte à la liberté de la presse et font le lien avec la prise de contrôle graduelle de la télévision publique par le pouvoir. Les autorités rétorquent qu'elles ont été élues démocratiquement et nomment qui elles veulent à la tête de médias appartenant à l'État. Elles incriminent en retour la dictature intellectuelle qu'exercerait une minorité laïque, francisée et associée à l'ancien régime sur une population qui ne lui a donné que de modestes suffrages.

De nombreux partis de gauche se sont en effet présentés aux élections, et beaucoup d'entre eux n'ont obtenu que des scores dérisoires, inférieurs à 1 % des voix. Lors des échauffourées qui opposent régulièrement les deux camps à Tunis, Nahdhaouis et salafistes apostrophent les laïques aux cris de *Sifr fasl* (zéro virgule). Dans quelle mesure ce mouvement de journalistes, comme ceux des professeurs d'université à la Manouba ou des artistes exposés au palais Abdaliyya, embraie-t-il sur la société civile du pays profond, au-delà des quartiers résidentiels de la banlieue nord de la capitale ? Et quel en est l'impact sur Sidi Bouzid ?

Mercredi 12 septembre 2012

Exploration de la Casbah

La Casbah est le nom traditionnel de la citadelle qui abritait le pouvoir politico-militaire dans la ville arabe primitive. Le mot vient des cannes (*qassaba*) plantées serrées qui en composaient autrefois l'enceinte légère. Suffisante pour protéger les puissants du jour des révoltes de la populace, celle-ci se révélait inapte à les prémunir des assauts plus violents des tribus bédouines assoiffées de pillages que leur esprit de corps soudait dans la razzia finale contre le monde urbain émollient.

Dans l'acception courante du français actuel, ce fruit du butinage langagier de la société coloniale en Afrique du Nord, le terme « Casbah » désigne une vieille ville dégradée, sale, abandonnée par le pouvoir et les grandes familles depuis le tournant du XXe siècle, décharge humaine où échouent les descendants pitoyables des fiers Bédouins d'antan transmués par la civilisation moderne en migrants ruraux, ouvriers agricoles, et désormais diplômés-chômeurs.

À Tunis, la Casbah est le palais administratif situé en bordure de la Médina, jouxtant la grande mosquée Zitouna, qui ne se prête guère à un usage militaire. Siège de la présidence du Conseil des ministres sous Bourguiba et Ben Ali, elle représentait un lieu délaissé du régime. Ces deux despotes en avaient transféré la substance à Carthage, sur un paradis littoral jonché de ruines antiques, une sorte de Versailles éloignée de la canaille de la ville où les souvenirs puniques et romains omniprésents disaient assez la distance voulue d'avec la Tunis musulmane.

La fuite de Ben Ali, le 14 janvier 2011, rendit le pouvoir exécutif au président du Conseil, à la Casbah, le réinstallant dans la cité — otage de manifestations populaires qui peuvent aisément faire le siège de ce lieu intriqué dans le tissu urbain. C'est ainsi que les grandes marches de février et mars 2011, enclenchées par les déshérités de Sidi Bouzid et des banlieues miséreuses de la capitale pour faire pression sur les classes dominantes qui souhaitaient que rien ne changeât au fond après l'exil du dictateur, prirent la Casbah pour cible. Elles en bloquèrent les accès, en couvrirent les murs de graffitis et y affrontèrent la police en de violentes échauffourées, surnommées « Casbah I » et « Casbah II ».

Après les élections du 23 octobre 2011, la coalition majoritaire, la troïka, se répartit les présidences du Conseil, de la République et de l'Assemblée. Le partenaire majeur, Ennahdha, installa son représentant, Hamadi Jebali, président du Conseil, à la Casbah. Aux deux partenaires juniors, les partis laïques Congrès pour la République et Forum démocratique, échurent respectivement les postes de présidents de la République et de l'Assemblée. Le second demeure sans réel pouvoir, comme sous les régimes de Bourguiba et de Ben Ali, en dépit d'une transition politique placée sous les auspices de l'Assemblée constituante ; mais la majorité islamiste y encadre sa liberté de parole et d'action.

Le président de l'Assemblée, Mustapha Ben Jaafar, homme d'une courtoisie parfaite, est issu de ces grandes familles tunisoises dont les descendants ont la peau, les yeux et les cheveux clairs. Son parti appartient à l'Internationale socialiste, et il siège au palais du Bardo, l'ancienne résidence beylicale. On y a incrusté l'hémicycle — à la manière de la Chambre des députés au Palais-Bourbon ou du Sénat au palais du Luxembourg. Il dispose d'un bureau de style mauresque élégant et vide, dont les plafonds ouvragés sont soutenus par des colonnes graciles. C'est le plus beau de la République.

❖

Bâtiment moderne et orgueilleux, le palais de Carthage est empli de meubles de prix. Ils incarnaient, au temps de Bourguiba, la puissance du « combattant suprême ». Ensuite ils illustrèrent le luxe tapa-

geur de son piètre successeur, l'officier de police
Ben Ali. Il faisait pièce à la cathédrale de Carthage,
édifiée par les Pères blancs sur une proche colline à
la gloire du christianisme antique et de son patron,
saint Augustin le Berbère, comme pour rabaisser
symboliquement l'islamisation de l'Afrique du Nord
à des siècles obscurs dont la mission civilisatrice de
la France coloniale refermerait la parenthèse.

Bourguiba, ce petit père Combes de la Médina,
était un anticlérical omnivore qui bouffait du curé
comme de l'imam — mais il ne lui déplaisait pas de
mettre ses pas dans ceux de l'Église et de se draper
dans l'histoire longue de la Tunisie punique, berbère,
arabe. Cela lui permit de mieux réduire à quia ses
ennemis islamistes, de domestiquer l'université religieuse de la Zitouna et de narguer les barbus en ava-
lant sur le petit écran un verre d'une boisson gazeuse
en plein jeûne diurne du ramadan.

Bourguiba se retrancha derrière l'argument sacré
du djihad pour désacraliser le ramadan, propulsant
du même coup le développement économique de
la Tunisie en un combat transcendantal qui justifiait la suspension des injonctions dogmatiques et
refusait l'abstention de nourriture qui affaiblit les
corps et diminue la productivité du travail. Le djihad est en effet une sorte de mobilisation générale
de la communauté, une proclamation de « l'*oumma*
en danger » qui permet de se dispenser de jeûne, de
prière et autres « piliers de l'islam » : la fin — la victoire de la communauté — justifie tous les moyens.
Bourguiba faisait de la Tunisie indépendante l'aboutissement d'un djihad nationaliste et laïcisé par ses
soins.

La subtile casuistique de l'ancien avocat ne serait
bientôt plus assez efficace face au déferlement

islamiste de la fin du xxe siècle : Ben Ali, après le
« coup d'État médical » du 7 novembre 1987 qui
déclara sénile le « Combattant suprême », fit édifier
une gigantesque mosquée à Carthage. Son minaret nanifie le clocher de la cathédrale voisine des
Pères blancs, qui n'est plus aujourd'hui qu'un vestige
supplémentaire adjoint aux thermes romains et au
tophet punique du site archéologique. En bon policier, le nouveau maître du pays ne chercha pas à
finasser avec le dogme, mais se bâtit une légitimité
musulmane « en béton » au nom de laquelle traquer
et torturer les islamistes depuis son palais isolé et
terrible.

✧

À l'avocat mégalomane et au flic obtus a succédé au
palais de Carthage, après les élections du 23 octobre
2011, un neurologue opposant de toujours de la dictature, défenseur des droits de l'homme qui passa des
décennies d'exil dans l'ancienne puissance coloniale.
Moncef Marzouki se présente comme « un enfant
de cette Tunisie qu'on cache » pour sa misère : il
est originaire du sud du pays, près de la frontière
libyenne, et en a le teint cuivré et l'aspect berbère.

Contrairement aux deux autres présidents — de
l'Assemblée et du Conseil des ministres —, il snobe
la cravate, et cultive la chemise à col déboutonné
de mise dans le milieu associatif. Le rebord de son
veston est semé d'épinglettes à la gloire de la révolution. Il aime à invoquer la filiation des médecins
aux pieds nus du tiers-monde. Je l'ai rencontré deux
fois au Palais, au printemps de 2012, la première
en mars en tête à tête et la seconde en mai pour le
filmer. Il était entouré de ses conseillers, un mixte

d'anciens gauchistes matois et blanchis, exilés une vie durant à Paris, experts en motions de synthèse et en assemblées générales étudiantes, et de jeunes surdiplômés anglophones frais émoulus des universités d'outre-Atlantique, la tête pleine de *think-tanks* et de *start-up*.

Marzouki avait décidé d'ouvrir le palais au peuple. La cour d'honneur, où ne pénétraient sous Ben Ali que des limousines officielles rutilantes, s'était transformée en un parking de véhicules hétéroclites, dont les conducteurs participaient à telle réunion de représentants des chambres d'agriculture ou de syndicats professionnels dans les salons surdorés où les courtisans courbaient autrefois l'échine devant le despote. Seul témoin de l'obsession sécuritaire d'antan, un camion détecteur d'explosifs tournait lentement entre les automobiles garées en bataille.

À notre première rencontre, il n'avait pas eu de mots assez durs pour fustiger l'opposition laïque qui brocardait l'alliance contre-nature entre le droit-de-l'hommiste et les islamistes. Il rétorquait à ses adversaires qu'il leur fallait se plier aux résultats d'un scrutin favorable à Ennahdha, rappelant la force de l'identité religieuse d'un pays que le laïcard Bourguiba avait en vain tenté d'éradiquer. Lui-même, en ce début de mandat, s'était mis à porter le burnous dans certaines cérémonies d'apparat, du jamais-vu dans la Tunisie indépendante, dont les élites affichaient leur modernité par une vêture qui suivait scrupuleusement les modes de Paris.

Je l'avais entendu me dire, agacé par les propos critiques d'une militante féministe : « Ces gens-là, ce sont des Français qui parlent arabe ! » — le président provisoire de la République semblant ainsi, dans son français parfait, déchoir de leur citoyenneté ceux —

celles en l'occurrence — de ses compatriotes qu'il épinglait pour leur inauthenticité culturelle.

Lors de notre seconde rencontre, les relations entre Ennahdha et les couches populaires avaient commencé de se tendre. Le mouvement syndical multipliait les grèves, la volonté d'hégémonie des islamistes inquiétait ceux qui les paraient autrefois de vertus démocratiques, les exactions des salafistes paraissaient impunies sinon encouragées. Les partis laïques de la troïka voyaient leur base s'éparpiller au gré des scissions et leurs parlementaires rejoindre les partis d'opposition.

Durant notre entretien, le président de la République s'était distancié d'Ennahdha :

> *Dans la troïka, il y a d'un côté Ennahdha, qui est la partie centrale et démocratique du spectre islamiste, comme les chrétiens-démocrates européens, démocrates avec une forte connotation religieuse et sur le plan social plutôt libéraux-conservateurs, et de l'autre côté les partis laïques de gauche, qui sont fortement orientés vers les réformes sociales de fond. Les difficultés que connaît la troïka, ce ne sont pas des questions idéologiques entre islamistes et laïques, mais des tensions sur la politique sociale.*
>
> *Ennahdha doit se rendre compte de la nécessité de faire de grandes réformes économiques et sociales au ras des pâquerettes, de prendre en considération la Tunisie profonde, de ne pas toujours penser aux intérêts des classes dominantes. Sinon, aux prochaines élections les gens vont oublier les raisons pour lesquelles, en octobre 2011, ils avaient voté Ennahdha, le parti le plus structuré et anti-Ben Ali. Si nous ne pré-*

sentons pas un bilan de réformes économiques et sociales nous risquons, nous tous, la coalition, de perdre les élections !

Nous avons deux types d'extrémisme, de droite et de gauche, le phénomène salafiste et les mouvements gauchistes, et le masque ou le paravent idéologique ne sert qu'à exprimer les revendications sociales de gens appauvris. Pour l'instant, nous sommes en train de donner à ces extrémistes les verges pour nous battre.

En entendant et observant Moncef Marzouki, il m'avait remémoré Abol Hassan Bani Sadr, président progressiste de l'Iran révolutionnaire au moment où il commençait à se dissocier de l'ayatollah Khomeyni, une année après la chute du chah. Mais Ennahdha n'est pas le Parti de la République islamique d'Iran, avec son impitoyable appareil clérico-léniniste — même si Rached Ghannouchi a longtemps fait état de son admiration pour l'Iran, expliquant dans un entretien de 1993 au magazine *L'Express* :

Le régime de Téhéran est basé sur la volonté du peuple iranien. À ma connaissance, aucun observateur n'a prétendu que les élections au Parlement iranien ont été truquées ou falsifiées. Je crois qu'il n'existe que deux Parlements dignes de ce nom dans tout le Moyen-Orient : l'iranien et l'israélien. Nous sommes donc en Iran devant un État légitime et, par là, moderne. Certes, les libertés n'y sont pas suffisantes, mais nous espérons que cela s'améliorera.

Depuis, l'Iran n'est plus en odeur de sainteté chez les islamistes sunnites, dont les parrains qataris ou saoudiens luttent à mort contre leur rival chiite pour le contrôle du golfe Arabo-Persique et de ses hydro-carbures, une guerre dont l'ombre porte sur les révo-lutions arabes.

✧

J'ai ces idées en tête lorsque j'entre à la Casbah pour passer la matinée à suivre l'activité de Hamadi Jebali, premier président du Conseil islamiste de la Tunisie indépendante. La place devant le palais, depuis les manifestations de 2011, a été isolée de la circulation et des badauds par une palissade métal-lique, derrière laquelle stationnent quelques blindés légers et les véhicules de fonction. C'est la ver-sion moderne de l'enceinte de canisses d'autrefois, mémoire vernaculaire du lieu, destinée à prémunir le siège fragile du pouvoir contre la furie rémanente de la foule. Elle porte la trace récente de slogans politiques en arabe et en français, vaguement dis-cernables sous la couche de peinture dont la police les a barbouillés.

L'édifice présente un dédale de couloirs et d'es-caliers ouvrant sur des pièces dont la plupart sont aveugles, aux murs couverts de carrelages vernis-sés et aux plafonds sculptés, à moins qu'ils ne se déploient en une coupole de mosaïque. On s'égare vite dans la beauté étouffante de ce palais maure confiné, au gré de la bonne volonté d'huissiers aux tenues lustrées.

Hamadi Jebali m'accueille dans un bureau magni-fique autrefois réservé à l'usage de Ben Ali, qui l'avait occupé comme Premier ministre avant la révolution de sérail par lequel il envoya Bourguiba en maison de retraite. Installé ensuite au palais de Carthage, le policier devenu président interdit à quiconque de souiller les lieux par sa présence, et le bureau demeura sanctuarisé un quart de siècle.

Le chef du gouvernement islamiste, que je n'avais pas revu depuis son entrée en fonctions, est une force de la nature — on imagine que cela l'a aidé à subir ses dix-sept années de prison et de mauvais traitements. Son large sourire — brocardé à l'envi par les caricaturistes — lui donne l'aspect de jovialité permanente propre aux élus de terroir.

Il m'évoquerait presque un président du Conseil radical-socialiste de la IIIᵉ République, amateur de cassoulet et franc-maçon, n'était le cal brun du pieux musulman qu'il porte au front — et qu'il entretint en se prosternant sans façon sur son tapis de prière en direction de La Mecque dans un bureau attenant au terme de notre entretien. Il a accepté d'être filmé dans le quotidien de ses activités gouvernementales.

Au programme de cette matinée : réunion avec le ministre des Droits de l'homme, Samir Dilou, qui rend compte en compagnie de son cabinet, puis réception d'une délégation de Kasserine, bourgade rurale du Centre-Ouest qui vient présenter ses cahiers de doléances, et enfin interview. Au terme de l'exposition des activités du ministère des Droits de l'homme, je profite de l'occasion pour faire réagir Samir Dilou sur l'inculpation de la plasticienne Nadia Jelassi par un juge, pour un délit passible de cinq ans d'emprisonnement, et l'impunité des salafistes. Né en 1966, cet avocat de formation a dirigé l'Union générale tunisienne des étudiants, le syndicat islamiste des campus, avant d'être arrêté et condamné en 1991 à dix années d'incarcération purgées dans onze prisons différentes.

Membre du bureau exécutif d'Ennahdha, il détient

depuis les élections, outre le portefeuille des Droits de l'homme, celui de la Justice transitionnelle — chargé des archives de la police politique de Ben Ali — et est porte-parole du gouvernement. Connu pour incarner la tendance la plus démocratique et antisalafiste du parti islamiste, il exprime en effet des jugements plus tranchés que ceux qu'émettra Jebali, et — sur le sujet des salafistes — affiche une position fort différente de celle de Ghannouchi.

Dilou qualifie la traduction en justice d'un créateur, en la personne de Nadia Jelassi, d'« affront à la révolution et à ses principes » :

> *Le problème est qu'on est en face d'une justice qu'on veut indépendante. Je me sens les mains liées dans cette affaire, mais je vais tout faire pour qu'on dépasse cette situation. Quant aux salafistes, on a été un peu laxistes et hésitants dans l'application de la loi. Peut-être qu'on n'a pas souhaité revenir aux réflexes sécuritaires et répressifs de l'ancien régime, mais je crois que le temps est venu de nous montrer plus fermes avec ces groupuscules qui veulent faire la loi et portent atteinte à la notion même d'État et de République.*

❖

Lorsque nous préparons la rencontre avec Hamadi Jebali, ses deux conseillers en communication retour d'exil, l'un en France, l'autre à Québec, insistent pour qu'il s'exprime en arabe. Il parle pourtant français couramment, mais les longues années de réclusion en ont occasionnellement rouillé la pratique. Dans une interview récente donnée à une chaîne de télévision, il a fait une faute d'accord de genre, immédiatement mise en ligne et devenue virale sur le Web parmi la bonne société francophone qui en a fait des gorges chaudes. Dans les salons tarabiscotés de La Marsa, on a saisi l'opportunité de l'accabler comme un *'aroubi*, un plouc mal dégrossi qui n'appartient pas au petit monde issu du lycée français.

Je lui signale que l'entretien sera monté et que nous n'avons pas pour but de piéger nos interlocuteurs. Il opte alors pour la langue de Molière, qu'il déploie sur un tempo lent, persuadé qu'à l'heure où l'image d'Ennahdha se dégrade dans l'Hexagone, et où il veut communiquer sur sa gouvernance démocratique et rassurer ses partenaires européens, il est préférable de s'adresser sans doublage au public qu'il souhaite convaincre.

Dans une conversation préalable à bâtons rompus, j'apprends de sa bouche que l'ambassadeur américain en Libye a été tué hier lors de l'attaque du consulat des États-Unis à Benghazi. Je m'étonne que le diplomate se soit trouvé le jour anniversaire du 11 Septembre dans une ville où j'ai pu constater en juillet les conditions aléatoires de sécurité et l'omniprésence anarchique de milices armées. Informé que le groupe salafiste libyen *Ansar al-Charia* (les partisans de la charia) est mis en cause dans l'attaque, je l'interroge sur sa perception du salafisme tunisien — dont le principal mouvement porte ce même nom et est dirigé par Abou Iyadh, mon interlocuteur fugace de dimanche dernier à Sidi Bouzid :

> *Ce qui m'inquiète, c'est cette perspective du salafisme tunisien qui saute facilement vers des moyens très brutaux. J'ai bien peur que ce soient des gens qui sont infiltrés, même par des services étrangers. Et puis c'est très simple pour eux de*

basculer du jour au lendemain dans la violence, même envers Ennahdha, qu'ils considèrent comme kufr *[impie]. C'est le défi le plus compliqué, le plus présent, le plus dangereux pour la Tunisie maintenant, avec le problème socio-économique...*

Ils utilisent cette période de difficultés pour recruter dans les milieux déshérités, les banlieues du Grand Tunis. Les gens cherchent refuge dans ce mouvement avec ses slogans radicaux. Le chômage et les inégalités, voilà ce qui fait le nid de l'opposition et de l'extrémisme ! Remarquez, nous aussi, à Ennahdha, on en a tiré parti : c'était là que nous avions notre base. Mais aujourd'hui notre pouvoir n'est pas une dictature !

Faire face aux difficultés socio-économiques n'est pas facile. Ce sont des problèmes structurels amplifiés par la révolution, si bien que maintenant la barre des revendications est placée très haut, soutenue par toute une infrastructure de partis et surtout de syndicats.

Comme je lui demande ce qu'il pense de la proposition d'article visant à remplacer dans la Constitution l'égalité de la femme et de l'homme par la complémentarité, Jebali ajoute :

Dans la société tunisienne, où la femme a des acquis indéniables, poser cette question de la complémentarité contre l'égalité est un faux problème, une maladresse. On est pour l'égalité, mais plus que pour l'égalité, il faut combattre ces idées rétrogrades envers les femmes dans nos contrées — c'est ça la complémentarité, c'est vrai —, mais c'est l'égalité de l'homme et de la femme qui est la base de tout !

À l'en croire, les problèmes avec la presse et le saccage de l'exposition d'Abdaliyya sont fâcheux parce qu'ils ternissent l'image du gouvernement, alors qu'Ennahdha est d'autant plus attaché à la liberté d'expression qu'il a été victime de la dictature. Quant à la mollesse de la police pour contrer les actions des salafs, elle n'est pas due selon lui à un encouragement à ceux-ci par le parti islamiste dominant, mais au refus d'user de la répression policière tant associée à Ben Ali.

Je prends acte de toutes ces pétitions de principe, formulées sur un ton paterne, dans l'attente de leur validation ou non demain par Ghannouchi.

✧

En quittant la Casbah, j'apprends que le secrétariat d'Abou Iyadh, le chef des salafistes qui n'a pas voulu hier nous accorder l'entretien demandé « après avis du conseil consultatif [*choura*] d'*Ansar al-Charia* », relaie désormais des appels à manifester contre l'ambassade américaine à Tunis. Le prétexte en est de protester contre la diffusion de la vidéo *L'Innocence des musulmans*, mise en ligne sur les sites de partage et commanditée par un bizarre garagiste copte de Californie plusieurs fois condamné pour faillite frauduleuse.

Nous passons le long de l'ambassade et remarquons qu'elle n'est protégée que par deux *pick-up* dérisoires sur lesquels sont perchés quatre policiers casqués lançant des grenades lacrymogènes pour disperser un groupe d'assaillants qui jettent des pierres.

Jeudi 13 septembre 2012

Le pontifical Rached Ghannouchi

Nous avons dû demeurer une journée supplémentaire à Tunis pour attendre Rached Ghannouchi. Cheikh Rached, comme l'appellent désormais ses admirateurs et une partie de la presse, se trouvait en effet jusqu'à hier au Qatar. Il y participait à une conférence sur le thème « Islamisme, nationalisme arabe et démocratie », sous les auspices du centre de recherches de la chaîne Aljazeera que dirigeait son gendre, à présent ministre tunisien des Affaires étrangères. Le centre est patronné par le Premier ministre qatari Hamad bin Jassem, dit HBJ.

La rencontre étant prévue cet après-midi, je profite de la matinée pour me rendre au Kram-Ouest, un quartier populaire proche du palais de Carthage où figurent encore sur un mur les dernières fresques qui exaltent la révolution dans la capitale. Ces images naïves, où l'on voit la police de Ben Ali tuer des manifestants, rappellent un peu « les murs ont la parole », avec leur facture soixante-huitarde, autour de la place Tahrir du Caire.

En Tunisie, la révolution a été plus rapide, si bien que son expression artistique a eu moins de loisir de se déployer, et les autorités ont fait sans délai effacer les images et les slogans des façades. Le Kram a pu garder ses fresques, car la police ne s'y risque pas : à l'entrée du quartier, une stèle porte le nom des « martyrs » qui y sont tombés, et les jeunes déshérités qui vivent dans ces ruelles aux maisons basses sont organisés en bandes prêtes à en découdre avec tout intrus.

Que pensent du legs de la révolution, dix-huit mois après la chute de Ben Ali, ces jeunes dont les camarades ont versé leur sang ? Le Kram-Ouest a été l'un des principaux quartiers du Grand Tunis dont le soulèvement, les 12 et 13 janvier 2011, prenant le relais des manifestations de Sidi Bouzid et des villes de province, a précipité le processus conduisant à l'éviction du dictateur.

Si la séquence de cette espèce de bande dessinée de la révolution déployée sur un long mur commence par l'exaltation imagée des martyrs et des mots d'ordre politiques démocratiques, elle s'achève par des invocations à obéir à Allah et à accomplir les prières. Elles ont été comme cachetées ces dernières semaines du sceau d'une calligraphie ellipsoïdale bleu vif réalisée au pochoir par les salafistes, que l'on retrouve partout en Tunisie. On y lit *ila Rassoul Allah* (sauf l'Envoyé d'Allah), signifiant que la personne du Prophète est sacrée et que tous ceux qui se risqueraient à y toucher encourent le châtiment divin.

Ces pochoirs ont fleuri sur les murs depuis le saccage de l'exposition des artistes au palais Abdaliyya, et ils réapparaissent ces jours-ci avec l'affaire de la vidéo d'outre-Atlantique *L'Innocence des musulmans*. Leur surimpression sur les fresques de la révolution au Kram-Ouest exprime graphiquement la volonté des salafistes d'en récupérer la dynamique politique.

❖

Je lie connaissance avec de jeunes oisifs attablés au café face au mur imagé. Tous se targuent d'avoir fait la révolution et combattu la police, exaltent les martyrs du Kram. Ils ne se montrent pas moins méfiants devant la caméra que leurs cousins immigrés des cités de banlieue française qui haïssent les journalistes accusés de les réduire au fanatisme et à l'animalité. On me dit qu'on envoie quérir quelqu'un qui « sait parler », mais comme celui-ci ne vient pas, nous commençons à filmer les fresques.

Attirés par la caméra, un groupe de jeunes surmonte ses préventions pour se donner en spectacle. Ils se présentent en laissés-pour-compte de la révolution, dénoncent en termes crus le gouvernement Ennahdha : il ne s'intéresse pas à eux, est incompétent, et le chômage n'a cessé d'augmenter depuis le départ de Ben Ali. Ils mêlent allègrement leur situation propre et l'affaire de la vidéo « impie » :

> *Après la révolution, tout est devenu très cher. Le peuple souffre toujours du chômage. Et vous voyez ce que les États-Unis sont en train de faire ? Ils insultent notre Prophète. Pourquoi ils nous agressent ? On ne les a pas insultés dans leur religion ! Quand ils insultent notre Prophète, c'est qu'ils cherchent à mener une guerre contre notre religion, qui est l'honneur des Tunisiens. Mais on ne va pas rester les bras croisés ! Le peuple tunisien est uni avec le peuple arabe : celui qui nous fait du mal, on lui en fera davantage. Si Allah le veut, la Tunisie se développera !*
>
> *Malheureusement, le gouvernement est au pouvoir depuis plus de six mois et n'a pas encore réussi à rédiger une ligne de la Constitution ! Ceux qui sont à l'Assemblée constituante touchent 5 à 6 millions [de centimes, soit 2 500 à 3 000 euros], sans se préoccuper des Tunisiens ! Le peuple tunisien, comme vous le voyez ici, il est au chômage, il subit la crise économique et la hausse des prix de l'alimentation : on a fait la révolution pour*

> *qu'elle nous apporte du bien, mais elle s'est retour-*
> *née contre nous !*

Comme nous remballons notre matériel, un groupe particulièrement agressif se jette sur nous et exige les cassettes :

> *Ces types que vous avez filmés donnent une*
> *mauvaise image de la révolution. Ils n'y ont pas*
> *participé du tout, ce sont des repris de justice*
> *qui étaient en prison à ce moment-là, des trafi-*
> *quants de drogue, et d'ailleurs qu'est-ce que vous*
> *êtes venus faire ici. La France a toujours soutenu*
> *Ben Ali...*

L'un d'eux tente de s'emparer de la caméra. Je me lance dans une longue explication dans mon arabe le plus persuasif. J'évoque notre film, des tournages dans les autres pays, raconte l'Égypte et la Libye, où ils n'ont jamais mis les pieds, et ils commencent à s'amadouer, posent des questions sur la place Tahrir, sur Benghazi. Je leur propose d'enregistrer leur point de vue. Je n'arrive pas à discerner si ce sont les « Comités de protection de la révolution », qui servent de gros bras à Ennahdha et cassent occasionnellement du laïque ou une bande rivale de ceux qui nous ont parlé auparavant :

> *Notre révolution n'est pas une révolution des*
> *affamés ni des chômeurs, mais de la dignité, de*
> *la fierté et de la bravoure. Déjà sous Ben Ali on*
> *souffrait de problèmes sociaux terribles, et on sait*
> *bien qu'ils ne vont pas disparaître en six mois ou*
> *en un an et qu'on ne va pas tous devenir riches...*
> *Mais on jouit d'une chose dont on était privés*

depuis longtemps : la dignité et la liberté — et même d'un excès de liberté !

Rached Ghannouchi nous a fixé rendez-vous au quartier général d'Ennahdha, à Montplaisir.

Le bâtiment sans apprêt et fonctionnel, dont l'ascenseur et l'escalier sont sous-dimensionnés pour les délégations, journalistes et visiteurs qui s'y pressent, était auparavant le siège d'une société de téléphonie mobile. Il ne saurait souffrir la comparaison avec les palais de Carthage, du Bardo ou de la Casbah. Pourtant, c'est dans le bureau impersonnel du cinquième étage, où un cavalier indique en arabe « Cheikh Rached Ghannouchi, président du parti », que se trouve le lieu du pouvoir suprême en Tunisie. Ce président-là a le pas sur les trois autres, et le dernier mot.

J'ai rencontré Ghannouchi une demi-douzaine de fois depuis le début de la révolution tunisienne, la première au cours du meeting annuel de l'Union des organisations islamiques de France, au Bourget, aux Pâques de 2011. Dans notre conversation d'alors, il m'avait rappelé que j'avais écrit dans un livre, dont il avait lu la traduction arabe, que, sur le spectre d'un islamisme politique allant de Ben Laden à Erdoğan, il était plus proche de ce dernier que du premier.

Ce n'était pas sans doute un propos bien original, mais, tandis que son mouvement souffrait selon lui de diabolisation dans les médias français, il y avait vu une marque d'objectivité. Cela ferait de moi un interlocuteur valable — certes moins malléable que ceux de mes collègues devenus compagnons de route acritiques de la mouvance islamiste, mais disposant peut-être de meilleurs relais. C'est ainsi que s'est construite une relation qui m'a permis de le rencontrer régulièrement lors des séjours que j'ai effectués presque chaque mois en Tunisie depuis l'automne de 2011.

✧

Ghannouchi a commencé sa carrière comme nationaliste arabe, hostile politiquement à l'Occident, mais inspiré culturellement par la modernité européenne. Après la défaite de Nasser lors de la guerre des Six-Jours de juin 1967, tout son univers s'effondre. Il effectue dans la foulée son premier voyage en Europe et rencontre une jeunesse désabusée et critique qui s'engagera dans Mai 1968, mettant en cause le modèle culturel occidental qui lui servait de référence. Le 15 juin de cette année-là, tandis que le Quartier latin se hérisse de barricades, il recommence à prier.

L'islam politique qu'il embrasse se veut à la fois l'ennemi des régimes arabes autoritaires qu'il avait jusqu'alors exaltés, et le socle de valeurs intangibles qu'il oppose à la perte des repères occidentale. Les années 1970 sont marquées par l'agitation universitaire et les combats contre la prédominance de la gauche. Comparables à l'activisme des *gama'at islamiyya* islamistes que j'observais alors sur les campus de l'Égypte de Sadate, ils culminèrent dans l'admiration pour la révolution iranienne de 1979 qui combinait islam et tiers-mondisme, mais dont l'identité chiite constituera ensuite un motif d'éloignement en milieu sunnite.

C'est cette génération estudiantine de la décennie 1970 — la mienne — qui est presque partout aux commandes des partis islamistes arrivés sur le devant de la scène au lendemain des révolutions arabes de 2011, quarante ans plus tard. Né en 1941, Ghannouchi tire son ascendant sur les quinquagénaires qui gèrent le parti de ses trois lustres de plus. Clé de voûte de sa cohésion, il tient ensemble une branche démocratique, dont Samir Dilou et Hamadi Jebali se sont faits les hérauts au cours de nos entretiens d'hier, et une tendance islamiste plus extrémiste, arc-boutée sur le djihad antilaïque et engagée dans un flirt poussé avec les salafistes.

Ennahdha a fluctué au cours de son histoire entre radicalisme et passage à la violence, d'une part, acceptation des principes de la démocratie et des libertés publiques, d'autre part. Ces derniers ont été entérinés publiquement, mais certains soupçonnent divers dirigeants du parti — dont leur président — de garder sous la surface démocratique un agenda caché.

✧

De petite taille, Ghannouchi a la barbe et le cheveu complètement blancs, résultat d'années d'exil. Il porte habituellement des complets de bonne coupe, sur une chemise sans cravate (comme Marzouki) ou un polo — sauf dans les occasions solennelles, où il revêt le costume traditionnel, marquant ainsi l'ancrage qu'il veut donner à son mouvement dans la culture tunisienne profonde. Avec l'âge, il a acquis une onction de prélat, prodigue d'un sourire auquel des dents légèrement écartées confèrent un scintillement juvénile, mais c'est le regard, ombré par de lourdes paupières, qui exprime l'autorité du personnage et la force de ses convictions. Il parle d'une

voix calme, qui n'a plus les élans du tribun d'antan
— maintenant que chacun guette les oracles d'une
parole qui devait jadis crier pour se faire entendre.

Le président d'Ennahdha occupe une position
papale à la fois dans son parti, où il équilibre sans
trancher les diverses tendances qui divisent les dirigeants plus jeunes, et dans la mouvance de l'islamisme sunnite international, dont il est devenu le
commun dénominateur mondialisé. Sa longue aura
de militant ostracisé, la conversion d'Ennahdha à la
démocratie et son alliance dès 2005 avec des forces
laïques, sans compter le poids modeste de son pays,
par la population comme les ressources, en ont fait
le pontife d'une sorte d'Église islamiste universelle
professant le dogme réformé des Frères musulmans.
Le Qatar en est le grand argentier, la Turquie de
l'AKP le janissaire, l'Égypte de Mohamed Morsi four-
nissant la masse des fidèles et des docteurs de la loi,
la Syrie en révolte contre Assad l'ultime cohorte des
martyrs.

Je commence par l'interroger sur la place d'Ennahdha dans le spectre de l'islam politique :

> *L'islam politique couvre un large éventail qui se
> déploie d'Erdoğan à Ben Laden, ce qui empêche
> de mettre dans le même panier tous les courants,
> qui divergent et peuvent même s'exécrer mutuel-
> lement. Ennahdha appartient au courant modéré
> qui croit en la diversité politique et ne voit pas de
> contradiction entre islam et démocratie, laquelle
> est l'expression moderne du principe islamique de*
> choura *[concertation entre oulémas].*

En Tunisie, nous faisons partie d'un environnement moderne, où les liens avec l'Europe sont très forts depuis le XIXᵉ siècle. Nous acceptons la diversité politique, qui n'exclut personne, en particulier les laïques, et l'expérience de la troïka en est une manifestation.

Qu'en est-il des salafistes, envers lesquels on le taxe de mansuétude ?

Certains sont pacifiques et d'autres recourent à la violence au nom du djihad et rejettent la démocratie. Il faut comprendre qu'ils sont le produit d'une société violente, de la laïcisation extrême initiée par Bourguiba, qui a suscité des réactions extrémistes. Nous-mêmes, quand nous avons émergé, au début des années 1970, dans cet environnement, nous étions radicaux !

Le salafisme radical est né en réaction à la violence de Ben Ali dans les années 1990, lorsqu'il s'est allié à des gens de gauche et autres idéologues radicaux qui ont œuvré à faire disparaître l'islam. Le voile et le Coran étaient interdits, et tout ça a engendré des courants qui ont trouvé leur inspiration dans certaines chaînes de télévision par satellite du Moyen-Orient, qui ont participé à al-Qaida, dont ils ont fait leur modèle.

La guerre d'Irak a attiré des centaines de jeunes Tunisiens, celles d'Afghanistan, de Somalie, de Libye et de Syrie aussi. Mais aujourd'hui, après les révolutions arabes, il n'y a plus de raisons de pratiquer la violence contre le pouvoir. On peut dire que les grands perdants de celles-ci, ce sont al-Qaida et consorts, qui critiquaient les islamistes modérés parce qu'ils n'avaient abouti à rien...

*Nous estimons que notre courant islamiste
modéré est le grand vainqueur des révolutions
arabes, c'est pour cela que le dialogue est la
meilleure manière de traiter avec les salafistes
— comme vous l'avez fait en Europe avec l'extrême gauche et l'extrême droite, qui ont été inté-
grées dans la politique institutionnelle jusqu'à
siéger aux parlements nationaux et européen.*

*Ils ont vécu l'oppression de l'époque Ben Ali.
Après le coup qu'a reçu dans les années 1990 le
mouvement Ennahdha, dans la décennie suivante
la répression était dirigée contre les jeunes salafistes. Ce sont des victimes, des jeunes au chômage, d'anciens prisonniers. Mais ce phénomène
va s'éteindre, avec la liberté dont nous disposons,
et grâce aux projets de développement qui se mon-
teront dans l'ensemble des régions de Tunisie.*

Vendredi 14 septembre 2012

Une haute colonne de fumée noire

L'avion pour la ville européenne où je voyage a
plusieurs heures de retard. Du salon de l'aérogare,
je suis les blogs et les sites tunisiens en direct sur
mon ordinateur. Les salafistes d'*Ansar al-Charia* ont
appelé les croyants à manifester leur colère contre
la vidéo *L'Innocence des musulmans* en attaquant à
la sortie de la prière l'ambassade américaine, sise
au Lac, à quelques encablures de l'aéroport. Abou
Iyadh, leur chef, harangue ses fidèles dans la grande
mosquée al-Fath du quartier Lafayette, au centre-
ville, où je m'étais rendu en octobre 2011.

Lorsque mon avion décolle enfin, je distingue à travers le hublot une haute colonne de fumée noire qui s'élève du quartier du Lac : l'assaut a été donné à l'enceinte diplomatique et à l'école américaine voisine, qui sont la proie des flammes.

IX

QATAR

Samedi 6 octobre 2012

Sécurité intérieure

Le ministre de l'Intérieur Manuel Valls avait prévu de se trouver dans l'avion sur lequel j'embarque pour le Qatar, où il devait inaugurer le salon Milipol. Cette foire-exposition biennale des matériels et techniques de sécurité, et surtout de lutte antiterroriste, destinés aux pays du Conseil de coopération des États arabes du Golfe, se veut la vitrine de l'excellence française en ce domaine. Le ministre a annulé son voyage à la dernière minute, supervisant à chaud l'utilisation de ces mêmes matériels dans l'Hexagone.

Ce matin, un Français d'origine antillaise de trente-trois ans, délinquant converti à l'islam dans sa version salafiste radicale lorsqu'il était incarcéré en 2009, puis endoctriné au Maghreb, a été abattu par la police à Strasbourg, après avoir déchargé sur les fonctionnaires un 353 Magnum. Il était recherché pour avoir lancé une grenade défensive dans une épicerie casher en région parisienne. Il laisse deux épouses enceintes ainsi que le clip vidéo d'un rap

où, barbu et ceint d'un keffieh palestinien, il vitu-
père l'Occident et les Blancs, scandant en refrain
« *Allah Akbar* ». Sa famille était liée au plus fameux
activiste de l'indépendantisme guadeloupéen, un
tiers-mondiste révolutionnaire autrefois condamné
pour des attentats à la bombe sur l'île, puis gracié
et désormais gérant d'une supérette.

Dimanche 7 octobre 2012

Sponsor des Frères

Le Qatar s'est fait le champion des révolutions
arabes, dont Aljazeera a été le principal vecteur
cathodique, leur accordant une couverture quasi
continue, en direct. L'émirat, où je me suis rendu de
très nombreuses fois pendant la décennie écoulée,
défraie aujourd'hui la chronique française. Pas un
jour sans que l'on évoque ses investissements consi-
dérables dans les médias, l'achat des droits exclusifs
de retransmission des matches de football de Ligue 1,
ainsi que son financement controversé de diverses
initiatives dans les banlieues déshéritées, émanant
d'« élus de la diversité », musulmans pour la plupart.

L'ambassadeur à Paris, averti de mon souhait de
rencontrer une haute personnalité pour un entretien portant sur la politique de l'émirat envers les
révolutions arabes, ainsi que des responsables de la
chaîne Aljazeera, m'avait demandé de surseoir à mon
voyage, car les personnes concernées se trouvaient à
l'étranger. Puis, au fil des échanges, la liste officielle
des entretiens était devenue de plus en plus floue,
dans le créneau du séjour pourtant imparti.

Elle comportait surtout des visites dans les musées flambant neufs de la capitale, Doha, vitrines de la politique de communication locale, sans que j'arrive à distinguer ce qui relevait de l'obstruction, de l'incompétence ou de l'affront. Après mes protestations, une excursion dans les studios d'Aljazeera, où je m'étais déjà rendu plusieurs fois pour y donner des interviews à la chaîne arabe, restait planifiée, bien qu'on nous annonçât l'indisponibilité d'un responsable après l'autre.

Quelques jours avant mon départ, une chaîne de télévision française avait diffusé un reportage sur sa consœur qatarie. On y voyait notamment une journaliste franco-africaine d'Aljazeera *English*, ancienne de France 24, comparer avantageusement sa nouvelle situation à la précédente : doublement de son salaire, prise en charge du logement, de la scolarité des enfants, véhicule de fonction... Le documentaire avait été si apprécié à Doha que — devais-je apprendre plus tard — son auteur fut débauché aux mêmes conditions que celles dont se targuait sa collègue.

❖

Nous arrivons aux petites heures au siège de la Qatar News Agency pour y retirer nos accréditations, sésames indispensables à toute apparition d'une caméra dans l'émirat. Un chaouch africain travesti en Bédouin du cru nous propose un fond de tasse d'extrait de café à la cardamome. On nous fait ensuite attendre interminablement sur des chaises dans un minuscule bureau encombré de brochures sur papier glacé vantant les réalisations culturelles, sportives et immobilières locales et les projets pharaoniques à venir. De rendez-vous avec une haute personnalité, il n'est plus même question, alors que j'avais rencontré dans le passé tant l'épouse favorite de l'émir, cheikha Mozah, que ses principaux ministres.

Quant à la visite à Aljazeera, elle est compromise : est dépêché finalement dans le bureau où l'on nous a relégués l'un de ces Égyptiens interlopes qui fournissent la main-d'œuvre semi-qualifiée aux pays du Golfe dont la population diplômée est trop peu nombreuse pour assurer leurs ambitions planétaires. Ventripotent, le visage luisant, la lippe gourmande, il est vêtu d'un ample costume gris brillant sur une chemise mauve et porte une large cravate violette qui scintille en accrochant les reflets du néon.

Il semble me connaître, bien que je n'aie pas le souvenir de l'avoir rencontré, et, calé dans un vaste fauteuil à roulettes du haut duquel il me toise serré sur ma chaise, m'apostrophe dans un français familier et fortement accentué :

Alors, brofisseur, on t'a pas entendu à la télé française sur les investissements du Qatar en France ! X, lui [un collègue dont la rumeur parisienne veut que ses activités soient généreusement subventionnées par l'émirat], on l'a entendu, il a bien parlé ! Et pourquoi tu veux aller à Algàzeera ? Il y a eu un bon reportage l'autre jour à la télé française, tu l'as vu ? C'est pas utile d'en faire un autre, ça apportera quoi de plus ? Non, brofite de ton séjour, y a des bons restaurants ici !

En nous quittant, il nous rappelle qu'une voiture avec chauffeur et un accompagnateur sont à notre disposition pour la durée de notre voyage. Puis il me fait signer une déclaration par laquelle je m'engage à ne rien écrire ou dire qui porterait atteinte à l'intégrité du pays ou favoriserait la sédition confessionnelle — une expression codée qui se réfère à l'antagonisme entre sunnites et chiites — sous peine d'expulsion immédiate.

Nous nous dirigeons avec notre ange gardien vers le seul des rendez-vous officiels agréé offrant quelque intérêt : le Croissant-Rouge qatari. L'ensemble des organismes caritatifs islamiques du Golfe sont très présents aux frontières syriennes, dans les camps de réfugiés et les dispensaires. Ils y prodiguent des aides sans commune mesure avec celles des autres ONG humanitaires.

Les journalistes qui ont pu les approcher sur le terrain rapportent qu'elles comportent des contreparties — comme c'était le cas pour les secours des pays du Golfe durant la guerre en Bosnie. Ils étaient distribués dans les mosquées et favorisaient l'adhésion des bénéficiaires à des normes islamiques strictes passant par le port du voile pour les femmes et de la barbe pour les hommes. Dans le cas syrien, les réfugiés qui reçoivent de l'aide de certains organismes caritatifs golfiotes sont incités à faire montre d'un sunnisme ostentatoire.

Vue du Golfe, la guerre civile en Syrie est le champ de bataille entre pouvoir alaouite, soutenu par l'Iran chiite, et opposition sunnite, appuyée par les pétromonarchies arabes. L'habit salafiste et la longue barbe avec moustache rasée sont le meilleur passeport pour obtenir de la nourriture, des couvertures ou des soins, cette doctrine tenant les chiites pour des hérétiques ou des apostats de l'islam punissables de mort. Le directeur du Croissant-Rouge est un général d'aviation du cadre de réserve. Il nous signifie d'emblée que son organisation est strictement humanitaire sans dimension politique ni religieuse — à preuve, elle est intervenue en Haïti. Il nous fournit moult détails techniques sur les mécanismes de dons, mais reste imprécis sur les montants.

En le quittant, je note que notre ange gardien, qui est un national et occupe sa fonction au titre de la « qatarisation » des emplois, semble ensommeillé. Je lui propose de goûter un repos bien mérité, au motif que nous ferons la plupart de nos entretiens de la journée à l'hôtel *Sheraton* où je réside. Il ne demande pas son reste et disparaît avec chauffeur et voiture, non sans promettre de nous apporter ultérieurement les brassées de brochures publicitaires vantant la marque Qatar, le *branding* d'État, qui nous sont imparties.

✧

Le *Sheraton* est le plus vieil hôtel de Doha. Construit en 1979 pour un coût de 100 millions de dollars, il était le seul bâtiment d'envergure à l'ouest de la baie, espace désertique faisant face au centre ancien, sur la rive opposée.

La voie au bout de laquelle il se trouve s'appelle toujours *shari' al funduq*, « rue de l'Hôtel » alors qu'on en compte aujourd'hui des centaines d'autres. Il ressemble à une pyramide tronquée, avec son sommet aplati où se niche un restaurant panoramique. Sa plage se love dans une petite forêt tropicale reconstituée, arrosée goutte à goutte depuis trois décennies à l'eau dessalée ; elle abrite une volière où causent les perroquets.

Le *Sheraton* est le moyeu de la diplomatie parallèle du pays, grâce à son immense centre de conférences, autant qu'à ses chambres et suites, qui ont hébergé d'innombrables activistes barbus exilés de leur terre natale, des Algériens aux Tchétchènes, à côté d'hommes d'affaires de toutes les nations avides de contrats. C'est aujourd'hui le bâtiment le moins élevé d'une corniche qui fait l'orgueil du Qatar et fournit la matière des clichés publicitaires, où des gratte-ciel exubérants dessinés par les plus grands noms de l'architecture internationale se bousculent dans l'ostentation d'une luxueuse jungle postmoderne de verre et d'acier.

Ce *skyline* somptueux est destiné à faire pièce à la voisine Dubaï, la commerçante, partie plus tôt dans la course locale à la globalisation, mais dont la prospérité fluctue au gré des crises économiques et des aléas de la conjoncture. Le Qatar, lui, dispose d'une manne financière inépuisable, gagée sur des réserves gazières prouvées au-delà de l'horizon du siècle. C'est le pays le plus riche du monde — en produit national brut rapporté à ses quelque deux cent mille nationaux. Mais il est petit et fragile, menacé au premier chef par la voracité de ses deux grands voisins immédiats, l'Iran et l'Arabie saoudite.

Sa diplomatie s'est construite comme une quête incessante d'assurances tous risques, souscrivant des polices auprès de toutes les instances politiques, culturelles ou religieuses possibles de la planète. Elle les joue les unes contre les autres dans une course folle qui contraint l'émirat à des innovations permanentes et à la conquête infinie de nouveaux domaines où établir des positions de puissance dont l'unité de compte est la centaine de millions de dollars.

Aljazeera est le fleuron médiatique de cet empire, qui comporte aussi Qatar Airways, avec son kérosène détaxé et ses employés sans syndicat ; la Qatar Foundation, où des universités américaines fameuses implantent une branche dans le sable et louent leur label une fortune ; la Coupe du monde de football de 2022 et les énormes contrats qui en découleront pour le BTP et les transports ; la base américaine du « Centcom » (Central Command), d'où partent les avions militaires qui surveillent le Golfe. Cette stratégie passe également par des prises de participation à l'étranger.

En France, elles se sont traduites par l'acquisition du prix de l'Arc-de-Triomphe, rebaptisé « Qatar prix de l'Arc-de-Triomphe », ou du Paris Saint-Germain, désormais à même de transférer vers lui les joueurs les plus chers de la planète. S'y ajoutent, en préparation de la Coupe du monde, l'obtention des droits de retransmission des matches de Ligue 1, sans oublier le rachat de palaces du « triangle d'or » parisien et de la Côte d'Azur, le parachutage de fonds d'investissement en banlieue... et le financement des activités de mon collègue X, qui a su trouver les mots pour dire tout le bien qu'il fallait penser de ces opérations aux téléspectateurs français.

Cette immense toile d'araignée dans laquelle se prennent des redevables de tous ordres, de toutes nationalités et de toutes obédiences ne se préoccupe d'aucune idéologie pourvu que l'émirat puisse compter sur la compréhension, la mansuétude, l'appui ou l'allégeance de ses obligés, en fonction du degré de leur dépendance.

Le Qatar peut ainsi se montrer l'un des plus fervents soutiens du Hamas palestinien et maintenir des relations commerciales avec Israël, sans qu'aucun des deux ose en prendre ombrage ; accueillir à quelques kilomètres de distance la base aérienne d'où partaient les avions qui bombardaient l'Irak et les studios d'Aljazeera où Saddam Hussein disposait de solides relais ; inaugurer le lycée franco-qatari « Voltaire » (nom choisi par l'émir), cogéré avec la Mission laïque française, tout en veillant à ce que les élèves qataris soient exclusivement imprégnés de doctrine islamique ; entretenir dans un *compound* voisin des salafistes locaux qui, pour être en rivalité avec leurs collègues stipendiés par l'Arabie saoudite, n'en anathématisent pas moins avec une égale virulence l'esprit voltairien, et ainsi de suite.

La richesse fabuleuse et unique de l'émirat l'a émancipé de la géométrie euclidienne. Croisant et décroisant les parallèles avec les méridiens en un lacis de rets enserrant la planète, il espère se prémunir ainsi des appétits des ogres limitrophes iranien et saoudien, géants tout disposés à régler son compte à l'opulent et insolent lilliputien, mais empêtrés dans le réseau mondial tissé par Doha et paralysés par leur violente inimitié mutuelle. Médiateur dans toutes les crises possibles de la région grâce à son entregent et à son argent, le Qatar, quant à lui, ne s'est (presque) fait que des amitiés, chèrement payées.

✧

Mais les révolutions arabes ont bouleversé le paysage, contraignant le Qatar, pour la première fois dans l'existence de cet État quadragénaire né en septembre 1971, à se transmuer en protagoniste, à monter sur la scène pour donner l'impulsion aux seconds rôles, alors qu'il demeurait jusqu'alors en coulisse, tirant les ficelles, changeant les décors, souffleur si besoin. Pareille métamorphose est à la mesure de la panique qui s'est emparée des pétromonarchies du Golfe en janvier 2011, quand les régimes autocratiques étaient en ligne de mire des foules émancipées de la place Tahrir au Caire ou de la place de la Perle à Manama.

Les cauchemars des émirs étaient peuplés de dizaines de millions d'Égyptiens révolutionnaires traversant la mer Rouge et déferlant sur les champs pétrolifères, tandis qu'autant d'Iraniens franchissaient le golfe Persique et, depuis leur marchepied dans l'île chiite de Bahreïn, submergeaient le pont qui relie celle-ci à la péninsule Arabique. Face aux révolutions, l'Arabie saoudite et le Qatar ont réagi de façon différente, à la mesure des ressources particulières, des contraintes propres et de la rivalité qui taraude ces deux rentiers de l'or noir — l'éléphant saoudien, géant pétrolier, le tigre qatari, géant gazier.

L'Arabie saoudite est dotée de quelque vingt millions de nationaux, pour moins de dix millions d'immigrés et expatriés, alors que le Qatar compte probablement dix fois plus d'étrangers résidents que les deux cent mille ressortissants qataris, population moindre que celle de la Corse. Pour Riyad, le danger le plus pressant vient de l'appauvrissement d'un nombre croissant de sujets du royaume, à la démographie exponentielle, où quantité de jeunes ne trouvent pas d'emploi. Ils ressentent la répartition inégale de l'énorme rente pétrolière, qui favorise outrageusement la quinzaine de milliers de princes et principicules composant avec leur parentèle la famille royale.

Pour préempter ce mécontentement et se prémunir contre l'effet de souffle de la révolution qui tempêtait en Égypte et à Bahreïn, le monarque saoudien octogénaire, de retour d'une opération chirurgicale aux États-Unis, fit abonder, en février et mars 2011, le budget de l'État de 130 milliards de dollars de sa cassette personnelle. [*Les revenus pétroliers de l'Arabie saoudite avoisinaient 200 milliards de dollars en 2010.*] Une part significative de la manne fut captée par les instances de propagation de l'islam salafiste, idéologie du royaume et vecteur d'influence auprès des musulmans sunnites à travers le monde.

Les Saoud sont d'évidence réfractaires à la révolution et allergiques à la démocratie ; mais leur bête noire, ce sont les Frères musulmans. Ces derniers, en effet, leur disputent le magistère suprême sur l'islam qu'ils se targuent d'exercer par leur contrôle de La Mecque et de Médine, source de leur légitimité et de la jouissance incontestée de leur fortune pétrolière.

Face aux révolutions arabes, le « Gardien des Deux Lieux Saints », après avoir verrouillé la situation dans le royaume, entreprit de subventionner plus encore le salafisme, qui prône l'obéissance des croyants sunnites du monde entier aux grands oulémas saoudiens dont les fatwas par Internet ont force de loi. Il s'agissait par ce moyen d'abord de brider l'essor des Frères musulmans — encouragé au contraire par le Qatar — puis de contrer le chiisme sur bases doctrinales et politiques, enfin d'entraver l'expansion iranienne dans le Golfe afin d'éviter la mainmise perse sur des hydrocarbures concentrés dans l'est du royaume.

Pour le Qatar, l'équation des révolutions arabes se présente selon un algorithme différent. L'émirat n'a guère à se soucier dans l'immédiat de ses nationaux, peu nombreux et biberonnés à la rente gazière. En revanche, la déstabilisation de l'ordre régional sous l'effet d'idéologies démocratiques après le renversement des Ben Ali, Moubarak et autres Kadhafi constitue un sérieux défi. Pour le relever, la diplomatie de Doha a choisi de mettre son poids financier derrière les Frères musulmans, en qui elle voit un allié à la fois fiable et dépendant, peu désireux de bouleverser les hiérarchies sociales.

Dès les premiers jours des révolutions, Aljazeera a pris fait et cause pour les insurgés, puis a donné un accès privilégié sur ses plateaux aux Frères des divers pays concernés afin qu'ils propagent leur doctrine aux peuples soulevés et en deviennent les porte-parole cathodiques, préalable au succès final dans les urnes.

Parvenant au pouvoir en Tunisie et en Égypte, principaux compétiteurs en Libye, au Yémen — demain en Syrie —, ils encadrent le processus démocratique dans la logique d'un islamisme politique rassurant, car rétif aux bouleversements des hiérarchies réclamés par les militants de gauche qui occupaient la rue dans les premières semaines des troubles. Et ils sont tout prêts à reconnaître la suzeraineté financière de l'émirat et à lui fournir en contrepartie la légitimation religieuse dont il manque, face à l'appareil ecclésial salafiste saoudien et à ses dizaines de milliers d'oulémas fonctionnaires.

Le Qatar, prenant ainsi fait et cause pour une idéologie politique et religieuse dont on estime à Doha qu'elle peut domestiquer les révolutions dans un sens favorable aux intérêts du pays, s'est départi de sa stratégie de médiation tous azimuts et peu engagée. En cela, l'évolution de l'émirat inquiète certains de ses alliés et clients occidentaux, qui cultivent quelque méfiance envers des Frères musulmans dont le vernis démocratique leur apparaît aussi mince que récent, et l'antioccidentalisme et l'antisémitisme, en revanche, profondément ancrés.

Est-ce pour éviter des questions embarrassantes sur ces sujets que l'accès m'a été dénié à des responsables qataris que je rencontrais avec facilité avant les révolutions arabes ? Ou parce qu'ils craignent de figurer dans un documentaire dont ils ne contrôlent pas le script — ainsi que dans un livre non soumis à leurs censeurs —, au moment où leurs investissements en France nourrissent une polémique récurrente ?

Depuis 2011, leur parole publique n'a cessé de se raréfier, et ce sont leurs innombrables agents de communication qui parlent à leur place, faisant la réclame de la marque Qatar et réitérant à l'infini toute la gamme de ses produits, du sport à la culture. J'ai tourné l'obstacle en interrogeant des personnalités qui, tout en participant à la communication de l'émirat, jouissent d'une certaine indépendance, car ils ont leur propre agenda et trouvent intérêt à s'exprimer pour valoriser leurs projets.

Aljazeera, allumeuse
et éteignoir des révolutions

Wadah Khanfar a été, de 2003 à septembre 2011, le directeur général d'Aljazeera. Sous la houlette de ce Palestinien charismatique né en 1968, qui porte la barbe rognée propre aux islamistes modernes et branchés, la chaîne a connu un développement extraordinaire. Elle a été propulsée aux premiers rangs des télévisions du monde et au pinacle de la notoriété. Elle est devenue le héraut des révolutions arabes et l'impresario des Frères musulmans.

Khanfar en a pris les rênes à l'occasion de l'invasion de l'Irak, après que les relations entre la diplomatie américaine et la rédaction furent devenues exécrables. Le précédent directeur général la traitait tellement à charge que cela galvanisait les masses arabes contre la politique des États-Unis à un point qui finit par franchir la ligne rouge et entrer en contradiction avec les intérêts de l'émirat. Il fut remercié pour complaisance envers Saddam Hussein, et Khanfar, alors chef du bureau de Bagdad, lui succéda pour huit années flamboyantes autant que controversées.

Wadah Khanfar a abandonné ses fonctions le 20 septembre 2011 au sommet de sa gloire, quelques jours après qu'eut circulé un câble diplomatique émis par l'ambassadeur américain à Doha en octobre 2005 et fuité par Wikileaks. Selon celui-ci, le patron d'Aljazeera se montrait réceptif aux pressions du Département d'État pour améliorer la couverture de l'occupation de l'Irak. L'intéressé relativisa les faits et fit savoir qu'il avait décidé de longue date de quitter la chaîne afin d'éviter l'usure du pouvoir éditorial, et de présider à une fondation qu'il créait, le forum *al-Sharq* (l'Orient), destiné à accompagner et orienter les nouveaux gouvernements issus des élections, en Tunisie et en Égypte notamment.

En attendant de s'installer dans ces deux capitales, le forum demeure à Doha, et c'est dans ce contexte que Khanfar accepte de m'accorder un entretien, désireux de publiciser sa dernière entreprise. Sans siège au Qatar, il nous rejoint dans ma chambre du *Sheraton*, où le réalisateur le filme avec, dans le cadre, l'écran d'Aljazeera sur la télévision murale, son coupé, en arrière-plan.

Cela restitue bien, me semble-t-il, la double dimension de son discours. D'une part, il tient un propos à un universitaire occidental — pour lequel il a choisi l'anglais afin de partager la rationalité qu'il m'impute. En parallèle, les images de la chaîne en constituent l'illustration concrète, même décalée et aléatoire, mais dont le registre s'adresse au télé-spectateur arabe. On a ainsi à la fois la théorie et la pratique, les principes et leur application.

Durant les quatre-vingt-dix minutes de notre ren-contre, le hasard a voulu que se succèdent à l'écran, outre le logo de la chaîne, les annonces publicitaires (exclusivement de grandes sociétés qataries), une météo globale et le couple de présentateurs du jour-nal télévisé : un reportage sur le Front islamique Moro des Philippines, où l'on voit des guérilleros armés faire leur prière vers La Mecque, des sujets sur l'abattage industriel halal des poulets dans un pays du sous-continent indien, sur l'enseignement de l'arabe et du Coran à des petites filles entièrement voilées en Afrique noire, sur le football en France, tour Eiffel à l'appui, et finalement des extraits d'un entretien du journaliste vedette Ahmed Mansour, issu des Frères musulmans égyptiens, avec une per-sonnalité historique des Frères qui en retrace la saga au long des quatre-vingts dernières années et apporte son témoignage.

Selon Khanfar, les événements du monde arabe sont en réalité un « éveil » (*awakening, sahwa*) fer-mant une longue parenthèse, une « erreur histo-rique » de près d'un siècle. Elle remonte à la fin de la Grande Guerre : c'est la désintégration de ce monde à cause des accords Sykes-Picot de 1916 par-tageant les territoires arabes de l'Empire ottoman entre les futurs vainqueurs anglais et français du conflit. Ceux-ci ont dessiné les frontières d'États qui ne correspondaient à aucune nation, et qui, une fois

émancipés, n'ont servi que les intérêts des élites pro-
occidentales au pouvoir, au détriment des peuples,
tout en étant trop faibles pour peser à l'échelle internationale :

> *Ce n'était que conflits récurrents et dépendance*
> *perpétuelle envers l'étranger. Avec l'éveil de 2011,*
> *nous allons recréer un mouvement qui plonge*
> *ses racines dans mille quatre cents ans d'histoire*
> *[la durée de l'ère hégirienne, depuis l'avènement*
> *de l'islam], en reprend la dynamique naturelle,*
> *trouve sa centralité dans la région elle-même et*
> *rompt avec les approches occidento-centrées, voire*
> *soviéto-centrées. Les peuples arabes récupèrent le*
> *pouvoir qui leur a été confisqué pendant cent ans*
> *et vont mettre en œuvre les institutions qui sont*
> *en synergie avec la mémoire collective et l'esprit*
> *de cette région,* al-Sharq *[l'Orient].*

La fragmentation que l'on peut observer aujourd'hui
entre chiites, sunnites, alaouites, chrétiens, Druzes,
Kurdes ou Berbères n'est qu'un état temporaire,
dû aux conflits du siècle passé. Selon Khanfar, il
sera dépassé par « un dialogue qui conduise à une
approche civile de la politique, comme l'Europe a
su dépasser ses conflits alors que le monde arabe
n'y est jamais parvenu ». Cette vision de l'histoire et
ce projet sont en phase avec la doctrine des Frères
musulmans :

> *Ils ont vu le jour dans un vide [en 1928], après*
> *la disparition du califat ottoman, et ont cherché*
> *une autre approche. Ça a donné le thème de l'is-*
> *lam politique. Après les printemps arabes, une*
> *nouvelle ère a commencé, avec de nouveaux para-*

digmes, une nouvelle philosophie, qui prendront quelques années à être clarifiés.

Les Frères musulmans ont construit leur vision du monde sur l'opposition au pouvoir et se sont focalisés sur l'identité. Ils sont maintenant au pouvoir : il va falloir qu'ils assurent ! Comment réaliser l'islam dans un État moderne ? C'est la question, car cet État n'est pas une entité produite par les musulmans : il a été importé après la Première Guerre mondiale.

Dans ce grand débat, les Frères sont une voix, mais ce n'est pas la seule ; on a aussi les salafistes qui émergent, sans compter des groupes désorganisés.

Ces Frères qui deviendront « plus pragmatiques et réalistes que par le passé », Khanfar en voit le modèle par excellence chez Ghannouchi, en Tunisie. Sa prédisposition au compromis gradué face aux obstacles aboutit à ne pas imposer la charia ou la « complémentarité » de la femme par rapport à l'homme si c'est un trop grand facteur de division du pays. Khanfar reprend :

Personne chez les Frères ne voudra diriger un État taliban ! Et un État dirigé par les islamistes sera beaucoup plus dynamique et pragmatique qu'un État dirigé par des laïques, car les premiers ont la légitimité pour remettre en cause des idées préconçues, ou toucher à des enjeux considérés comme sacrés ou tabous dans notre culture.

Aljazeera a préparé le monde arabe à cet éveil, car elle a « réussi à comprendre le tissu social et politique de nos sociétés, à créer un sentiment collectif » :

*D'Oman au Maroc, on regarde les mêmes
programmes, on entend les mêmes invités, c'est
devenu la chaîne par défaut du monde arabe, sur
laquelle tous s'entendent a minima. Avec le printemps arabe, on a eu le sentiment que tout ce à
quoi nous aspirions était devenu réel, c'était un
moment de grande excitation.*

*La place Tahrir [au Caire], c'était notre meil-
leure couverture. On y a consacré la totalité de
nos programmes ; nos caméras étaient nécessaires
pour observer ce qui s'y passait, l'étudier précisé-
ment. Le monde arabe tout entier regardait ces
images. C'était le moment le plus brillant de toute
notre histoire, ces dix-huit jours, un grand atelier
mis à la télé pour que tout le monde arabe s'assoie
et entende tout ce qui était discuté, démocratie,
liberté, dictature, tout était en jeu !*

*Et le plus magnifique de tout était que les nou-
velles stars étaient des jeunes. Les gens se sen-
taient énergisés. Il faut bien comprendre que cette
région passait par une dépression chronique, avait
perdu tout espoir dans le changement !*

Je mentionne à mon interlocuteur ma journée
à Ramallah, le 18 mars 2011, lorsque je regardais
les chaînes arabes à l'hôtel *Mövenpick*, suivant sur
Aljazeera la couverture en direct de Benghazi libérée
où flottaient des drapeaux français juste avant la
« frappe de Sarko ». J'y cherchais en vain des images
des manifestations et de la répression à Bahreïn
après l'entrée des troupes saoudiennes pour écraser
la « protestation chiite » — comme on la nomme
dans le monde sunnite. Je ne les trouvais qu'en
zappant sur les chaînes chiites irakiennes, qui s'es-

sayaient avec de modestes moyens à recréer autour de la place de la Perle de Manama une ambiance façon place Tahrir. Il concède brièvement que le traitement de Bahreïn par la chaîne n'était pas parfait, mais que ses équipes étaient mobilisées en Libye à cette période :

> *Les Arabes sont inquiets de la capacité nucléaire de l'Iran, qui veut s'ingérer dans leurs affaires : en Syrie, au Liban, en Irak, en soutenant les Houtis dans le nord du Yémen, à Bahreïn, dans l'est de l'Arabie saoudite… Il y a un ressentiment de la région arabe contre l'Iran, et c'est la cause du plus grand clash entre sunnites et chiites que nous ayons connu dans notre histoire !*
>
> *Mais l'Iran fait partie de la région, et l'équilibre entre les trois composantes turque, arabe et iranienne est nécessaire. Pour cela, il faut que l'Iran reconnaisse ses limites. Des trois, les Arabes sont les plus faibles. Les Turcs et les Iraniens ont chacun un État, nous, nous en avons vingt-deux, sans sentiment collectif. Voilà ce que le printemps arabe devait corriger : la nation arabe doit se réveiller !*
>
> *Et Israël a un problème majeur avec le monde arabe, la Turquie et l'Iran : il ne fait partie de la région ni culturellement, ni politiquement, ni socialement, ni historiquement !*

Je n'avais jamais pu rencontrer Wadah Khanfar lorsqu'il dirigeait la chaîne, pas plus que je ne peux aujourd'hui obtenir de rendez-vous avec son successeur. Il n'aurait eu ni le goût ni sans doute la capacité, dans le feu de l'action, de présenter celle-ci en rétrospective comme il l'a fait avec nous, pour l'histoire, en quelque sorte. Même s'il se l'approprie en vue de ses futurs projets, et ne fait qu'effleurer l'articulation pourtant fondamentale entre la politique d'Aljazeera et celle du Qatar.

La réinscription des révolutions arabes dans un « éveil » après un siècle d'assoupissement et de tribulations, qui épouse la vision des Frères musulmans et la réconcilie avec le nationalisme arabe, est la substance de l'« *Aljazeera mix* », comme on dit ironiquement dans la région.

❖

Je descends au rez-de-chaussée du *Sheraton* où se tient durant trois jours un colloque ayant les mêmes ingrédients que le cocktail d'Aljazeera. Intitulé « Les islamistes et la gouvernance démocratique », il est organisé par un centre de recherches tout récent, financé par le Qatar et dirigé par une personnalité importante du nationalisme arabe de gauche, Azmi Bishara. Né en 1956 « derrière la ligne verte », à Nazareth, dans une famille chrétienne, cet universitaire formé en Allemagne et réélu quatre fois député arabe à la Knesset a dû quitter Israël où il faisait l'objet de poursuites en 2007.

Comme beaucoup d'activistes éminents de la région, il a trouvé au Qatar les moyens matériels de donner corps à ses idées. Son Centre arabe de recherches et d'études politiques, qui bénéficie des encouragements du prince héritier Tamim, a l'ambition de devenir l'un des principaux *think-tanks* de langue arabe dans le monde, en même temps qu'une école doctorale spécialisée dans les sciences politiques, contribuant ainsi à la centralité culturelle du Qatar.

Il s'inscrit également au cœur des conflits pour la succession du présent émir, Hamad ben Khalifa al-Thani, entre le prince héritier, fils de la deuxième et plus éminente des épouses, cheikha Mozah, et le Premier ministre Hamad bin Jassem, homme le plus riche de l'émirat et par ailleurs cousin de l'émir.

Le cheikh Hamad bin Jassem exerce son patronage sur le centre de recherches rival, rattaché à Aljazeera, qui vient d'organiser il y a trois semaines, toujours au *Sheraton*, un colloque sur le même thème intitulé « Les islamistes et les révolutions arabes », avec de nombreux intervenants identiques appartenant au gotha de l'islamisme international. S'y était rendu en invité d'honneur cheikh Rached Ghannouchi juste avant notre entretien à Tunis, le 13 septembre ; il est de retour aujourd'hui à Doha pour participer à celui-ci, où il tient la vedette avec Khaled Mechaal, le leader du Hamas palestinien, désormais résident au Qatar.

Il en va de même pour Hassan al-Tourabi, principale figure de l'islamisme soudanais, qui avait fait de son pays, dans les années 1990 et 2000, le havre du mouvement, distribuant les passeports aux Frères proscrits dans leur pays. Je retrouve aussi Ali al-Bayanouni, longtemps contrôleur général des Frères musulmans syriens, et de nombreux autres qui ont accepté les deux invitations consécutives, et dirigent des partis et organisations jordaniens, libanais, koweïtiens, égyptiens, libyens, algériens, marocains en orbite dans la nébuleuse des Frères — à l'exclusion de tout représentant saoudien.

À la table du Qatar, des intellectuels nationalistes, laïques, libéraux, voire marxistes, sont conviés à donner la réplique à ceux qu'ils ont passé leur vie à combattre. Sous l'égide de l'émirat gazier, ils sont incités à œuvrer pour la réconciliation avec leurs ennemis à qui les révolutions arabes ont permis de s'emparer du pouvoir ainsi qu'à entrer en partenaires mineurs dans une alliance dirigée par les Frères musulmans, pour mieux faire pièce au monolithe saoudien.

Cette bataille pour le leadership du monde sunnite dans la foulée des révolutions est un combat du tigre et de l'éléphant entre le gaz qatari et le pétrole saoudien. « Si jamais le tigre s'arrête, l'éléphant le transpercera de ses puissantes défenses. Si le tigre ne s'arrête pas, il s'élancera sur l'éléphant et lui arrachera le dos par grands lambeaux. Et lentement l'éléphant mourra d'épuisement et d'hémorragie. »

Je me remémore cette image qu'affectionnait Hô Chi Minh — qui identifiait le Viêt-minh au tigre et l'éléphant au corps expéditionnaire français d'Indochine — en pensant à l'affrontement entre l'ubiquité féline du Qatar et la masse pachydermique de l'Arabie saoudite.

De retour d'un dîner protocolaire, je remarque dans l'hôtel, au niveau mezzanine, au-dessus du couloir qui conduit à la salle où se tient le colloque et au-dessous de ma chambre, où nous avons filmé Wadah Khanfar, un va-et-vient qui semble indiquer un bar, bien que rien ne le mentionne sur les brochures de l'établissement.

La vente d'alcool, qui s'était libéralisée avec l'arrivée massive des expatriés, s'est réduite aux grands hôtels — après les récriminations de ressortissants qataris contre la licence morale dont les étrangers donnent l'exemple, et qui menace de pervertir la jeunesse indigène. De fait, l'alcoolisme et la toxicomanie des jeunes hommes nantis et oisifs sont devenus un problème majeur dans les petites pétromonarchies, où le sujet n'est plus tabou, même dans la presse locale, pourtant très surveillée.

Pour tromper l'ennui, les week-ends, on va casser des voitures de luxe dans des rodéos au milieu des dunes du désert, avant de s'imbiber de gin ou de vodka sous des tentes climatisées. Plusieurs responsables d'un émirat voisin m'ont confié en privé leur préoccupation pour l'incapacité d'une jeune génération gâtée et fainéante à prendre la relève. Cela pose un problème existentiel de survie des États où l'étiolement de nationaux compétents les contraindrait à céder totalement la gestion des affaires publiques à des étrangers, qui finiraient par s'emparer du pays.

D'ores et déjà, le premier groupe ethnique dans les émirats côtiers est formé des Indiens, qui monopolisent le secteur financier et assurent son fonctionnement. Au bas de l'échelle Bengalais, Pakistanais, Afghans, Philippins fournissent la main-d'œuvre banale ; dans les services, on trouve la plupart des Arabes du Moyen-Orient et d'Afrique du Nord. Au sommet du système, des Européens où prévalent les Anglo-Saxons.

Pour ces expatriés anglo-américains, il existe au sous-sol du *Sheraton* une « taverne irlandaise » qui débite une musique assourdissante dans une ambiance sinistre de beuverie. Je tente donc ma chance pour une dernière bière dans ce lieu non signalé en mezzanine, mais dont un barrage filtre l'entrée, payante pour les non-résidents de l'hôtel.

C'est une sorte de discothèque où deux Chinoises très jeunes vêtues très court se trémoussent sur scène, prenant des poses suggestives. Les clients, surtout moyen-orientaux ou européens de l'Est, sont affalés dans des fauteuils, un bock à la main, fascinés par les mimiques sexuelles explicites des danseuses. Un jeune Golfiote, très mince et très soûl, se dandine seul collé à la scène, un paquet de cigarettes en équilibre sur la tête. Il tend les mains vers l'arrière-train d'une fille qui le fait frétiller devant lui et esquive lorsqu'il essaie de lui toucher les fesses. Il tente de la poursuivre en montant sur la scène, arrêté par deux videurs — j'entends au milieu du brouhaha des éclats de voix en dialecte égyptien.

Des professionnelles tournent en cherchant leur proie. L'une d'elles, plutôt grasse, comme on les aime dans la région, les yeux cernés, s'assied à côté de moi, me dit en anglais qu'elle vient de Shanghai et me propose d'entrée de jeu ses services pour 2 500 riyals (530 euros) « *for two girls* », et 1 300 riyals (275 euros) en solo. Malgré ma réponse négative, elle insiste, débitant sur un ton monocorde un catalogue de prestations comprises dans le forfait, industrieuse ouvrière de l'amour que le grand empire manufacturier a exportée dans une région où il achète ses hydrocarbures, pour solder sa balance commerciale.

Je suis surpris par le tarif, qui paraît exorbitant pour un modèle d'entrée de gamme — un expatrié français me confiera le lendemain : « On a la Chinoise à 400 riyals [85 euros] pour la nuit. » Puis je me rends compte que je suis le seul consommateur en costume-cravate, créant par là ce que les économistes nomment un effet d'aubaine. Les Chinoises, arrivées en masse depuis quelques années, ont pratiqué le *dumping*, chassant les Philippines du marché premier prix.

Lundi 8 octobre 2012

Cheikh Qaradawi, le mentor

Je me rends au domicile du cheikh Youssef al-Qaradawi, dans un quartier chic de grandes villas en bord de mer, près de l'université, où cet ouléma égyptien de quatre-vingt-six ans, lauréat d'al-Azhar, membre des Frères musulmans, a dirigé le département de charia. Déchu de sa nationalité égyptienne par Nasser pour son appartenance à la confrérie, il a été naturalisé qatari, distinction insigne et marque de confiance très rarement accordées.

C'est le prédicateur le plus célèbre du monde musulman, mais sa notoriété déjà bien assise a été portée au pinacle par Aljazeera. Il est l'hôte, chaque dimanche matin, de l'émission religieuse « La charia et la vie », où il répond en direct pendant deux heures aux questions des téléspectateurs pour leur dire ce que l'islam (selon son interprétation) prescrit ou proscrit pour les choses de la vie. Son livre *Le Licite et l'Illicite en islam* (*al halal wa-l haram fi-l islam*) serait le second ouvrage le plus vendu en arabe, après le Coran, et un best-seller dans de nombreuses langues (il a été interdit temporairement en France en 1995).

Surnommé le « mufti mondial » (*global mufti*), membre des *charia boards* des plus grandes banques islamiques, dont il certifie le caractère halal, attirant ainsi une vaste clientèle, président de l'Union mondiale des oulémas musulmans et du Conseil européen de la fatwa et de la recherche, sa notoriété ne va pas sans contestations.

C'est le pape de la *wasatiyya* : ce terme qui se traduit par « juste milieu » résonne avec l'une des définitions de l'islam, *hizb al-Wasat*, soit « le parti médian ». Il veut signifier que la voie moyenne qu'il prône se situe à équidistance de l'extrémisme salafiste, surtout dans sa version djihadiste, et du laxisme imputé aux musulmans sécularisés. La *wasatiyya* sert de corps de doctrine par défaut aux Frères musulmans et à leurs sympathisants, idéologie à géométrie variable abondée par le site que préside le cheikh sur la Toile, *islamonline*, hébergé au Qatar et en Égypte.

Les salafistes ne s'y sont pas trompés qui voient là un insupportable concurrent à leur appareil ecclésiastique, coiffé par l'organisme des grands oulémas saoudiens, dans la bataille pour le leadership sur l'islamisme contemporain. Ils haïssent Qaradawi comme personne, criminalisent ses compromissions avec la société moderne et avec la politique.

Couvert d'insultes sur leurs sites en ligne, il y est affecté du sobriquet de *qird 'awi* (singe aboyeur), paronyme arabe de son nom. D'un autre côté, il est incriminé par la plupart des laïques du monde musulman ainsi qu'en Occident, pour ses positions radicales. Elles s'expriment par le soutien aux « opérations martyre » (ou attentats-suicides) des Palestiniens du Hamas contre Israël, y compris contre les civils, au motif que l'État hébreu est une société militaire qui pratique la conscription des deux sexes et ne comporte donc pas de « civils ».

L'hostilité de Qaradawi envers les Juifs se manifeste régulièrement avec virulence et fait l'objet d'accusations récurrentes d'antisémitisme. Il a aussi été l'un des plus puissants porte-voix de la campagne contre les caricatures du prophète Mahomet parues dans un journal danois en 2005 et avait vivement réagi contre la loi française sur l'interdiction des signes religieux ostentatoires à l'école en 2004.

En revanche, il a dénié la qualité de djihad aux attentats du 11 Septembre, faisant de ses auteurs des suicidés qui rôtissent en enfer et non des martyrs qui goûtent aux délices du paradis entourés de soixante-douze vierges, al-Qaida étant l'ennemie intime des Frères musulmans. Il a également émis une fatwa autorisant les soldats américains musulmans à participer à la guerre en Irak, jurant la perte du baathiste Saddam Hussein.

❖

L'extraordinaire notoriété de cheikh Youssef al-Qaradawi tient d'abord à son style. Il me rappelle un autre prédicateur au profil comparable, enfant comme lui d'un village misérable du delta du Nil et orphelin de père, le cheikh Abd al-Hamid Kishk, aujourd'hui décédé. J'avais longuement interviewé cet adversaire fameux de Nasser et Sadate et en avais traduit un sermon pour ma thèse et mon premier livre, *Le Prophète et Pharaon*, en 1981.

Mais Kishk, rendu aveugle par le trachome contracté en bas âge, était resté un opposant brut de décoffrage. Il ne percevait qu'indirectement les transformations du monde qui l'entourait et les occasions qu'offraient aux prêcheurs renommés les dictateurs du dernier quart du siècle passé, comme Sadate, Ben Ali ou Chadli Bendjedid. Ceux-ci leur permettaient en effet de trouver des arrangements financiers tout en continuant à vitupérer en chaire les maux de ce bas monde sans franchir certaines lignes rouges.

Qaradawi a eu ses deux yeux pour voir les glissements subtils du pouvoir avec l'émergence de l'islamisme, l'évolution des rapports de force régionaux et la fusion entre pétromonarchie et légitimité religieuse. Il a bien compris les compromis dont un prédicateur illustre pouvait tirer profit, avant de paraître en pleine lumière sous les projecteurs d'Al-jazeera pour ne plus les quitter.

Kishk et lui partagent une verve rabelaisienne mêlant la faconde populaire du fellah du Nil à la perfection grammaticale des oulémas d'al-Azhar. C'est cette rhétorique truculente qui enthousiasme les croyants rivés au petit écran et donne à la ménagère voilée de moins de cinquante ans et à l'informaticien barbu le sentiment d'avoir à leur portée, par la magie du verbe, l'essence et la science de l'islam.

Mes amis écrivains ou universitaires, pétris de haute culture arabe, n'ont que mépris pour celui qu'ils traitent de charlatan et de démagogue, pointent ses raccourcis, ses insuffisances, sa mauvaise foi. Ils mettent l'intérêt que je lui voue sur le compte d'une perversité d'orientaliste, d'une *Schadenfreude*, une « mauvaise joie » détestable à me goberger des inepties d'un sermonnaire télécoraniste. Pourtant, outre la nécessité professionnelle où je me trouve d'entendre le propos du plus écouté des prédicateurs, j'éprouve — totalement distancié que je suis de son idéologie — un réel intérêt à son art oratoire, au choix de ses adjectifs, au balancement de ses périodes, à son phrasé.

C'est en mémorisant des passages entiers des sermons de Kishk que j'ai appris à m'exprimer en arabe. Ainsi la langue de Qaradawi m'est-elle familière : pour se faire entendre de tous, il évite les mots rares, les glossèmes qu'affectionnent les littérateurs arabes et les formes vernaculaires accessibles aux seuls locuteurs d'un même dialecte. C'est tout l'art de l'orateur : les croyants ont l'illusion qu'ils comprennent la religion, comme j'ai l'illusion de comprendre l'arabe.

✧

Les rapports de cheikh Qaradawi avec la France sont conflictuels. Au printemps de 2012, juste après les tueries de Toulouse et de Montauban perpétrées par Mohammed Merah, le président Sarkozy fit savoir à son ami l'émir du Qatar que Qaradawi (titulaire d'un passeport diplomatique et dispensé de visa), invité vedette du meeting annuel de l'Union des organisations islamiques de France, n'était pas le bienvenu dans l'Hexagone.

L'Union mondiale des oulémas protesta qu'elle avait condamné la tuerie. Mais celui qui tenait des propos si hostiles aux Juifs ne pouvait guère faire irruption dans la campagne présidentielle française après qu'un professeur et trois élèves du lycée Ozar-Hatorah de la cité rose eurent été abattus de sang-froid au nom du djihad, par un « rebeu » réislamisé en prison puis au Moyen-Orient.

Me trouvant au Qatar le mois suivant, j'avais essuyé un refus pour une demande d'entretien avec lui, que j'avais pourtant déjà rencontré trois fois : il ne recevait plus de Français. C'est en me réclamant du rendez-vous que m'avait accordé Ghannouchi le 13 septembre à Tunis que j'ai tenté le tout pour le tout afin d'obtenir celui-ci. Son assistant égyptien, au téléphone, me pria d'envoyer un courriel en arabe, Qaradawi ne lisant pas d'autre langue et décidant lui-même de son emploi du temps. J'ai poli les tournures et choisi les mots pour me couler dans son style et son vocabulaire, me faisant aider des révolutionnaires arabes que je fréquente à Paris, fort surpris du service que je sollicitais.

Cette épreuve passée avec succès, un second courriel dut lister les questions, afin de ne pas prendre le cheikh au dépourvu. Je voulais comprendre le rôle qu'il s'attribuait dans les révolutions, la manière dont les vainqueurs islamistes en réécrivaient la jeune histoire, ce qui n'avait rien pour le déstabiliser ni le piéger, et j'obtins l'agrément.

✧

La vaste villa de Qaradawi est reliée à ses bureaux. De jeunes assistants barbus y traitent les courriels et les appels téléphoniques incessants, préparent les communiqués, à côté d'une bibliothèque dont les travées sont bordées de rayons métalliques où s'alignent des milliers d'ouvrages de jurisprudence en arabe, afin qu'il ait toujours sous la main la matière dont nourrir ses avis juridiques, ou fatwas.

À peine l'équipe de tournage finit-elle de régler le cadre et la lumière, dans son bureau personnel encombré de dossiers et orné d'une représentation en relief du Dôme du Rocher à Jérusalem — objet suprême du djihad et symbole de la reconquête finale —, que le cheikh arrive. De ses appartements privés proviennent des cris d'enfants. Il est tête nue, sans son turban rouge ceint d'un chèche blanc de lauréat d'al-Azhar, et vêtu à la qatarienne d'une robe blanche.

Notre dernière rencontre remonte à six ou sept ans. Je suis frappé par le vieillissement de ses traits, qui ne transparaît pas lorsqu'il passe sur Aljazeera. Il ne répond pas à mon salut, ce dont je m'étonne jusqu'à ce qu'il me fasse signe qu'il lui faut installer un appareil auditif sur chacune de ses oreilles. Son assistant me recommande de parler bien fort en posant mes questions :

— *Votre Excellence le cheikh* [fadilat ash sheikh], *quel a été votre rôle dans les révolutions arabes ?*

— *Au nom d'Allah le Miséricordieux, plein de miséricorde, le salut et les bénédictions divines soient sur l'Envoyé d'Allah notre Seigneur et Maître Mahomet notre aimé, sur sa famille, ses compagnons et ses successeurs, tout d'abord je vous souhaite la bienvenue au Qatar.*

J'ai une responsabilité devant Allah, devant les peuples et devant l'histoire pour tous ces peuples opprimés par les régimes, et je me devais de me tenir à leurs côtés depuis le premier jour — je me considère comme Tunisien, la Tunisie est arabe et je suis arabe, la Tunisie est musulmane et je suis musulman. Mes déclarations et prises de position [bayanat] *ont très fortement soutenu,* hamdulillah *[Allah soit loué], la mobilisation populaire.*

Puis il y a eu la révolution en Égypte, le plus grand pays, avec quatre-vingt-dix millions d'habitants. Je suis allé sur Aljazeera et je leur ai dit : « La révolution va triompher et Moubarak va partir », et ce jour-là tout a changé. Puis il y a eu la révolution en Libye. J'ai dit tout de suite : « Que Kadhafi parte, Kadhafi est fini ! » Le peuple s'est soulevé et Kadhafi a été fini. Le Yémen de même...

Le peuple syrien aussi va vaincre ce régime qui a tourné les armes contre lui. Je suis sûr que j'irai prier dans la mosquée des Omeyyades [à Damas] comme j'ai prié sur la place Tahrir, et à Tunis, et en Libye, à Benghazi et Tripoli, et je prierai en Syrie, insha Allah *[Allah le veuille] !*

Le 29 janvier 2011, sur Aljazeera, Qaradawi avait déclaré solennellement : « Président Moubarak, je te conseille de t'en aller ! » — s'inscrivant dans le rôle traditionnel des oulémas, qui ont fonction en islam d'aviser et morigéner les princes. Le 21 février, il avait émis une fatwa en direct sur la chaîne enjoignant à toute personne capable de tirer sur Kadhafi de le tuer. Il s'était référé au principe islamique qui veut qu'on ne doive plus obéissance (*ta'a*) à un prince qui gouverne par le mal (*ma'siya*) et se rebelle ainsi contre Allah — après que Kadhafi eut envoyé son aviation bombarder la population.

Qaradawi avait déjà prié à la mosquée des Omeyyades en 2009, visitant la capitale syrienne où résidaient alors les dirigeants du Hamas, pour organiser le soutien à Gaza face aux bombardements israéliens durant l'opération « Plomb durci », lorsque Bachar al-Assad incarnait la résistance arabe à l'État hébreu.

— *Comment Votre Excellence voit-elle le rôle des Frères musulmans dans la révolution ?*

— *Les Frères sont les enfants du peuple, ils sont aujourd'hui présents dans plus de soixante-dix pays avec leur prédication. Ils ont été les premiers à participer à cette révolution : les jeunesses des Frères y étaient dès le premier jour.*

Je ne dis pas que tous les révolutionnaires étaient des Frères, il y en avait aussi de Kifaya *[Assez !], un mouvement qui en avait assez de Moubarak, et d'autres groupes. Mais ceux qui ont soutenu le mouvement depuis le début, c'était le réseau des Frères. Ils leur ont fourni des couvertures, de la nourriture et des soins, les Frères ont des moyens, et ils les ont mis à leur disposition.*

C'était la première force au service des révolutionnaires quels qu'ils soient, musulmans, isla-

mistes, libéraux ou chrétiens — enfin les chrétiens qui participaient, car l'Église copte n'a pas pris part à la révolution. Les chrétiens comme indivi- dus étaient avec les Frères musulmans pendant ces journées, et la révolution a vaincu !

Moubarak disait toujours aux Occidentaux : « Si je pars, les Frères vont arriver, ils tuent les gens, etc. » Même des musulmans avaient peur de ça ! Aujourd'hui, les gens comprennent que les Frères ne sont pas des épouvantails. Je suis Frère, un tel est Frère, on mange et boit comme tout le monde, et si tout continue comme maintenant, l'Égypte sera dans peu d'années l'un des premiers pays du monde, Insha Allah !

Dans la réalité, les Frères ont pris le train de la révolution en marche, même si leurs membres les plus jeunes ont rejoint les révolutionnaires de gauche appartenant à leur classe d'âge, désobéissant aux ins- tructions et, pour beaucoup, quittant l'organisation dans la foulée. Ils sont restés entre le 18 janvier et le 18 février un partenaire secondaire de la révolution.

Ce jour-là, le premier vendredi qui suivit la chute de Moubarak, le 11, Qaradawi lui-même, tout juste arrivé du Qatar, a fait basculer le rapport de force symbolique en venant guider la prière sur la place Tahrir — son sermon étant retransmis en direct sur Aljazeera et faisant du discours des Frères la voix de la révolution.

— Votre Excellence n'a pas mentionné Bahreïn dans la liste des révolutions arabes. Vous avez par ailleurs qualifié les événements de ce pays de simple « protestation » [ihtijajat]. *Quelle en est la raison ?*

    — *À Bahreïn, ce n'est pas la révolution de tout un peuple, mais la révolte d'une confession contre une autre, des chiites contre les sunnites. Pas un sunnite n'y a participé, contre des dirigeants qui sont sunnites... Ça a commencé avec une marche des chiites sous commandement iranien, sous direction iranienne sans le moindre doute. J'approuve [l'intervention militaire saoudienne] : Bahreïn est un pays du Golfe arabe, il n'est pas permis qu'il en parte vers l'Iran !*

    En Syrie aussi le rôle de l'Iran est fondamental. Il voit ce pays comme un élément d'expansion de sa propre stratégie dans le monde sunnite afin de le transformer. Il y est présent militairement avec le Hezbollah libanais et les Pasdaran. Les armes iraniennes passent par l'Irak... Nous sommes contre !

    Nous étions avec la révolution iranienne contre le chah, mais maintenant leur révolution est contre les peuples, et non contre les gouvernants ! Assad s'en ira, et l'Iran quittera la Syrie, comme il quittera le Liban et l'Irak, et il reviendra dans ses frontières ! Jamais au grand jamais le monde sunnite, avec son identité et sa croyance, ne sera chiite !

Islamistes et nationalistes
à la table du Qatar

Sur le trajet pour l'aéroport d'où nous nous envolerons pour Bahreïn, nous faisons un ultime arrêt au *Sheraton* pour assister à la session du colloque sur « Les islamistes et la gouvernance démocratique », où cheikh Rached Ghannouchi présente le modèle tunisien.

Il s'est retrouvé sur la sellette à Tunis ces derniers jours après la diffusion sur les sites de partage d'une vidéo où il rencontre des jeunes salafistes, dans le même bureau où il m'a reçu, le 13 septembre. Il les incite à participer à la vie politique légalement, un discours qu'il m'a aussi tenu, mais semble aller plus loin encore. Il les exhorte à la patience dans la perspective de la lutte finale contre les laïques et les libéraux, qui sont encore trop puissants dans l'armée, la police, l'administration, la presse, les affaires, les syndicats pour être combattus de front.

La vidéo a créé un scandale à Tunis, en ce qu'elle indiquait, selon ses adversaires, la collusion profonde entre Ennahdha et des salafistes qui venaient d'incendier l'ambassade et l'école américaines et multipliaient les actes de violence.

En attendant qu'il achève son discours, j'ai rendez-vous avec Yasser al-Bourhami, un des plus célèbres salafistes égyptiens, qui m'a accordé un entretien. Pédiatre, mais également licencié en charia d'al-Azhar et vice-président de la « Société de prédication islamique » d'Alexandrie, la plus importante organisation salafiste du pays, il participe au colloque. Lorsque les associations égyptiennes furent contraintes de dévoiler leurs sources de financement étranger à la fin de décembre 2011 — mesure prise par le Conseil suprême des forces armées pour faire pression sur les ONG prodémocratiques liées à l'Occident —, on découvrit que la « prédication d'Alexandrie » recevait des fonds d'associations qataries. [Ne possédant pas cette information le jour de l'entretien, c'est en toute innocence que je l'interrogeais.]

Je m'étonne d'abord auprès de mon interlocuteur de sa présence à un colloque qui rassemble surtout des Frères musulmans et des « libéraux »

— le terme arabe pour « laïques » (*'alimaniyyoun*) faisant aujourd'hui l'objet d'une sorte d'opprobre langagier.

Contrairement aux Frères, qui affectionnent le complet-veston avec ou sans cravate et une barbe taillée, al-Bourhami est en grande tenue salafiste : calotte sur le crâne, front mangé par une énorme tavelure due à la prosternation pendant la prière, robe blanche à l'imitation du Prophète, et une barbe plus longue que le poing, aux reflets roux. Je remarque toutefois qu'il n'a pas rasé sa moustache comme c'est la norme dans ce milieu. Il porte de fines lunettes cerclant des yeux clairs, sans doute la trace d'un mélange génétique avec des populations du nord de la Méditerranée.

Comme je m'adresse à Bourhami en mâtinant mon arabe d'expressions dialectales égyptiennes, il s'en amuse et embraie immédiatement sur un propos qui mêle humour et dérision, à la manière familière en vogue sur les bords du Nil. Pendant tout l'entretien, il arbore un large sourire qui me fait penser aux charismatiques chrétiens toujours enjoués :

> — *Je suis venu parce que les gens entendent beaucoup parler de nous et ne nous entendent jamais parler nous-mêmes. Toute occasion de s'exprimer est donc bonne à prendre. Pendant quarante ans, nous avons subi l'oppression, contraints au silence. Aujourd'hui, nous faisons des choix nouveaux et passons du boycott de la politique à la participation.*
>
> *Allah nous a donné un islam total et complet, et la politique en fait partie. Dans la démocratie, il y a à prendre et à laisser. En tout cas, nous sommes contre le libéralisme, qui donne la liberté à la créa-*

*ture d'Allah, alors qu'elle doit se soumettre à Ses
lois !*

— *Mais je suis surpris de vous voir au Qatar.
D'ordinaire, les salafistes bénéficient d'un soutien
saoudien, non ?*

— [Éclatant de rire] *Quel soutien ? Aucun
soutien ! Venez chez moi, à Alexandrie : voyez ma
voiture, c'est un modèle 1974 !*

Je vais saluer Ghannouchi, qui se déclare heureux
de venir brasser des idées et de se sortir pour deux
jours de la politique quotidienne de la Tunisie. Il va
prendre sa place à la table d'honneur : les hôtes du
Qatar, dirigeants des Frères musulmans et autres
islamistes syriens, algériens, soudanais, jordaniens et
égyptiens, sont assis autour de l'organisateur du colloque, nationaliste arabe né en Israël. Seul manque à
l'appel Khaled Mechaal, le chef du Hamas, qui inter-
viendra demain en clôture.

Au moment d'embarquer dans l'avion, je reçois un
coup de téléphone de notre ange gardien assoupi, qui
devait nous rejoindre à l'aéroport. Il n'a pas réussi à
nous retrouver et s'inquiète de savoir comment nous
remettre les paquets de brochures et de dépliants
vantant les réalisations mirobolantes de l'émirat qui
nous sont destinées. Je lui suggère de les confier
à notre interlocuteur égyptien de la Qatar News
Agency et de le remercier du conseil pour les bons
restaurants.

X

BAHREÏN

Lundi 8 octobre 2012

Persistance et résistance chiite

Le trajet de Doha à Manama en avion prend une demi-heure : à peine le temps de lier connaissance avec une hôtesse de l'air native de La Marsa et fort gironde. M'ayant aperçu à la télévision dans son pays, elle me confie son angoisse pour l'avenir de la Tunisie et son aversion pour Ennahdha, les salafistes et les islamistes de tout poil. Elle manque s'étrangler quand je lui dis que j'ai vu Ghannouchi ce matin même.

Les deux pays voisins ne sont séparés que par un bras de mer semé d'îlots, motif à une dispute de souveraineté arbitrée en 1991 par la Cour de justice internationale, évitant de justesse un conflit armé. En 2008, un groupe de BTP français a emporté le contrat d'un pont de 40 kilomètres, le plus long du monde : plusieurs milliards d'euros pour une succession de digues et de viaducs haubanés sur lesquels circuleraient une dizaine de milliers de véhicules par jour. Peu de chose en comparaison du gigantisme d'un projet dont la vocation était surtout politique :

une dépense de prestige manifestant la volonté d'intégration des États arabes du Golfe et leur richesse illimitée.

Ce « pont de l'amitié », qui devait voir le jour en 2011, n'est toujours pas en fonction. Le Qatar est-il désormais moins pressé de créer une liaison routière avec un voisin qui connaît de fortes turbulences intérieures, et dont la majorité chiite est regardée sans trop d'amitié ? Ou bien est-ce l'Arabie saoudite, à laquelle Bahreïn est raccordée par un autre pont, de 25 kilomètres celui-là, qui veut garder le monopole de la relation avec l'île, pour mieux la maintenir dans sa sujétion ? Car c'est bien par cette « chaussée du roi Fahd » que sont passés les blindés saoudiens qui ont avorté, le 14 mars 2011, le « printemps de Bahreïn ».

Bahreïn est une zone tellurique à hauts risques sur la ligne de faille sismique entre chiites et sunnites ; elle est la première qu'ont réveillée les révolutions arabes, même si des répliques bien plus meurtrières ont secoué depuis lors la Syrie, tandis que Liban et Irak retiennent leur souffle. Le gouvernement de Bahreïn est soucieux d'encadrer strictement les reportages et les caméras étrangères, et j'ai pu mesurer au Qatar comme le contrôle de la communication représente un enjeu stratégique dans un Golfe que l'opulence rentière rend obsédé de sécurité.

Le réseau que j'ai patiemment tissé pendant de longues années me donne encore de vastes accès — sauf en Arabie saoudite —, mais tout reste aléatoire. Ainsi, en dépit des multiples précautions et autorisations glanées depuis Paris, l'équipe de tournage passe plus de deux heures bloquée aux douanes de l'aéroport de Manama. Le certificat nécessaire à l'entrée de la caméra, objet de fixation de tous les pouvoirs établis, a disparu dans les méandres bureaucratiques.

Après la Tunisie et l'Égypte, Bahreïn a été le troisième pays arabe où s'est déclenchée une révolution, le 14 février 2011, et le seul où le gouvernement ait cru la mater, dans l'indifférence quasi générale du monde et la jubilation d'un certain nombre d'Arabes.

Cette île de quelque 700 km², le plus petit pays arabe, est densément peuplée par 1,3 million d'habitants, dont près de la moitié sont des nationaux, une proportion beaucoup plus importante qu'au Qatar voisin. Parmi ces derniers, environ les trois quarts — les aborigènes, ou *baharna* — seraient chiites, alors que la famille royale, venue du continent au XVIIIᵉ siècle, est sunnite. Et le pourcentage des sunnites est en augmentation constante, grâce à une politique active de naturalisation d'expatriés appartenant à cette confession, au grand dam des partis et associations chiites.

Pourquoi les chiites se sont-ils sédentarisés sur l'île ? Ou plutôt, qu'est-ce qui a fait que, comme en Irak ou dans l'est de l'Arabie, les populations indigènes de Bahreïn, vivant de l'agriculture, de la pêche, ou de l'artisanat, ont embrassé le chiisme aux tout débuts de l'islam, alors que le sunnisme dominait chez les Bédouins nomades ? Les érudits balancent entre diverses hypothèses.

Selon certains, le chiisme, coiffé dès l'origine par un clergé hiérarchisé féru de savoir livresque, aurait été mieux équipé pour gérer les opérations de comptabilité complexes des sédentaires. D'autres notent que le chiisme s'est implanté là où florissaient anciennement — comme à Bahreïn — le christianisme nestorien et son clergé, cette religion détruite par l'affirmation de l'islam, mais réapparue par transmutation sous cette forme chiite en s'accommodant du vocabulaire musulman.

L'insularité, à tout le moins, protégea quelque peu

la société locale des pillages récurrents des Bédouins sunnites, qui ravageaient les oasis où les chiites s'adonnaient à l'agriculture sur la terre ferme, habillant leurs razzias d'une justification sacrée : le tourment des hérétiques, ou *rafida*. Le salafisme prêché au XVIIIe siècle par le prédicateur ultra-sunnite Abd al-Wahhab — qui fournit sous le nom de wahhabisme son idéologie à l'Arabie saoudite naissante — fit de l'exécration et de la persécution des chiites un article de foi. C'est à cette époque que les fondateurs de l'actuelle dynastie sunnite de Bahreïn, les al-Khalifa, franchirent le bras de mer et envahirent l'île rendue prospère par la pêche des perles, en chassant de débiles suzerains iraniens.

« Dès l'invasion, la dynastie a instauré la corvée, la *sukhra* », m'explique au dîner où j'arrive de justesse à cause des retards aux douanes aéroportuaires Mansour al-Jamri, le rédacteur en chef du quotidien d'opposition *Al-Wasat* (le centre). Ce quinquagénaire, lauréat de plusieurs prix internationaux de journalisme, est le fils de l'ancien chef spirituel et politique des chiites de Bahreïn, le cheikh Abdul Amir al-Jamri. Il voit dans la *sukhra* la figure de l'oppression par la famille régnante et son entourage de prédateurs des chiites réduits au servage et attachés à leur glèbe. Il me décrit comment la découverte du pétrole sur l'île, en 1931 — au moment même où la perle de culture japonaise ruina les pêcheurs d'huîtres du Golfe et transforma leurs boutres en épaves —, bouleversa les équilibres traditionnels.

Une convive, qui appartient à un groupe d'opposition laïque surtout représenté chez les intellectuels, l'une des rares à faire honneur au vin que propose notre amphitryon, me narre l'histoire improbable du communisme au pays de l'or noir :

> *Tandis que la dynastie accaparait la rente des hydrocarbures, les agriculteurs et pêcheurs chiites se louèrent comme prolétariat dans l'industrie pétrolière naissante. Il en alla de même chez leurs coreligionnaires saoudiens. C'est ainsi qu'une classe ouvrière chiite vit le jour dans le Golfe, parmi laquelle le marxisme put fleurir.*

Certains enfants d'ayatollahs, héritiers de longues traditions de rhétorique scolastique, jetèrent en effet leur froc aux orties et fournirent à ce prolétariat en gestation ses intellectuels organiques, partant se former non plus au grand séminaire de Najaf, mais à l'école des cadres du parti communiste, à Moscou, où ils apprirent le matérialisme dialectique. Face à ce défi, le protectorat britannique et la dynastie locale furent prompts à réagir par le bâton et la carotte :

> *Il y a eu, en même temps, répression impitoyable des activistes et constitution d'une élite anglophile dans les universités britanniques. Ainsi s'est créée cette société étrangement clivée, qui est toujours la nôtre, où cohabitaient la violence de la dynastie rentière face au péril rouge et l'élite intellectuelle la plus cultivée du Golfe, sunnite comme chiite, issue d'Oxford et Cambridge, dont certains membres ont flirté avec les marxistes retour de Moscou.*
>
> *Un temps, le nassérisme et le baathisme y font fait florès. Mais la gauche a périclité à Bahreïn comme dans tout l'univers chiite après la victoire de Khomeyni en Iran en 1979.*

L'islamisme révolutionnaire l'y a supplanté, ramenant dans le giron religieux et la dévotion pour
l'imam Hussein *al-Mazloum* (l'opprimé), tué par le
calife sunnite à Karbala en l'an 680, les enfants du
matérialisme historique et les militants de l'internationalisme prolétarien.

Indépendant en 1971, Bahreïn connut dans les
années 1990 une Intifada — un soulèvement qui
emprunta son intitulé et ses slogans à l'insurrection
palestinienne des années 1980 contre Israël. Le père
de Mansour al-Jamri y joua les premiers rôles, ce
qui lui valut d'être emprisonné à de nombreuses
reprises, m'explique son fils :

> *Il a encouragé communistes, libéraux et isla-
> mistes à joindre leurs forces face à la monarchie,
> dans un contexte d'épuisement des ressources
> pétrolières et de chômage croissant. Le soulève-
> ment a pris fin en 1999 avec l'accès au trône de
> l'actuel souverain, Hamad Ibn Isa al-Khalifa, qui
> promit des réformes constitutionnelles. Elles firent
> retomber la tension, permettant le retour des exi-
> lés, ainsi que la tenue d'élections et la création de
> partis et de journaux indépendants.*
>
> *C'est dans ce contexte que nous avons lancé
> notre quotidien Al-Wasat. Mais on a très vite
> déchanté : la substance du pouvoir restait aux
> mains de la famille royale, et la majorité de la
> population subissait toujours une sorte d'apar-
> theid.*

Mardi 9 octobre 2012

Le paradoxe de Bahreïn

Jusqu'aux événements de 2011, l'île offrait au visiteur étranger l'aspect du plus libéral des pays arabes du Golfe. La scène artistique y était florissante et dénuée des tabous moralisateurs omniprésents dans les États voisins. Expositions, pièces de théâtre, colloques sur des thèmes parfois osés pouvaient se tenir, même en suscitant conflits et controverses chez les barbus locaux, ce qui était inenvisageable au Qatar, sans parler de l'Arabie saoudite.

Ce libéralisme des mœurs a son revers. Outre la vente libre d'alcool, une prostitution massive vaut au petit royaume le surnom de « bordel du Golfe ». La doctrine chiite, qui légalise le « mariage temporaire », ou « mariage de jouissance » (*mut'a* ou *sigheh*) enregistré par un mollah souteneur pour une durée fixée à l'avance, fournit au plus vieux métier du monde une sorte de caution religieuse et de régulation ecclésiale. Cette tradition, alimentée par la pauvreté des Bahreïnis, a établi une coutume que la modernité a sécularisée, jusqu'à ce que la globalisation de la traite des Blanches inonde ce marché d'une main-d'œuvre est-européenne puis asiatique bon marché.

Partout, le long des autoroutes, des panneaux routiers surdimensionnés indiquent la direction « Arabie saoudite », comme pour ramener au bercail la nombreuse clientèle en goguette qui envahit la « chaussée du roi Fahd », surnommée « pont Johnnie Walker », reliant les deux pays, du mercredi soir au vendredi soir lors du week-end musulman, créant de gigantesques encombrements.

Hier, un convive facétieux, grand amateur de whisky, m'a posé une devinette :

> — *Savez-vous pourquoi l'invasion militaire saoudienne pour écraser la révolution a eu lieu un lundi — le 14 mars 2011 — et non un mercredi ?*
> — *Euh, parce que l'armée saoudienne est en congé le week-end ?*
> — *Haha ! Non, ils ne travaillent ni plus ni moins que les autres jours. C'est parce que les blindés n'auraient pas pu manœuvrer dans les embouteillages. Et qui sait, les militaires saoudiens auraient peut-être abandonné leurs tanks au milieu du pont pour courir aux boxons et aux bars du quartier rouge, où ils ont leurs habitudes !*

Ce pont-frontière achevé sous le règne du monarque saoudien Fahd en 1986 est un symbole de la dépendance croissante de l'île envers son immense voisin — depuis que les champs pétrolifères se sont épuisés. Les ressources proviennent aujourd'hui de l'exploitation et du raffinage de forages saoudiens concédés par la monarchie wahhabite pour soutenir sa petite sœur sunnite, en sus des revenus du secteur des loisirs et de la place financière de Manama.

Après les événements de 2011, une rumeur insistante a couru l'île sur son rattachement prochain à l'Arabie saoudite, à la manière de celui de Hong-Kong à la Chine. Le dernier mot échut à mon interlocuteur facétieux :

> *C'est le seul moyen qu'ils ont trouvé pour faire des chiites une minorité !*

❖

Mon premier rendez-vous officiel est avec la ministre d'État chargée de l'Information, Sameera Rajab. D'apparence moderne, ne portant pas le voile, elle a fait ses études à Bagdad, au moment où l'Irak était loué comme le phare du progressisme arabe, et a milité au sein d'une association pour les droits des femmes opprimées par les traditions religieuses. Pour autant, issue du nationalisme arabe antiaméricain, cette ancienne journaliste proche du parti Baath avait défrayé la chronique pour son soutien à Saddam Hussein durant l'invasion de l'Irak, en 2003, et son hostilité aux grandes figures cléricales du chiisme.

En 2004, elle avait traité l'ayatollah Ali al-Sistani, basé à Najaf, de « général américain », suscitant de vives réactions parmi ses disciples locaux. En juin 2009, alors que Bahreïn tentait, avant les événements de 2011, de maintenir des relations équilibrées avec l'Iran, elle avait rédigé un éditorial critiquant comme truquée la réélection du président Mahmoud Ahmadinejad à Téhéran, après l'écrasement de la « révolution verte » dans ce pays, reprenant au passage les rumeurs selon lesquelles ce dernier serait « d'ascendance juive ». Le quotidien qui l'avait publié avait été suspendu pour vingt-quatre heures en rétorsion.

Mais ces précautions envers le grand voisin persan n'ont plus cours depuis la révolution avortée de 2011. Un maroquin ministériel sensible a été offert à cette championne d'une ligne conflictuelle à l'égard du chiisme politique et de la République islamique d'Iran, elle-même issue de ces élites chiites laïques dont une partie s'est alliée à la monarchie. Sa nomination est advenue à la fin du mois d'avril, juste après la tenue à Bahreïn, sous haute surveillance, de l'édition 2012 du Grand Prix de Formule 1 qui avait été suspendue l'année dernière pour cause d'insurrection.

Mme Rajab nous reçoit dans un vaste bureau orné des portraits des quatre membres de la famille royale. Ces mêmes photos s'étalent dans tous les lieux publics, à l'exception des villages chiites : le roi Hamad Ibn Isa, feu son père, son oncle Khalifa Ibn Salman, Premier ministre depuis quatre décennies, et son fils le prince héritier Salman Ibn Hamad. Ce dernier, qui incarnait une inflexion libérale, a été marginalisé depuis 2011 au profit du Premier ministre, partisan d'une ligne dure face à l'opposition chiite — qu'il avait déjà réprimée brutalement lorsqu'il était aux affaires sous le règne précédent — et chaud promoteur de l'union avec l'Arabie saoudite.

L'assistant de la ministre s'adresse à moi dans un français parfait. Lorsqu'il évoque la fiche de lecture qu'il a rédigée sur un de mes livres à l'université de Grenoble, je me rends compte qu'il est d'origine tunisienne, et donc sunnite, récemment naturalisé bahreïni. Il m'informe que mon interlocutrice s'exprimera en arabe, bien qu'elle maîtrise aussi l'anglais, choix de nationalisme culturel :

> *Les événements qui se sont produits ici à partir de février 2011 ont voulu se référer à ce qui se passait alors ailleurs dans le monde arabe. Mais ces protestations étaient dans leur ensemble à caractère confessionnel chiite, sous l'égide du parti d'opposition* Wifaq [concorde], *qui appartient au courant politique chiite, et d'autres organisations non enregistrées, quoi qu'ils racontent sur la démocratie ou le coût de la vie.*

Dès le début, le dialogue leur a été proposé, sans limites, par le prince héritier, mais n'a pas abouti. L'opposition a voulu provoquer les sunnites, créant une sédition confessionnelle très dangereuse, et c'est pourquoi il y a eu une intervention sécuritaire.

Quelles que soient les causes internes, et nous sommes toujours prêts à en discuter, ces protestations s'inscrivent dans un ensemble régional qui concerne aussi la Syrie, où l'interventionnisme iranien est très présent, comme ici. Il s'agit de courants de l'islam politique chiite qui partout font allégeance à l'Iran, même s'ils prétendent le contraire.

Regardez à quoi a abouti la Libye aujourd'hui. Est-ce que la protestation doit se traduire par la destruction du pays ? Si tel est le cas, ce n'est pas en avant que l'on va en faisant des réformes : on retourne en arrière ! Un État islamique mono-confessionnel, comme en Iran ou au Soudan, n'est pas une bonne chose.

Pourquoi l'Occident bénit-il tous ces mouvements religieux ? Il y a une coïncidence d'intérêts aujourd'ui, il y a un projet américain dans la région, il y a un projet israélien dans la région, un projet iranien pour affaiblir les Arabes. L'Iran veut dominer la région dans une perspective impérialiste. Le renversement de Saddam Hussein était la première étape du basculement du rapport de force, car l'Irak était la puissance arabe la plus grande...

Avant que les barbus ne l'emportent au terme des révolutions de 2011, les baathistes et une partie de la gauche arabe considéraient l'islamisme politique comme un complot fomenté par les Anglais et les Américains pour appuyer des forces réactionnaires chargées d'étouffer les progressistes anti-impérialistes. On voit ici que la ministre, favorable par ailleurs à l'intervention militaire du royaume wahhabite saoudien à Bahreïn, le 14 mars 2011, incrimine le seul chiisme comme religion politisée, y adjoignant la vindicte séculaire des nationalistes arabes contre l'Iran.

En la quittant, je passe prendre les accréditations pour le tournage. On m'informe que nous n'avons le droit de filmer que dans quelques *malls* du centre-ville de Manama et d'autres quartiers sunnites chics, mais pas dans les villages chiites. Le contrôle de l'image n'est toutefois pas du même ordre qu'au Qatar. Ici, les officiels s'expriment eux-mêmes, soucieux d'une perception extérieure qu'ils espèrent transformer à leur avantage en jouant sur les appréhensions occidentales contre l'Iran d'Ahmadinejad et sa course à l'arme nucléaire. Dans l'émirat voisin, au contraire, les responsables politiques se murent dans une parole parcimonieusement distillée, laissant causer leur volière de communicants professionnels et agir en sous-main leurs hommes d'affaires.

Bahreïn se veut une démocratie depuis que le roi a octroyé une Constitution à l'île en 2002. L'association *Wifaq* (le terme « parti » est illégal) est autorisée, comme le quotidien *Al-Wasat* de Mansour al-Jamri. Mais le discours de la ministre a fixé la ligne rouge de l'interprétation des événements : la « protestation » chiite est purement confessionnelle et sectaire, qui plus est manipulée par l'Iran. Les accréditations que délivre son ministère prohibent en outre toute enquête sur les dimensions sociales d'une révolution dont le déni officiel est le premier étouffement.

Pour tourner ces difficultés, nous disposons de l'aide d'un chauffeur chiite débrouillard, originaire d'un de ces villages pauvres où il circule comme un poisson dans l'eau, et d'une jeune journaliste issue de la même confession. Sans voile, bras nus, elle détonne dans une communauté où la réislamisation est massive depuis que la République islamique d'Iran a imposé ses normes de vêtement et de comportement dès la fin des années 1970. Elle vient d'une famille qui est restée engagée à gauche et n'a pas succombé à la pression religieuse.

Je me rends au siège de *Wifaq*, dont le secrétaire général, le cheikh Ali Salman, un religieux chiite enturbanné, se trouve à l'étranger. Je rencontre son porte-parole, Khalil al-Marzouq, quadragénaire éloquent, portant beau, rompu au débat sur les ondes et à la communication avec les médias étrangers. Vêtu d'un costume sombre élégant, cravate lilas sur une chemise bleue rayée, il porte une ombre de barbe, qui peut être tendance comme pieuse, et une turquoise sertie d'argent à l'annulaire droit. Selon une croyance transmise par le sixième des douze imams révérés par les chiites, Jaafar al-Sadiq, cette gemme, portée à la dextre dans le chas d'une bague de métal blanc, procure bon pied bon œil et affermit le cœur.

Le porte-parole est flanqué de deux responsables de l'association. Le premier, un *sayyed*, ou descendant du Prophète, costume gris sans cravate, barbe taillée poivre et sel et front haut, déploie une agate à l'auriculaire gauche outre la turquoise à l'annulaire droit. Selon l'imam Sadiq, la prière d'un orant bagué d'une agate en vaut quarante. Pareille foi dans la vertu talismanique de ces pierres précieuses est une superstition de l'Orient préislamique, notamment zoroastrien, conservée et enrobée de théologie musulmane. L'autre responsable est une jeune femme vêtue, à la mode de l'Iran islamique, d'une longue robe noire informe et d'un voile à impressions grises et blanches.

Aucun d'eux n'accepte de serrer la main à une personne du sexe opposé. Tous deux arborent un *look* qui me rappelle les cadres du Hezbollah libanais ou de l'administration iranienne. Ils sont désireux de s'exprimer en anglais pour marquer l'universalité de leur message, même si le *sayyed* et la dame voilée n'en montrent qu'une maîtrise approximative.

Le porte-parole s'exprime le premier :

> *À cause du charcutage électoral, le* Wifaq *n'a obtenu que dix-huit députés au Parlement en 2010, soit 45 % des sièges, alors qu'il a remporté 63 % des voix ! Après la répression de la révolution de février 2011, on a décidé de quitter le Parlement, car on ne pouvait plus protéger le peuple dans le cadre du système existant.*
>
> *Bahreïn est dirigé par une famille dont le roi est le chef. Il prend toutes les décisions, et les institutions sont sous son contrôle. C'est cet autoritarisme, ce pouvoir personnel qui engendre les frustrations populaires, et non l'antagonisme entre chiites et sunnites.*
>
> *Depuis les années 1920, le royaume connaît des mouvements révolutionnaires chaque décennie. La dernière révolution a été inspirée par les printemps arabes parce qu'ils avaient pu faire ce que nous n'avions jamais réussi à réaliser depuis un siècle.*
>
> *Le peuple est descendu dans la rue, les gens ont été réprimés par l'armée, mais ils continuent, ils sont déterminés à atteindre leurs objectifs de*

*participation politique et de partage de la richesse
du pays. Ils ne reviendront jamais en arrière !*

Le *sayyed* décompte une centaine de morts : sous
la torture dans les commissariats, tués par balle,
asphyxiés par les gaz lacrymogènes ou blessés et
laissés sans soins. Sa collègue mentionne les femmes
arrêtées chez elles de nuit, en petite tenue, par une
police qui attente à la pudeur, celles qui ont été
violées, et toutes les employées, doctoresses, ensei-
gnantes, chassées de leur travail et remplacées par
des incompétentes, fidèles au régime.

Le porte-parole reprend :

*Le problème ne vient pas de la différence entre
chiites et sunnites. Il y a des sunnites révolutionnaires, qui ont été réprimés. Ce n'est pas
l'autre communauté qui pose problème, mais la
famille royale, qui contrôle tout : l'enjeu, c'est la
citoyenneté égalitaire ! On prétend que l'Iran tire
les ficelles. C'est la raison pour laquelle la communauté internationale ne bouge pas alors même
qu'on se bat pour des valeurs universelles. Mais
qu'est-ce que l'Iran a à faire de six cent mille
Bahreïnis ? C'est à peine le nombre de passants
d'une avenue de Téhéran !*

*Le gouvernement nous serine « l'Iran ! l'Iran ! »,
pour ne pas répondre à une question simple :
pourquoi le Premier ministre est-il en poste depuis
quarante-deux ans ? Par la volonté divine ?*

Le *Wifaq*, qui prône une opposition pacifique, est
aujourd'hui débordé par des groupes plus radicaux.
Ceux-ci ne s'encombrent pas des prudences de son
discours universaliste. Le parti interdit *Al-Haqq* (le

juste) réclame, par exemple, l'instauration d'une
république à Bahreïn — convoquant immédiatement
chez les émirs le spectre de la République islamique
d'Iran. Le mouvement des « Jeunes du 14 février »
organise des manifestations dès la nuit tombée dans
les villages chiites, et on lui attribue des jets de cocktails Molotov et des attentats à l'explosif.

❖

Après l'entretien, je me rends à un déjeuner donné
par la ministre de la Culture, avec qui j'avais coor-
donné des conférences dans le passé, dans une salle
du musée national. Ce bâtiment récent, très élégant,
est peu fréquenté. Les pièces d'art moderne qui y
sont exposées ne dépareraient pas les cimaises des
grands musées occidentaux — et feraient froncer le
sourcil dans les autres émirats.

La ministre, qui appartient à la famille royale, a eu
maille à partir avec d'autres membres plus conservateurs de la dynastie lors de représentations de
ballet court vêtu qui ont offusqué les prudes. Non
voilée, en tailleur, elle m'offre un livre qu'elle a fait
éditer en hommage à l'œuvre de feu l'islamologue
Mohammed Arkoun, qui fut mon professeur. Intitulé
Le Penseur de l'humanisme, il est illustré de portraits
psychédéliques sympathiques de mon vieux maître
dans la manière d'Andy Warhol. Elle a aussi invité
au déjeuner sa collègue Sameera Rajab, dont elle
trouve le travail « formidable ».

❖

Je retrouve l'équipe à Barbar, un village chiite de la
banlieue de Manama, en zone interdite de tournage.

Ce village est connu pour le talent de ses artistes de rue, qui couvrent les murs de dessins hyperréalistes à la gloire de la révolution, et signent « les hommes libres de Barbar ». Le réalisateur filme les slogans, des dessins au pochoir en couleurs vives, portraits de « martyrs de la révolution » ou de prisonniers politiques.

Je m'attarde sur une fresque dont j'avais vu la photo sur un site en ligne : elle représente l'île de Bahreïn aux couleurs de son drapeau bicolore rouge et blanc, orné du portrait du militant des droits de l'homme Abdulhadi al-Khawaja. Arrêté en avril 2011 et condamné à perpétuité en juin après avoir été torturé, il a été adopté comme prisonnier de conscience par Amnesty International.

Une grande bougie allumée voit fondre son suif, et son socle dégoutte de sang — un symbole de la grève de la faim de cent dix jours qu'il a entreprise jusqu'à être nourri de force pour éviter qu'il ne meure en détention. Les dessins me font penser à ceux que j'ai vus au Caire. Peut-être finiront-ils eux aussi dans les galeries et les musées, mais pour l'heure, ce *street art* rageur est maculé par de larges couches de barbouille noire chaque fois que passe un convoi de police, hérissé de rouleaux à peinture dans la voiture-balai.

Bahreïn est le seul pays du Golfe où l'on voie des nationaux vivre dans des logements d'une telle vétusté — qui m'évoquent les quartiers pauvres de la banlieue sud de Beyrouth, où habite également une population chiite déshéritée. Autrefois, ces villages donnaient sur la mer, qui fournissait les ressources halieutiques dont vivaient, avec les dattiers, leurs habitants. Aujourd'hui, des polders confectionnés avec des milliers de tonnes de sable importé d'Arabie saoudite les isolent du rivage. S'y élèvent des quartiers résidentiels modernes avec vue sur les flots, des marinas copiées sur celles de Dubaï et imitant de fausses Venise de Disneyland, destinés à grand renfort de publicité aux expatriés riches et aux classes aisées de l'île.

De loin en loin se dressent des stipes noircis, vestiges des vastes palmeraies d'antan, brûlées par la salinisation des sols et mitées par l'habitat anarchique. Jadis bois de construction et de mâture, ils servent aujourd'hui à confectionner des barricades vouées à gêner, après les manifestations nocturnes, la progression des Cobra. Ces automitrailleuses de police ont été livrées par la Turquie sunnite après que le Congrès américain eut prohibé l'exportation de blindés légers Humvee sous la pression des défenseurs des droits de l'homme.

Des jeunes traînent désœuvrés dans la grand-rue envahie de remugles putrides : les plaques d'égout ont été ouvertes, et les canalisations sont curées par des ouvriers bengalis silencieux en bleu de travail. Cette main-d'œuvre docile et peu exigeante suscite l'ire des chiites au chômage. Les agressions de travailleurs immigrés, causant parfois mort d'homme, se multiplient depuis la révolution. Le gouvernement ne se prive pas de les mettre en exergue, rendant ainsi la monnaie de leur pièce aux organisations qui lui intentent un procès en violation des droits de l'homme.

Beaucoup de graffitis s'en prennent au Grand Prix de Formule 1 qui s'est couru en avril, dans un déploiement massif de police et d'armée, pour redorer le blason du royaume après une année de répression. *Clash* des civilisations entre les budgets dispendieux du sport mécanique et le dénuement des villages ceinturés des autoroutes où foncent les bolides. Sur un mur, un tag a transformé le *F* de F1 en une mitraillette pointée vers le bas, à côté de l'inscription en anglais « Pas de course sur notre sang » ; un autre représente le roi pilotant une Ferrari dont la carrosserie rouge est peinte d'hémoglobine, avec la suscription en arabe « À bas Hamad ! »

Dans un autre village, notre équipe tombe sur un attroupement d'enfants qui jaillissent soudain de rues désertes, des garçons très jeunes, pauvrement vêtus, tout excités. La journaliste qui nous accompagne décèle un phénomène anormal et envoie le chauffeur les interroger, ce qui le contraint à garer la voiture et à en descendre. Je m'en étonne :

> — *Vous n'avez pas voulu leur demander vous-même ce qu'ils font ?*
> — *Non, je leur aurais fait peur, ils se seraient enfuis.*
> — *Mais pourquoi ?*
> — *Je ne suis pas voilée, je porte un jeans et j'ai les bras nus. Ils ne sortent jamais de leur village, ils n'ont pas l'habitude de voir une femme comme ça. Le chauffeur va les rassurer avec son vêtement traditionnel.*

L'intéressé revient chargé des nouvelles : il s'agit d'une manifestation d'enfants — une tactique utilisée par les groupes d'opposition pour harceler la police, la pousser à la faute, et en dénoncer les exactions.

> *Les gosses sont allés jeter des pierres sur les patrouilles de l'autre côté du village et se sont échappés par les venelles.*

Le réalisateur commence à les filmer lorsqu'un *chouf*, un guetteur, crie de sa voix juvénile : « Les flics ! » La petite troupe s'égaille de nouveau en pépiant, puérile volée de moineaux dans le crépuscule. Derrière un vaste cimetière, un convoi de VTT bleus est à l'arrêt, la lumière du soleil déclinant se reflète dans les jumelles qui nous scrutent. Avant que nous ayons eu le temps de regagner notre voiture, les véhicules silencieux nous ont rejoints, et nous nous retrouvons cernés de policiers casqués et armés qui jouent au chat et à la souris avec les enfants. Ils sont visiblement pakistanais, sans doute baloutches, une ethnie guerrière sunnite non arabophone qui fournit des mercenaires à tous les régimes du Golfe.

L'officier qui nous interpelle est accompagné d'un cameraman qui filme toute l'opération sur un petit appareil DV. Son arabe est teinté d'un fort accent yéménite. Courtois, il requiert notre autorisation de tournage. Pendant qu'il demande des instructions par téléphone, notre journaliste passe des coups de fil à divers gradés de la police pour faciliter les choses. Dans cette île si petite, tout le monde se connaît, et malgré la violence des antagonismes politiques ou confessionnels, les emprisonnements, les mauvais traitements et parfois la mort, on se parle.

Après un conciliabule entre la journaliste et l'officier, nous sommes invités à remonter en voiture, et à suivre le *command-car*, encadrés par le convoi des véhicules de police. Notre accompagnatrice se montre optimiste :

— *Ils nous emmènent au poste. J'ai eu un gradé que je connais au téléphone : après, on sera relâchés. Ils ne veulent pas d'images, mais ils font attention de bien se comporter avec les équipes de télévision étrangères.*

— *Vous êtes en bons termes avec les autorités ?*

— *Disons en termes « professionnels »... Il vaut mieux travailler avec des gens rompus au métier, car si vous venez ici avec un activiste, dès qu'il y a un souci il disparaît, et les ennuis commencent pour vous.*

— *Quels sont vos rapports avec la police ?*

— *Ça dépend ! J'ai intenté un procès à une femme officier qui m'avait battue en détention quand j'avais été arrêtée pendant la révolution. L'audience a lieu dans les prochains jours.*

— *Dans la plupart des pays arabes, il n'est même pas envisageable de poursuivre la police en justice.*

— *Ici, on suit les formes et les procédures, c'est un héritage du protectorat anglais, mais, à la fin, la décision est politique. Je ne me fais guère d'illusion sur l'issue de mon procès.*

— *L'officier qui nous a interpellés, vous le connaissiez ?*

— *Non, ce n'est pas un Bahreïni : c'est un Yéménite du Nord. Vous avez entendu son accent ? Voilà où on en est arrivés. Nous sommes dans notre pays, je suis née ici, ma famille est* baharna *depuis la nuit des temps, et ils recrutent des mercenaires étrangers pour nous réprimer.*

À un rond-point, en dehors du village, l'officier nous fait signe de nous arrêter, nous rend notre autorisation et nous laisse partir :

— *Finalement, on ne va pas au poste ?*

— *Non, ils ont dû décider qu'il suffisait de*

*nous faire sortir du village, mais il vaut mieux
ne pas y retourner, et revenir en ville. Là, c'était
un avertissement. Si on est arrêtés une seconde
fois, ils confisqueront la caméra, etc.*

Perle et turquoise

Nous décidons de nous rendre dans un quartier
autorisé pour rencontrer les représentants de « l'opposition constructive », des sunnites Frères musulmans et salafistes. Les chiites les brocardent comme
« opposition de Sa Majesté ». Le chauffeur nous
signale dans le rétroviseur une voiture banalisée qui
nous prend en filature, mais elle nous abandonne
dès que nous abordons les premières zones résiden-
tielles et d'affaires, au moment où nous franchissons
le pont autoroutier qui offre une vue plongeante sur
ce qui fut la place de la Perle, épicentre de la révolution.

Il est prohibé de filmer ou même photographier
sous peine d'arrestation immédiate et de saisie du
matériel : il faut conjurer le génie du lieu, en obli-
térer la mémoire, en maudire le souvenir. L'endroit
est devenu un *no man's land* : sa circonférence est
délimitée par des rouleaux de barbelés hérissés de
caméras de surveillance, ses accès interdits gardés
par des blindés et des soldats, saoudiens jusqu'à il
y a peu.

Le centre de la place, autour duquel tournaient
les manifestants dans un mouvement inspiré de
celui de la place Tahrir du Caire — ou évoquant la
giration des pèlerins autour de la pierre noire de
La Mecque — s'ornait d'une sculpture monumentale

de béton blanc. Elle représentait une énorme perle dressée sur six mâtures de boutre, comme autant de derricks figurant les six membres du Conseil de coopération des États arabes du Golfe, le syndicat professionnel des exportateurs d'hydrocarbures : Arabie saoudite, Koweït, Bahreïn, Qatar, Émirats arabes unis, Oman.

Le monument fut rasé par les bulldozers le 18 mars 2011, quatre jours après l'entrée des troupes saoudiennes, au motif qu'il avait été souillé et désacralisé par la révolution. L'éradication du symbole qui magnétisait les foules opposantes vers un lieu unique du centre-ville moderne eut pour conséquence de disperser les manifestants vers les villages chiites où habitent la plupart d'entre eux, dans la ceinture de pauvreté entourant Manama. La place a été réaménagée en échangeur autoroutier, peu propice à des manifestations futures, lorsqu'il sera ouvert à la circulation.

D'immenses portraits du roi, du Premier ministre et du prince héritier, sur la façade des luxueux gratte-ciel voisins abandonnés depuis les événements, marquent la reconquête du terrain et le contrôle de l'espace. De grands panneaux indicateurs tout neufs signalent la direction de l'Arabie saoudite et du circuit de Formule 1, comme pour orienter les conducteurs dans la bonne direction politique.

La place a été rebaptisée échangeur *al-Farouq*, un surnom signifiant « l'Équitable », accolé par la tradition musulmane au deuxième calife, Omar, qui régna sur la jeune communauté des croyants pendant une décennie, de 634 à 644. Vainqueur en Syrie, en Égypte et à Jérusalem prises aux Byzantins, il s'empara aussi de la Perse qu'il pilla et ravagea de fond en comble. Adulé par les sunnites, qui voient en lui le plus grand conquérant du djihad primitif, il est exécré par les chiites, qui l'accusent d'avoir pris le pouvoir par un coup d'État afin d'en écarter Ali, cousin et gendre du Prophète, qu'ils vénèrent comme son successeur légitime et le premier des imams. Ils lui reprochent en outre d'avoir fait tuer son épouse Fatima, la fille de Mahomet, « mère des croyants » adorée.

Le prénom Omar est tellement abominé par les chiites qu'aucun d'eux ne pourrait même imaginer le donner à ses enfants : il cristallise toutes les haines et les ressentiments de la communauté contre l'usurpation de l'islam véridique et l'oppression des purs croyants imputées au sunnisme. En 644, Omar al-Farouq fut poignardé en accomplissant la prière de l'aube dans la mosquée de Médine par un prisonnier persan réduit en esclavage, un zoroastrien appelé Fairouz (turquoise) et surnommé *Aboul Lou'louwa* (l'homme à la perle).

Arrivé au siège du Rassemblement de l'unité nationale, le parti d'opposition « constructif », je suis reçu pour un entretien par son porte-parole. C'est un imam sunnite à la barbe longue. Il a fait une partie de ses études à al-Azhar, poursuivies à l'université islamique tunisienne de la Zitouna sous Ben Ali et enfin au Maroc. Malgré tous ces certificats de sunnisme académique, il porte lui aussi une agate propitiatoire à l'annulaire gauche : les superstitions franchissent les frontières entre sectes, et Jaafar al-Sadiq, le sixième imam des chiites, est également révéré par les sunnites.

On le filme devant une immense photographie de

la mosquée *al-Fateh* (la conquête islamique), citadelle du sunnisme à Bahreïn ; s'y tient une grande réunion de ses partisans, qui brandissent le drapeau national, deux fanions blanc et rouge accolés, munis chacun de cinq pointes, et quelques drapeaux saoudiens. En fait d'opposition, il consacre le plus clair de notre entretien à critiquer son rival du *Wifaq* :

> *Notre rassemblement fonctionne de manière démocratique. Nous sommes pluralistes, nos adhérents appartiennent à toutes les confessions et représentent les deux tiers de la société bahreïnie. Eux sont un mouvement monolithique chiite, au modèle autoritaire khomeyniste, et qui obéit à un agenda étranger dicté par les safavides.*

Ce terme, qui renvoie à la dynastie ayant converti la Perse au chiisme au XVe siècle, est le cliché dépréciatif qu'utilisent rituellement les salafistes pour désigner les chiites et les Iraniens. Le cheikh reprend aussi un argument polémique courant selon lequel les manifestants de la place de la Perle avaient altéré le drapeau de Bahreïn qu'ils y brandissaient :

> *Ils avaient remplacé les deux fanions blanc et rouge alternés à cinq pointes — symboles des cinq piliers de l'islam — par deux fanions à six pointes. Par là, ils marquaient leur allégeance véritable non à la nation bahreïnie, mais aux douze Imams du chiisme.*

Il s'exprime dans un arabe strictement classique et grammatical, dont les intonations et le phrasé me sont extraordinairement familiers. Je me dis que j'ai dû accomplir des progrès fulgurants dans la compréhension de l'accent du pays, jusqu'à ce que l'on confirme mon intuition que ce cheikh tout en onctuosité est un Égyptien naturalisé.

✧

De retour vers les villages chiites pour y rencontrer Zainab al-Khawaja, la fille du militant des droits de l'homme emprisonné et condamné à perpétuité, j'apprends qu'elle a dû aller au chevet d'un ami blessé par la police : le rendez-vous est reporté.

Une nuit noire est tombée sur les villages, où l'éclairage public ne marche qu'imparfaitement ou a été cassé par les activistes pour mieux se dissimuler. Aux carrefours principaux, des détachements de brigades antiémeutes sont prépositionnés, les phares des véhicules trouant l'obscurité d'où peuvent surgir les manifestants qui les caillassent.

Dans le village de Budaiya, un cortège s'est formé, profitant de l'absence momentanée de la police. Il rassemble deux cents jeunes, surtout des adolescents, les garçons en tête, une trentaine de femmes en tchador fermant la marche. Ils brandissent des banderoles et des drapeaux du mouvement des Jeunes du 14 février et du parti interdit *Al-Haqq* ainsi que des photos de son chef, le mollah Hassan Mushaimah, détenu à perpétuité, et des portraits de martyrs de la révolution ou de prisonniers politiques. Ils scandent sur l'air des lampions « A-bas-Ha-mad ! » (le monarque) et des slogans sur le sang des martyrs qui n'aura pas coulé en vain.

La tactique des manifs est rodée. Un noyau se forme à l'entrée d'un village et s'enfonce dans les venelles, avant que la police puisse lui donner la chasse. Il s'efforce d'agréger le maximum de jeunes qui « tiennent les murs » sur son passage, puis de surgir par surprise à un barrage placé à une sortie du village et de le bombarder de tout projectile disponible. Le but suprême est de détruire une automitrailleuse turque Cobra et de toucher ses occupants.

Ces boîtes de tôle n'étant pas climatisées, les soldats qui suffoquent à l'intérieur sous les températures torrides du Golfe laissent ouverte la trappe d'accès pour avoir un peu d'air : il suffit d'y lancer un cocktail Molotov. Pour s'en prémunir, les policiers arrosent à distance de grenades lacrymogènes tout mouvement suspect.

Je suis le cortège, l'équipe capture des images et du son. Des jeunes jonchent de parpaings et de stipes de palmiers cassés la chaussée derrière leur passage, de façon à ne pas être pris à revers inopinément par les Cobra dont le châssis étroit permet de se faufiler en fonçant dans les ruelles.

Nous arrivons en vue d'un barrage, sur une avenue éclairée. À peine quelques cailloux ont-ils volé qu'une pluie de grenades s'abat sur les manifestants, dégageant une fumée suffocante, tandis que les policiers en masque à gaz commencent à bondir et que les moteurs des Cobra vrombissent. Tout le monde reflue en panique. Dans la bousculade, je perds le réalisateur et l'ingénieur du son. En me mettant à courir, je me rends compte que je n'ai pas fui sous les bombes lacrymogènes poursuivi par des brigades antiémeutes depuis les CRS au Quartier latin en 1972, il y a quarante ans. Je n'ai aucun souvenir du but de la manif d'alors, mais je me rappelle exactement cette même poussée d'adrénaline que je ressens ce soir.

Un jeune homme m'attrape par la manche, et nous nous engouffrons dans une maison dont la porte de fer se referme derrière nous sur un vestibule obscur. Les propriétaires bourgeois du Quartier latin avaient en général un moindre sens de l'hospitalité... J'entends la cavalcade des policiers dont les brodequins frappent le sol de la ruelle. Des cris fusent dans une langue qui doit être du baloutche.

Le vestibule est encombré de chaussures et percé de deux portes intérieures. En levant les yeux sur celle qui me fait face, je constate qu'elle donne sur le harem : des femmes en déshabillé d'étoffe blonde se tiennent là, interdites, entourées d'enfants en bas âge, l'une d'elles bébé au sein. Mon intrusion a été si soudaine qu'elles n'ont pris le temps ni de se voiler ni de se cloîtrer. Au moment où j'ouvre la bouche pour me confondre en excuses, elles ont déjà rabattu leur voile puis clos la porte.

On m'invite à passer dans la pièce de réception, en attendant que la voie soit libre au-dehors. Dans cette vaste salle, mobilier et accessoires me frappent par leur désuétude : téléphone en bakélite, tables en formica, tourne-disque accompagné de piles de 33 tours aux pochettes pelliculées et de 45 tours dans du papier kraft. Puis je remarque des tableaux au mur : des aquarelles sans cadre représentant une palmeraie, des boutres, un port de pêche. Ils ont quelque chose de fauviste.

Le jeune qui m'a empoigné dehors me dit que ce sont les œuvres de son père, peintre du dimanche (du vendredi...), lequel s'affaire à nous préparer des rafraîchissements en cuisine ; il me désigne dans un coin de la pièce un chevalet, des brosses et des pinceaux, une boîte de couleurs en bois.

Je me rends compte que tout ce décorum de la

décennie 1970 n'est pas ici par défaut, mais à dessein : ensemble avec les tableaux, ils recréent les
années heureuses, durant lesquelles les villages
n'étaient pas coupés du littoral par des polders et des
marinas, des autoroutes et le circuit de Formule 1,
où les pêcheurs allaient à la mer, et les paysans aux
champs. C'était avant que la glorieuse civilisation
des Baharnas ne soit engloutie par la malédiction
du pétrole.

Le père arrive avec du sorbet et des beignets. Nous
sommes de la même génération. Je le félicite pour
ses tableaux et lui confie ma frustration d'être incapable de peindre. Il me parle de son amour pour
Matisse, du *Bonheur de vivre*. Je lui raconte Nice
dans ma petite enfance, une rencontre de ma mère
avec le maître très âgé sur les hauteurs de Cimiez.

Il sort un gros dossier de photographies soigneusement titrées et datées : le voici en pantalons à
pattes d'éléphant, avec les cheveux longs à la mode
ces années-là ; ici, c'est un ami dirigeant syndica-
liste, puis un jeune homme en habit de mollah ; là,
les mêmes attablés au port, il y a de la bière devant
eux ; sur un autre cliché, ils exhibent le produit de
leur pêche, avant de faire griller le mérou du Golfe,
qu'on appelle hamour. Aujourd'hui, l'un de ses fils
est en prison, arrêté dans les manifestations de la
révolution de 2011.

On m'annonce que la police s'est retirée du village, et nous nous retrouvons avec le réalisateur et
l'ingénieur du son qu'ont ramenés les jeunes qui les
avaient cachés, téléphone arabe (et téléphone portable) aidant. Mon hôte décline courtoisement notre
proposition de le filmer et de nous raconter son histoire. Il a trouvé un emploi dans l'administration et
craint pour son fils incarcéré. On nous conduit au

chauffeur, lui aussi mis à l'abri. La journaliste qui
nous accompagne m'annonce que Zainab al-Khawaja
nous a fixé rendez-vous au café *Costa*.

La pasionaria du café « Costa »

La succursale de cette enseigne mondialisée, dont
le concessionnaire à Bahreïn est une famille chiite
riche qui soutient l'opposition, est située dans un
mall de l'autre côté de l'autoroute, sur un rond-
point, à moins de 5 kilomètres du village où viennent
d'avoir lieu la manifestation et la charge des brigades
antiémeutes. On y accède par des escaliers méca-
niques, à partir d'un parking souterrain, à travers
des boutiques de vêtements élégantes, de *jeans* et
tee-shirts griffés et d'électroménager.

L'étage supérieur du centre commercial est partagé entre des *fast-foods* pour tous les goûts (pizzas,
kebabs, hamburgers, chinois, *sundaes*, indien, *tacos*,
wraps, sushis...). La restauration rapide d'outre-
Atlantique saturée en graisses y exerce son impérialisme, mais se décline en quelques variations
régionales, pilaf iranien ou brochettes afghanes,
dûment conditionnés pour être consommés sur place
ou à emporter, avec leurs barquettes d'aluminium et
leurs couverts en plastique.

Je traverse cette jungle des saveurs industrielles
globalisées et aseptisées pour arriver au café *Costa*,
situé près des verrières qui donnent sur le rond-point
de l'autoroute, derrière lequel on distingue un village et une palmeraie. Installé dans un fauteuil club
acajou caractéristique de cette enseigne italienne née
au Royaume-Uni, je commande un double *espresso*

et des brownies comme à South Kensington et contemple en contrebas, comme on regarderait un téléfilm sur l'écran de l'établissement, les véhicules de police aux phares braqués sur la palmeraie et les abords du village.

Zainab al-Khawaja fait son entrée. Elle a vingt-neuf ans, un léger foulard noir rejeté sur l'occiput dont la couleur se confond avec les mèches brunes de son abondante chevelure, de grands yeux noirs, un *tee-shirt* fuchsia qui rehausse ses lèvres. Avec son *jeans* gris ajusté et ses baskets aux lacets fuchsia assortis, j'aurais pu la rencontrer à la cafétéria de n'importe quelle université américaine, voire de Sciences-Po.

Née et élevée au Danemark, où son père s'était réfugié, elle n'a pu entrer dans son pays qu'à l'âge de dix-sept ans, après que le roi Hamad fut monté sur le trône au terme de l'Intifada de la décennie 1990, amnistiant les proscrits et les réintégrant dans leurs droits civiques. Elle a accompli ses études supérieures aux États-Unis et préfère s'exprimer avec moi en anglais, une fois que nous nous sommes présentés en arabe :

— *J'ai vécu en exil l'essentiel de ma vie, avec ma famille, pour des raisons politiques. On a été très impliqués dans le combat pour la démocratie depuis le 14 février 2011. Mon père est l'un des activistes des droits de l'homme les plus célèbres de toute la région. Aujourd'hui, il est prisonnier politique, condamné à perpétuité. J'ai moi-même été arrêtée six fois, et il y a treize affaires en cours contre moi devant les tribunaux, toutes politiques.*

— *Dans le contexte de Bahreïn, peut-on maintenir l'universalisme des droits de l'homme ?*

— *C'est le point de vue que mon père a constamment fait prévaloir, y compris face à d'autres groupes. Il a défendu les prisonniers de Guantánamo, qui sont wahhabites. Pour certains Bahreïnis, les wahhabites sont les ennemis des chiites, comment pouvait-il les défendre ? Mon père a toujours répondu : « Ça s'appelle les droits de l'homme, pas ceux des chiites, ni des Bahreïnis ! » Il a aussi créé un comité de défense des droits des travailleurs immigrés, alors que certains Bahreïnis lui disaient : « Mais ce sont eux qui nous prennent notre emploi ! »*

— *Comment expliquez-vous que votre père ait été si lourdement condamné ?*

— *Il parle d'une voix forte et n'a pas peur des mots. Il n'hésite pas à dire que si un membre de la dynastie a commis un crime, il faut le juger ! Depuis qu'on est rentrés, il a été arrêté, battu, torturé à maintes reprises. La condamnation à perpétuité est leur dernier coup. Ils pensent qu'en le mettant à l'ombre pour toujours ça fera disparaître leurs problèmes !*

— *Mais n'est-ce pas ce qui s'est produit ?*

— *Pas du tout ! Il a entrepris une grève de la faim de cent dix jours pour obtenir sa libération et celle des autres prisonniers politiques. C'était au moment du Grand Prix de Formule 1. Du coup, ça a attiré l'attention sur ce qui se passait à Bahreïn.*

— *Comment voyez-vous votre action ?*

— *Réclamer simplement la démocratie, nos droits, ne devrait pas exiger tant de sacrifices. N'est-ce pas supposé être nôtre du jour de notre naissance ? Mais il y a tant de générations que nous acceptons de vivre sous la dictature qu'au-*

jourd'hui nous devons payer cher le prix de la démocratie. On aura beau nous arrêter, nous torturer, nous condamner, ça ne nous rendra que plus déterminés ! J'ai une petite fille de trois ans, je ne suis pas sûre que je verrai moi-même la démocratie, mais je me bats pour qu'elle puisse voter, qu'elle élise un président qui représente le peuple et s'en occupe, au lieu d'une monarchie qui ne gouverne qu'en fonction de ses intérêts !

— *Mais la révolution n'a-t-elle pas été avortée ?*

— *Après la destruction de la place de la Perle, la révolution s'est décentralisée. Maintenant, chaque soir, des manifestations simultanées éclatent dans au moins une quinzaine de villages. Le gouvernement essaie de les y enfermer, de leur tirer dessus pour que les gens n'en sortent pas.*

— *Vous sentez-vous concernée par ce qui se passe en Syrie ?*

— *Bien sûr ! Ici, nous n'avons eu qu'une centaine de morts, et ça nous a tellement traumatisés ! Alors, ces milliers de personnes tuées en Syrie, ça me brise le cœur... Comme nous, les Syriens souffrent de la dictature. Ça n'a rien à voir avec le fait d'être chiite ou sunnite, musulman ou chrétien. Je veux que la dictature de Bahreïn tombe tout autant que celle de Syrie, et si le gouvernement iranien est contre les droits de l'homme en Iran, il faut qu'il tombe lui aussi !*

— *Pourquoi y a-t-il eu si peu de solidarité avec la révolution de Bahreïn ?*

— *Ce sont surtout les gouvernements qui nous abandonnent... Quand je vais sur Twitter [elle y a trente-cinq mille correspondants], je vois beaucoup de gens qui nous soutiennent et nous comprennent. Alors, bien sûr, c'est dur d'entendre*

Obama parler des droits de l'homme et se faire tirer dessus par des armes fabriquées en Amérique ! Ces armes pèsent plus que ses mots : ce sont elles qui nous tuent.

XI

ARABIE SAOUDITE

Mercredi 10 octobre 2012

Dammam, capitale mondiale du pétrole

Pour aller de Bahreïn au Liban, la meilleure liaison passe par une correspondance à l'aéroport de Dammam, la métropole de l'Est saoudien et la capitale mondiale du pétrole. Ce hasard me donne l'occasion de remettre les pieds pour quelques heures en zone de transit sur le sol saoudien, pour lequel on ne me délivre plus de visas depuis décembre 2011, alors que je me suis rendu à de très nombreuses reprises dans le royaume tout au long de la décennie, depuis les lendemains du 11 Septembre.

Jusqu'à l'attaque d'al-Qaida sur New York et Washington en effet, la monarchie wahhabite n'ouvrait que rarement ses portes aux universitaires ou aux journalistes. Étaient exceptés les Américains, avec lesquels des vœux d'amour éternel dignes d'un mariage catholique indissoluble avaient été prononcés le 14 février 1945, jour de la Saint-Valentin. Quittant Yalta, où il avait partagé le monde avec Staline et Churchill, le président des États-Unis Franklin D. Roosevelt s'était rendu sur le croiseur *USS Quincy*, ancré dans un des lacs amers que traverse le canal de Suez, en Égypte. Il y avait rencontré le roi Abdelaziz al-Saoud, afin de sécuriser l'approvisionnement en hydrocarbures des États-Unis dans la perspective de la guerre froide — face à une URSS disposant des immenses champs pétrolifères de Bakou et de Sibérie pour alimenter en carburant l'Armée rouge. Les termes du contrat de mariage américano-saoudien, où amour rimait alors avec toujours, étaient limpides : pétrole saoudien contre protection américaine, *ad vitam aeternam*.

Dammam fut leur *home sweet home*. Les réserves d'hydrocarbures saoudiennes, dont la production peut dépasser dix millions de barils journaliers, en faisant l'exportateur élastique du marché mondial de l'énergie, sont situées dans la partie orientale du royaume, le Hassa. C'est le siège de l'Aramco, originellement Arabian American Oil Company, désormais propriété saoudienne sous le nom de Saudi Aramco.

À l'époque, le Hassa était peuplé en majorité de chiites. En 1945, ceux-ci passèrent du statut de paysans dépaysannés par les razzias des Bédouins wahhabites à celui d'ouvriers du pétrole. Leur tropisme syndical, traduit par des grèves récurrentes, et la suspicion confessionnelle de la monarchie favorisèrent un vaste mouvement de populations sunnites venues du sud-ouest du royaume vers les zones pétrolifères, où les chiites sont désormais en minorité sur leurs terres ancestrales.

Là se situe l'aéroport de Dammam, où je transite aujourd'hui, héritier de l'aérodrome voisin de Dhahran, construit en 1945 pour accueillir les forteresses volantes américaines destinées à contenir l'avancée du communisme vers les mers chaudes. Il devint la plaque tournante de la Pan Am et de TWA quand les courriers directs les plus longs de l'aviation civile d'après-guerre amenaient en treize heures une noria de militaires et de pétroliers depuis New York.

En débarquant, je me rappelle une de mes premières étudiantes, une Libanaise, jolie fille au prénom toscan. Elle m'avait raconté son enfance en ces lieux où son père était chef d'escale.

Comme tous les terminaux saoudiens, il est d'un faste sinistre. Le marbre moka qui l'habille reflète la lumière glauque des néons, les vitrages teintés des verrières en font une basilique lugubre qui donne un avant-goût du puritanisme wahhabite. Quel contraste avec ces temples clinquants de la marchandise que sont les aéroports de Dubaï et Bahreïn ou celui du Qatar, emporiums dédiés à la consommation de masse du luxe détaxé !

Un employé philippin efféminé guide notre équipe dans le dédale des couloirs vers la salle de transit. On vérifie nos papiers en transcrivant à la main l'intégralité des informations en arabe sur un registre. Je dois encore négocier pied à pied avec un douanier à la barbe abondante et au front bas marqué d'une tavelure noirâtre qui lui donnent l'air d'un zélote d'al-Qaida, pour qu'on ne démonte pas entièrement la caméra et le magnétophone à la recherche d'explosifs celés.

Je ne crois pas qu'il soit sensible à l'ironie de la situation et me garde bien d'y faire allusion. Arrive un gradé glabre qui jette un coup d'œil aux passeports et fait un signe de la main désinvolte à son subordonné lui indiquant de nous laisser aller au salon, où nous passerons deux heures avec du thé tiédasse et des jus de fruits à la saveur chimique.

✧

Je me remémore les années où j'étais traité avec égards en Arabie. Après le 11 Septembre, le prince Turki al-Fayçal, qui avait dirigé les services secrets pendant vingt-cinq ans jusqu'au tout début de septembre 2001, estima que la politique d'opacité totale voulue par le royaume était contre-productive. De toutes parts, des doigts accusateurs étaient pointés vers le pays dont quinze des dix-neuf kamikazes de New York et Washington étaient des ressortissants.

À la tête d'un centre d'études fondé à la mémoire de son père, le roi Fayçal, le prince Turki, qu'un ami commun m'avait présenté au Ritz de la place Vendôme, décida de faciliter la venue et le séjour en Arabie d'universitaires et d'étudiants étrangers qui ne seraient plus exclusivement américains. C'est qu'après le 11 Septembre 2001, la lune de miel du 14 février 1945 avait laissé la place à un quasi-divorce.

Aux États-Unis, où beaucoup considéraient que c'était l'idéologie d'État wahhabite qui avait engendré le monstre Ben Laden, les centres de recherche néoconservateurs planchaient sur des scénarios de rechange au contrôle de la famille Saoud décriée sur le pétrole. Des cartes circulaient, qui redécoupaient les frontières.

À l'ouest, dans le Hedjaz, sur la mer Rouge, les Hachémites de Jordanie, qui avaient été chassés de La Mecque par Abdelaziz al-Saoud en 1926, y seraient réinstallés, à la tête d'un émirat administrant les lieux saints de l'islam. La Jordanie deviendrait du coup l'État des Palestiniens, permettant à Israël de s'y débarrasser des Arabes de Cisjordanie, de Gaza et de Galilée. Les champs d'hydrocarbures de l'Est se transformeraient en un « pétrolistan » indépendant sous le contrôle d'un ayatollah américanophile, tandis que la population chiite originelle serait restaurée dans sa grandeur, avec l'appui de l'Irak libéré de Saddam Hussein, gouverné par des chiites pro-occidentaux et alliés à Israël, qui feraient tomber tôt ou tard la République islamique d'Iran.

Aux Saoud, il ne resterait que le centre de la péninsule, Riyad et ses périphéries désertiques. Ils se verraient privés des revenus de l'or noir, de ceux du pèlerinage, et coupé des aqueducs d'eau dessalée du Golfe. Ils se retrouveraient condamnés à mourir de soif, d'ensablement et de misère, réduits à leur condition primitive de Bédouins vivant de rapines, en punition du crime commis le 11 Septembre, ramenés à la case départ par ce Grand Jeu néoconservateur de chaises musicales.

Les chimères des apprentis sorciers du Pentagone sous la présidence de George W. Bush firent long feu, et la *realpolitik* rabibocha en quelques années la grande puissance impérialiste et sa pompe à essence, dans un mariage de raison où chacun, ne pouvant se passer de l'autre, garderait désormais qui son douaire, qui sa dot. Mais dans l'intervalle de cette première décennie du XXIe siècle, il y eut place pour quelques initiatives hors de cette relation américano-saoudienne jalouse et exclusive. Cela me permit de visiter régulièrement l'Arabie, d'y faire venir, dans le cadre du centre d'études du roi Fayçal, une vingtaine d'étudiants qui en ont tiré des mémoires et des thèses dont plusieurs font autorité.

Nouant des relations avec beaucoup de Saoudiennes et de Saoudiens, j'ai été impressionné par la liberté d'esprit et la vaste culture de nombre d'entre eux, par-delà les clichés. Ceux-ci sont alimentés par les membres d'un *establishment* wahhabite borné flanqués de la masse des salafistes de tout poil, dji-hadistes ou non, qu'ils encouragent par le prêche et la bourse. Mais au fur et à mesure que les livres issus des thèses ont été publiés, traduits en anglais et en arabe, divers cercles du pouvoir ont laissé filtrer leur mécontentement. Dès 2010, mon jeune collègue Stéphane Lacroix, dont le remarquable livre *Les Islamistes saoudiens* a suscité en Arabie des débats exceptionnels sur Internet en arabe, s'était vu refu-ser un visa. Premier avertissement. Il était temps de refermer la porte entrouverte après le 11 septembre 2001.

Un jour, un jeune Saoudien de mère libanaise pas-sablement francophone et gravitant dans la nébu-leuse du renseignement me fit savoir qu'il souhaitait inscrire sous ma direction une thèse dont il ne cacha pas qu'elle serait rédigée par un nègre. Offusqué par mon objection, il me signifia que je ne mettrais plus les pieds dans le royaume. Je n'ai pas pris au sérieux cet individu de médiocre envergure jusqu'à ce qu'on me refuse, quelques mois plus tard, le visa que j'avais demandé pour revoir à Riyad, en décembre 2011, les amis dont je voulais recueillir l'avis à propos des révolutions arabes, sur le trajet entre l'Égypte et Oman. *Persona non grata*, tel est le destin de l'orien-taliste contemporain confronté aux plus obtus des dirigeants de la région.

J'en suis là de mes remémorations quand j'entends une annonce en arabe m'intimant de me présenter immédiatement à la police aéroportuaire. Je n'y donne pas suite et embarque dans l'avion de Middle East Airlines pour Beyrouth sans autre souci. Il est toujours préférable d'éviter les bureaucraties orientales. D'autant qu'elles recèlent une force d'inertie et d'inefficacité — c'est du reste l'attitude spontanée adoptée par les populations de la région face à leurs États depuis la nuit des temps.

L'avion est bondé de Libanais de tous âges et professions, venus proposer leurs produits dans l'Eldorado saoudien, dont la fortune irrigue la région et la tient dans sa dépendance. Mes voisins de siège, sevrés d'alcool pendant leur séjour sur la « terre des deux lieux saints », se font servir de grandes rasades de Black Label. Après le pont, c'est l'« aéronef Johnnie Walker ».

XII

LIBAN

Jeudi 11 octobre 2012

Le chemin de Damas

Après avoir quitté le front de mer de Beyrouth au petit matin, j'atteins le faubourg de Yarzé, sur le chemin de Damas. Dans ce paysage des premiers contreforts du mont Liban qui m'évoque les Alpes-Maritimes de mon enfance, je me rends au siège du ministère de la Défense, à quelque distance de la route et des commerces tapageurs aux néons éclatants qui la bordent. Il me faut y quérir les autorisations de tournage accordées depuis Paris.

Le chauffeur se charge de récupérer ce permis dans les bureaux du renseignement militaire. Je l'attends sur le parking en plein air, vide. L'air est dense, un peu rare déjà avec l'altitude. J'ai voulu voir physiquement les lieux, en humer l'esprit. Une de mes étudiantes libanaises achève sa thèse sur les forces armées de son pays, et je me suis dit que je n'aurais pas de meilleure opportunité, même fugace et superficielle, de pénétrer ce complexe où se sont déroulés la plupart de ses entretiens avec les officiers.

L'armée libanaise est la somme des confessions
qui forment le pays. Elle en résout symboliquement
en son sein les contradictions et en dose les équilibres, tout en étant inefficiente, puisque chacune
de ses composantes est alliée à l'une des parties en
conflit dans la région et qu'elle ne peut s'y engager
sous peine d'éclater. La plupart des chiites sont avec
le Hezbollah, la Syrie, l'Iran et désormais la Russie
et la Chine. Les chrétiens qui suivent le général Aoun
leur emboîtent le pas. On nomme leur regroupement
la « coalition du 8 mars ».

La majorité des sunnites et les autres chrétiens forment une alliance hétérogène qui va des islamistes
aux maronites pro-occidentaux et à la gauche. Les
soutiennent l'Arabie saoudite, le Qatar, les États-
Unis, la France et l'Union européenne. Ils demandent
le départ d'Assad et veulent empêcher l'Iran d'acquérir l'arme nucléaire : on appelle leur coalition le
« 14 mars ».

Ces dates des 8 et 14 mars, dont la proximité
même paraît rendre dérisoire l'affrontement irréduc-
tible entre ceux qui s'en réclament, sont celles de
deux manifestations consécutives advenues en 2005.
La première défila pour, l'autre contre le maintien
de l'armée syrienne au Liban, contingent d'un pays
frère pour les premiers, force d'occupation pour les
seconds. Chacune des deux coalitions accuse l'autre
d'être appuyée en sous-main par Israël, ou à tout le
moins d'en faire le jeu. Quant aux Druzes emmenés
par leur seigneur Walid Joumblatt, ils soutiennent
en alternance l'un et l'autre camps, compensant ainsi
leur faiblesse numérique en jouant l'indispensable
variable d'ajustement.

Les chrétiens sont divisés. Depuis « Taef », cette
station d'estivage saoudienne où furent signés en

1989 les accords mettant fin à quinze ans de guerre civile et consacrant l'élimination politique du christianisme libanais, on distingue plaisamment les « chrétiens chiites » des « chrétiens sunnites ». Les premiers, au « 8 mars », trouvent leur seule chance de survie dans l'union de toutes les minorités du Levant face au rouleau compresseur sunnite ; les seconds, au « 14 mars », restent fidèles à l'alliance traditionnelle avec l'Occident, qui voit dans l'Iran khomeyniste et ses affidés son pire ennemi au Moyen-Orient. Les premiers parlent le vocabulaire du tiers-monde en lutte contre l'impérialisme américain et les pétromonarchies ; les seconds celui des droits de l'homme face à la répression et à la dictature de Bachar al-Assad, et au péril nucléaire iranien.

La grande faille entre sunnisme et chiisme qui secoue le Moyen-Orient de ses séismes à répétition et que j'ai observée à Bahreïn passe ainsi jusque sous le parking de ce ministère libanais et impuissant de la Défense, espace improbable où s'annulent momentanément les contradictions du pays, pour ressurgir tout alentour.

L'air me paraît plus dense à mesure que la matinée s'avance. Je remarque qu'une lézarde fendille l'asphalte. Dans ses anfractuosités le vent a semé des graines qui ont germé. Arrosées par les pluies d'automne, elles forment une ligne brisée de fleurs rudérales d'un jaune d'or comme celui des chrysanthèmes. Levant les yeux, j'observe quelques beaux arbres dressés sur les pentes autour de moi, dans la zone militaire, des pins d'Alep surtout, car on ne voit plus guère de cèdres au pays du Cèdre.

Pendant des siècles, les Ottomans ont fait couper leur bois imputrescible destiné aux chantiers navals du Grand Turc, pour les fustes et les galiotes lancées à la course des lourds navires marchands européens ou razziant des captifs sur les côtes des Pouilles, de Campanie et du comté de Nice. Les sommets du mont Liban, qui se dressent à l'est en direction de la Syrie, sont pelés par le déboisement, sans plus de protection végétale contre les intempéries et le ravinement.

Dans les villages rongés par le chancre du béton, la guerre civile a achevé de détruire les somptueuses demeures levantines de pierre aux baies en ogive et aux toits de tuiles rouges, qui servirent de cibles aux artificiers et d'abri aux francs-tireurs des multiples factions combattantes. Et j'ai vu le Liban unique de ma jeunesse, dont la beauté avait ébloui mes dix-neuf ans, en 1974, dernière année avant la guerre, finir par ressembler à n'importe quoi.

✧

Le ciel sur la mer est dégagé, mais des nuages noirs s'accumulent vers l'Orient, dans la direction de Baalbek. Le chauffeur arrive enfin, son autorisation à la main. C'est un chrétien qui a peur de son ombre. Il me rappelle que je dois pointer au Deuxième Bureau de l'armée à chaque déplacement dans ce petit pays, car il craint d'en subir les conséquences si je n'obtempère pas. J'ai beau tenter de le tranquilliser en lui disant que nous verrons de ce pas le Premier ministre, que je le connais bien, il n'est pas rassuré. Élie ne parle pas un mot de français et m'explique qu'il n'a pas pu fréquenter sérieusement l'école durant la guerre civile. Il s'inquiète pour la pluie qui va tomber incessamment et créer d'inextricables encombrements.

Nous atteignons Beyrouth avec les premières gouttes. Pour éviter les embouteillages, il s'engage dans un dédale de ruelles du quartier de la Quarantaine, à côté du port. Dans cet ensemble de pauvres masures se voient toujours les sièges des partis politiques chrétiens qui ont pris ce quartier d'où ils ont délogé les chiites entassés dans un bidonville. Ce fut un des premiers massacres de la guerre civile, il y a bientôt quarante ans.

Le Grand Sérail

Le centre-ville ancien avait été détruit durant le conflit par les feux croisés des canonniers et des obusiers chrétiens, basés à l'est, et musulmans, à l'ouest de Beyrouth. Le Premier ministre et entrepreneur sunnite Rafic Hariri, Libanais naturalisé saoudien, pays de son immense fortune, et à qui fut dévolu le Liban par les accords de Taef, en 1989, fit reconstruire ces quartiers à l'identique.

Ce gigantesque chantier, nommé *Solidere*, a restauré avec des matériaux neufs le Beyrouth d'autrefois, plus vrai que nature. Il n'y manque que les habitants originels qui ont été tués ou ont vu leurs activités chassées vers des périphéries urbaines.

Le centre, autour de la place des Canons, était une zone populaire : terminus grouillant des taxis collectifs, ces Mercedes antédiluviennes en provenance de Damas et de tout le pays, souk aux fripes, aux épices, aux légumes et à la viande. Il était aussi célèbre pour son marché de la chair, dans les lupanars les plus sordides et pittoresques de l'Orient, dont les portes s'ouvraient entre des échoppes de changeurs de monnaie aux doigts habiles.

Chrétiens et musulmans se mêlaient ici indistinctement à la lisière de leurs quartiers respectifs, mus par leur foi commune dans le commerce, religion levantine par excellence. C'est aujourd'hui un quartier bobo policé. Des cafés-trottoirs proposent aux chalands narguilés embaumant le tombac et infusions de fleurs d'oranger qui parfument d'une senteur locale aseptisée les boutiques. Celles-ci arborent les enseignes de grandes marques internationales de vêtements, de montres, de bijoux, les mêmes que dans tous les quartiers piétonniers des centres-villes du monde.

Malgré ses milliards, Hariri n'a pu refaire de Beyrouth le cœur palpitant du Moyen-Orient. Au trafic ancien des échelles du Levant, dont le Liban était le chef-lieu, s'est substitué le commerce globalisé, dont Dubaï est la plaque tournante et la métropole, avec son aéroport immense, son port en eau profonde, ses zones franches infinies d'où partent les semi-remorques qui irriguent jusqu'à la Russie de leurs containers. Les jeunes Libanais entreprenants ont quitté Beyrouth pour s'établir dans le Golfe, ceux-là mêmes qui peuplaient l'avion en provenance de Dammam hier soir.

Dans les boîtes des quartiers de la nuit, à Monnot ou Gemmayzé, les filles sont en surnombre. La compétition féroce pour le mâle raréfié les a précipitées dans une fuite en avant effrénée vers la chirurgie esthétique. Elles paraissent clonées à partir des gènes des starlettes de téléfilms californiens, décolorées en blondes, nez refait au cordeau, pommettes botoxées, lèvres gonflées au collagène, prothèses mammaires, liposuccion du ventre et des cuisses — anémiées par les coupe-faim des régimes amaigrissants.

Le centre-ville restauré s'ouvre d'un côté sur une mer où l'ombre des bateaux de guerre ne s'est point dissipée, inquiétant les navires marchands qui ne la fréquentent plus guère ; du côté de la terre, il est borné par les trois pointes d'un triangle. L'une, à l'est, le Grand Sérail où siège le Premier ministre avec qui j'ai rendez-vous ; les deux autres sont vouées à la mort.

Au sud, la zone des grands hôtels, où Hariri fut assassiné dans un énorme attentat à l'explosif, le 14 février 2005, investigué par un tribunal international qui n'a toujours pas rendu ses conclusions, huit ans après, mais s'oriente vers l'incrimination du régime syrien et du Hezbollah son relais. Hariri le Libano-Saoudien mourut soixante ans jour pour jour après l'échange des vœux de la Saint-Valentin 1945 entre le président Roosevelt et le roi Abdelaziz al-Saoud, ce pacte « pétrole contre protection » qui charpenta l'alliance américano-saoudienne et modela le Moyen-Orient d'après-guerre.

Au nord, la troisième pointe du triangle est le mausolée de Hariri, gigantesque mosquée flambant neuve à son nom. Sa construction a été financée par un prince saoudien fabuleusement riche qui a voulu marquer l'hégémonie définitive de l'islam sunnite sur le Liban multiconfessionnel, scellant symboliquement les accords de Taef en écrasant de sa masse disproportionnée la cathédrale maronite voisine.

Mais l'enjeu n'est plus là : derrière le laminage ostentatoire du christianisme par l'islam au Liban, le triomphe immodeste de La Mecque sur le Vatican, les accords de Taef comptaient bloquer au profit du sunnisme l'expansion chiite dont une démographie

galopante a fait la première communauté du pays.
Pourtant, c'est aujourd'hui un gouvernement soutenu par le « 8 mars » et la masse chiite dont le chef
siège au Grand Sérail, sept ans après le retrait de
l'armée syrienne, tandis que la guerre civile dont
Damas avait attisé les braises au Liban pendant trois
lustres incendie, en juste retour de flamme, la Syrie.

Le Premier ministre Najib Mikati est, comme feu
Hariri, un milliardaire sunnite, même si la fortune
du second l'emportait de quatre fois sans doute sur
celle du premier. Hariri venait d'un milieu modeste
de la ville portuaire de Saïda, l'antique Sidon, au sud
de Beyrouth. Et ce *self-made man* qui commença
portefaix sur les quais, râblé et brun de peau, aux
épais sourcils sur des yeux ourlés, a bâti son fabuleux empire en déployant son entregent levantin au
service de la dynastie saoudienne.

Mikati, lui, est élancé et de haute taille. Il a la
peau et les yeux clairs et une couronne de cheveux
argentés tirant sur le blond. Il vient d'une famille de
notables de Tripoli, la grande ville du Nord enserrée dans son proche *hinterland* syrien. Les sunnites
qui en dominent le peuplement doivent faire avec
cet environnement, comme du reste les chrétiens de
Zghorta, grosse bourgade du piémont tripolitain, fief
de la famille Frangié.

La fortune des Mikati, construite dans la téléphonie mobile au Moyen-Orient et en Afrique, comporte
aussi de solides participations croisées en Syrie.
Après l'assassinat de Hariri, Najib Mikati avait déjà
exercé les fonctions de Premier ministre pour assurer
la transition de février à juin 2005, des mois de crise
abyssale. La présidence du Conseil des ministres,
traditionnellement dévolue aux musulmans sunnites par le confessionnalisme institutionnel du

pays, est devenue le sommet de l'exécutif depuis les accords de Taef, au détriment de la présidence de la République, maronite et autrefois prééminente, aujourd'hui ramenée aux dimensions de celle de la IVe République française ou de la République italienne.

Homme de consensus, Mikati s'était attiré les éloges pour sa gestion des affaires courantes tandis que le pays menaçait d'imploser. Il était retourné à ses activités privées après la victoire de la coalition menée par l'héritier de Hariri, Saad, aux élections parlementaires de juin 2005. J'avais alors fait sa connaissance comme donateur du programme d'études arabes dont je m'occupais autrefois à Sciences-Po.

Pour l'anecdote, un jour que nous prenions un verre au *Café de Paris*, à Monaco, il s'aperçut qu'il avait oublié son portefeuille, et le modeste universitaire invita royalement le milliardaire, 374e fortune mondiale au classement de *Forbes*. Cette situation insolite l'a beaucoup diverti, et il ne manque pas de me la rappeler facétieusement quand nous nous rencontrons de loin en loin. C'est tout naturellement qu'il a accepté de m'accorder un entretien pour parler de la conjoncture du Liban à l'ombre de la guerre civile syrienne :

> — *Parfois, je souhaiterais que le Liban soit une île ! Malheureusement, nous sommes coincés par la géographie... Le Liban subit les effets de trois conflits dans la région : le conflit israélo-palestinien, la situation syrienne et le problème nucléaire iranien. C'est pourquoi le soutien de la communauté internationale nous est si nécessaire. Ce ne sont pas des conflits internes au Liban qui nous menacent, mais des conflits à*

dimension globale qui peuvent avoir des réper-cussions sur nous.

— *Comment pensez-vous en préserver votre pays ?*

— *Dès le début des événements de Syrie, j'ai adopté une politique visant à dissocier le Liban de ce qui s'y passe. Le Liban est dans une situation politique, économique et sociale délicate vu ses relations étroites avec la Syrie. Ce voisin syrien contrôlant près de 80 % de nos frontières, nous ne pouvons pas le « fâcher ». Nous avons des intérêts communs avec les autorités syriennes, car nos exportations transitent par la Syrie.*

Par ailleurs, des centaines de milliers de Liba-nais travaillent dans les pays du Golfe et trans-fèrent tous les mois des fonds au secteur bancaire libanais et au pays en général… Ils soutiennent, pratiquement, l'économie, si bien que nous ne pouvons pas « fâcher » ces pays arabes. Enfin, la société est elle-même divisée entre les Arabes et le régime syrien. Pour toutes ces raisons, j'ai décidé de me dissocier de la situation syrienne, afin de préserver la stabilité interne de mon pays, car tout ce qui se passe en Syrie risque de nous affecter.

— *Qu'est-ce qui vous inquiète le plus ?*

— *En Syrie, malheureusement, l'opposition et le régime ont atteint un point de non-retour. Ce qui me fait le plus peur, ce serait une guerre civile qui aboutirait à la partition de la Syrie, car ce scénario pourrait concerner directement le Liban. Ou encore si des extrémistes prenaient le pouvoir. Cela nous poserait potentiellement de gros pro-blèmes.*

❖

Apprenant que je vais à Tripoli demain pour y rencontrer plusieurs des « extrémistes » du cru liés d'assez près à ceux qui, en Syrie, inquiètent le Premier
ministre, son chef de cabinet m'arrange un rendez-
vous avec Malek Abdelkarim Chaar. Ce mufti du
Nord-Liban coiffe institutionnellement la communauté sunnite et lui donne un visage enturbanné pré-
sentable. J'aurai ainsi une vision plus équilibrée de
la grande cité portuaire, dont les Mikati et lui-même
sont originaires, et dont il déplore que la presse
internationale fasse une sorte de Peshawar levantin
livré aux salafistes et djihadistes de tous poils, sur
fond de guérilla contre les Alaouites locaux.

L'intellectuel du « 14 mars »

Pour l'heure, c'est de débrouiller l'écheveau libanais
dans son ensemble que je suis curieux, à Beyrouth,
avant de monter au nord. Après l'homme d'affaires
sunnite qui gouverne le pays avec la coalition du
« 8 mars », je rencontre un intellectuel maronite, qui
fut journaliste, professeur et député, représentant
important de la direction du « 14 mars », alors que
sa famille et son clan sont membres du « 8 mars » :
Samir Frangié. Ses partisans, pour s'en réjouir, et
ses adversaires, pour s'en désoler, le tiennent pour
l'un des plus grands esprits du pays, l'espoir d'un
Liban qui aurait exorcisé ses démons ; aujourd'hui
éminence grise, demain président d'une République
idéale.

Cet homme de la Renaissance, fils d'un ministre
qui avait servi sous le mandat français puis devint

l'un des pères de l'indépendance du pays, est le neveu de feu Soleiman Frangié, qui fut président de la République de 1970 à 1976 et dont les choix intellectuels, politiques, éthiques, le séparent du tout au tout. Celui-ci vit l'armée syrienne entrer au Liban la dernière année de son mandat, pour protéger, initialement, les chrétiens en position difficile dans les premiers mois de la guerre civile face au camp « islamo-progressiste » et aux milices palestiniennes surarmées.

La géographie avait fait du *zaïm* Soleiman, ce seigneur féodal maronite, régnant sur son fief de Zghorta, dans l'arrière-pays tripolitain, coincé par les frontières syriennes, un obligé de Damas. Poursuivi par la *vendetta* et la justice après avoir ordonné l'assassinat des membres d'un clan rival dans l'église paroissiale en 1957, il avait quelque temps trouvé refuge à Lattaquié, en pays alaouite syrien. Il y tissa des liens que son fils Tony ferait fructifier, devenant l'homme lige d'un officier ambitieux nommé Hafez al-Assad.

Ses affaires s'étant arrangées, Soleiman Frangié revint au bercail pour y mener une carrière politico-financière qu'il consacra à défendre l'emprise sur le Liban des féodaux de toutes confessions, menacés par les nouvelles élites éduquées qui avaient jeté à la rivière les rancunes rustiques des hobereaux. Il fut élu à l'arraché président par les députés en 1970, grâce au revirement en sa faveur d'un autre *zaïm*, le Druze Kamal Joumblatt — tout progressiste, bouddhiste, végétarien et membre de l'Internationale socialiste qu'il fut. Seigneur de la montagne du Chouf, en conflit avec ses vassaux chrétiens qui détestaient Soleiman Frangié, il appuya celui-ci contre ces derniers.

❖

Samir Frangié l'intellectuel m'évoque ce personnage central peint par Piero della Francesca dans la partie droite de *La Flagellation du Christ* : le Prince idéal futur. Il combinerait en lui les enseignements du philosophe (représenté dans le tableau par le cardinal Bessarion) et la force de l'État (auquel le maître toscan a prêté les traits d'un condottiere de son temps, Federico de Montefeltre).

En 2004, avec trois autres intellectuels, un chrétien et deux musulmans, issus comme lui des rangs des étudiants progressistes des années 1968 libanaises, il publie un « Appel de Beyrouth » qui réclame le départ de l'occupant syrien et prône la réconciliation du pays. Son grand écho en fera le manifeste du renouveau du Liban. Le texte prépare politiquement le pays au retrait de l'armée syrienne, qui adviendra après l'assassinat de Hariri l'année suivante.

Élu député en juin 2005 au siège maronite de Tripoli sur la liste du « 14 mars », il ne concourt pas au scrutin de 2009, préférant prendre de la hauteur par rapport à un Parlement empêtré dont le mode d'élection et la composition se fourvoient dans les impasses du Liban d'hier et empêchent son évolution. Il voit dans le « printemps du Cèdre » de 2005 un événement prémonitoire des printemps arabes de 2010. Et il m'explique que si la conjoncture régionale du Levant et les blocages confessionnels ont rapidement avorté les espoirs libanais, le grand branle du monde, de Sidi Bouzid à Alep, a réécrit de fond en comble, malgré les vicissitudes islamistes, le logiciel politique des sociétés arabes :

> — *Le printemps arabe a tourné une page de l'histoire de la région. Toutes les idéologies, natio-*

nalistes, religieuses, appartiennent désormais au passé, et personne n'est descendu dans la rue pour les défendre. Ce printemps réhabilite l'individu, pris jusque-là dans un effroyable processus de réduction au groupe, le groupe au parti, et le parti au chef qui le dirige.

Quand la Syrie occupait le Liban, tous les leaders libanais l'appelaient « la Syrie d'Assad ». Elle était résumée en une personne. Après une longue nuit qui a commencé au lendemain de la période de l'indépendance, on assiste à présent à un réveil arabe. C'est fabuleux, ma génération [il est né en 1945] n'a jamais connu ça. C'est un changement que la classe politique n'arrive pas à prendre en considération.

— Que dites-vous à ceux qui contrastent le printemps arabe des débuts à l'hiver islamiste qui en aurait été la conséquence ?

— Regardez en Égypte : un député salafiste [l'avocat Mamdouh Ismaïl] qui a voulu prier en plein Parlement a publié ensuite un communiqué d'excuses parce qu'il avait reçu 1 150 000 insultes sur sa page Facebook ! Ce qui était nouveau c'est que plus d'un million de personnes qui n'étaient pas d'accord l'ont dit !

Je ne suis pas paniqué par les résurgences salafistes ici ou là, car le changement est beaucoup plus profond. Au Liban, le 14 mars 2005, un tiers de la population est descendu dans la rue au même endroit pour réclamer la même chose, mettant fin à trente ans de guerre. À partir du moment où un individu se lève et commence à marcher sur ses deux pieds, c'est un processus irréversible. Les partis islamiques doivent réfléchir d'ores et déjà à une voie islamique vers la démocratie.

— *Mais un an après 2005, suite à la « guerre des Trente-Trois-Jours » entre Israël et le Hezbollah, celui-ci n'était-il pas devenu le héros des masses arabes, au point que le 8 mars semblait l'avoir emporté sur le 14 mars ?*

— En fait, les révolutions arabes vont trancher un conflit qui dure depuis 2003, quand l'invasion américaine a fait sauter le verrou sunnite en Irak, ouvrant la voie à l'Iran qui a décidé de s'imposer dans le monde arabe, afin de pouvoir dire : « Je représente le monde musulman dans ce nouvel ordre mondial à reconstruire. » D'où l'importance du nucléaire dans cette perspective.

De toute façon, les dirigeants arabes n'avaient pas les moyens de réagir : en 2005, Ahmadinejad est élu ; en 2006 éclate la « guerre des Trente-Trois-Jours » au Liban ; en 2007, le Hamas s'empare du pouvoir à Gaza [avec l'appui de Damas et de Téhéran] ; en 2008, le Hezbollah fait un coup de force à Beyrouth-Ouest… Maintenant, tous ceux qui ont été menacés par les ambitions iraniennes sont en train de chercher comment utiliser ce qui se passe dans le monde arabe pour les contrer.

Bien sûr, à Bahreïn, le problème d'une majorité de près de 70 % [les chiites] n'ayant aucun droit aurait dû être réglé depuis longtemps. Mais la révolution syrienne est l'occasion pour les Arabes de rendre à l'Iran la monnaie de sa pièce ! Les Iraniens, conscients que le régime de Damas risque de choir, sont en train d'impliquer le Hezbollah, qui envoie des forces en Syrie, et de lier le sort de la communauté chiite du Liban à la dernière dictature du monde arabe.

— *Pensez-vous qu'un processus de « purification ethnique » soit en cours en Syrie, comme pendant les guerres de l'ex-Yougoslavie et du Liban ? Et si le régime perd Damas, pensez-vous qu'il pourra se replier sur la montagne côtière et y recréer un État des Alaouites, comme celui qu'avait dessiné le mandat français, entre 1920 et 1936 ?*

— Il y a eu des tentatives d'épuration ethnique, notamment autour de Homs. Le pouvoir veut créer un clivage autour des Alaouites afin de se protéger. Mais on n'est pas dans une guerre civile à la libanaise, avec une communauté qui veut éliminer l'autre. Quant à la région alaouite, elle reste très pauvre, et le pouvoir n'a rien préparé pour y installer un État. En conséquence, je doute qu'il puisse y parvenir.

En quittant Samir Frangié, j'avais prévu de rencontrer Ali Fayyad, un député chiite du Hezbollah que je connais depuis longtemps et qui dirigeait le centre de recherches et publication du « parti de Dieu ». Nous nous étions découvert des intérêts communs pour les parfums et saint Thomas d'Aquin. Comme je l'appelle sur son téléphone portable pour préciser le lieu du rendez-vous, il m'informe que les responsables du parti ne l'ont pas autorisé à communiquer, et je devine à son intonation qu'il le regrette. N'étant pas homme à s'épancher, il brise là en émettant le souhait de me revoir à Paris.

Black-out. Le parti de la résistance contre le sionisme et l'impérialisme n'est pas plus à l'aise dans son soutien *mordicus* à Damas que le parti communiste français au lendemain du pacte germano-soviétique entre Hitler et Staline, en 1939. La ligne imposée par Téhéran suscite des tiraillements, selon la rumeur de Beyrouth, et la machine stalinienne du Hezbollah se referme dans ces cas-là sur un « centralisme démocratique » qui rappelle la grande époque du socialisme réel, où seul le chef était habilité à exprimer la belle unanimité des troupes.

[Le secrétaire général de l'organisation, Hassan Nasrallah, fit le lendemain un discours dans lequel il revendiquait la fabrication et le lancement d'un drone, baptisé *Ayoub* (Job), abattu le 6 octobre au-dessus d'Israël. Rien de tel pour galvaniser les masses que de raviver le souvenir des missiles qui avaient frappé Haïfa et la Galilée lors de la « guerre des Trente-Trois-Jours » de 2006. La machine de propagande du parti l'avait qualifiée de *Nasr min Allah* (victoire venue d'Allah), expression fabriquée pour son assonance avec le patronyme de Nasrallah, qui signifie « victoire d'Allah ».]

Vendredi 12 octobre 2012

Seigneurs de la guerre

La voiture quitte le front de mer de Ras Beyrouth à la première heure, en direction du nord. Nous traversons les quartiers chrétiens de Beyrouth-Est à travers des voies rapides déjà encombrées à cause de l'anarchie congénitale des conducteurs locaux, puis abordons l'autoroute côtière qui longe la montagne chrétienne du Kesrouan.

La majestueuse *Riviera* levantine d'antan est devenue un entassement cauchemardesque d'immeubles modernes qui rivalisent de vulgarité. Pendant la guerre civile, elle a constitué le dernier havre des chrétiens chassés des zones mixtes où ils avaient vécu depuis toujours, et où hommes, femmes, enfants et vieillards se faisaient massacrer par les milices islamo-progressistes et les combattants palestiniens — leur rendant la pareille à toute occasion. Les prix de l'immobilier dans le Kesrouan ont flambé, dopés par l'effusion de sang, et l'on a construit à tout-va dans l'urgence et la spéculation.

Je ne suis pas revenu sur cette route depuis cinq ans, et je remarque que tout, désormais, des enseignes clignotantes aux panneaux publicitaires clinquants, est rédigé en anglais. L'arabe et le français qui se partageaient autrefois le paysage urbain du pays chrétien ont complètement disparu en un lustre à peine.

La voiture dépasse le petit port antique de Byblos, où nous avions déjeuné avec Michel Seurat, nos femmes et nos jeunes enfants respectifs, en 1983. C'était deux ans avant son assassinat par les sbires chiites du régime syrien qui le prirent en otage en 1985 au sortir de l'aéroport de Beyrouth. Il arrivait de l'avion de Paris, pour lequel je l'avais accompagné à Orly un matin avec ma Renault 5.

En ce printemps de 1983, j'étais venu le voir depuis l'Égypte où je résidais, tandis qu'il habitait à Beyrouth. Je garde un vieil Ektachrome aux couleurs passées où Michel et moi portons sur nos épaules, lui sa fille Alexandra, moi mon fils Nicolas, âgés de deux ans, sur la terrasse du délicieux restaurant du port. On y sert désormais du poisson surgelé insipide (quand il n'est pas pourri) provenant de la mer de Chine *via* Dubaï : les fonds marins locaux sont morts, ravagés par la pêche à la dynamite et empoisonnés par la pollution des égouts.

Ma destination d'aujourd'hui est le quartier tripolitain de Bab Tebbané (la porte du fourrage), épicentre de la violence confessionnelle au Liban, auquel Michel avait consacré un article séminal, jamais égalé. Je l'ai republié en mai 2012 en rééditant aux Presses universitaires de France son livre posthume, *Syrie, l'État de barbarie*. J'ai rendez-vous, à l'occasion du sermon du vendredi, avec la nouvelle star de la prédication salafiste de Tripoli, Salim al-Rafeï, qui prêche, à l'orée de Bab Tebbané, dans une mosquée flambant neuve dont le financement est attribué par la rumeur locale au mécénat tous azimuts du Qatar.

En continuant vers le nord, nous laissons à main droite la route de la montagne qui mène au siège fortifié des Forces libanaises, à Merab, où j'étais allé rencontrer leur chef, Samir Geagea, il y a cinq ans.

Ce matin-là, dans un nid d'aigle au milieu du brouillard d'où émergeaient de proche en proche des civils armés, comme dans un James Bond, était apparue finalement une porte blindée coulissante entre de hauts murs.

Introduit dans ce château fort bourré d'électronique, ajout postmoderne aux citadelles médiévales croisées et ayyoubides qui parsèment les sommets des montagnes côtières du Levant, j'avais fait la rencontre d'un de mes plus improbables et enthousiastes lecteurs. En effet, Geagea n'avait pas la réputation d'être un rat de bibliothèque, et l'encre des savants lui était moins précieuse que le sang des martyrs et de ses nombreux ennemis.

Il fut l'un des principaux chefs militaires des milices

chrétiennes pendant la guerre civile. Lorsque le camp chrétien se fragmenta entre partisans et adversaires de Damas, il participa, âgé de vingt-six ans, à une virée sanglante. Y furent massacrés à Ehden, l'estivage de Zghorta, le 13 juin 1978, Tony Frangié (fils de Soleiman et cousin germain de Samir), sa jeune femme, leur fille de trois ans et trente membres de leur milice.

L'expédition avait été décidée en vengeance contre l'assassinat d'un officier phalangiste commandité par Tony Frangié. Pour son implication dans ce crime de guerre et un certain nombre d'autres, Geagea fut arrêté et incarcéré en 1994 par un gouvernement sous contrôle syrien, et condamné à trois peines de mort, commuées en réclusion à perpétuité.

Bien des chefs de milice, aux mains rouges de sang, prospéraient en toute liberté s'ils étaient du côté des vainqueurs d'alors. Geagea passa onze années à l'isolement dans une cellule souterraine, vrai cul-de-basse-fosse, et fut libéré après qu'une importante majorité du Parlement élu en juin 2005, au lendemain du retrait syrien, vota son amnistie.

C'est alors que d'anciens étudiants libanais me transmirent les premières déclarations qu'il avait faites à la presse après son élargissement. Interrogé sur la rigueur des conditions de son incarcération (qui lui firent quasiment perdre la vue) et sur la force grâce à laquelle il les avait endurées, il invoqua la lecture, seule activité autorisée. C'est celle-ci qui devait transmuer ce chef de guerre en homme politique respecté, aujourd'hui l'un des principaux dirigeants du « 14 mars » — où il côtoie Samir Frangié.

Pressé de citer l'ouvrage qui l'avait le plus marqué dans son salut et sa rédemption, il avait mentionné à ma stupeur mon livre *Jihad*, paru en 2000, comme son compagnon de cellule préféré, celui qui, à ses dires, lui avait ouvert les yeux sur les transformations du Moyen-Orient, par-delà le Liban.

Deux ans après sa libération, j'avais saisi l'occasion de mon passage en pays chrétien pour aller à la rencontre de mon lecteur de la montagne. Il m'avait reçu en compagnie de sa jeune épouse Sethrida, tous deux grands et élancés. Lui chauve et très maigre, profil aquilin, comme les condottieres de la Renaissance italienne des tableaux de Piero. Elle d'une beauté altière avec sa flamboyante chevelure blond vénitien, principal soutien de son mari durant sa détention, Pénélope élue triomphalement députée en 2005 par les partisans de celui-ci.

✧

Cette journée dont j'ai oublié la date exacte, commencée dans le nid d'aigle de la montagne chrétienne du Kesrouan, avait fini sur une seconde rencontre inopinée avec une lectrice.

Elle eut lieu dans un château de la montagne druze du Chouf, celle-là même dont la population chrétienne avait été éliminée à l'instigation de l'hôte qui me conviait à dîner, Walid Joumblatt. En 2007, lors de ma visite, il faisait partie du « 14 mars », et c'est son retournement d'alliances en 2011 qui devait permettre le renversement de la majorité au Parlement et l'arrivée au Grand Sérail du gouvernement Mikati.

Contrairement au château fort tout neuf où Geagea m'avait reçu à Merab le matin de ce même jour, la citadelle de Moukhtara, fief héréditaire des Joumblatt, était patinée par le temps, décorée de tableaux et de tapis précieux, de stèles anciennes et de mosaïques trouvées dans la région. À la différence de Geagea, issu d'un milieu modeste du village de Bécharré et dont les études ont été interrompues par la guerre civile, Joumblatt est l'héritier d'une lignée d'émirs druzes qui gouvernent le Chouf depuis des siècles — et j'ai eu son fils pour étudiant à Sciences-Po. Le premier a forgé ses alliances à droite de l'échiquier politique mondial, le second à gauche. Leur ressemblance physique est frappante : même grande taille, maigreur et calvitie identiques, tous deux l'œil perçant de l'oiseau de proie.

Walid Bey, comme on appelle Joumblatt, recevait pour l'apéritif dans un petit salon d'un chic fou, un cabinet des antiques aux fauteuils bas couverts de jetées aux teintes orientales. J'étais accompagné de deux anciens étudiants, une Libanaise au prénom de princesse de la Table ronde, et Bernard Rougier, jeune collègue dont je venais de publier le premier livre, *Le Jihad au quotidien*. C'est une étude remarquable sur la passion djihadiste dans le camp de réfugiés palestiniens d'Aïn al-Héloué, au sud de Saïda, à quelques dizaines de kilomètres de Moukhtara.

Nous sirotions l'arak du cru en mangeant des olives du verger, lorsque fit irruption la plus belle femme du Levant. J'en restai coi. Grande et mince, démarche féline, c'était Nora, la jeune épouse du maître de céans. Il fit les présentations :

> — *Chérie, tu connais le professeur…*
> — *Hmm, bonsoir !* [ton et mimique de souveraine indifférence envers un probable raseur]
> — *… Et M. Rougier.*
> — *Vous êtes le Bernard Rougier ? C'est extraordinaire, je viens de lire votre* Jihad, *c'est un des livres les plus impressionnants que j'ai lus de ma*

vie ! Je suis si heureuse de vous rencontrer, c'est
un immense privilège. Racontez-moi, comment
avez-vous mené cette enquête ? Ça a dû être très
difficile, et dire que nous n'y connaissions rien
alors que tout cela se passe dans ce camp si près
de chez nous !

Pendant qu'elle buvait les paroles de Bernard,
vaguement inquiet que la jalousie me fasse torpil-
ler sa carrière universitaire, Walid Bey et moi devi-
sions sur la collection d'antiquités, dont certaines
pièces, d'une beauté exceptionnelle, provenaient de
Palmyre, au cœur du désert de Syrie. Son épouse,
également syrienne, avait été auparavant mariée à
l'un de ses cousins doté de moins de quartiers de
noblesse druze. Walid Bey convola avec elle — à tout
seigneur tout honneur.

Au dîner, somptueux, arrosé de vins exquis du
Liban, la mère de Walid Bey, veuve de Kamal Joumblatt, grain de voix à la Jeanne Moreau, présidait
la table et dirigeait la conversation de façon fort spirituelle. Notre amphitryon dénonçait avec virulence
les méfaits de trente années d'occupation syrienne
du Liban, heureusement achevée — son père avait
été tué, selon toute probabilité, sur ordre de Hafez
al-Assad. Nora, lui prenant la main : « Mais chéri, tu
continues à être sous le joug syrien... »

Tripoli, ligne de faille

La voiture arrive en vue de Tripoli. Les quartiers
sud, en bord de mer, sont résidentiels, loin de la
misère violente des zones populaires du nord de la

ville, jouxtant le camp palestinien de Nahr al-Bared, détruit par l'armée lors d'une bataille sanglante en septembre 2007, bataille sur laquelle Bernard Rougier, là encore, a écrit des pages qui font date dans son livre *L'Oumma en fragments*.

Nous sommes accueillis par un guide local, recommandé par une autre étudiante qui achève sa thèse sur la cité septentrionale du Liban, et qui vient d'être distinguée par le prix Michel Seurat. Nous prenons un verre avec lui dans un café charmant, *Ahwaz*, qui fait aussi salon de lecture, avec des livres en arabe, en français et en anglais.

Un jeune homme à catogan plaque des accords sur une guitare, des jeunes femmes en jupe courte et en short sont attablées en terrasse, et des consommateurs pianotent sur leur ordinateur, profitant du Wi-Fi gratuit. Je n'avais pas souvenir d'avoir vu pareil établissement il y a cinq ans, ni senti une ambiance si détendue à Tripoli. Notre accompagnateur m'explique que la ville est clivée :

> *Une grande partie vit à l'heure du Beyrouth branché, mais il y a aussi l'abcès de fixation que constitue le quartier salafiste de Bab Tebbané, avec son voisin ennemi alaouite du* Jabal *[butte] Mohsen. Ils échangent régulièrement des salves d'artillerie : c'est le sismographe des tensions au Levant et le thermomètre de ce qui se passe en Syrie entre le régime et l'opposition islamiste. Ça préfigure peut-être ce qui nous attend. On vit au-dessous du volcan.*

Il propose de faire un repérage d'ensemble en ville avant notre premier rendez-vous avec le mufti. En ce vendredi, Tripoli offre un aspect étonnamment tranquille. Les passants vaquent à leurs occupations. Au centre, il n'y a guère plus de femmes voilées que dans le métro parisien — et beaucoup moins qu'en Seine-Saint-Denis. Mais on sent bien que ce calme est précaire. [Une semaine après mon départ, la ville se barricadait suite à l'assassinat d'un général sunnite imputé aux agents de Damas, et Bab Tebbané et Jabal Mohsen recommençaient à se pilonner mutuellement.]

Nous arrivons au fleuve côtier qui borde le nord de la ville. La grande mosquée flambant neuve *al-Taqwa* (la piété), où j'irai tout à l'heure entendre le sermon du cheikh al-Rafeï, est sise à côté d'un souk où l'on vend des armes de chasse. Elle occupe le dernier rond-point sur la corniche, avant Bab Tebbané, que l'on atteint en traversant un pont, au milieu d'un vaste marché aux légumes près duquel stationnent des files de camions immatriculés en Turquie.

Ce nom de « porte du fourrage » vient de la vente de paille qui s'y tenait autrefois, à destination des vilayets ottomans, par terre et par mer, grâce au mouillage pour les barcasses dans l'estuaire du petit fleuve, aujourd'hui ensablé et empli d'ordures. On distingue encore des traces d'inscriptions en osmanli sur les arcades des anciens entrepôts, qui exhibent des moignons brisés par les obus, noircis par les incendies, où l'on a plaqué des structures de ferraille et de toile durant quelque trêve, criblées à leur tour de balles et trouées par la mitraille.

Sur la ligne de front — la « rue de Syrie » de mauvais augure — qui sépare Bab Tebbané, en contrebas, du quartier alaouite de Jabal Mohsen qui le surplombe, certaines façades ont été transformées en une dentelle de pierre par les innombrables impacts. Ce *no man's land* de quelques dizaines de mètres est gardé par des blindés de l'armée libanaise. Notre accompagnateur explique :

> *Ils sont surtout décoratifs. Quand on les voit, on sait qu'il ne se passe rien. Dès que ça commence à tirer, on les enlève pour éviter que les soldats en s'enfuyant ne se fassent prendre les tanks par l'un ou l'autre camp. Les officiers chiites ou chrétiens aounistes du « 8 mars » sont solidaires de Jabal Mohsen, et les sunnites et les autres chrétiens du « 14 mars » sont avec Bab Tebbané. L'armée doit se mettre à couvert, sinon elle explose.*
>
> *Il y a quelques mois, un cheikh sunnite du « 14 mars » a été tué à un barrage routier, dans les monts du Akkar, probablement tenu par des militaires sympathisants du « 8 mars ». La situation a failli devenir incontrôlable : on ne pouvait plus s'approcher de la zone où nous sommes en ce moment.*

La voiture s'engage dans la rue qui monte en pente raide au sommet de la butte Mohsen. Les gens vaquent tranquillement à leurs occupations, et l'on a du mal à croire que, soudainement, elle puisse se vider et se muer en un espace de la mort certaine, peuplé de francs-tireurs aux aguets. Plus aucune femme ne porte de voile. Sur les murs, de gigantesques portraits de Bachar al-Assad, de son père et de son frère morts, yeux masqués par des lunettes de soleil noires — cette Sainte Trinité alaouite étrange du pouvoir divinisé.

Il y a aussi, accrochées aux lampadaires, des photos de Rifaat Eid, le chef de guerre de la butte, un jeune homme râblé au crâne rasé. C'est chez lui que je me rends, pour obtenir l'autorisation de filmer

dans le quartier. Les Français n'étant guère bienvenus chez les affidés du régime de Damas, il a
demandé à me voir avant de prendre une décision.

✧

La voiture pénètre sur le parking d'une sorte de
bunker à moitié enterré. Eid ressemble à sa photo,
en plus terrible encore. La poignée de main fait craquer mes phalanges. Le sentant sur la réserve, je joue
mon va-tout en lui parlant avec l'accent traînant des
Damascènes, évoquant mes études d'arabe en Syrie,
il y a trente-cinq ans. Il semble amadoué, m'explique
que l'enseignement syrien est le meilleur du monde
arabe, gratuit et égalitaire, alors qu'au Liban l'éducation de qualité est réservée aux riches, ce qui l'a
empêché de poursuivre des études supérieures.

Je remarque une photo au-dessus de lui. En
costume-cravate sombre et en chemise blanche,
accompagné de son père, qui fut député alaouite de
Tripoli et fonda la milice que le fils dirige désormais : il est en visite chez Bachar al-Assad, courbé
dans une position humble, le visage illuminé d'un
sourire extatique. Sur les étagères de la bibliothèque,
derrière son fauteuil, des portraits du président
syrien et de son père, ainsi que de Hassan Nasrallah,
le secrétaire général du Hezbollah et du président
libanais. Une collection de douilles d'obus de mortier
et de diverses munitions de gros calibre attire mon
attention :

— *Vous voyez,* me dit-il, *ce sont les douilles*
qu'on a ramassées dans le quartier, quand les ter-
roristes salafistes de Bab Tebbané nous ont atta-
qués la dernière fois. C'est bien la preuve qu'ils

veulent nous exterminer ! Savez-vous pourquoi ?
Parce que nous sommes le bastion avancé de la
liberté, de la laïcité et de la lutte contre le fana-
tisme au nord du Liban.

Ceux qui veulent nous tuer, ce sont les mêmes
qui mettent des bombes dans vos banlieues en
France, pour vous tuer, vous aussi. Ici, nous
sommes à l'avant-garde de la lutte pour la civili-
sation contre le terrorisme intégriste.

— Comment faites-vous pour résister ? Vous
n'êtes pas très nombreux. Êtes-vous aidés par le
Hezbollah, dont je vois le drapeau derrière vous ?

— Grâce à Dieu, le Jabal est inexpugnable. Il y
a ici près de cent mille habitants [la moitié selon
la plupart des observateurs]. *Quant au Hezbol-*
lah, nous avons une coordination politique avec
lui au sein du « 8 mars », mais nous pouvons
nous défendre tout seuls.

J'obtiens son accord pour le tournage : « On n'a
rien à cacher ! » En revanche, il ne veut pas donner d'entretien. La parlotte n'étant pas son fort, il
m'oriente vers un jeune leader politique du quartier
qui saura répondre à mes questions. Chacun sa spé-
cialité.

En quittant la butte Mohsen pour aller rencontrer le mufti Chaar dans un quartier bourgeois et
moderne du port, nous passons, au centre, devant
une boutique dévastée :

Elle appartient à un Alaouite du Jabal, explique
notre accompagnateur, *et a été saccagée après les*

derniers événements. Autrefois, la violence se cantonnait au périmètre des deux quartiers rivaux, mais maintenant on observe des incidents en ville. Ça reste toutefois très limité. Il y a une entente entre les dirigeants de toutes les confessions pour que ça ne dégénère pas, sinon tout le monde en pâtirait.

En entrant chez le mufti, je reconnais l'appartement : j'y suis déjà venu, mais l'avais oublié. Ce sexagénaire à la courte barbe blanche est vêtu de l'habit traditionnel des oulémas du Levant, une sorte de caftan-soutane bleu-gris élégant, coiffé de l'étrange turban en forme de cône renversé que l'on ne voit qu'ici. Serait-ce une rémanence du chapeau des grands prêtres de Baal, le Dieu auquel renvoie le nom officiel du quartier alaouite de la butte : Baal Mohsen ?

Lorsqu'il achève de décliner son *cursus honorum* d'ouléma et sa carrière, je calcule mentalement que j'ai dû rencontrer son prédécesseur et non lui il y a cinq ans. Il s'exprime dans un arabe grammatical si impeccable qu'il en ressemble à du latin d'église où ne filtre nulle émotion, tête froide dans une ville où ses coreligionnaires ont le sang chaud :

Au nom d'Allah le Miséricordieux, plein de miséricorde. Louange à Allah, seigneur de l'univers. Louange à Allah et bénédiction et salut soient sur notre Prophète Mahomet, sa famille et ses compagnons. Je vous souhaite la bienvenue au Liban et à Tripoli. Je me nomme Malek Abdelkarim Chaar.

Né à Tripoli en 1948, j'ai suivi mes études primaires et secondaires à la maison de l'Éducation islamique, avant d'accomplir mes études supé-

rieures à l'Université islamique à Médine [bastion des Frères musulmans à l'époque]. J'ai obtenu deux licences : une à la faculté de charia, la deuxième à la faculté de théologie.

Revenu au Liban, j'ai occupé un poste d'imam et d'enseignant dans une mosquée à Tripoli. J'ai ensuite terminé mes études supérieures à al-Azhar, où j'ai obtenu un magistère en théologie en 1974 et mon doctorat au début des années 1980. J'ai vécu aux Émirats arabes unis pour raisons professionnelles.

J'ai occupé le poste de conseiller adjoint au ministère de la Justice, puis de prédicateur général national au ministère des Affaires islamiques et des Waqfs, et de professeur à l'Université des Émirats de 1977 à 1992. Enfin je suis retourné à Tripoli, où j'ai été juge religieux, puis président du tribunal pendant dix-sept ans. Depuis quatre ans et demi, j'ai été élu Mufti de Tripoli et du Nord.

Ce mufti est aux antipodes des imams autoproclamés qui foisonnent dans la mouvance islamiste radicale. Par son exorde, il s'inscrit d'entrée de jeu dans la grande tradition de la quête du savoir religieux, qui remonte à l'époque médiévale. L'étudiant originaire d'un pays dénué d'institution supérieure islamique allait chercher les diplômes dans les universités les plus prestigieuses du monde sunnite de son temps, pour accéder à des emplois bien rémunérés et des positions de pouvoir.

Cette déclinaison des peaux d'âne et de la reconnaissance professionnelle dans le Golfe est une affirmation de légitimité ; et la double formation saoudienne et égyptienne, qui démontre une familiarité avec le vocabulaire et les réseaux salafistes et des

Frères musulmans, complète une forte identification à l'*establishment* sunnite du Moyen-Orient. L'expatriation à Abou Dhabi pendant quinze ans permet l'aisance financière, comme c'est le cas pour tant de compatriotes du mufti qui partent chercher dans le Golfe la prospérité que le Liban a perdue. Il omet de me signaler qu'il a été longtemps membre de la *Jamaa Islamiyya*, la branche libanaise des Frères musulmans.

J'interroge cette figure officielle éminente de l'islam sunnite sur sa perception de l'environnement politique :

> — *Selon vous, quel est l'impact des événements de Syrie sur Tripoli ?*
>
> — *Un célèbre proverbe libanais dit :* « *La Syrie peut peser sur le Liban, mais le Liban ne peut pas peser sur la Syrie.* » *C'est pour cela que le Liban est affecté par tout ce qui se passe là-bas. Un pays ne peut pas être dirigé durant plus de quarante ans par un parti, une faction ou un régime qui exclut les libertés et les pratiques démocratiques. Je considère ce qui est advenu en Syrie comme tout à fait normal : c'est une révolution contre l'injustice, l'absence de liberté et la suspension des lois.*
>
> *Ce pays vit depuis quarante ans sous l'État d'urgence, et aujourd'hui il subit une destruction féroce, effarante. Le régime ne respecte ni les droits de l'homme ni les lois internationales ni même la dignité humaine.*
>
> — *Quel impact les événements en Syrie auront-ils sur Tripoli ? On sait que la majorité des réfugiés syriens sont sunnites, que la population de Tripoli est majoritairement sunnite, avec une*

*minorité alaouite, et qu'il y a eu des affrontements
entre la butte Mohsen et Bab Tebbané.*

*— Le régime de Syrie clame à la face du monde
que ce qui s'y passe est provoqué par un groupe
de terroristes d'al-Qaïda, des extrémistes ou des
salafistes. Il a déclaré que s'il se sentait en danger,
tous les pays voisins en pâtiraient. Le pays le plus
menacé est le Liban, à cause de sa faiblesse. Il n'a
pas les capacités de se confronter à la Syrie, qui l'a
gouverné de 1975 à 2005. Sans l'aide de la Syrie,
le Hezbollah n'aurait pas pris la dimension qu'il a
à présent, comme tous les alliés du régime syrien.
Il a voulu montrer au monde en quittant le Liban
que celui-ci abritait le terrorisme d'al-Qaïda, que
seuls les Syriens seraient capables de contrer.*

*Le régime de Damas cherche aussi à fomen-
ter des conflits par le biais de ses agents afin de
montrer que les sunnites ne pourront pas vivre
avec leurs frères alaouites, qui sont seulement ici
quelques milliers, entre sept et douze mille. C'est
faux : nous, les musulmans sunnites, nous consi-
dérons que tous ceux qui vivent dans notre pays
sont des citoyens libanais à part entière. Cela vaut
pour nos frères chrétiens, aussi bien que druzes,
etc. Nous nous comportons avec eux comme avec
des frères citoyens libanais. Nous sommes tous
des frères. Adam et Ève sont nos parents.*

*Allah dit : « Ô hommes ! Nous vous avons
créés d'un mâle et d'une femelle, et nous avons
fait de vous des nations et des tribus, pour que
vous vous fréquentiez. Le plus noble d'entre vous
auprès d'Allah est le plus pieux. Allah est omniscient et grand connaisseur » [Coran, XIII, 10].
Personnellement, en tant que mufti de Tripoli et
du Nord, je suis triste du recul du nombre des*

*chrétiens à Tripoli. Je suis également triste de la
raréfaction des chrétiens à Jérusalem. S'ils étaient
restés nombreux, nous serions proches d'une solution de la question palestinienne.*

❖

Prédicateur salafiste, le cheikh Salim al-Rafeï est
aujourd'hui en pleine ascension pour devenir la
figure islamique majeure de la cité du Nord. Dans
cette compétition, la multiplication des initiatives
publiques relayées par les médias et la télévision
constitue un atout maître, qui compense un bagage
universitaire bien léger par rapport au mufti.

Se présentant comme ancien étudiant de charia
en Arabie saoudite et titulaire d'un doctorat, sans
autre précision, il a défrayé la chronique à plusieurs
reprises en 2012. Après la mort des cheikhs sunnites Ahmad Abdelwahed et Mohammad Houssam
Merheb tués à un barrage de l'armée dans le Akkar,
il a demandé la création d'une milice sunnite armée
pour défendre la communauté. Il se prévalait de
l'exemple du Hezbollah, qui a conservé ses armes
au nom de la « résistance contre Israël » dans le Sud,
mais les a tournées contre les sunnites de Beyrouth
en 2008. Ensuite, alors que douze chiites libanais ont
été enlevés en Syrie par l'Armée syrienne libre, il a
fait jouer ses relations avec celle-ci pour libérer deux
d'entre eux, acquérant ainsi une stature de médiateur
qui l'a propulsé vers la notoriété.

C'est dans ce contexte qu'il a accepté que nous ins-
tallions notre caméra en plein milieu de sa mosquée
pendant qu'il y prononcera son homélie ; il m'accor-
dera ensuite un long entretien.

Le cheikh Rafeï fait partie de cette mouvance isla-

miste tripolitaine qui a fui la ville lorsque celle-ci fut
investie par l'armée syrienne, en 1985, pour n'y faire
retour qu'en 2005, après qu'elle eut quitté le pays.
Parmi ceux qui ne s'étaient pas échappés à temps,
la plupart ont été emprisonnés en Syrie dans des
conditions très dures, et certains ont disparu pour
toujours, dissous vivants dans des tonneaux d'acide,
selon la rumeur locale. Ceux qui se sont exilés se
sont répartis entre l'Europe du Nord et l'Australie, où
ils ont rapidement déployé leurs activités militantes
contre les autorités des pays qui leur avaient accordé
l'hospitalité.

Au Danemark, c'est l'un d'entre eux, Raed Helayhel,
qui a été l'instigateur de la mobilisation mondiale
contre les caricatures du Prophète parues dans un
quotidien du pays à l'automne de 2005. En Australie,
leur diaspora, qui a prospéré, a financé les activistes
salafistes qui ont perpétré des attentats à la bombe
au nord du Liban. Quant au cheikh Rafeï lui-même,
après vingt ans de séjour en Allemagne, il en a été
expulsé à cause de ses sermons jugés incendiaires
par les autorités berlinoises.

Le chargé des relations publiques de la mosquée
nous installe au centre de la salle de prière, à côté
d'une caméra sur pied qui filme le sermon pour le
diffuser instantanément sur les réseaux sociaux,
assurant ainsi à la prédication du cheikh une notoriété qui transcende les frontières. La mosquée peut
contenir deux bons milliers de fidèles. Comme elle
est bondée, des nattes ont été déroulées à l'extérieur,
sous le porche et sur le parking, entre mobylettes et
camions, pour accueillir les retardataires.

Comme dans la grande mosquée Tawhid de Sidi
Bouzid, dont les salafistes tunisiens se sont emparés
et où j'ai écouté l'homélie le mois dernier, la majo-

rité de la congrégation n'arbore pas le *look* salafiste. J'aperçois même des soldats en uniforme, venus des postes de l'armée disposés sur la ligne de front, entre Bab Tebbané et la butte Mohsen, dont les brodequins occupent une place disproportionnée dans les casiers à chaussures.

Le prêche du vendredi classique est divisé en deux parties. La première aborde un épisode de l'histoire sainte de l'islam à valeur exemplaire et exhortative. Il est choisi par le sermonnaire pour annoncer la norme qui sera mise en œuvre dans la seconde partie, consacrée à un problème actuel de la communauté et à sa « solution islamique ». Les deux parties sont chevillées par une formule qui explicite le lien de causalité entre elles.

L'épisode de l'histoire sainte narré à grand renfort de versets coraniques et de dits et récits du Prophète, ou *sunna*, par le cheikh Rafeï en ce 12 octobre 2012 est la bataille de Badr, l'un des symboles les plus puissants et mobilisateurs de l'imaginaire islamique. Advenue en l'an II de l'hégire, soit en mars 624, elle a été qualifiée par l'orientaliste Jacques Berque de Valmy de l'islam : la petite troupe des musulmans, une poignée de trois cent treize hommes, menée par le Prophète Mahomet, défit l'armée des polythéistes mecquois, trois fois supérieure.

La victoire fut imputée par l'apologétique religieuse à la puissance de la foi des croyants. Pour leur insuffler le courage nécessaire, Allah leur fit voir leurs ennemis bien moins nombreux qu'ils n'étaient, tandis qu'il épouvantait les Mecquois en leur donnant le sentiment contraire. Et comme ces derniers avaient l'appui de Satan, Allah envoya une troupe d'anges combattre au côté des musulmans par milliers pour tailler en pièces les impies. C'est Badr qui fit entrer l'islam dans l'histoire, transformant ses sectateurs d'un petit groupe de proscrits et d'exilés réfugiés dans l'oasis de Médine en une force militaire et politique à laquelle serait ouverte la conquête du monde.

Le cheikh Rafeï, vêtu d'une robe blanche à la manière salafiste, une calotte sur la tête, s'exprime depuis un balcon creusé dans le mur de la mosquée, face à la congrégation, au-dessus de la *qibla*, l'incurvation indiquant la direction de La Mecque. D'habitude, la chaire est placée sur le côté ; c'est la première fois que j'observe un prédicateur situé exactement dans la direction de la prière, en principe réservée à la dévotion envers Allah. Il parle un arabe grammatical, moins soutenu que celui du mufti, avec un fort accent libanais, et recourt à quelques tournures dialectales lorsqu'il cherche à remuer les tripes des fidèles et enflammer leurs émotions :

> — *Allah a minimisé le nombre de l'armée des mécréants aux yeux des musulmans [au début de la bataille de Badr], tandis qu'aux yeux des impies le nombre de l'armée musulmane a doublé. La peur s'est installée dans le cœur des mécréants [kuffar]. Ils ont ainsi été vaincus. Les musulmans ont capturé soixante-dix combattants. Mes frères musulmans, si l'on transpose les enseignements de ce récit à la situation où nous sommes actuellement, nous voyons comment Allah accomplit Ses volontés et Ses promesses.*
>
> *Pendant que notre communauté des croyants [oumma] est inattentive, une alliance secrète entre l'Iran et ses alliés a réussi à diviser le monde musulman en deux parties. L'Iran, mes frères*

musulmans, prétend que ses ennemis jurés sont les États-Unis d'Amérique. En réalité, à ses yeux, les vrais ennemis jurés ce sont les Arabes et les sunnites.

L'Iran a colonisé l'Irak à l'aide des États-Unis d'Amérique, puis il a dominé la Syrie : domination idéologique en encourageant le chiisme, domination économique et domination sur le régime syrien.

L'Iran a dominé également le Liban, et la Palestine [à travers son influence sur Hamas]. Cette grande conspiration qui s'étend de l'Iran à la Palestine a divisé le monde islamique en deux parties : la Turquie au nord et les Arabes [du Golfe] au sud, de manière à ce que le Nord et le Sud ne puissent pas se secourir en cas de conflit.

L'Iran a gagné en puissance lorsque les États-Unis d'Amérique lui ont livré l'Irak [après l'invasion et la mort de Saddam Hussein], qui est devenu une grande puissance. L'Iran, l'Irak, la Syrie et la Palestine, qui sont le cœur du monde islamique, forment une alliance contre les peuples sunnites et les Arabes [du Golfe] particulièrement. Les gouvernants se préoccupent davantage de se maintenir au pouvoir ou sur leurs trônes, et les mouvements islamiques sont absorbés par les conflits entre eux.

Qui accomplira le djihad ? C'est un danger imminent. Les Perses se sont unis avec Byzance [Roum, ou l'orthodoxie, ici la Russie] et leurs alliés non déclarés contre la oumma. Qui redonnera à la oumma sa victoire ? Qui ressuscitera son histoire glorieuse ? On ne croyait pas que le peuple syrien allait accorder la victoire à la oumma. *L'Irak était le pays que l'on croyait capable de nous apporter la victoire contre cette alliance. Cependant, les Irakiens se battent encore pour libérer leur pays.*

On pensait aussi que le peuple palestinien était capable de briser cette alliance. Le peuple syrien était loin d'être capable de le faire, éduqué qu'il a été pendant quarante ans dans les écoles du parti Baath. Les Syriens ont grandi dans la distraction et les plaisirs de la vie, comme on le voit dans leurs comédies et leurs films. On y voit leur amour pour l'argent, pour la vie, pour l'immoralité et la débauche. On voit également leur crainte envers le régime, la peur qui envahit leurs cœurs. La volonté d'Allah a décidé que le changement soit déclenché par le peuple syrien.

Mes frères, le régime tenait bon, et il était bien implanté. Il dispose d'une armée qui le défend. Cependant, des enfants innocents, sans s'être concertés, ont écrit des slogans contre ce régime [à Deraa, en mars 2011] ; c'était là le début du changement. Si le régime avait traité la situation avec sagesse à ce moment-là, il n'y aurait pas eu de révolution. Allah leur a retiré la clairvoyance, et ils ont échoué à bien se comporter avec les familles des enfants. Ils les ont maltraitées et ont touché à leur honneur, souillé la dignité et les femmes de ces familles.

Vous connaissez l'histoire, je n'ai pas besoin de la redire. C'était là le début de la flamme révolutionnaire. Cette flamme ne pouvait pas se déclencher ou se propager dans le peuple syrien, car la peur dominait les cœurs. Allah prépare les causes. Ainsi, Il en a retiré la peur. Ils n'ont plus peur à l'intérieur de la Syrie.

— [Un fidèle] *Glorifiez Allah !*

— [Les fidèles à l'unisson] *Allah est le plus Grand !*

— *Allah a fait disparaître cette peur, et la révolution s'est propagée en Syrie pacifiquement. La oumma serait restée dans son sommeil et n'aurait pas retrouvé la vérité si les États-Unis d'Amérique et leurs alliés étaient intervenus pour aider la révolution pacifique à atteindre ses objectifs et à renverser le régime syrien, comme en Libye, pour accélérer la chute de Bachar al-Assad. Le peuple syrien serait resté vautré dans le plaisir, la distraction et l'inconscience.*

Cependant, Allah a rendu aveugles les Américains et leurs alliés. Ils se sont dit que s'ils venaient en aide au peuple syrien, ils faciliteraient la montée d'un gouvernement islamique. Ils les ont donc laissés s'entre-tuer en espérant se débarrasser à la fois du régime, en détruisant sa force, et des jeunes djihadistes syriens qui combattent sur le terrain. Ainsi, l'on se débarrasserait des deux menaces, pensaient-ils, et l'on pourrait par la suite gouverner facilement le pays. C'est la volonté d'Allah qui les a fait croire au caractère positif de ce plan.

C'était la raison pour laquelle ils ne se sont pas activés pour venir en aide à la révolution syrienne pacifique. Grâce à cela le brasier de la révolution s'est attisé dans tout le peuple syrien. L'atrocité assassine du régime contre son peuple a fait que les gens ont été amenés à croire de nouveau au djihad. À partir de ce moment, les hommes, les vieux, les femmes et les enfants ont tous commencé à porter les armes pour se défendre.

— [Un fidèle] *Glorifiez Allah !*

— [Les fidèles à l'unisson] *Allah est le plus Grand !*

— *Il y a un an, les Syriens étaient un peuple mort. Depuis une année, ils sont devenus un peuple djihadiste. Je prie Allah que ce peuple fera chuter le régime syrien et aussi le régime iranien. Ils sont devenus un peuple djihadiste qui revit et qui menace l'Est et l'Ouest.*

Allah dit : « Et Allah est souverain en Ses ordres, mais la plupart des gens l'ignorent » [Coran, XII, 21]. Allah dit aussi : « Est-ce que celui qui était mort et que Nous avons ramené à la vie et à qui Nous avons assigné une lumière grâce à laquelle il marche parmi les gens est pareil à celui qui est dans les ténèbres sans pouvoir en sortir ? » [Coran, VI, 122].

Mes frères musulmans, Allah a aussi préparé à cette oumma *une armée djihadiste qui causera, si Allah le veut, la destruction de cette alliance secrète qui s'étend de l'Iran jusqu'à ses alliés en Irak, en Syrie, au Liban et en Palestine.*

— [Un fidèle] *Glorifiez Allah !*

— [Les fidèles à l'unisson] *Allah est le plus Grand !*

— *Sur ces mots, je demande pardon à Allah. Louange à Allah, la paix et les bénédictions soient sur le Messager d'Allah, qu'Allah le bénisse. Amen.*

— [Les fidèles à l'unisson] *Amen !*

— *Oh ! Allah, ayez pitié de nous, Vous êtes Le Miséricordieux. Oh ! Allah, ne nous tourmentez pas, Vous en êtes capable. Allah, accordez la victoire à nos frères en Syrie. Oh ! Allah, confortez mon cœur en sa foi pour Vous. Oh ! Allah, occupez-Vous de leur ennemi et du Vôtre, Vous en êtes capable. Oh ! Allah, faites-nous voir contre*

*Bachar al-Assad et son armée Vos miracles. Oh !
Allah, montrez-nous Vos promesses sur eux. Oh !
Allah, faites que Votre châtiment les frappe, le
châtiment auquel ils ne pourront pas échapper.
Allah est Omniscient et Sage !*

XIII

ISTANBUL

Samedi 13 octobre 2012

Les murailles de Constantinople

Ma fenêtre de l'*Hôtel du Bosphore* surplombe le harem rococo de Dolmabahçe, où languissaient les sultanes bréhaignes à la fin de l'ère ottomane. Cette Istanbul nostalgique est l'héroïne du beau livre éponyme d'Orhan Pamuk, le Prix Nobel turc, qui en collectionne les souvenirs dans son *Musée de l'innocence* comme pour figer la marche du temps.

Pour ma part, je l'ai découvert à l'âge de dix-huit ans, émerveillé, venu de Grèce en train par la gare surannée de Sirkeci : la voie ferrée longeait sur les derniers kilomètres les remparts de Constantinople au bord de la mer de Marmara. Quarante ans plus tard, je garde en mémoire l'invention de ce trésor sensoriel : penché à la fenêtre ouverte, où défilaient le Bosphore, la tour de Léandre, la rive d'Asie entr'aperçue à Scudari parmi les bateaux, la Corne d'or, Péra, la tour de Galata. J'étais étourdi des parfums de la mer poissonneuse et de la décoction de thé servie dans des verres tulipe, au rythme lent des roues métalliques résonnant sur les rails, dans les halètements de la locomotive à vapeur qui ululait avant chaque passage à niveau.

La langue arabe possède un terme pour rendre cet éblouissement : *badi '*, qui signifie « merveille » dans la pleine acception de ce mot aujourd'hui galvaudé. L'anglais le traduit en s'appropriant un adjectif français tombé en désuétude, *nonpareil*. « Nonpareille » Istanbul. Cette Istanbul-là, qu'avait laissée s'alanguir la république laïque et moderniste d'Atatürk, abandonnée pour la volontariste Ankara, n'est plus.

L'énorme métropole d'aujourd'hui a secoué les torpeurs de son interminable déclin. Des deux côtés de la mer, en Asie et en Europe, des quartiers neufs tentaculaires se sont construits à perte de vue. Les squatters misérables venus du fond de l'Anatolie qui avaient envahi les demeures désertées des Grecs et des Levantins ont été pour beaucoup relogés en lointaine banlieue. Désormais, le centre rénové bruit jour et nuit de l'animation des commerces de luxe, des restaurants branchés, des galeries d'art.

❖

La renaissance du phénix stambouliote est un des miracles du Moyen-Orient. Elle ne doit pas grand-chose au surgissement du pétrole, contrairement à celle des émirats mirages du Golfe, mais beaucoup à l'activité industrieuse d'une classe d'entrepreneurs. Celle-ci a mis à profit l'éthique du travail d'une société où l'exode rural a précipité dans les périphéries urbaines une jeunesse dure au labeur, se satisfaisant de salaires très inférieurs à ceux de l'Union européenne, et d'une protection sociale infime.

La Turquie est devenue un empire manufacturier qui exporte des produits à bas coûts, une Chine méditerranéenne. L'une des clefs de cette adhésion des travailleurs aux objectifs de leurs patrons a été l'islamisme local, incarné par le Parti de la justice et du développement (AKP selon l'acronyme turc), que dirige Recep Tayyip Erdoğan, Premier ministre depuis 2003. Ce parti démocrate-conservateur, à en croire la définition de son chef, se veut une synthèse entre l'assentiment aux strictes normes morales de l'islam et le respect des valeurs politiques du pluralisme démocratique. D'un côté il inculque aux ouvriers l'acceptation des hiérarchies sociales, et de l'autre sanctifie le profit, au nom d'Allah dans les deux cas.

L'ennemi déclaré de l'AKP est la laïcité, telle qu'elle fut dévoyée sous la forme dictatoriale par les généraux successeurs d'Atatürk. En jetant le bébé laïque avec l'eau du bain militaire, il a donné en pâture au peuple, en même temps que les élites corrompues et autoritaires, la modernité sans Dieu dont se réclamaient les *méchants hommes* des classes dirigeantes d'hier. Sa recette habilement servie, consistant à enrober d'une épaisse sauce de piété les antagonismes sociaux, a su conjuguer éthique islamique et esprit du capitalisme pour sortir la Turquie du marasme économique et y injecter une prospérité aujourd'hui bien tangible.

C'est ce qui a permis à Erdoğan et à l'AKP de remporter trois fois de suite les élections, érigeant la Turquie en parangon qui envoûte les islamistes arabes et qu'ils rêvent d'émuler. Pour sa part, c'est précocement, au cours de la décennie écoulée, qu'elle a connu son printemps, s'épargnant la gésine et le travail de la révolution.

❖

Dans l'imaginaire musulman primordial, Constantinople fascinait. Sa conquête constituait l'unique objet du désir, le but suprême d'un djihad absolu, récompensé par un pillage orgiaque — approximation terrestre du paradis de Mahomet. C'était aussi l'un des signes de la fin des temps :

> *Abou Hourayra rapporte ces propos du Prophète (paix et bénédiction d'Allah sur lui) : « Avez-vous entendu parler d'une ville dont une partie est située dans la mer et l'autre sur la terre ? Oui, répondirent les compagnons de l'Envoyé d'Allah. Le Prophète (paix et bénédiction d'Allah sur lui) reprit : L'Heure n'aura pas lieu tant qu'elle n'aura pas été attaquée par soixante-dix mille des fils d'Isaac. Quand ils l'aborderont, ils ne feront pas usage de leurs armes, ils ne lanceront point de flèches, mais ils crieront : "Il n'est point de divinité en dehors d'Allah" et "Allah est Le plus Grand !" Alors la partie qui est située dans la mer tombera. Puis ils crieront à nouveau : "La ilah illa Allah wa Allahou Akbar !" Alors la partie qui est située sur terre tombera à son tour. Au troisième appel, la ville leur sera ouverte ; ils y entreront et se partageront le butin » [transmis par le traditionniste Muslim au IXe siècle].*

Au cours de l'histoire, les Arabes mirent en vain le siège à moult reprises, se brisant sur les formidables murailles, sur les chaînes énormes tendues au travers de la Corne d'or où les nefs de bois cassaient leurs proues. Sa chute ne serait allouée qu'au meilleur et au plus pieux des califes, consacrant l'écrasement du christianisme oriental et la sujétion de ses adeptes — mais elle exigeait patience et longueur de temps.

Elle échut finalement au Turc Mehmed II, dit *Fatih*, « le Conquérant », en 1453. La prise de la ville, censée être le prélude à la conquête et à l'islamisation de toute l'Europe, avait été annoncée par le Prophète :

> *Ils vaincront Constantinople en proclamant la louange et la magnificence d'Allah et s'empareront d'un butin extraordinaire qu'ils répartiront à l'aide de leurs boucliers [transmis par le traditionniste Ibn Maja au IXᵉ siècle].*
>
> *Nous étions chez l'Envoyé d'Allah (paix et bénédiction d'Allah sur lui), quand on lui demanda : « Laquelle de ces deux villes, Rome ou Constantinople, sera prise en premier ? » L'Envoyé d'Allah (paix et bénédiction de Dieu sur lui) répondit : « C'est la ville d'Héraclius, c'est-à-dire Constantinople, qui sera prise la première » [transmis par le traditionniste Ibn Hanbal au IXᵉ siècle].*

Aux musulmans d'aujourd'hui, internautes et téléspectateurs d'Aljazeera, le cheikh Youssef al-Qaradawi a traduit ces oracles en langage moderne :

> *Constantinople a été vaincue, mais la deuxième partie de la prophétie, c'est-à-dire la conquête de Rome, reste à réaliser. Cela signifie que l'islam retournera en Europe. L'islam est entré deux fois en Europe [en Andalousie et dans les Balkans], et deux fois l'a quittée... Peut-être que la prochaine conquête, avec la volonté d'Allah, se fera par la prédication et l'idéologie.*

La Turquie, nouveau califat sunnite

L'Istanbul d'Atatürk — qui ne substituera officiellement ce nom à celui de Constantinople qu'en
1930 — n'avait plus aucun attrait pour les Arabes.
Ils imputaient aux siècles obscurs d'oppression ottomane la cause de leur déclin, prélude à leur colonisation par les puissances européennes. Le chauvinisme
turc et le zèle laïque de Mustafa Kemal, orientés
vers l'Occident et exprimés en alphabet latin, refou-
laient dans l'arriération les territoires arabes perdus
par l'empire au Levant et dans le Golfe pendant la
Première Guerre mondiale, dont Anglais et Français s'étaient secrètement partagé le butin par les
accords Sykes-Picot de 1916. L'Istanbul d'Erdoğan,
au contraire, est devenue aux yeux des Arabes barbus d'aujourd'hui la capitale d'un califat postmoderne où ils viennent quérir espérance et protection.

Tel est l'aboutissement de la diplomatie turque
contemporaine mise en œuvre par le professeur
Ahmet Davutoğlu. Celui-ci m'a convié à un colloque
international en grand arroi, organisé sous les auspices du Premier ministre et inauguré par lui, ce
samedi 13 octobre, dans le grandiose palais des
conférences d'Istanbul.

Avant d'obtenir le maroquin des Affaires étrangères du gouvernement islamiste, l'universitaire avait
théorisé sa doctrine des relations internationales. Il
y contrastait les visions du monde islamique et occidentale, plaçant la Turquie au centre d'un cercle,
que le ministre nomme « notre région », composé
de l'ancien Empire ottoman et des pays d'Asie de
langues turciques : Moyen-Orient, Balkans, Caucase.
Ce cercle a vocation à rayonner vers l'Occident et

l'Orient, à s'ériger en carrefour de civilisations sous l'égide de l'islam sunnite raffermi.

Pareille stratégie, qualifiée par ses détracteurs de néo-ottomanisme, projette comme puissance politique une Turquie entrepreneuse et expansive. Elle traduit une conception endogène de revanche culturelle sur l'Europe symétriquement opposée à celle d'Atatürk, qui voulait transcender le déclin ottoman par l'assimilation à une Europe hégémonique.

C'est ce qu'explique le ministre Davutoğlu en ouverture de la conférence :

> *Comme l'a démontré Edward Said dans* L'Orientalisme, *la culture eurocentrique du XIXe siècle n'est plus valide. Nous avons besoin d'une nouvelle approche sans préjugés géocentriques, ce pourquoi la Turquie a créé, avec l'Espagne, le programme d'Alliance des civilisations. Mais certains cercles essaient de susciter la haine, l'islamophobie et la xénophobie, comme avec la vidéo* L'Innocence des musulmans. *Nous voulons l'égalité ! Ce que nous voulons, nous les musulmans, c'est la même chose que ce qui a été offert à la culture juive si quelqu'un insulte le judaïsme, que nous respectons tous : il doit en aller de même pour l'islam, le christianisme, le bouddhisme !*

✧

Partout au Liban, hier et avant-hier, j'ai vu placardées sur les murs des affiches pour la promotion d'une superproduction du cinéma turc, *Fatih* (« le Conquérant », qualificatif du sultan Mehmed II). Le film exalte le rôle des Turcs dans la conquête de Constantinople et, par un télescopage subliminal entre l'armée ottomane d'hier et le dynamisme de la Turquie d'Erdoğan, refait de celle-ci l'avant-garde de l'islam universel face à l'Occident. Le monde byzantin croulant sous les assauts ottomans est, pour les concepteurs du film, une métaphore de l'Europe d'aujourd'hui en récession et en déclin démographique, portée au paroxysme par le marasme économique grec.

J'ai visité, lors d'un précédent séjour à Istanbul, le musée de la Conquête, sorte de Luna Park didactique installé par la municipalité, dirigée par M. Erdoğan au milieu des années 1990, au sortir des murailles de Constantinople, près de la brèche où s'engouffrèrent les janissaires le 29 mai 1453. Celui-ci n'étant pas destiné aux touristes occidentaux, les brochures et explications y sont rédigées seulement en turc et en arabe. On y mène les enfants des écoles et les jeunesses du parti islamiste, dont les filles sont reconnaissables à leur long manteau beige cintré et à leur voile coloré.

Le musée exalte la conquête ottomane et la destruction de la civilisation byzantine, socle fondateur de l'identité politique turque contemporaine vue par l'AKP. La bataille y est rejouée en boucle dans une version originale islamique, à grand renfort de diaporamas et de bruitages de canonnades, sur fond d'invocations à Allah retransmises par les haut-parleurs en musique d'ambiance, afin qu'Il offre la victoire aux croyants.

La réaffirmation de ces valeurs enthousiasme les adeptes arabes de l'islam politique sunnite, dès lors qu'ils ont surmonté leurs préventions contre le legs de l'oppression ottomane, premier fondement pourtant de la *Nahdha*, la « renaissance arabe » du XIXe siècle. Et sur la ligne de faille avec les chiites au

Moyen-Orient, la Turquie fait figure de seule grande puissance sunnite capable de contrebalancer l'Iran — en complémentarité avec le richissime Qatar, parrain des Frères musulmans, dont l'AKP est la variation turque.

Le colloque que réunit aujourd'hui Ahmet Davutoğlu fait écho à celui auquel j'ai assisté au *Sheraton* de Doha la semaine dernière, où islamistes et nationalistes arabes communiaient dans l'islamo-démocratie, moralement conservatrice et économiquement libérale. Mais le mixte néo-ottoman est plus ambitieux, et les invités viennent du monde entier. Autour du noyau des penseurs de l'AKP gravitent des barbus soucieux de capter le legs des révolutions arabes, tandis qu'Américains et Européens, prélats chrétiens et juifs, sont conviés à débattre du thème de la justice à instaurer dans le système global à rebâtir :

> *Si Israël occupe et opprime les territoires palestiniens*, s'interroge le chef de la diplomatie turque, *et qu'un Palestinien ordinaire ne peut pas aller d'une ville à une autre sans passer un barrage, où est la justice ? [...] La justice n'existe pas non plus au Conseil de sécurité de l'ONU, car les normes pour y participer en tant que membre permanent ne correspondent plus à l'état du monde contemporain.*

Le Tunisien Rached Ghannouchi était annoncé au colloque d'Istanbul, mais comme il s'était déjà rendu dans la métropole turque peu de temps auparavant pour y assister au congrès de l'AKP, parti frère d'Ennahdha, il a préféré se faire représenter par son vice-président, le cheikh Abdelfattah Moro.

Lorsque j'interroge ce dernier sur une vidéo tournant cette semaine sur les sites de partage dans laquelle Ghannouchi donne l'impression d'encourager les salafistes à la patience en attendant d'en avoir fini avec les laïques, il se montre beaucoup moins lénifiant à leur endroit. Il est vrai que Moro a été agressé physiquement par des salafistes qui sont allés jusqu'à lui briser un verre sur la tête.

Parmi tous ceux que je retrouve à la conférence, le Palestinien Wadah Khanfar est le plus applaudi. Célébré en star, l'ancien directeur d'Aljazeera participe au débat inaugural aux côtés d'Ahmet Davutoğlu, du secrétaire général de la Ligue arabe, Nabil al-Arabi, et de Haris Silajdžić, l'ancien président de la Bosnie. C'est en sa compagnie, à Sarajevo, tête de pont ottomane des Balkans, que le ministre turc des Affaires étrangères fêta l'Aïd de la fin du ramadan, en août 2011. Il y avait déclaré, faisant grand bruit :

> *Nous avons été ici, nous sommes ici et nous serons toujours ici ! [...] Dans nos traditions, nous célébrons l'Aïd à la maison. C'est ce que je suis en train de faire, je célèbre l'Aïd avec ma famille à Sarajevo. La Bosnie est notre maison, et les Bosniaques sont les membres de notre famille.*

❖

Wadah Khanfar prend la parole devant un parterre composé en bonne partie de jeunes sympathisants et militants de l'AKP. Beaucoup de filles sont voilées, mais ces voiles se déploient en une gamme infinie de couleurs bariolées. Elles ont le visage maquillé avec recherche et sont d'allure svelte, signe qu'elles fréquentent assidûment les salles de gymnastique, contrairement à leurs consœurs arabes. Ces jeunes suivent les canons d'une mode pieuse nationale affichée en couverture d'une débauche de magazines sur papier glacé et aux devantures des boutiques, dans les centres commerciaux branchés des quartiers islamiques de la métropole aux seize millions d'habitants.

Elles se veulent *musulmanes et modernes,* selon le titre qu'a donné à ce phénomène le livre de mon amie Nilüfer Göle, la première sociologue à l'avoir analysé, et à côté de qui je suis assis dans l'auditorium pour écouter Khanfar. Le charisme de cet homme de quarante-quatre ans ne laisse pas indifférent ce jeune public féminin, qui boit littéralement ses paroles, écouteurs sur les oreilles cachées par le tissu bigarré du voile.

> *Istanbul est notre capitale ! Je suis un Palestinien, non un Turc, mais je sais que mes aïeux considéraient déjà avec admiration Istanbul comme leur capitale. Certains d'entre eux sont d'ailleurs tombés en martyrs dans l'armée turque* [tonnerre d'applaudissements]. *Je voudrais saisir cette occasion pour une réconciliation avec le lieu et avec l'histoire. Notre région, pendant le siècle écoulé, est passée par d'énormes vides de l'histoire et des déficits de mémoire ! Nous n'y avons pas choisi l'ordre des choses, il a été choisi pour nous par deux fonctionnaires, l'Anglais Sykes et le Français Picot, et les frontières que nous avons reçues, révérées comme des icônes nationales, n'ont pas été tracées en fonction de notre intérêt...*

Reprenant les thèmes qu'il avait développés devant moi au Sheraton de Doha la semaine dernière sur

l'aliénation du Moyen-Orient depuis cent ans, Khanfar fait des printemps arabes un soulèvement qui
permettra aux peuples de la région de retrouver leur
identité au sein du *Sharq*, cet « Orient » qu'il appelle
de ses vœux.

Je ne suis pas sûr que les jeunes filles parmi lesquelles je suis assis et qui le dévorent des yeux comprennent encore le terme arabe *sharq* dont il fait
si grand cas. Usuel en turc ottoman, il est obsolète
en langue moderne ; la réforme linguistique républicaine d'Atatürk l'a chassé du vocabulaire dans les
années 1930 et remplacé par le synonyme turc *doğu*,
qui n'a que les connotations spatiales d'un des quatre
points cardinaux, et non une charge affective politique ou culturelle.

> *Turcs, Arabes et Iraniens ont été pendant des*
> *siècles le cœur de la civilisation du monde. Il est*
> *temps à présent de retrouver cette centralité, de*
> *la reprendre à l'Occident et de la faire nôtre […].*
> *La Syrie pourrait constituer un nouveau départ*
> *pour notre région et la position que la Turquie y a*
> *gagnée est en ligne avec ce renouveau. Quant aux*
> *pouvoirs qui soutiennent le régime de Damas, ils*
> *s'accrochent au passé !*

C'est là matière à incriminer, comme dans notre
entretien de Doha, la République islamique qui ne
représente plus aujourd'hui l'Iran dont rêve Wadah
Khanfar dans le cadre de son *Sharq* tripolaire, mais
qui poursuit des « intérêts égoïstes ». Pire, elle risque
de raviver la faille confessionnelle intra-islamique,
la *fitna*, alors que la civilisation de la région depuis

mille quatre cents ans — comprendre l'islam sunnite — a toujours protégé et préservé les minorités.

Par-delà les grandes tirades sur la justice et la
démocratie portées par les printemps arabes et
l'AKP, l'État turc mobilise en ce moment même son
armée sur ses frontières méridionales. Hier, elle a
bombardé les positions syriennes en rétorsion à des
tirs sur un de ses villages, et sa force aérienne vient
de forcer à atterrir à Ankara un avion syrien parti de
Moscou dont les soutes auraient été remplies d'armement lourd. Le ministre doit nous quitter plus vite
que prévu, pour des consultations avec ses homologues de l'Otan arrivés en hâte à Istanbul, l'escalade
guerrière avec Damas n'allant pas sans conséquence
sur les relations entre les États-Unis, l'Union européenne et la Russie.

Devant une telle division qui affaiblit les musulmans face à leurs ennemis, l'osmose turco-arabe
qu'exalte l'orateur a-t-elle pour objectif de créer un
bloc sunnite contre le complot chiite ? Celui-ci a été
dénoncé aussi bien par le Frère musulman Qaradawi la semaine dernière à Doha que vitupéré hier
en chaire à Tripoli par le cheikh salafiste al-Rafeï.
Je pose la question à Ahmet Davutoğlu :

> *Monsieur le ministre, pensez-vous ou craignez-
> vous que le printemps arabe risque de tourner
> dans un proche avenir à un affrontement chiite-
> sunnite majeur ? Le nouveau réveil arabe pour-
> rait-il en revenir à la vieille géopolitique et aboutir
> à une bataille de Tchaldiran moderne ?*

La bataille de Tchaldiran, où le sultan ottoman
sunnite Selim Ier, dit « le Terrible », vainquit, dans
l'est de l'Anatolie, le chah safavide chiite Ismaïl Ier,

en 1514, est serinée aux écoliers turcs avec la même insistance qu'aux français celle de Marignan l'année suivante. Mais elle revêt un caractère idéologique et national beaucoup plus fort, puisqu'elle consacre l'Empire ottoman comme le champion de l'orthodoxie sunnite face à l'hérésie chiite, aussi bien aux frontières que contre les alévis anatoliens, proches doctrinalement des Alaouites syriens d'aujourd'hui, et que l'armée du sultan persécuta.

En réponse à ma question, le ministre proteste que la politique turque est déterminée par les grands principes de justice et la volonté d'en finir avec les frontières héritées de la guerre froide, mais en rien par une motivation sunnite sectaire :

> *Les nouvelles générations se demandent quel est le sens de ces frontières qui nous divisent au Moyen-Orient, de ces murs de Berlin. Pourquoi les Palestiniens souffrent-ils encore et pourquoi les engagements de l'ONU en 1948 ne sont-ils toujours pas appliqués ? Pourquoi une nation empêche-t-elle la reconnaissance de la Palestine et une autre le soutien au peuple syrien ?*
>
> *L'an dernier, je suis allé à Téhéran, et j'ai dit : « On ne veut pas dans notre région d'une guerre froide fondée sur l'exacerbation des identités sectaires. » Notre soutien au peuple syrien n'est pas dû au fait qu'il est sunnite et que Bachar est noussaïri [terme sunnite dépréciatif pour alaouite]. On était contre Kadhafi, qui était sunnite, contre Moubarak aussi quand il a attaqué la place Tahrir, contre Saddam, également sunnite. Notre position s'appuie sur des principes !*

Dimanche 14 octobre 2012

Istanbul, QG de l' opposition syrienne

Le Conseil national syrien s'est installé à Istanbul, tout comme le contrôleur général des Frères musulmans de Syrie, qui domine assez largement cette instance faite principalement d'exilés. Sur le terrain, la situation est entre les mains des « comités militaires » de chaque ville ou région insurgée.

Y siègent des officiers déserteurs, encore empreints de quatre décennies d'éducation baathiste laïque et méfiants envers les islamistes, ainsi que des brigadistes barbus, richement dotés en fonds, armements et munitions par les ONG islamistes du Golfe, mais dénués d'expérience militaire.

J'ai rendez-vous avec le colonel Qassem Saadeddin dans la chambre de son hôtel. Il est venu à Istanbul pour de délicates négociations sur des approvisionnements en armes avec un pays du Golfe, lequel souhaite lier son aide à des contreparties idéologiques. Célébré comme le plus grand héros des officiers déserteurs de l'Armée syrienne libre, le colonel commande la région de Homs, dont la résistance aux troupes du régime, dès le début de 2012, a fait basculer le rapport de forces et conféré à l'opposition sa crédibilité militaire.

Comme tous les officiers de l'ASL, il est familier des entretiens à la télévision et a apporté sa vareuse pour être filmé en uniforme. Comme tous les officiers que je rencontre, également, il porte la moustache et est rasé de frais. Il renvoie à toute une filmographie sur les réseaux de partage vidéo en ligne, qui illustrent son parcours du combattant, initié par la rupture inaugurale, sa déclaration de désertion, qu'il a postée en brandissant sa carte d'identité militaire. Il s'exprime en arabe :

> — *Je suis le colonel Qassem Saadeddine, pilote de l'armée de l'air. Je servais dans l'armée du régime syrien, et j'ai déserté le 3 février 2012. Comme on peut le voir sur YouTube, j'étais assis lors de ma déclaration, et je montrais ma pièce d'identité militaire en compagnie d'un grand nombre de combattants qui portaient des lance-roquettes et des fusils.*
>
> — *Comment êtes-vous devenu le chef militaire de la ville de Homs ?*
>
> — *Homs a une double particularité aux yeux du régime. C'est là où se trouvent la plupart de nos frères de la communauté alaouite. Elle est aussi le cœur de la Syrie, le trait d'union entre toutes les provinces. En raison de son importance pour le pouvoir, celui-ci y a envoyé de nombreux renforts, qui ont mis en place un cordon sécuritaire avec des barrages de soldats et de* shabbiha *[« fantômes », surnom des escadrons de la mort du régime].*
>
> — *Plus d'une année est passée depuis le déclenchement de la révolution en Syrie, le 15 mars 2011. Aujourd'hui, il y a des régions libérées dans le Nord et le Nord-Ouest. Quel est l'état de la résistance militaire ?*
>
> — *Elle a débuté vers la fin de l'année 2011. On a constitué des conseils militaires pour organiser l'Armée libre. Le premier a été fondé à Homs le 12 février 2012. On a ensuite mis en place un commandement unifié des conseils militaires le 29 mars. Notre organisation et la concertation*

entre les chefs militaires nous ont permis de libé-
rer de vastes territoires. 90 % des environs de
Homs sont libérés, les environs d'Alep, d'Idlib, du
Nord, de Lattaquié, une grande partie des environs
de Damas et enfin ceux de Deraa sont tous libérés.

Grâce aux concertations et à l'organisation de
ce commandement unifié, nous avons réussi à
prendre des armes à l'armée du régime. Outre ce
butin, nous nous sommes procuré des armes de
contrebande. Nous avons fait face à l'armée de
Bachar al-Assad, qui ne tient que l'espace où se
trouvent ses blindés.

— Comment voyez-vous le rôle de cette coordi-
nation militaire pour l'avenir de la Syrie et de la
résistance ? Il existe un Conseil national syrien
à l'étranger. À plusieurs reprises, il a changé de
dirigeants. Actuellement, il paraît dominé par les
Frères musulmans. Qu'en est-il exactement ?

— Nous avons fondé les conseils militaires et le
commandement militaire pour pouvoir contrôler
tout le territoire syrien après la chute du régime
et assurer la protection des minorités et des ins-
tallations militaires. Ce commandement est une
institution de substitution à l'armée du régime.
Grâce à Allah, il y a une grande discipline au sein
de ce commandement. C'est lui qui garantira la
sécurité après la chute du régime partout où un
gouvernement de transition sera formé. Après, il
retournera dans les casernes.

J'ai vu au mois d'août un reportage réalisé dans
les environs de Homs par mon ami le photo-
vidéojournaliste arabophone Mani — qui avait
accompagné en février le romancier Jonathan Lit-
tel dans la ville assiégée d'où il tira ses *Carnets de*

Homs. Dans ce film tourné avec l'une des principales brigades des révolutionnaires de Homs, *Katibat al-Farouq* (du surnom du calife Omar), on découvre des combattants se réclamer du salafisme, prôner l'extermination des Alaouites et brasser des fortunes en dollars en provenance des pétromonarchies du Golfe.

La brigade semble aussi prendre ses propres initiatives sans se préoccuper vraiment d'une quelconque hiérarchie de l'Armée syrienne libre. Et contrairement aux insurgés libyens, nombreux sont les combattants du documentaire dont le front est ceint du bandeau noir des djihadistes marqué de l'inscription : « Il n'est d'autre dieu qu'Allah ».

> — *Comme vous le savez, on s'inquiète à l'étranger de ce qui se passe en Syrie et dans les territoires libérés. Selon certaines rumeurs, la révolution aurait remplacé l'ancien régime laïque qualifié de tyrannique par une République islamique et les femmes sont contraintes de porter le voile sous la pression des islamistes. On entend également parler de la présence d'al-Qaida, d'islamistes radicaux et de djihadistes. Ces peurs ne sont-elles pas une des raisons pour lesquelles la résistance ne reçoit pas d'armes de l'Occident ?*
>
> — *Mon ami, il n'y aura pas en Syrie d'application de la loi islamique [charia] ni d'émirat islamique. Nous avons toutes sortes de communautés religieuses dans notre pays. Ces craintes ne sont donc pas fondées. Nous respectons la liberté de tout le monde. Nous respectons aussi les libertés des minorités. Nous nous sommes révoltés contre l'injustice et contre Bachar al-Assad parce qu'il était inique. Comment pourrions-nous être nous-mêmes injustes ? L'image que l'Occident a*

de nous est erronée. Les islamistes ne nous gou-
verneront pas. Il y aura un État civil [madani]
laïque ['ilmani*]et multipartite. Les urnes tranche-*
ront.

En ce qui concerne la crainte d'al-Qaida, nous
n'acceptons pas sa présence en Syrie. Le régime
a fomenté des attentats pour dire à l'Occident :
« Moi ou le chaos, moi ou al-Qaida et un autre
Afghanistan ! » Il peut exister des cas individuels,
bien sûr, d'islamistes, de djihadistes ou d'autres
en Syrie. Cependant, nous tenons l'Occident pour
responsable, car il n'a pas apporté son aide au
peuple syrien. Si ça continue, il y aura une dérive
extrémiste non seulement en Syrie, mais aussi au
Moyen-Orient.

— Quelles garanties pouvez-vous donner aux
minorités, comme les Alaouites et les chrétiens,
qui pensent soit à partir au Liban soit à s'installer
dans une région séparée ?

— Ce scénario ne se produira pas. La Syrie
appartient à toutes les communautés : chrétiens,
Alaouites, chiites, Druzes, tous ont le droit à la
vie. Ils auront la sécurité. Nous, l'Armée libre,
avons émis un code de conduite qui montrera au
monde entier notre éthique. Notre problème n'est
pas avec la communauté alaouite, mais avec le
régime. Nous voulons un état civil démocratique
et multipartite qui respecte les droits de tous.

— Comment expliquez-vous le maintien du
régime au pouvoir ?

— Ce régime n'a jamais été puissant. Il a
échoué dans toutes ses tentatives pour mettre fin
à la révolution. Lâchement, il recourt aux tirs à
distance, à l'artillerie, aux bombardements aériens
et aux tirs des chars. Il n'affronte pas l'Armée libre

*face à face parce qu'il sait qu'il perdrait contre elle.
Il a recours à la destruction et aux représailles
contre les villages en les pilonnant et en forçant
ses habitants à l'exil afin de mettre la pression
sur l'Armée libre. Mais il ne réussira pas dans ses
manœuvres.*

*— Recevez-vous de l'aide de la communauté
internationale et sous quelles formes ?*

*— Lorsque nous nous sommes soulevés, nous
l'avons fait sans le soutien de quiconque, si ce
n'est du Seigneur des mondes. Nous avons combattu avec nos fusils. Nous avons ensuite pris
du butin. Il semble que les intérêts des États et
les règlements de comptes entre eux se font au
détriment de la vie des Syriens. C'est l'importance
de la Syrie et de la région qui cause ces conflits
d'intérêts. C'est pour cette raison que la victoire
tarde à venir. Le monde entier regarde passive-
ment cette destruction et ces tueries. Jusqu'à
quand cela pourra-t-il durer ? On n'en sait rien.
Néanmoins nous vaincrons, avec ou sans l'aide
des pays étrangers.*

En quittant le colonel, je me dis qu'il est mon
premier interlocuteur depuis longtemps au Moyen-
Orient à avoir prononcé le mot arabe pour « laïcité »
en un sens positif. Je ne sais trop si je dois l'attribuer
à un automatisme hérité de quatre décennies de baa-
thisme laïque inculqué dans les écoles d'officiers, à
la volonté de séduire, ou à une conviction sincère.
[Quelques jours après son retour à Homs, devais-je
apprendre à Paris de la bouche d'un porte-parole de
l'Armée syrienne libre, il réchappa de justesse d'une
embuscade tendue par des djihadistes qui voulaient
l'assassiner.]

✧

Je tente de joindre Y. C'est un des dirigeants des Frères musulmans syriens, et il exerce à Istanbul une forte influence sur le Conseil national syrien. Je lui ai déjà parlé plusieurs fois au téléphone ce matin pour préciser le lieu et l'heure d'une rencontre. Il est désormais aux abonnés absents, et je ne parviendrai pas à le voir. En revanche, ayant croisé à Doha Ali al-Bayanouni, l'ancien contrôleur général des Frères, je suis rodé à leur discours.

Je dois caler des rendez-vous pour la journée de demain, où je me rends à Antioche, point de passage obligé pour la Syrie libérée. Je commence par contacter une jeune femme qui y est installée. Originaire de Homs et très active dans la révolution, c'est une rareté dans cet univers guerrier masculin.

À ma surprise, elle se trouve à Istanbul — où les révolutionnaires syriens font constamment la navette —, et nous convenons de nous retrouver vers 22 heures dans un restaurant de la rue Istiklal. La jeunesse à la mode y déambule dans une *passegiata* effrénée, mélange de punks, de filles très court vêtues, de sapeurs et de tous ceux qui profitent de la prospérité sous l'égide du gouvernement islamiste, attablés à des bars à bière d'où sortent des torrents de variété américaine.

Elle est accompagnée par deux jeunes Américains qui viennent de rentrer de Syrie et tentent de débrouiller les fils de l'écheveau des comités militaires, des colonels et des groupes islamistes locaux. Elle porte un voile gris clair, dans lequel elle a piqué des lunettes de soleil de marque, à la mode des élégantes du Golfe, un *jeans* et des baskets siglés. Nous regardons sur l'écran de son téléphone des vidéos d'une bourgade tout juste libérée, d'où les soldats du régime ont été chassés il y a quelques jours.

Après quelques coups de téléphone à mes contacts dans l'Armée syrienne libre, le programme est établi. Nous prendrons avec elle l'avion de demain matin pour Antioche, d'où nous passerons clandestinement en Syrie pour rejoindre ce village, suivant le fil de cette Ariane *musulmane et moderne*. L'aventure commence.

XIV

ANTIOCHE, SYRIE

Lundi 15 octobre 2012

La porte du vent

L'avion pour Antioche est plein de pèlerins venus du Brésil. Leur casquette bleu vif au sigle d'un voyagiste catholique et leur badge au ruban de même couleur marquent et distinguent, parmi la foule des passagers musulmans, les brebis de ce troupeau du Seigneur surgi du Nouveau Monde.

Ils ont embarqué à travers cieux pour voir de leurs yeux l'antique patriarcat où saint Pierre bâtit l'Église originelle, qu'il y nomma catholique et universelle. C'est à Antioche que, pour la première fois, les disciples de Jésus furent appelés « chrétiens », enseignent les Actes des Apôtres. En allant toucher du doigt les lieux où l'Église de Pierre s'est édifiée, ces paroissiens effervescents du cybermonde viennent se ressourcer à l'évidence palpable de leur foi.

Mon voisin est plongé dans son ordinateur portable, où défilent des écrans de prêchi-prêcha farci de références bibliques. Animé de l'ardeur sacrée du prosélytisme, il me fait lire, après avoir engagé la conversation, de la littérature charismatique en ligne et en français, téléchargée préalablement par souci de conversion *urbi et orbi*, dont je recopie quelques bribes dans mon carnet :

APPEL DE JÉSUS DE NAZARETH
À SON TROUPEAU

Mes brebis de mon troupeau, paix à vous.

Mon troupeau, l'heure de la vérité s'approche déjà. Le temps de la Justice divine va commencer [...].

Mon troupeau, rassemblez-vous autour de Moi et attendez en silence mon retour proche. Des signes dans le ciel annonceront que ma venue est près [...].

Mes brebis de mon troupeau, priez les uns pour les autres parce que la tribulation qui s'approche n'aura jamais été vue sur la terre. [30 juillet 2012, à Enoch de la Colombie, viens-seigneur-jesus. forumactif.com]

Seigneur Jésus, maître de la moisson et pasteur du troupeau, répands ton esprit en nos cœurs afin qu'en tout nous fassions la volonté du Père. [www.vocations.be]

N'aie crainte, petit troupeau, je suis ton pasteur et je te guide vers les eaux fraîches et de verts pâturages. [682-Message de YHWH à Grâce de Bénédicte, le 4 juin 2011, publié le 7 juin 2011, à 10 heures 03, par petitremy, viens-seigneur-jesus. forumactif.com]

Antioche était au temps du Christ la troisième métropole de l'Empire romain, après Rome et Alexandrie. C'est dans cette cité que Julien le philosophe, venu de Lutèce qui l'avait proclamé empereur en l'an 361 et à qui il offrit les thermes du Quartier latin, mena en vain le dernier grand combat pour restaurer la sagesse et les lettres du paganisme antique, en butte à la goguenardise des habitants et à l'hostilité des moines. Ils le firent tuer et souillèrent sa mémoire en le surnommant Julien l'Apostat — comme les SALAFISTES d'aujourd'hui traitent d'apostats les laïques et les rationalistes du monde musulman.

De nos jours, Antioche n'est plus qu'une ville provinciale des confins turco-syriens dont cinq patriarches, qui portent toujours le titre honorifique de « Béatitude » tombé en déshérence dans l'Église d'Occident, se disputent le siège apostolique. Ils règnent sur de frêles confessions orientales qui sont autant de témoignages de la pulvérisation du christianisme dans la région qui le vit naître : les Églises melkite catholique, orthodoxe d'Antioche, syriaque catholique, syriaque orthodoxe et maronite.

Bien qu'ils partagent la titulature pompeuse de « patriarche d'Antioche et de tout l'Orient », aucun ne vit plus à Antioche, et presque tout l'Orient est islamisé. Trois d'entre eux sont cantonnés à Damas, dans l'étroite dépendance du régime syrien ; les patriarches syriaque catholique et maronite résident au Liban.

❖

J'aperçois par le hublot le littoral nord-oriental de la Méditerranée : il a la netteté d'une carte de géographie où serait tracé un angle droit. L'estompent à peine quelques brumes légères comme la nuée céleste d'un tableau saint-sulpicien. Le dieu des géomètres et des savants a dû se munir d'une équerre pour ébaucher des côtes si perpendiculaires. L'horizontale dessine le rivage de Cilicie, la verticale celui du Hatay, département turc dont Antioche (Antakia) est la préfecture moderne. Elle plonge droit vers le sud avant de se courber en des sinuosités où commence la montagne alaouite qui cèle l'antique Laodicée-sur-Mer, aujourd'hui Lattaquié, en territoire syrien.

Lors du dépeçage de l'Empire ottoman, au sortir de la Première Guerre mondiale, la France obtint de la Société des Nations un Mandat sur la Syrie et le Liban, dont faisaient partie Antioche et sa province, qu'on nommait à l'époque le sandjak d'Alexandrette. Cette appellation contrastée, qui évoque deux millénaires de conflits entre civilisations, amalgame le vocable ottoman *sandjak* (étendard), une circonscription militaro-administrative correspondant à la sous-préfecture, et le nom d'Alexandre le Grand. Ce dernier fonda la ville qui porte son nom en 333 avant J.-C. près du champ de bataille d'Issos, où les troupes macédoniennes défirent l'immense armée perse de Darius entre la mer et le massif de l'Amanos qui la borde.

Fuyant éperdument vers l'est, tentant de franchir la montagne au travers du défilé des Portes syriennes, les cavaliers perses et mèdes en déroute périrent pêle-mêle dans une tuerie fameuse, se piétinant dans la foulée, roulant dans les ravins avec leur monture, les survivants percés par les javelots acérés des peltastes grecs lancés à leurs trousses.

L'avion passe assez bas, à pic de ces gorges de sinistre mémoire, en descendant vers l'aéroport du

Hatay. Les sommets d'aujourd'hui, oublieux de la
tragédie antique, sont parsemés d'éoliennes captant
le vent d'ouest, le Zéphyre des Anciens, chargé des
pluies marines qui donnent aux riantes campagnes
d'Antioche leur inépuisable abondance. J'aperçois
scintiller l'Oronte indolent qui déploie ses méandres,
prodigue de ses eaux fraîches aux verts pâturages.
Au loin, dans la brume bleutée, se distinguent les
premiers contreforts du territoire syrien ravagé par
la guerre, la tribulation qui s'approche.

❖

J'ai découvert Antioche il y a bientôt quarante ans,
en août 1974, et n'y suis retourné qu'une fois, au
printemps de 1978, depuis Damas où j'étais bour-
sier à l'Institut français d'études arabes. De ces deux
séjours de jeunesse, je garde un souvenir intense,
fait de quelques images et de sons, de bribes de
dialogues, de visages entr'aperçus, qu'a colligés ma
mémoire au travers des oublis qui ont façonné ma
vie. Après quatre décennies d'enfouissement, j'ai l'impression que mon cerveau reconstitue aujourd'hui
par pans la scène primitive qui décida de ma vocation, comme les archéologues ont assemblé au musée
des Mosaïques d'Antioche les fragments antiques
épars qui en ressuscitent la genèse disparue.

Il me revient à l'esprit quelques vers de Cavafy, qui
ouvrent son *Dieu abandonne Antoine* :

Quand tu entends soudain, à l'heure de minuit,
Une thiase inconnue qui s'avance,
Avec des musiques exquises, et des voix,
À quoi bon lamenter [...] l'échec de ton œuvre,
Tes projets qui furent autant de chimères [...].

Comme un homme courageux, préparé depuis long-
   temps [...].
Salue-la, cette Alexandrie que tu perds !

Cette Antioche perdue que je retrouve avec l'émotion intacte de mes dix-neuf ans fut l'aboutissement
d'un voyage initiatique à travers la Méditerranée
orientale entrepris avec un camarade de lycée et
de militantisme, Christian Fonseca — avant que je
pénètre dans le monde arabe, pour la première fois,
par la Syrie.

Je languissais en khâgne, où j'avais passé l'année
scolaire à contempler la carte de l'Empire romain
accrochée au-dessus du tableau noir pour tromper
mon ennui. Elle avait fini par habiter les rêves d'un
jeune homme brusquement orphelin de mère, plutôt
solitaire, et persuadé à juste titre de son inéluctable
échec au concours qu'il préparait distraitement. La
décision fut prise d'une sorte de circumambulation
qui nous mènerait à la découverte des sites antiques,
autour de la carte qui représentait les provinces
selon des teintes différentes en fonction de leur passage sous domination romaine — vieux rose pour
les acquisitions de la République, ocre pour celles
d'Auguste, vert menthe jusqu'à Trajan. Lui irait au
Liban pour s'essayer au reportage ; je continuerais
vers l'Égypte.

Nous avions embarqué à Venise pour Istanbul
sur un navire soviétique en direction de Sébastopol,
l'année où Brejnev s'était vêtu d'une tenue de cow-
boy lors d'un voyage aux États-Unis dans le cadre
de la Détente. Les diplomates de l'URSS montés à
bord l'imitaient, dînant en Stetson et costume denim
dans la salle à manger des premières classes, à notre
grand amusement, confortant notre croyance que

la bureaucratie soviétique avait trahi le prolétariat jusqu'à singer l'abominable sous-culture hollywoodienne. Nous avions touché au Pirée le jour de la chute des colonels grecs, consécutive à l'invasion de Chypre par la Turquie, qui nous avait surpris en haute mer.

Je me souviens d'une cuite pour fêter la fin de la dictature avec des Grecs gauchistes dans une taverne du port pendant l'escale, le cabaretier avait un lipome sur le front et un pouce en forme de spatule qui lui servait à doser les rasades d'ouzo à partir d'une dame-jeanne au large goulot. Puis ce fut Istanbul et l'Anatolie en train, en car, en auto-stop, jusqu'à Antioche.

Visite éblouie au musée des Mosaïques grécoromaines où nous étions seuls. La plupart proviennent de Daphné, ville d'eau et de luxure dans les environs d'Antioche, où Apollon, rendu fou d'amour pour l'irrésistible nymphe Daphné par une flèche que lui avait décochée Cupidon, tenta de la forcer. Zeus, pour la préserver, la transforma en laurier au moment qu'Apollon se saisissait d'elle. Sous le chef-d'œuvre fort dénudé et très expressif du Bernin qui sculpte dans le marbre baroque la scène de ce viol inabouti, à la galerie Borghèse, un distique latin du pape Urbain VIII la transcende en exemple édifiant de morale chrétienne, faisant de frustration vertu :

Ceux qui aiment à poursuivre les plaisirs évanescents
Ne récolteront que baies et feuilles rêches

Mais le génie du lieu consacra pour l'éternité Daphné au désir, qu'aiguillonne alentour la nature luxuriante, boisée de lauriers turgescents, progéniture végétale de la nymphe et du dieu, et de cyprès ithyphalliques célébrés par le rhéteur païen Libanius : ce fut l'un des rendez-vous galants les mieux fréquentés de l'Antiquité, à en juger par la splendeur des mosaïques qu'on y a exhumées, placées sous l'égide de Tryphè, déité des « délices de la vie ».

Il en reste aujourd'hui un temple modeste du plaisir inabouti, parmi le chant envoûtant des cascades qui bouillonnent et écument toujours au pied des tablées. L'endroit a été nommé en turc Harbiyé, et l'on s'y rend pour siroter du raki en guignant les accortes serveuses alaouites réputées peu farouches.

Le lendemain, nous partions pour la Syrie, passant la frontière à Bab al-Hawa, « la porte du vent ». Je mettais le pied pour la première fois dans un pays arabe.

Ma connaissance concrète de ce monde, outre la vulgate gauchiste en noir et blanc dont j'étais un zélé propagandiste, se limitait à deux épisodes en couleurs des aventures de Tintin, *Le Crabe aux pinces d'or* et *Au pays de l'or noir*.

Le premier Arabe rencontré *in situ*, après le douanier baathiste suffisamment francophone pour s'assurer que je n'étais ni natif ni résident de Villejuif, fut le chauffeur de taxi, un Bédouin en robe et keffieh. Il semblait tout droit sorti de ces albums. Profitant de l'aubaine, car il n'y avait pas d'autre moyen de transport en vue de cette frontière en rase campagne, il nous éplucha jusqu'à la dernière piastre.

Il conduisait une énorme Chevrolet jaune à tombeau ouvert et nous empuantissait par les cigarettes qu'il fumait sans discontinuer. Il se débarrassa de nous sous l'horloge de la place Bab-al-Faraj, à Alep, nous conseillant un hôtel borgne du quartier des Mécaniciens. Je ne suis pas sûr que j'aurais consacré le reste de ma vie à étudier le monde arabe si je n'avais rencontré que ce chauffeur et le douanier. À tout le moins j'avais été immunisé d'entrée de jeu par un vaccin de cheval contre l'idéalisme qui berçait d'illusions tant de mes camarades et de mes futurs collègues.

Le déclic se produisit une dizaine de jours plus tard. J'étais seul, mon compagnon de voyage ayant gagné le Liban pour faire son reportage ; il y finirait emprisonné pour avoir photographié l'ambassade américaine avec son appareil rudimentaire, soupçonné d'espionnage, et ne devrait sa libération après plusieurs jours de cachot qu'à l'attendrissement de l'officier de police maronite qui, au vu des trois prénoms figurant sur son passeport, Christian, Marie, Gabriel, en déduirait qu'il était excellent chrétien.

Pendant ce temps, poursuivant mon dilettantisme archéologique, j'avais rejoint Apamée, la capitale édifiée vers l'an 300 avant J.-C. par les Séleucides. Elle se perche sur un plateau en amont de l'Oronte, au sortir d'un défilé qui a donné son nom au village arabe médiéval établi dans les ruines de l'acropole, Qalaat al-Madiq (le château des gorges). Des amis s'y étaient rendus l'été précédent et m'avaient confié des tirages photographiques des habitants qui les y avaient hébergés.

Personne à cette époque ne possédait d'appareil photo dans un village syrien, ni de téléphone. On se faisait tirer un unique portrait pour la vie par un professionnel, en ville, lors du mariage, et l'on ne communiquait guère avec le monde extérieur. Les photos les avaient enchantés. Ils accordèrent à ce voyageur inconnu couvert de poussière et surgi à l'improviste, porteur de ce présent si léger et précieux, une hospitalité dont je n'avais pas idée qu'elle pût encore exister. Elle me plongea soudain, *in vivo*, dans *L'Odyssée* fastidieusement bachotée en khâgne, heureux comme un Ulysse des années 1970.

J'appris à manger sans couteau ni fourchette, avec la main droite, à même un grand plat rond de ferblanc où se servaient tous les hommes de la famille, disposé sur un chapiteau corinthien renversé — il y en avait pléthore dans l'acropole — en guise de piétement.

À mon arrivée, les femmes avaient pris mes pauvres hardes roidies de crasse, déchirées et maculées de taches, qu'elles avaient lavées, reprisées, repassées avec méticulosité, et l'on m'avait fait enfiler une robe — une djellaba — que je revêtirais pendant tout mon séjour, à l'instar des villageois dont aucun ne portait le pantalon.

Elles avaient aussi fait chauffer une grande bassine d'eau sur un feu de bois, qu'elles transportèrent pour moi dans un hammam sommaire pourvu d'éponges naturelles, de pierres ponces en lave et de savon d'Alep. C'était un luxe — le bois était rare et cher —, j'étais traité en hôte de marque. Accroupi nu dans cette bassine d'eau tiédie, lavant mon corps de ses impuretés, je m'étais administré sans le savoir la lustration du baptême d'où je renaîtrais arabisant.

Nous parcourions à cheval l'immense colonnade, la plus longue du monde antique, avec ses cannelures torses, gigantesque anastylose entreprise par des archéologues belges durant le Mandat français, et allions nager dans l'Oronte. Il n'était pas rare de dénicher des monnaies à l'effigie des rois séleucides dans les souterrains. Je me souviens d'un tétradrachme au profil lauré d'Antiochos IV Épiphane (l'illustre) qui semblait sourire : il portait au revers un Apollon nu appuyé sur son arc.

Un jour que je m'étonnais que personne ne travaille parmi mes hôtes, un des jeunes qui baragouinait un peu d'anglais m'expliqua qu'ils étaient une famille de propriétaires, non de *workers*, et que ceux qui trimaient dans les champs étaient des serfs. Je comprendrais des années plus tard que le village était sunnite — c'était généralement le cas de ceux qui occupaient des sites stratégiques — et que les manœuvres agricoles venaient de hameaux alaouites misérables à proximité.

Ni le socialisme impulsé par le parti Baath ni la domination alaouite de la famille Assad sur l'État ne semblaient avoir de prise à Qalaat al-Madiq où se perpétuait une sorte de féodalisme droit sorti de l'époque médiévale. Pourtant les femmes n'avaient qu'un simple fichu dans les cheveux, comme les paysannes de mon village du midi de la France. Les plus jeunes d'entre elles communiquaient gaiement avec moi par signes complices et clins d'œil, au nom de notre intimité fantasmée depuis le bain qu'elles m'avaient préparé et le soin jaloux apporté à mon linge. Elles n'étaient pas recluses derrière la clôture sinistre du voile, comme elles le sont presque toutes en milieu sunnite aujourd'hui.

Cette expérience fut complétée par bien d'autres, à Tartous, la Tortose des chroniqueurs latins, où j'appris le trictrac sur le parvis de la cathédrale romane des croisés transformé en café et fumoir à narguilé, puis au Liban et en Égypte. Je m'inscrivis par curiosité à un cours d'arabe à mon retour à Paris.

Pris au jeu, je travaillai ensuite plus sérieusement jusqu'à obtenir une bourse ministérielle pour
un stage de langue intensif à l'Institut français de
Damas en 1977-1978. Je ne pouvais me targuer d'aucun mérite : les études arabes étaient tombées dans
une telle déliquescence qu'il y avait davantage de
places offertes au concours que de candidats — au
royaume des aveugles, le borgne était roi.

L'État français laïque recommandait aux lauréats
de se munir d'un « certificat de baptême » que les
autorités syriennes baathistes tout aussi laïques
avaient parfois requis pour délivrer le visa — moyen
d'interdire le stage aux Juifs. Ainsi, pour devenir arabisant, le trotskiste athée et anticlérical que j'étais
dut solliciter le curé de la paroisse Notre-Dame-du-
Port à Nice, où mon arrière-grand-mère paysanne et
croyante m'avait fait baptiser à l'insu de mes parents
communistes et libres-penseurs.

Moyennement assidu aux cours de l'Institut de
Damas — j'en garde des insuffisances criantes en
grammaire —, j'avais passé l'année à explorer les
environs, malgré les avertissements du directeur.
Ce protestant austère m'avait pris en grippe lorsque
je justifiais mes absences, les vendredis, samedis et
dimanches, par le souci de respecter avec équanimité
le jour du Seigneur des trois monothéismes abraha-
miques qui se disputaient la région.

Le saint homme avait maudit mon insolence
et prédit l'échec de ma carrière universitaire, une
imprécation qui me poursuit encore aujourd'hui
de ses effets. Il se trouvait juste que la surveillance
policière du régime baathiste était étouffante et que
j'aimais m'aérer dans les pays voisins.

Daphné de l'islam

Au printemps de 1978, j'avais pour amie une jeune Syrienne, jolie fille issue d'une famille musulmane et étudiante en français, qu'elle maîtrisait à la perfection. Je lui avais proposé d'échanger des cours d'anglais contre des cours d'arabe, qui avaient vite consisté à échanger des baisers.

À cette époque aucune étudiante n'était voilée, et pour celles qui fréquentaient les jeunes Français, souvent dans l'espoir d'émigrer, les mœurs étaient presque aussi libres qu'à Paris. Mais quand les chrétiennes et les Alaouites avaient d'ordinaire levé le tabou de la virginité, et sauraient toujours s'en débrouiller dans l'éventualité d'un mariage conventionnel, la défloration demeurait un interdit absolu chez les musulmanes, même les plus délurées. Les ardeurs de la jeunesse contraignaient donc à recourir à ce que les anciens manuels de confesseurs traquent avec une extrême sévérité sous le nom de « fraudes » et élèvent au rang de péché cardinal. Mais le pucelage était sauf, dans la crainte sans doute que le Prophète changeât à son tour ses Daphné de l'islam en buisson de laurier.

Nous étions partis tous les deux passer quelques jours à Antioche, avec un ami français qui possédait une 4L Renault. La belle se rebella quand je l'emmenai au musée des Mosaïques, ne rêvant que lèche-vitrines dans cette ville dont les boutiques pourtant bien provinciales lui paraissaient les Champs-Élysées en comparaison de la Damas socialiste et de ses pénuries de chaussures à talons, de *jeans* serrés, de sous-vêtements affriolants et de produits cosmétiques.

« Je me fâchai, elle me quitta. J'étais ingénu, je la regrettai ; j'avais vingt ans, elle me pardonna. » Notre conducteur, qui semblait avoir quelques projets sur sa personne, l'accompagna faire ses emplettes, avec l'accord de la belle, soudain héroïne de Vivant Denon dont elle lisait le roman *Point de lendemain* en cachette des bonnes sœurs qui enseignaient la littérature française à l'université de Damas. À moins que Tryphè, muse galante de Daphné, nous eût grisés de son philtre.

Pour les Pères de l'Église, Tryphè incarnait l'abomination morale. Elle est anathématisée nommément dans l'Évangile de Luc et la deuxième Épître de Pierre. Sans doute les chrétiens antiochiens des premiers siècles ne pouvaient-ils se soustraire à sa fatale attraction. Ils faisaient assaut de prodigalités envers les moines anachorètes, arboricoles ou stylites, qui macéraient leurs chairs dans les montagnes syriennes, afin qu'ils les recommandent à Dieu dans leurs prières. Et ils s'adonnaient aux plaisirs charnels dans les banquets de Daphné.

Je mis à profit la liberté que me procurait mon intermède sentimental pour visiter de long en large le champ de bataille d'Issos et parcourir le défilé des Portes syriennes en méditant le massacre des soldats de Darius, première victoire de l'Occident sur l'Orient selon nos vieux manuels scolaires. Elle ne fut pourtant que l'un des mouvements du pendule de l'Histoire. En ces terres du Levant, la victoire et la défaite balancèrent de Rome aux Sassanides, de Byzance aux Arabes, des Croisés aux musulmans, des Ottomans aux Européens, jusqu'aux troupes du Mandat. Elles triomphèrent sans gloire pour un petit quart du XXe siècle avant de disparaître avec la France dans la débâcle de la Seconde Guerre mondiale, laissant la Syrie face aux démons que sa présence avait réveillés.

Antioche, cependant, comme le Fayoum avant elle, avait vu poindre cette civilisation universelle qui brassait les cultures par-delà l'Orient et l'Occident, où brillèrent d'une dernière lueur les humanités antiques, avant que les moines puis les Bédouins n'en fissent table rase.

Dans sa belle monographie *Antioche païenne et chrétienne*, l'historien André-Jean Festugière fait revivre le plus éminent de ces maîtres de sagesse, le rhéteur Libanius, qui fut le professeur de l'Antiquité tardive. Ses cours étaient fréquentés par des centaines d'élèves venus des quatre coins du monde se former à sa *paideia*, le magistère qu'il avait nourri de ses lectures des grands auteurs et de ses voyages autour de la Méditerranée. Les lettres de recommandation qu'il écrivait pour eux, le soin qu'il prenait tant de leur éducation que de leur carrière, les noms des élèves et jusqu'à leur environnement familial, nous sont parvenus à travers dix-sept siècles. Modèle du genre, singulière anticipation du métier qui devrait être celui de tout professeur d'aujourd'hui — le mien.

Près de trente-cinq ans me séparent de cette dernière visite à Antioche. La jeune Syrienne qui m'accompagne et avec qui je vais passer clandestinement la frontière demain a presque le même âge que mon amie à l'époque. Je les revêts d'un pseudonyme identique, pour préserver leur anonymat, et parce que se noue de l'une à l'autre et d'un siècle à l'autre ma mélancolie de Syrie : Chamia.

La Chamia d'aujourd'hui est issue d'une famille richissime. Son père a fait fortune en Arabie saoudite, comme tant de Levantins sunnites qui en ont gardé une allégeance mentale au pays d'où provient leur aisance. Une partie de la famille conserve des liens avec le régime, pour préserver des biens fonciers à Damas, mais le choix a été fait de soutenir l'insurrection.

Ce basculement de la bourgeoisie musulmane de Damas, Alep et Homs constitue le tournant de la révolution. Il rend difficile le maintien au pouvoir de la dynastie des Assad, désormais coupés des classes sociales et des groupes confessionnels qui avaient accepté l'assujettissement à une soldatesque issue de la minorité alaouite, et qui financent à présent son renversement.

Cette Chamia est strictement voilée, quand sa jumelle d'antan aimait secouer les boucles brunes de sa chevelure ondoyante avec un grand sourire, marquant ainsi son émancipation d'une famille traditionnelle de ruraux enrichis de la Ghouta, l'oasis qui enserre Damas, autrefois qualifiée par le Prophète de « grain de beauté sur la joue du monde ». Hier paradis bucolique, c'est aujourd'hui une banlieue hideuse mitée par des constructions anarchiques et hérissées de fer à béton. Le régime y a fait surgir bases militaires et casernes, et l'Armée syrienne libre établi ses avant-postes pour le siège de la capitale.

J'avais acheté au souk, pendant mon séjour à l'Institut de Damas, grâce à l'argent de poche gagné à rédiger la thèse en Sorbonne du directeur baathiste des Antiquités de Syrie, un moulin à café turc, cylindre de cuivre poli où se fiche une manivelle de métal doré. Ce serait le premier article de ma collection d'art et d'artisanat oriental, façon Pierre Loti.

J'avais hâte de montrer mon trésor à mon amie, quand elle vint chez moi pour notre « cours de langues » :

> — *Regarde comme c'est beau, je l'ai marchandé au souk Hamidiyé, le vendeur m'a dit que c'était une pièce ottomane !*
> — [Furieuse] *Enlève immédiatement cette horreur de ma vue, sinon je repars tout de suite !*
> — Shou baki, karboujé ? *[Ma belle, qu'est-ce qui te prend ?]*
> — Out of my sight, right now, or I leave, and never come back !
> — *Tu rejettes ta culture ! Tu n'aimes que ce qui est occidental !*
> — [Câline] Habibi, *mais c'est pour ça que je viens te voir... Je vais te raconter : quand j'étais gamine, enfermée chez moi, dans la Ghouta, et que je ne pouvais sortir de la maison qu'avec un voile innommable sur la tête, mon père me faisait venir dans la cuisine, où il y avait un énorme sac de grains de café et un moulin exactement comme le tien. Il me disait : « Mouds ! », et il me frappait à coups de ceinture si je n'allais pas assez vite. J'ai passé mon enfance à verser des larmes à cause de ce maudit moulin. Voilà ce que ça m'a rappelé ton chef-d'œuvre ottoman ! Et en plus tu t'es fait avoir : c'est de la quincaillerie qu'on t'a fourguée pour une antiquité !*

Je n'ai pas la même intimité avec la Chamia du XXIe siècle, mais j'ai compris, moi qui ai désormais l'âge d'être son père, qu'elle est en adoration pour celui-ci, qui lui a permis de vivre dans l'aisance :

— *Mon père est très riche. On habitait un des meilleurs quartiers, on avait plusieurs Mercedes... Mais ce régime ne respecte rien. Un jour de février, un ami qui avait pris sa BMW pour aller chercher des médicaments pour un blessé à l'hôpital s'est fait tirer dessus par les* shabbiha *[miliciens] alaouites. Ils l'ont tué. C'est de ce jour que je suis partie de Homs pour Antioche, et que j'ai rejoint la résistance. J'ai quitté une vie agréable pour venir ici. J'ai fréquenté une très bonne école, chez les sœurs, une école privée. C'est là que j'ai appris l'anglais. J'aime beaucoup les chrétiens. À l'école, j'avais des amies chrétiennes. Je ne suis pas du tout islamiste. J'ai un voile parce que je suis musulmane, mais je porte des jeans, je sors, je m'habille à la mode...*

— *Tu n'es pas mariée ?*

— *J'avais un fiancé, un étudiant en médecine, mais il était compliqué, il voulait trop de choses. On a rompu.*

Je suppute que cette complication est identique à celle des années 1970, quand on « fraudait » avec les jeunes musulmanes, qu'elle a dû encore s'aggraver avec l'ordre moral venu d'Arabie saoudite, qui fait peser sur l'islam sunnite sa chape de plomb plaqué or.

Contrairement à la Chamia révoltée du siècle écoulé, qui finit par fuir au Nouveau Monde une société qu'elle ne pouvait plus supporter, au point de rejeter jusqu'à sa langue maternelle, la Chamia révolutionnaire d'aujourd'hui s'est engagée pour combattre l'oppression. Elle est la seule femme que je voie agir dans cet univers d'hommes, à l'exception des infirmières et des doctoresses.

Elle n'a pas dû être très sportive pendant sa jeunesse dorée. Pourtant, elle m'impressionne, à crapahuter sans peur ni ménager sa peine à travers les barbelés des deux côtés de la frontière. Elle risque les avanies des soldats turcs, l'emprisonnement et l'expulsion, la capture, le viol ou l'exécution par les forces syriennes loyalistes, les mauvaises rencontres avec des miliciens indisciplinés ou des bandits qui profitent de la disparition de l'État syrien — sans compter les mines et les bombardements aériens.

Sans doute son voile lui offre-t-il quelque défense dans cet univers qui connaît un bouleversement de toutes ses valeurs, tenant à distance la plupart de ceux qui voudraient la mettre à mal et que tétanise une forme de révérence religieuse. Le voile marque l'interdit que l'on porte sur soi, défiant une société qui n'a plus de normes et ne protège plus la morale à laquelle on adhère, n'offrant plus aucune garantie ni sécurité. C'est un harem intériorisé.

Chamia nous amène au camp de réfugiés d'Altinözü, installé dans un ancien dépôt de tabac, près d'un village à quelques kilomètres de la frontière. La plupart des habitants du camp y sont venus à pied, au terme d'un à deux jours de marche, fuyant les combats, puis l'occupation de leur village ou de leur quartier.

La police turque en interdit l'accès aux étrangers. Tout est fait pour éviter les heurts entre les réfugiés, qui sont presque tous sunnites, et la minorité alaouite du Hatay, environ un quart de la population de ce département, cédé par la France mandataire à la Turquie après un référendum d'autodétermination truqué, en août 1938, que la Syrie indépendante n'a jamais reconnu.

Le geste du gouvernement du Front populaire, concrétisé par un courrier de Léon Blum à l'ambassadeur turc à Paris dès janvier 1937, avait pour but de se concilier Ankara, de crainte que le régime autoritaire kémaliste ne se rapproche par trop de l'Axe mussolino-hitlérien. Le Hatay était à la Turquie ce que les Sudètes étaient à l'Allemagne, et la renonciation de la République française à défendre l'intégrité du territoire du Mandat que lui avait confié la Société des Nations participait du même esprit munichois qu'illustreraient le mois suivant, les 29 et 30 septembre 1938, Daladier et Chamberlain. Les Arméniens et les chrétiens fuirent en masse vers la Syrie et le Liban de crainte de se voir massacrés ou expulsés, avertis du sort de leurs compatriotes et coreligionnaires sous la férule kémaliste.

Les Alaouites attachés à leur glèbe n'avaient guère où aller, et demeurèrent sur place, à l'exception notable du prof de philo du lycée français d'Antioche, le sorbonnard Zaki Arsouzi, qui gagna la Syrie, où il contribua à créer en rétorsion contre ce déni de justice le parti Baath, creuset du nationalisme arabe.

Au même moment, à Paris, après Munich, mon grand-père, attaché culturel de l'ambassade de Tchécoslovaquie en France, perdait son emploi pour cause de disparition de l'État qu'il servait. Il survécut dans la gêne jusqu'à ce que l'invasion allemande le conduise, durant l'exode de l'été 40, pour échapper à l'arrestation par la Gestapo, à s'embarquer vers l'Angleterre. Il monta sur un rafiot qui le mena, en compagnie de ses enfants, de Pauillac à Casablanca, où l'on interdit de débarquer à ces Tchécoslovaques, désormais apatrides au regard des fonctionnaires du protectorat, vichystes avant l'heure. Puis une escale à Gibraltar et enfin un convoi maritime protégé par des destroyers de la Royal Navy, jusqu'à Liverpool, en contournant l'Irlande.

Les cartes syriennes tracent aujourd'hui encore la frontière du sandjak d'Alexandrette en pointillés, la qualifiant de « bornage politique », et donnent aux localités des environs d'Antioche leurs anciens noms arabes, désormais turquisés — de même qu'elles appellent Palestine le territoire israélien et réarabisent la toponymie hébraïsée.

Les Alaouites, arabophones de langue maternelle, sont dans leur ensemble favorables au régime syrien, comme leurs coreligionnaires de l'autre côté de la frontière auxquels les lient cousinages et mariages, et regardent d'un mauvais œil les réfugiés, presque tous sunnites, contre lesquels ils manifestent devant la préfecture. Pour cette raison, ces derniers, même riches, sont découragés de s'installer en ville à Antioche et dirigés vers les camps.

Selon la rumeur locale, les militaires turcs ont discrètement donné des coups de pouce à l'Armée syrienne libre pour chasser les troupes d'Assad d'une bande de territoire de quelques kilomètres de profondeur côté syrien. Ainsi purent se figer en zone sécurisée des camps dont les habitants ne franchirent pas la frontière, pour ne point déstabiliser les équilibres politico-confessionnels côté turc.

Les réfugiés d'Altinözü sont sortis pour venir me parler, de leur ennui, de la nourriture avariée qu'ils abhorrent, de l'école exclusivement en turc montée dans un préfabriqué pour les enfants. Ils ont hâte de retourner dans le village ou le quartier qu'ils ont quitté avec ce qu'ils avaient sur le dos, abandonnant toutes leurs possessions à l'approche de l'armée du régime ou des milices, les *shabbiha*.

Le mot, qui veut dire « fantômes » en arabe, était le surnom d'un type de Mercedes noire des années 1980 particulièrement prisé du crime organisé. On pouvait stocker dans son vaste coffre quantité d'articles de contrebande provenant des ports de Tartous et Lattaquié ou des frontières turque et libanaise. Par métonymie, il a désigné le « gang des Mercedes », la pègre qui utilisait ces véhicules.

Beaucoup de ces *shabbiha* étaient alaouites, bénéficiaient de liens avec les agents d'autorité et, appartenant à la confession du président, de la protection du pouvoir, mais ils comptaient aussi dans leurs rangs des sunnites, des chrétiens, des Druzes... Dès le début du soulèvement, au printemps de 2011, ils ont servi de nervis au régime, multipliant les violences, extorsions, viols et meurtres contre les opposants afin de les terroriser. Au fur et à mesure de la militarisation de la révolution, ces gros bras sont devenus les hommes à abattre pour les combattants de l'Armée syrienne libre et les djihadistes.

Aujourd'hui, *shabbiha* (et le singulier récent *shabbih*) qualifie, dans les communiqués et les vidéos des révolutionnaires, tout « milicien » du pouvoir, qu'il soit informateur ou armé. Mais, avec la confessionnalisation de la guerre civile et la criminalisation de l'adversaire, il en est venu à servir de synonyme à Alaouite, le régime traitant quant à lui ses opposants de « terroristes » ou de « djihadistes ».

Cette figure de style réduit les Alaouites en général à des brutes d'autant plus sanguinaires que l'on incrimine leur peu de piété — ils boivent de l'alcool, ne respectent pas le ramadan, leurs femmes ne sont pas voilées.

✧

Dans les montagnes proches de la Turquie sont imbriqués des villages sunnites, qui ont quasiment tous basculé contre le régime, des villages chrétiens et ismaéliens, qui tentent de rester neutres, et des villages alaouites couverts d'affiches qui exaltent les trois Assad — le père Hafez, le fils aîné Bassel, tous deux décédés, et Bachar. Ils sont révérés à la manière de la Trinité du mystérieux dogme alaouite, réminence chrétienne habillée de vocabulaire musulman.

La masse des fidèles n'a pas accès, comme chez les Druzes, au savoir ésotérique réservé à un noyau d'initiés. Ils idolâtrent Ali, le cousin et gendre du Prophète, dont ils font leur suprême déité. Ils révèrent aussi le Prophète Mahomet, placé dans cette trinité au-dessous d'Ali (un sacrilège selon le sunnisme rigoriste), dont il est le « voile », et Salman le Persan. Ce zoroastrien vint au début du VIIᵉ siècle de Perse en Syrie, où il fréquenta les anachorètes chrétiens avant de se convertir à l'islam en Arabie lorsqu'il y rencontra Mahomet.

Pareil syncrétisme, mêlé de gnose et complété par la croyance en la réincarnation et leur attachement aux tombeaux miraculeux des santons et aux arbres sacrés, valut aux Alaouites l'abomination des dynasties sunnites, qui les tenaient pour une secte d'hérétiques vouée à l'extermination ou bonne au servage. Ils ne durent leur survie qu'à leurs montagnes, comme les autres minorités de la région, maronite, druze ou chiite.

C'est le Mandat français qui les tira de la déchéance, en les recrutant massivement dans les troupes du Levant, dont ils représentaient le tiers des effectifs en 1945, utilisant ces soldats et sous-officiers

paysans pour mater les envolées de révolte anticolo-
niale d'une bourgeoisie urbaine surtout sunnite. Ils
vengeaient ainsi sous l'uniforme français le mépris
séculaire et les avanies dont elle les avait accablés.

Cette filière militaire fut suivie par Hafez al-Assad
et ses coreligionnaires à l'indépendance. Conquérant
l'armée de l'intérieur, il finira par en dominer le corps
des officiers et s'emparer du pouvoir grâce à une succession de coups d'État qui, en 1970, verrouillèrent
pour quarante ans la dictature de la famille Assad.
Les Alaouites ne comptent que pour un gros dixième
de la population, et les sunnites aujourd'hui pour les
trois quarts — grâce à leur prolificité et à l'exode
des minorités. Dans pareil contexte, Assad ne mit
pas en avant publiquement l'identité alaouite (ce que
l'ésotérisme de la doctrine prohibait de toute façon).

Il se projeta dans un nationalisme arabe baathiste
qui se voulait égalisateur et non confessionnel. Après
des débuts où la laïcité fut mise en avant, il multiplia
les marqueurs qui confortaient son autoritarisme
par un islam *halal*, faisant construire des mosquées
et s'affichant à la prière en compagnie des oulémas,
une pratique que son fils amplifia au rythme accéléré
de la réislamisation des sociétés moyen-orientales.

Mais la spiritualité populaire alaouite resta atta-
chée à une idolâtrie qui, après avoir poussé au
paroxysme le culte du chef, comme dans tous les
États arabes, bascula dans les dernières années du
règne du père vers une dévotion exacerbée pour la
trinité familiale. Elle explosa après le décès de l'héritier présomptif, Bassel, en 1994, à l'âge de trente et
un ans. Ce cavalier accompli perdit le contrôle de sa
puissante Mercedes un soir de brouillard, en janvier,
sur la route de l'aéroport de Damas où il se rendait
à vive allure pour un week-end de ski à l'étranger.

Célébré comme *shahid* (martyr), inhumé dans le mausolée familial de la bourgade de Qardaha, près de Lattaquié, dans un tombeau fastueux ceint de bustes de chevaux sculptés, il figura dès lors au centre d'une iconographie sur de grandes affiches et des fresques murales placardées et peintes partout en Syrie et au Liban occupé. Il y tenait le rôle d'une sorte d'Esprit saint entre le Père Hafez et le Fils Bachar, son frère cadet, ophtalmologue et introverti, à qui il transmettait le flambeau.

✧

J'ai rencontré ce dernier en comité restreint lors de son ultime voyage à Paris, en novembre 2010. Son ambassadrice en France, fille d'un général chrétien, ancien chef d'état-major des armées d'Hafez, avait rassemblé quelques intellectuels intéressés par le Moyen-Orient — le mois précédant l'immolation par le feu de Mohamed Bouazizi qui devait embraser le monde arabe et précipiter la Syrie dans la tribulation.

Le rendez-vous eut lieu dans la suite de Bachar à l'hôtel *Bristol*. Nous étions une dizaine de personnes, sur un spectre qui allait des admirateurs inconditionnels de la Syrie en lutte contre le sionisme à des sceptiques comme moi, qui avais publié le recueil posthume de Michel Seurat, critique sans compromis du régime du père, et mort en otage au Liban en 1985 aux mains de chiites radicaux commandités selon toute probabilité par Damas.

Le service de communication du jeune président voulait raviver le visage libéral de celui-ci, terni par l'étouffement du printemps de Damas de 2000-2001 et l'assassinat de Rafic Hariri en février 2005, à une époque où Nicolas Sarkozy avait rétabli des relations à haut niveau, invitant son homologue au défilé du 14-Juillet 2008. Jamais je n'avais croisé autocrate arabe plus aimable, attentionné, courtois, écoutant sagement les propos des uns et des autres que lui traduisait son interprète, cherchant le débat, s'intéressant aux idées avec une sorte d'enthousiasme presque naïf.

Un grand écrivain français qui comptait au nombre des invités, et avec qui j'évoquerais cette rencontre improbable deux ans plus tard, lorsque la répression battrait son plein en Syrie, tandis que Bachar serait décrit par la presse comme un monstre couvert de sang, me confierait avec étonnement :

> *Qui l'aurait cru ? Ce jour-là, il faisait plutôt chef scout, grande asperge, un peu benêt...*

Je lui avais parlé surtout en arabe pour ma part, le questionnant sur ses relations avec la Turquie, alors au zénith.

> *Nous avons créé un marché commun du Moyen-Orient, avec la Turquie, la Jordanie et le Liban : liberté de circulation des biens et des personnes, des capitaux — un peu comme l'Union européenne. Dans peu de temps, ce sera une des régions les plus prospères du monde !*

L'un des participants, d'origine maghrébine, mais non arabophone, lui posa alors une question qui fut traduite et donna matière à un pataquès :

> *— Monsieur le Président, que pensez-vous de la situation des Arabes en France ?*

— *Bien sûr, ils souffrent de la discrimination et du racisme, mais ça va s'améliorer. La France pourrait prendre exemple sur la manière dont sont traités les Kurdes en Syrie, qui jouissent de tous les droits. Mais il ne faut pas exagérer, il y a quand même des Arabes qui ont bien réussi en France, comme monsieur, par exemple* [en se tournant vers moi] *!*

Probablement s'était-il embrouillé dans les fiches préparées par ses collaborateurs, confondant le Maghrébin non arabophone et l'arabisant non arabe. Il avait dû attribuer mon accent étranger, en dépit de mes efforts pour m'adresser à lui en mon meilleur dialecte damasquin, à une origine nord-africaine.

✧

Avec Chamia, nous allons en voiture jusqu'à une hauteur où l'on contemple la Syrie, à l'est, sur les collines opposées. La frontière passe au fond d'un vallon. La semaine dernière, il y a eu des échanges d'artillerie à cet endroit. Le chauffeur pointe les impacts des obus. Depuis lors l'armée de Bachar n'est plus visible.

Le soleil qui se couche derrière les reliefs embrase le ciel et rosit la campagne. Nous sommes dans une olivaie. J'ai à la main une grenade ramassée en Syrie, que m'a donnée cet après-midi un réfugié du camp d'Altınözü. Retour du djihad, il m'avait montré sur son téléphone portable des vidéos de *shabbiha* alaouites prisonniers, couverts de sang, lynchés puis achevés d'une rafale de mitraillette aux cris d'*Allah Akbar !*

La frontière est longée, côté turc, d'une route stratégique qui serpente — sans doute payée par l'Otan, dont ce sont les confins orientaux. Des rouleaux de barbelés sont déployés sur le bas-côté opposé. De loin en loin, comme sur le rideau de fer d'autrefois, des miradors sont juchés au sommet de hautes tours quadrangulaires peintes en kaki.

Leur forme me rappelle les tours de guet byzantines qui parsemaient encore ces collines il y a une trentaine d'années, et qui protégeaient jadis les « villes mortes » de Syrie, dont les ruines fastueuses semblaient dans l'état où les avaient laissées les razzias arabes, tant les murs étaient soigneusement appareillés. J'avais publié le premier article de ma vie sur ces villes mortes, dans la revue *L'Histoire*, en 1978, illustré de mes photographies.

Je suis retourné dans la région il y a cinq ans. Avec le croît démographique phénoménal de la population sunnite, des villages de béton avaient poussé un peu partout, engloutissant les vestiges antiques, quand les pierres n'avaient pas été récupérées comme matériau de construction. De loin en loin, on voyait encore se dresser la colonne d'un stylite des premiers siècles chrétiens, protégée par des barbelés dans un enclos du service des Antiquités, disciple ou rival de saint Syméon.

Le prestige international de ce dernier était si grand qu'une légende veut qu'il ait chargé des marchands gallo-romains provenant de Lutèce de transmettre son salut à sainte Geneviève, qui avait sauvé la cité des Barbares, les Huns d'Attila, par la seule persuasion de son éloquence chrétienne. On peut voir aujourd'hui, sur la montagne Sainte-Geneviève, une petite église syriaque consacrée à saint Éphrem, où l'on pallie le médiocre denier du culte d'une paroisse étique par des concerts quasi quotidiens de musique classique. En revanche, je ne connais pas de sainte Geneviève d'aujourd'hui capable par son verbe de mettre un terme à la barbarie dans laquelle est plongée la Syrie.

Mais ce soir, sur ces collines agricoles et boisées que seule rature la frontière au fond du vallon, la nature a gardé presque intacte la beauté incomparable de ce paysage méditerranéen si fertile. Je retrouve mon monde enchanté, celui du petit village perché du Midi d'où était issue ma mère, comme si ma vie, mes études, tout ce que j'ai entrepris et souvent manqué, n'avaient été, au terme de ce voyage, qu'une longue giration autour de ce point aveugle et initial.

Nous posons pour une photo, avec Chamia, dans une olivaie. En arrière-plan, rosée par le soleil vespéral, la Syrie, où nous nous rendrons clandestinement demain à l'aube. J'ai dans une main la grenade, dans l'autre un rameau chargé de lourdes olives noires que j'ai détaché d'un arbre pluricentenaire au tronc énorme. Puis j'emprunte son coutelas au chauffeur, et je partage en quartiers la grenade très mûre, où nous mordons, faisant gicler le jus sucré et rouge, sacrifice propitiatoire aux dieux qui nous ont abandonnés sur ce mont des Oliviers.

Mardi 16 octobre 2012

« Stop ! Don't go »

Debout avant l'aube, en poche un passeport que j'espère inutile, une petite liasse de dollars pour fluidifier les situations délicates, et le téléphone portable turc, indispensable outil de la guerre postmoderne et des révolutions arabes, d'autant plus qu'il fonctionne en Syrie. Des chaussures de marche, un *jeans* fatigué qui doit ressembler à celui dans lequel je suis entré en 1974 à Qalaat al-Madiq, et une chemise en lin bleu marine à manches longues pour me prémunir des ardeurs du soleil.

Hier soir, Chamia nous a présenté un jeune du village qui va nous accompagner et a prévenu son réseau de passeurs. À sa demande, nous nous sommes rendus au supermarché pour acheter tout le stock de viande congelée que nous pouvions apporter aux villageois syriens. Il n'y a plus ni électricité ni mazout dans les zones récemment libérées, et l'essence est rationnée, réservée aux combattants.

Les commerces d'Antioche se sont mis au goût du jour depuis 1978, quand la Chamia d'autrefois préféra le lèche-vitrines à la visite du musée des Mosaïques. Elles reflètent à présent la prospérité turque. On y trouve des magasins d'électronique, des agences de téléphonie mobile et des boutiques de vêtements de contrefaçon imitant à la perfection les grandes marques mondiales — d'où sortent des flots de musique américaine et de pop locale.

J'extrais les paquets de *chicken nuggets* et de *wings* du minibar de la chambre d'hôtel : il paraît que c'est la nourriture que préfèrent les villageois libérés. Déjà, place Tahrir, le Kentucky Fried Chicken était devenu pendant les dix-huit jours précédant la chute de Moubarak le traiteur de prédilection des révolutionnaires.

Nous montons en silence dans notre monospace avec Chamia et le passeur Khaled, le réalisateur et sa caméra, l'ingénieur du son et sa perche. Le chauffeur est de langue maternelle arabe et connaît parfaitement la région. Il s'est spécialisé dans le convoyage des équipes de journalistes du monde entier qui

viennent à Antioche pour couvrir la Syrie depuis une
année, abandonnant les lourds semi-remorques qu'il
conduisait auparavant de Dubaï jusqu'en Biélorussie,
activité moins lucrative et plus fatigante.

Nous dépassons Harbiyé et roulons vers le sud,
sur une route de crête d'où l'on distingue les collines syriennes dans la pâleur de l'aube, jusqu'à ce
qu'un point rouge grossissant très vite illumine la
terre et ensanglante le ciel, dans un éblouissement
qui m'oblige à détourner le regard.

Nous mettons pied à terre dans un hameau fes-
tonné de colliers de piments qui sèchent, d'où nous
prenons un chemin muletier à travers les vergers
foisonnant de pommes, bordé d'antiques mûriers
pour les vers à soie. Il y avait à l'Institut français de
Damas, en 1978, un grand mûrier dont les branches
entraient par une fenêtre. Les boursiers se gavaient
de ses fruits pour améliorer l'ordinaire.

Nous avançons en file indienne. Je marche devant
avec le passeur, qui nous intime le silence. On distingue les miradors de l'armée turque, quand nous
pénétrons dans une épinaie. Soudain, le trille d'un
oiseau inconnu retentit ; le passeur Khaled siffle sa
réponse en enfonçant deux doigts dans sa bouche.
Deux jeunes du village sortent des buissons. Ils vont
nous aider dans les barbelés, mais commencent par
nous délester des sacs en plastique pleins de provi-
sions. Khaled ferme la marche avec le réalisateur,
l'ingénieur du son et leurs *impedimenta*.

Des aboiements furieux retentissent au moment
où, à découvert, nous approchons de la route militaire de l'autre côté de laquelle se trouvent les

barbelés. Khaled se replie avec son groupe dans les épineux : les soldats turcs confisqueront le matériel, et arrêteront ceux qui le portent s'ils les voient.

Je me retrouve seul avec Chamia et les deux jeunes passeurs, qui nous prennent par le bras pour nous faire courir. Une patrouille de *jandarma* turcs nous intercepte, mitraillette à l'épaule, les chiens qui nous ont levés tenus en laisse. La frontière est à 50 mètres.

Ils autorisent les Syriens à traverser dans ce sens, mais l'interdisent aux étrangers. Ils sont interloqués par Chamia et moi, trop soignés par rapport aux passeurs, hâves et mal rasés, le visage cuit par le soleil, la chevelure en désordre, vêtus de *tee-shirts* en nylon, style maillots de foot à larges bandes. Nous pouvons difficilement être pris pour des paysans du cru. Pendant qu'un des gendarmes appelle du renfort sur son VHF, l'autre m'interroge :

Sız gazetecimisin ? Geçiniz yasaktır yabancılara ! *[Tu es journaliste, toi ? Il est interdit aux étrangers de passer !]*

Fidèle à une longue habitude face aux objurgations de l'autorité en Orient, je feins de ne pas comprendre, et réponds « *'arabi, 'arabi* » pour laisser accroire que je ne parle qu'arabe. Cela semble les déstabiliser un instant, que les passeurs mettent à profit pour les embobiner dans un sabir arabo-turc. Le gendarme doit avoir pensé en effet que nous étions des Syriens urbains, et s'adresse à nous en criant dans un anglais approximatif :

Not come back, you understand ? Never come back, forbidden ! *[Pas revenir, vous comprendre ? Pas revenir jamais, interdit !]*

Les passeurs se précipitent vers la frontière, nous entraînant, Chamia et moi, à travers la route dans une trouée où les barbelés ont été préalablement piétinés.

À peine sommes-nous de l'autre côté qu'une Jeep pleine de militaires s'arrête sur l'asphalte. Le jeune officier qui en descend comprend tout de suite que les lourdauds pandores ont été roulés. Il s'adresse immédiatement à moi en anglais :

You, come back here ! Stop, come back ! Don't go ! [*Vous, revenez ici ! Arrêtez-vous ! N'allez pas plus loin !*]

C'est trop tard, les passeurs nous ont entraînés dans les épineux. J'ai retrouvé la Syrie, tournant la porte close du vent.

Double ruine

Nous courons à perdre haleine dans les buissons. Une ronce s'accroche dans le voile de Chamia et le déchire en partie. J'aperçois quelques mèches de ses cheveux de jais. Elle est haletante, le visage perlé de sueur, et demande aux passeurs si l'on peut faire une halte. Nous nous asseyons à l'abri d'un rocher.

Pendant qu'elle rajuste son voile avec une épingle dorée sortie de son petit sac Chanel, elle me dit :

Cet officier qui a voulu nous arrêter, c'est un Alaouite turc. Il est avec Assad. Il déteste les révolutionnaires syriens. Mais Allah était avec nous : nous sommes passés !

Je ne suis pas trop sûr de la situation où nous nous trouvons, ni de la faveur d'Allah envers un impie. Je n'ai aucune idée de ce qui est arrivé au réalisateur et à l'ingénieur du son. Les deux passeurs sont peu loquaces et semblent aux aguets. Je ne pense pas que les Turcs nous poursuivent en territoire syrien, mais rien ne les en empêcherait s'il leur en prenait l'envie.

Je guette le ciel. La hantise des habitants des zones dont l'armée d'Assad s'est retirée est le bombardement, le *barmil* (baril) de TNT largué par un avion ou un hélicoptère pour punir la population civile de son appui à la rébellion. Et il reste dans la région des bases aux mains de l'armée, dont les canons à longue portée tirent parfois à l'aveuglette pour semer la terreur. Sans parler des mines.

Qu'est-ce que je suis venu faire dans cette galère ? Et les Turcs qui nous ont explicitement interdit de nous en retourner ! Me voici coincé en Syrie...

En levant les yeux, je me rends compte que nous avons fait halte au-delà des fourrés, en bordure d'un verger munificent de cognassiers. Les fruits sont énormes, la peau tomenteuse d'un jaune semblable à celui des chrysanthèmes de la Toussaint. Des coings, des coings partout, pour fêter mon retour en Syrie. J'adore en manger, mais c'est tout un art. Il y faut beaucoup de patience, car la cuisson doit être lente pour que ce soit savoureux.

Dans la précipitation des images qui se bousculent au rythme de mon cœur battant la chamade, je vois clignoter autour de moi une hallucination, les fruits qui m'entourent de leur lueur d'or. Ils pendent aux arbres comme à des chandeliers d'outre-tombe. Dans un état second, je vois Descoings, personnage balzacien guillotiné comme accapareur au début de *La*

Rabouilleuse « en compagnie d'André de Chénier ».
Se surimpose aussitôt feu Richard Descoings, le
directeur de Sciences-Po. En décembre 2010, le mois
même où Bouazizi s'immolait par le feu à Sidi Bouzid, il ferma les études arabes que j'y avais créées il
y a un quart de siècle. Priver un professeur de ses
cours, lui enlever ses étudiants, une sorte de mise
à mort.

Mais je suis de retour en Syrie, là où tout a commencé pour moi, et je vis ma résurrection. Je cueille
une cognasse sur un arbuste ensauvagé, au bord du
sentier, et la lance au loin, dans un fossé. Puis je
reprends la montée vers le village, le pied léger.

Après quelques kilomètres à fouler des vergers pro-
digues comme une anticipation du paradis de Mahomet, Chamia, ma houri voilée aux yeux noirs, est
épuisée. En lui donnant la main pour l'aider à gravir
la pente, je sens le battement de son pouls rapide.

Nous arrivons enfin à un chemin charretier. Nous
y attend le carrosse où faire une entrée triomphale
dans mon premier village syrien libéré : un vieux
tracteur rouillé qui pétarade, et qu'ont requis les
passeurs par téléphone. Nous prenons place, Chamia et moi, accroupis dans le godet. Les passeurs se
tiennent debout sur les marchepieds tels les laquais
d'un grand équipage.

Nous roulons un quart d'heure puis nous arrê-
tons. On nous fait descendre pour nous emmener
dans une orangeraie aux fruits encore verts. Je me
demande si nous nous mettons à l'abri en prévision
d'un bombardement, mais c'est une fausse alerte.
Sur le sol, des pampres taillés court sont chargés

de lourds raisins mordorés parmi les vrilles et les feuilles qui commencent à roussir aux couleurs de l'automne.

Les passeurs et le chauffeur du tracteur les cueillent et nous en font l'offrande pour nous souhaiter la bienvenue dans leur village. Je me rappelle à cet instant un distique grec relevé dans une ville morte de Syrie, sur un pressoir, que j'avais recopié dans mon article de jeunesse paru dans *L'Histoire* :

> *Ce lourd raisin, don de Bacchus,*
> *C'est le fruit de la vigne, nourri d'un chaud soleil.*

Ya marhaba ! Ya mît ahlên wa sahlên fi Kharbet al Jouz ! *[Bienvenue ! Soyez cent fois les bienvenus à Kharbet al-Jouz !]*

Les trois jeunes nous tendent leurs mains en coupe, débordantes de grappes qu'ils ont lavées à une petite fontaine de pierre. Le toponyme Kharbet al-Jouz (la double ruine) évoque sans doute des vestiges byzantins ainsi nommés dans le parler vernaculaire de populations qui ne comprenaient plus l'usage des bâtiments, à l'instar de Louxor, en Haute-Égypte, transcription de l'arabe *al-Qoussour* (les châteaux), qui désignait les gigantesques temples pharaoniques abandonnés. Des décombres antiques, il ne reste plus rien au village. En revanche, il est ravagé par les ruines toutes récentes de la guerre qui s'y est achevée il y a dix jours.

La Kharbet al-Jouz libre semble administrée par une sorte de conseil d'anciens, dont certains sont membres d'une fratrie nombreuse, probablement une famille de gros agriculteurs. L'un d'eux, vêtu d'un battle-dress bleu, a commandé l'offensive libératrice.

Nous sommes reçus dans une vaste demeure réquisitionnée, qui appartenait à l'homme le plus instruit
du village, ayant fait fortune en Arabie saoudite ;
mais c'était un agent du régime d'Assad, m'explique-
t-on, un baathiste, et il a fui la semaine passée avec
les soldats et les miliciens qu'il renseignait sur les
opposants, dénonçant « les bons musulmans qui
allaient régulièrement à la mosquée ».

Dans un grand potager, les mauvaises herbes commencent à pousser. Je suis invité à me rafraîchir
dans sa salle de bains. La robinetterie est dorée, et
la porcelaine, de mauvais goût, dispendieuse. J'utilise son linge de toilette avec un sentiment d'intrusion, presque obscène : sont encore à leur place les
brosses à dents, le dentifrice, les brosses à cheveux,
un rasoir. Malheur aux vaincus.

Une petite heure après mon arrivée, alors que je
bois le thé en écoutant les récits de l'occupation et
de la libération, l'équipe de tournage et le passeur
Khaled nous rejoignent. J'étais entré en contact
avec eux par téléphone, Khaled ne parlant qu'arabe,
et avais suivi à distance leurs déambulations, tandis qu'ils traversaient la frontière clandestinement
par un autre point, jusqu'à ce que l'on trouve une
camionnette pour aller les récupérer.

Le village porte des traces de combat à son principal carrefour, que domine une grande bâtisse surplombant les environs, et où les Forces spéciales
avaient installé leur quartier général. Un *checkpoint*
dont les bidons cimentés sont peints du drapeau
syrien officiel — bandes horizontales noire, blanche
et rouge — a été démantelé pour que les rares véhi-

cules puissent passer librement. Sur l'ancien QG aux fenêtres et aux murs criblés d'impacts de balles, le drapeau des insurgés flotte — la bande rouge a été remplacée par une bande verte.

Le carrefour est couvert des slogans peints par les « affreux » des Forces spéciales pour terroriser la population. On peut lire un « Brigades de la mort », accompagné d'une tête de mort maladroite et grimaçante, « La Syrie, Bachar et basta ! », « Personne d'autre que Bachar », « La Syrie d'Assad ».

Les Forces spéciales sont entrées à Kharbet al-Jouz le 23 juin 2011. Elles en ont été délogées le 6 octobre 2012, il y a dix jours exactement. L'occupation de cette position stratégique, située sur une éminence rocheuse, non loin de la frontière turque, d'où la vue s'étend loin à la ronde, avait pour objet de prévenir les infiltrations d'armes, de munitions et de fonds après le déclenchement de la révolution en Syrie, le 15 mars 2011.

Ce village sunnite, outre sa florissante agriculture, le revenu de l'huile jaillie de ses grasses olivaies à perte de vue, tirait une partie de ses ressources de la contrebande, et celle-ci représentait pour le régime un danger, dès lors qu'elle pouvait alimenter l'opposition. Plusieurs membres de l'une des familles les plus importantes avaient été condamnés à de lourdes peines de prison à partir des années 1980, soupçonnés d'appartenir aux Frères musulmans.

En sus de la surveillance de la frontière, l'investissement de Kharbet al-Jouz par l'armée était une sorte de dragonnade. Les soldats de ces unités d'élite, spécialisés dans la répression, et à forte composante alaouite, appuyés par les miliciens des *shabbiha* avaient pour mission de purger le village de ses opposants potentiels ou réels, en commençant par tous ceux qui étaient fichés par les redoutables *moukhabarat* (services secrets).

La perspective de l'arrestation, de la torture et des exécutions sommaires précipita dans l'exode toutes les familles dont l'un des membres pouvait être visé. Une majorité des habitants s'enfuirent en Turquie, dirigés vers le camp de Kilis, à une centaine de kilomètres au nord. Les autorités turques voulaient éviter de créer un abcès de fixation sur place.

L'aviation syrienne avait rapidement bombardé les forêts où les fugitifs avaient trouvé un asile temporaire sur la frontière, laissant de vastes espaces dévastés par le feu bien visibles depuis les hauteurs. C'est dans le camp de Kilis que s'organisa graduellement l'entraînement au maniement d'armes des villageois, réfugiés, tandis que, à Kharbet al-Jouz, les maisons des opposants et islamistes avérés ou supposés furent systématiquement ravagées, dynamitées ou brûlées, puis couvertes de slogans à la gloire de Bachar al-Assad.

L'une des imprécations les plus répandues dans la langue arabe, *Yakhreb baytak !* (que ta maison soit ruinée), est employée dans l'usage courant pour maudire quelqu'un sans plus référer spécifiquement à la destruction de son domicile. Elle utilise la même racine verbale *Kh-r-b* que l'on retrouve dans le toponyme de *Kharbet* al-Jouz. « Double ruine » pourrait être rebaptisée « multiple ruine » après les dragonnades des Forces spéciales.

Le chef de la brigade qui a reconquis le village, barbe et cheveux grisonnants, la cinquantaine, me fait visiter ce qui reste de sa maison calcinée. Les murs sont maculés de slogans à la peinture noire où l'on lit : *Bachar wa bess* (Bachar un point c'est tout) et *Souriya lil Assad* (la Syrie est à Assad).

Nous engageons une discussion :

> — *Je m'appelle Saleh Abdel Haq. Je suis le com-*
> *mandant de la brigade libre de Kharbet al-Jouz.*
> *Cette maison est notre maison, celle de mes frères*
> *et de ma famille. Nous avons soutenu la révolu-*
> *tion dès les premiers jours. Le régime l'a brûlée en*
> *représailles. Si vous voulez voir par vous-même,*
> *vous pouvez y aller.*
> *Là, ce sont les chambres. Nous sommes six*
> *frères. Merci à Allah, Seigneur des Mondes ! Nous*
> *resterons debout contre ce régime jusqu'à la vic-*
> *toire et la libération des Syriens. Merci à Allah !*
> — *Comment détruisaient-ils les maisons ?*
> — *Ils forçaient la porte, cassaient le sol, amas-*
> *saient les objets, les ustensiles, les jouets des*
> *enfants et les meubles au milieu des pièces, puis*
> *ils versaient dessus un produit inflammable. Après*
> *ils mettaient le feu, et même les murs brûlaient.*
> *La maison a été totalement détruite. Bachar est*
> *un boucher, au vrai sens du terme.*
> *Nous voulons des actes, pas des paroles ! Depuis*
> *deux ans, nous n'entendons que des paroles qui*
> *condamnent Bachar al-Assad. Qu'allez-vous faire*
> *de lui ? Regardez ce qu'il fait de nous, Bachar al-*
> *Assad ! Regardez ! Je vous le jure, j'ai une boule*
> *dans le cœur. Ma maison et celles de mes frères*
> *logeaient soixante-dix personnes, des femmes, des*
> *enfants, des adolescents. Où irons-nous avec eux ?*

❖

Les habitants de Kharbet al-Jouz sont fiers d'avoir
libéré par eux-mêmes leur village. Ils se sont préparés dans le camp de Kilis et ont constitué une partie

de la force qui a donné l'assaut il y a dix jours. Les vidéos qui circulent sur les sites de partage montrent que l'essentiel de l'offensive militaire a été mené par les brigades d'*Ansar al-Cham* (les partisans de la Syrie). Ce mouvement salafiste djihadiste lourdement armé fait partie du Front islamique syrien et reçoit des dotations importantes de députés salafistes koweïtiens. Si tous les combattants ne se réclament pas de la doctrine salafiste, les chefs, eux, y font clairement allégeance.

J'accompagne les paysans dans une olivaie en lisière du village, surplombant la vallée d'où est montée une des colonnes d'assaillants. On voit encore les trous creusés par les soldats assiégés dans la terre meuble pour leurs positions de tir, et que les fortes pluies de la semaine dernière ont déjà en partie comblés.

Une pièce d'artillerie située dans un village voisin, que l'on distingue nettement à quelques kilomètres, et qui est toujours tenue à ce jour par les forces du régime, a envoyé des obus pour prendre les assaillants à revers. Mal ajustés, ils ont bien éventré quelques maisons, mais trop tard, au moment où les soldats s'enfuyaient.

Les combattants se rassemblent pour rejouer l'assaut final derrière une butte au milieu des oliviers, face à la caméra. Ils ont des trognes et des mains calleuses de paysans ; tous se sont laissé pousser la barbe. Dans la tradition musulmane, on part au djihad barbu, pour augmenter la frayeur de l'ennemi. Il est même licite de la teindre en noir ou de la passer au henné à cette fin selon les enseignements du Prophète.

La barbe était interdite ou très mal vue sous l'ancien régime, car elle connotait l'appartenance aux

Frères musulmans, passible de la peine de mort. Son ostentation est aussi une manière de rompre avec le *look* baathiste, caractérisé par le port de la moustache, joues glabres. Chaque fois que j'ai posé la question, on m'a répondu en riant que manquait le temps pour se raser : il ne faut pas qu'un Occidental puisse penser qu'il a affaire à des islamistes, afin de ne pas s'aliéner son soutien.

Les villageois brandissent un armement hétéroclite où dominent les kalachnikovs, les fusils et les pistolets, mais où l'on distingue un lance-roquettes et des mitrailleuses. Je demande :

— *Comment s'est déroulée la libération de Kharbet al-Jouz ?*

— *Au nom d'Allah le Miséricordieux, Plein de miséricorde. Que la miséricorde d'Allah soit sur l'âme de nos martyrs. Nous prions Allah pour la guérison des blessés, pour la libération de nos prisonniers. Je suis Abdou Abdel Haq frère de Saleh Abdel Haq, commandant adjoint.*

Nous avons encerclé le village par trois côtés, le nord, l'est et le sud, et avons accroché l'armée dans une situation très difficile. Mais nous étions capables, grâce à notre détermination et notre force, d'affronter une armée quelle que soit sa puissance pour libérer notre village et pour mettre fin à l'oppression [zulm] dont nous souffrions. Grâce à Allah, à notre détermination et à la force des jeunes, nous avons libéré le village de l'armée de Bachar al-Assad. Si Allah le veut, nous continuerons à nous battre jusqu'à la dernière goutte de notre sang et jusqu'à la chute du régime.

Nous avons gravi le sentier de montagne que vous avez pris pour monter au village. Nous avions planifié l'attaque à partir de trois axes. Le premier bataillon est arrivé côté nord. Le commandant de ce bataillon était Saleh Abdel Haq, Abou Abdallah. Un deuxième bataillon est arrivé du côté sud, dont j'étais moi-même, Abdou Abdel Haq, le chef. Un troisième bataillon est arrivé du côté est. Il était commandé par une personne qui s'est jointe à nous [un officier déserteur que l'on voit lire une déclaration sur les vidéos des sites de partage, et qui a été tué par la suite].

Lorsque nous nous sommes approchés, nous avons été surpris de trouver des soldats déployés autour des terres agricoles. Nous pensions seulement les attaquer dans leurs bâtiments. Nous avons pu les neutraliser, grâce à Allah, en moins d'une heure. Puis nous sommes entrés dans le village et nous avons mené une bataille de rue contre eux.

Les trois bataillons ont avancé en même temps, et nous les avons encerclés dans le bâtiment qui leur servait de QG et où ils s'étaient réfugiés. Trois jeunes sont tombés en martyrs. Deux ont été tués par des snipers. *Le troisième est mort à 15 mètres du bâtiment que nous avons encerclé. Grâce à Allah et à notre détermination, et malgré nos munitions limitées, nous les avons assiégés. Nous avons laissé une ouverture pour qu'ils s'enfuient. Et c'est ce qu'ils ont fait. Ils sont partis vers le nord. Nous les avons poursuivis. Nous en avons capturé quelques-uns et tué d'autres.*

Les vidéos des sites de partage, siglées d'*Ansar al-Cham*, montrent les cadavres des soldats d'Assad, des hommes jeunes, glabres, que l'on a déjà dépouillés de leurs brodequins. Tandis que la caméra zoome sur leurs visages ensanglantés, une voix *off* dit : « *Kilab al-Assad* » (les chiens d'Assad).

Je m'enquiers s'il y a eu des militaires déserteurs parmi les assaillants. Un des combattants me répond :

> *Au nom d'Allah le Miséricordieux, Plein de miséricorde, je suis le sergent déserteur Mohamed Sarwat Faidou, originaire de Kharbet al-Jouz, membre de sa brigade libre. Grâce à Allah, nous avons pu libérer le village des milices criminelles de Bachar al-Assad.*
>
> *Je servais dans le premier régiment sur la route d'As-Suwayda [chef-lieu de la montagne druze]. On est partis en mission dans la ville de Deraa [près de la frontière jordanienne, où les premiers incidents ont eu lieu le 18 mars 2011]. Il y avait des manifestations pacifiques. L'officier m'a ordonné de leur tirer dessus. J'ai refusé. J'étais sergent et commandais dix soldats.*
>
> *L'officier m'a menacé. Il m'a dit que si je refusais d'exécuter l'ordre, il allait me tuer. Je lui ai demandé : « Qui tuerais-je ? Ces gens sont mes frères. Je suis musulman et eux aussi. Vous voulez que je les tue ? » Il m'a rétorqué : « Je te donne un ordre militaire. » J'ai répondu : « Je sers ce pays, mais pas pour tuer les gens. » Sous l'intensité de la torture et des menaces que j'ai subies, j'ai décidé de déserter l'armée. Grâce à Allah, j'ai réussi à le faire.*

Un jeune homme sort des rangs pour relater une autre expérience :

> — *Au nom d'Allah le Miséricordieux, Plein de miséricorde. Que la miséricorde d'Allah soit sur*

les âmes des martyrs. À cause de l'oppression que nous subissions des milices de Bachar al-Assad, j'ai quitté la fac et j'ai rejoint la brigade libre de mon village de Kharbet al-Jouz. Je me battrai pour tomber en martyr ou pour la victoire. Nous continuerons à nous battre pour Allah jusqu'à la dernière goutte de notre sang.

— *Vous étiez étudiant et n'aviez donc pas de formation militaire. Comment avez-vous appris à vous battre ?*

— *J'ai rejoint la brigade libre de Kharbet al-Jouz. Nous sommes restés sur la frontière turco-syrienne pendant un an et demi. Grâce à Allah, aux jeunes et au commandant de la brigade Saleh Abdel Haq j'ai appris à manier les armes. Je n'ai pas de formation militaire. Je suis un civil. Grâce à Allah, j'ai rejoint la brigade et j'ai appris l'usage des armes. J'utilise aujourd'hui les armes que j'ai appris à manier.*

— *Comment vous êtes-vous procuré l'armement hétéroclite que vous arborez ?*

— *Au nom d'Allah le Miséricordieux, Plein de miséricorde, je suis le moudjahid Mohamed Abdel Haq, frère de Saleh et Abdou. Nous avons amassé ces armes grâce à l'argent provenant des bijoux en or de nos femmes et de ceux parmi nous qui travaillent. 90 % de ces armes proviennent de nos fonds propres et 10 % ont été pris comme butin sur l'armée syrienne.*

« *Nous comptons sur Allah. Si Allah le veut, la victoire est proche. Si quelqu'un possédait un bracelet en or, une somme d'argent de 100 000 ou de 50 000 livres syriennes [10 000 à 5 000 euros], il achetait lui-même un fusil et rejoignait la brigade.*

Les combattants tirent en l'air et scandent :

> *Vive la Syrie libre et fière ! Vive la Syrie libre*
> *et fière ! Allah est le plus grand ! Qu'Allah salue*
> *l'Armée libre ! Qu'Allah salue l'Armée libre ! Notre*
> *guide, [le prophète] Mahomet, notre guide pour*
> *toujours ! Notre guide Mahomet, notre guide pour*
> *toujours.*

✧

Je visite la grande villa qu'avaient réquisitionnée les soldats pour en faire leur QG, au centre du
village. Son propriétaire nous accompagne. Elle
pourrait être encore utilisable après un nettoyage
complet, mais il veut la détruire et la reconstruire,
car elle a été irrémédiablement souillée.

La cave et les resserres contiennent de minuscules
cachots où étaient enfermés et battus les prisonniers.
Les soldats ont fui durant l'assaut, et ils ont tout
laissé sur place, sans rien effacer des traces de leur
passage. Les habitants n'ont touché à rien. Deux
fouets de cuir, comme des nerfs de bœuf lestés de
plomb avec du chatterton, qu'on nomme *courbaj* en
arabe, sont restés à même le sol. Un des villageois
s'en empare et l'essaye sur sa main puis me le tend.
Je fais de même. Même l'impact d'un coup léger est
douloureux comme une morsure.

Dans les étages et sur les terrasses, les fenêtres ont
été obstruées pour faire des meurtrières, et le sol est
jonché de douilles, mais pas en très grande quantité.
La résistance n'a pas dû durer très longtemps. J'ai
entendu des récits contradictoires. Selon l'un, les
officiers alaouites et les *shabbiha* seraient partis dès
avant l'assaut, abandonnant soldats et sous-officiers

pour couvrir leur retraite, lesquels auraient profité de l'ouverture laissée par les combattants, soucieux d'économiser leurs rares munitions, pour s'échapper à leur tour. Toutes ces douilles par terre me rappellent le sol aux environs de Syrte où le convoi de Kadhafi en fuite a été stoppé par un missile.

Une salle au rez-de-chaussée devait servir de chambrée aux soldats. Des monceaux de couvertures et de tenues militaires jonchent le sol. Des magazines illustrés aux pages racornies, et des sous-vêtements qui n'en finissent plus de sécher sur une corde. Des bouteilles d'eau en plastique sont entassées dans un coin.

Cette fois, c'est la prison abandonnée d'Abou Salim, à Tripoli de Libye, que m'évoque cette pièce à l'ambiance étouffante. Les murs sont couverts de graffitis — ils n'ont pas la beauté de ceux du peintre Mohamed Bellamine. Ils répètent à l'infini des slogans obsessionnels qui témoignent du lavage de cerveau auquel étaient soumis les soldats des Forces spéciales :

> *On nique la mère de tous ceux qui parient sur la chute du régime en Syrie / Forces spéciales, Lionceaux d'Assad* [Assad signifie « lion »] / *Une* oumma *dont le Guide est Bachar al-Assad ne s'agenouillera pas / Les soldats d'Assad / Bachar al-Assad / Les boucliers d'Assad, héros de la bataille / Les monstres de la terre / Le commando de la brigade de l'enfer / Bachar al Assad [le lion], le roi de la forêt syrienne...*

Un personnage est maladroitement croqué, yeux exorbités, grosse moustache. Je demande au sergent déserteur qui m'accompagne :

— *Avez-vous une idée de ce que représente ce dessin ?*

— *C'est un Alaouite. Ils ont inscrit ici « Ali, Alaouite ». C'est un soldat qui était ici : Abou Ahmed Rami al-Moussafeh [le cuirassier]. Ils ont dessiné un homme qui a l'apparence d'un Alaouite, avec une moustache, comme un* shabbiha *[milicien]. Au-dessus du dessin, ils ont écrit :* Abou Arab, Shabbih *[l'Arabe, c'est un milicien]. Ce sont des inscriptions insensées ! Ici, il est question de trahison : « La trahison t'entoure, ô père des Assad, tu ne connais que trahison. »*

« Voici par terre l'écusson des Forces spéciales. On le coud sur la manche gauche de l'uniforme. Ce sont les premiers à aller sur le terrain. J'en faisais partie, comme sergent, avant de déserter. Ils nous donnaient des ordres, comme de brûler des maisons, égorger des gens ou tirer à la mitrailleuse.

✧

Je monte à l'étage et ouvre une autre chambre, où il y a moins d'habits et de couvertures, mais toujours des sous-vêtements roidis de poussière accrochés à un clou. Je note un manga en anglais avec un marque-page, sans doute un militaire plus éduqué, peut-être un jeune officier. Est-il mort, lui aussi ? Qui a-t-il fait torturer ou tuer par ses hommes ? Quelles maisons a-t-il fait incendier ?

Des affaires de toilette sont mélangées par terre : brosse à dents, dentifrice, peigne, rasoir et savon à barbe. Des boîtes de médicaments sont ouvertes : fabriqués sous licence à Homs, ce sont des crèmes dermatologiques contre les infections cutanées et des somnifères. Dans un coin, un bout de matelas en mousse, dessiné avec talent, montre, au feutre noir, le visage d'une jolie fille brune, peut-être inspirée par le manga. Au-dessus du dessin est écrit *I love you*, et au-dessous, en arabe, *Ana ouhibbek* (je t'aime). Elle me rappelle un peu la Chamia d'antan.

Tout autour, un jeu de cartes est éparpillé. La carte indiquant la marque des levées de bridge est rédigée en français. Je la fourre dans ma poche, et je m'en vais, le cœur dans la gorge.

Mont Calvaire

Je suis conduit sur un mont appelé Daymouss, près du village. Nous prenons un *pick-up* sans plaque d'immatriculation, où a été bombée à la peinture l'inscription « Les hommes libres de Kharbet al-Jouz ». Sur la route, des tanks abandonnés par l'armée d'Assad dans sa fuite.

Au sommet du piton se dresse une espèce de donjon moderne, sans doute à l'emplacement d'un ancien beffroi byzantin pour le guet. En s'approchant, on comprend qu'il s'agit d'une tour de surveillance des incendies : de grandes forêts s'étendent vers la frontière turque, dont beaucoup ont été brûlées depuis le début de la guerre. Elle a servi de poste militaire et a été prise il y a dix jours, en même temps que le village.

On y monte par un chemin escarpé, sinueux — l'un des côtés reste sous le feu des batteries encore contrôlées par l'armée du régime et l'on se hâte pour ne pas offrir de cible aux artilleurs d'en face. Sur une terrasse, le sol est meuble, c'est là qu'on a enseveli les soldats tués pendant l'assaut, sépulcre improvisé de ce mont Calvaire.

Les images des assauts de la tour montrent le déluge de fer des roquettes tirées par les brigades d'*Ansar al-Cham*. On voit aussi les étages investis l'un après l'autre par les insurgés qui brandissent leurs armes et font flotter leur drapeau en criant : « Vive la Syrie libre ! *Allah Akbar !* » Sur un mur, les soldats du régime avaient écrit à la peinture : « Brigades spéciales — Soldats de Bachar al-Assad ».

La caméra s'attarde sur les cadavres qui jonchent le sol : ils sont plus d'une dizaine. Là aussi, en chaussettes. La voix *off* lit le slogan peint sur le mur sur un ton ironique, puis interpelle Bachar al-Assad :

> *Regarde, Bachar, tes Forces spéciales ! Regarde-les tes soldats : les chiens d'Assad ! les rats* [jurzan] *d'al-Assad !*

Le sol est couvert de flaques de sang vermillon qui luisent sous le soleil.

Pour une fois, personne ne précise que l'inhumation a eu lieu « selon le rite musulman ». Peut-être les morts étaient-ils des Alaouites qui ont été mis dans une fosse commune, sans sacrements, comme des impies, réduits à l'animalité, dans un pur souci de prophylaxie à cause de la décomposition des cadavres.

À la fin des années 1980, j'avais rencontré, dans la salle de prière d'une cité HLM de Sartrouville, un converti à l'islam, retour du djihad en Afghanistan, qui endoctrinait des enfants d'immigrés maghrébins pour qu'ils reviennent à la pratique religieuse. Il leur racontait que, sur le champ de bataille, « les macchabées des soldats russes gonflaient tout de suite et puaient la charogne, alors que les corps des martyrs musulmans ne se corrompaient pas et embaumaient le musc ».

En gravissant la pente raide de ce mont, je me rappelle soudain mon dernier retour à Qalaat al-Madiq, l'ascension abrupte du tell pour parvenir au village perché sur l'antique acropole d'Apamée, il doit y avoir une dizaine d'années. La magie du lieu s'était dissipée tout d'un coup. Les buissons qui poussaient dans la caillasse étaient jonchés de sacs en plastique vides accrochés là au gré du vent, et des ordures se consumaient en dégageant une odeur âcre de plastique brûlé.

Dans le village, n'ayant croisé que des regards peu amènes, je n'avais pas osé demander des nouvelles de la famille qui m'avait hébergé en 1974. Je n'avais plus vu nulle part les chapiteaux corinthiens qui servaient de piétement et de tabourets, peut-être récupérés par des trafiquants d'antiquités pour les vendre dans des galeries branchées de Beyrouth. Tout s'était bétonné, et les femmes portaient désormais un voile strict, fuyant l'étranger.

Parmi les vieilles qui passaient comme des ombres dans les ruelles, lesquelles avaient tiédi l'eau de mon bain un jour de leur jeunesse, échangeant des clins d'œil complices avec le voyageur qui apportait des photographies ? Je n'avais pas eu envie de poser la question, ni de m'attarder, et j'étais reparti vers la colonnade de la cité antique.

Mes amis d'antan et leurs chevaux avaient disparu. Un barbu en survêtement m'avait proposé de parcourir le *cardo* sur sa vieille mobylette, pour un prix « touristique » — bien qu'il n'y eût aucun étranger à l'horizon. J'ai encore en mémoire le tape-cul de ce tour sur les pavés disjoints, et les taches d'huile de vidange et traces de pneus qui souillaient le marbre antique de la voie royale des Séleucides.

Mais le génie du lieu s'était timidement manifesté : mon téléphone portable — cette invention diabolique qui n'existait pas dans l'ère de l'innocence des années 1970 — avait sonné inopinément pour m'annoncer depuis Paris que j'avais été élu professeur titulaire d'une chaire d'études du Moyen-Orient.

✧

Dans les premiers mois de 2012, Qalaat al-Madiq, situé dans le pourtour immédiat de la montagne alaouite, qui lui fournissait autrefois ses serfs, a été le lieu d'une féroce bataille et de massacres entre les sunnites de l'armée libre issus du village et les troupes du régime, appuyées par les *shabbiha*, les miliciens alaouites sans doute venus des hameaux proches et animés d'un esprit séculaire de vengeance.

Des vidéos confuses ont circulé sur les sites de partage. On y voit distinctement des tranchées, des pièces d'artillerie qui ont éventré la localité antique, peut-être les chenilles d'un tank ont-elles pulvérisé la voie séleucide bimillénaire, et renversé de nouveau la colonnade.

Mais cette Syrie des vidéoclips de la guerre civile est d'abord une litanie de cadavres ensanglantés, d'exécutions sommaires, de corps aux chairs livides dont on déchire les habits, ici pour extraire du ventre d'un blessé qui hurle une balle qui lui a fait un trou d'où sourd le sang, là pour exhiber le corps d'un *shabbiha* mort dont le torse s'orne d'un tatouage maladroit où l'on lit « La Syrie d'Assad », là encore une théorie de martyrs, dans leur linceul vert, alignés comme des sardines sur la plate-forme de deux *pick-up*, sur lesquels on a disposé des pampres de vigne avant de les inhumer, là des commandos en embuscade qui lancent des grenades sur des positions adverses et les mitraillent, ici un individu que l'on ensevelit vivant au milieu de ses cris de merci en lui lançant des pelletées de terre dans la bouche, là des combattants salafistes qui partent à l'assaut en embrassant le Coran, tous barbus, le front ceint d'un bandeau vert où est écrit en calligraphie arabe « Il n'est d'autre Dieu qu'Allah et Mahomet est Son Envoyé », ailleurs une jeune femme — non voilée — alaouite, les cheveux noirs rassemblés par un catogan, qui « avoue » être une informatrice du régime, ici des avions qui piquent et des hélicoptères qui tournoient, lançant des missiles, larguant un baril de TNT, que des jeunes montrent, vidé, à la caméra, après l'avoir traîné dans un champ, là un paysage apocalyptique de villes et de villages hideux de parpaings hérissés de fers à béton, criblés d'impacts de balles, d'obus, de shrapnells, noyés dans la fumée des gaz asphyxiants ou des incendies, cités fantômes où se massacrent des spectres harnachés d'une panoplie guerrière...

Je prends sur le sol une casquette de tenue camouflage. Elle dégage un fort relent de cuir chevelu et est trouée de deux balles. Celui qui la portait n'a pas dû en réchapper, et son cadavre a sans doute été enseveli dans la fosse commune en contrebas. Lequel était-ce, parmi des soldats dont les cadavres gisaient devant la tour sur la vidéo d'*Ansar al-Cham* ? Il ne reste plus de lui que cette odeur persistante qui a imprégné le tissu et demeure pour tout solde d'une vie sacrifiée pour le régime. Je regarde l'étiquette, la casquette a été fabriquée à Damas par les établissements al-Wassim (tel : 2321240), au souk al-Khaja, qui abrite les tailleurs militaires. Taille 60, la mienne.

Et j'ignore ce qu'il est advenu de mes hôtes de cet été 1974 à Qalaat al-Madiq. Sont-ils morts ou vivants, blessés ou prisonniers, vainqueurs ou vaincus, martyrs ou triomphants de cette tribulation qui est venue, les cent mille morts annoncés, ce calvaire de Syrie, cette incoercible *Passion arabe* ?

PASSION EN KABYLIE

13 septembre 2014. Au-delà de Tizi Ouzou, la route s'engage dans la montagne, laissant sur la gauche le lac de barrage de Taksebt, qui alimente Alger en eau potable. Son nom kabyle typique a été gravé en lettres arabes monumentales sur l'ouvrage d'art. L'État algérien modernisateur a signé son emprise par cette arabisation exclusive, occultant du même coup l'histoire berbère du Djurdjura et son passé français colonial. Après le lac, la beauté de la ligne de crête me coupe le souffle, évocation du Mercantour arpenté dans ma jeunesse, mais le massif paraît plus rare, inaccessible, et le vacillement de l'air matinal semble mystérieux. Les plantes, la couleur de la terre, des pierres sont familières, les bouffées de parfums végétaux entrant par la fenêtre entrouverte créent une troublante intimité, me renvoient à mon enfance au piémont des Alpes Maritimes. Mais en laissant traîner mes yeux sur le bas-côté, je n'aperçois qu'un long jonchement d'ordures, de canettes de bière verdâtres jetées par les automobilistes, d'emballages divers jaunis par le soleil, et de sacs en plastique multicolores accrochés aux branches et aux épineux.

Au dernier barrage de gendarmerie, après les chevaux de frise et le blindé léger, j'entame l'ultime ascension vers Taourirt Mimoun, le village natal du regretté Mohammed Arkoun. Je vais le visiter pour comprendre d'où vint le savant méconnu qui fut mon professeur et dont je publie la biographie par sa fille. Décédé à Paris à l'automne 2010 et inhumé au Maroc, cet érudit exceptionnel avait voulu penser l'« humanisme de l'islam » dont il avait relu les grands auteurs depuis la période fondatrice. Cela lui avait valu la haine des islamistes, et en 1985, dans un colloque organisé à Bougie, la ville portuaire de sa Kabylie natale, il avait dû quitter la salle sous les huées des barbus incités par un Frère musulman égyptien, le cheikh Ghazali. Professeur à la Sorbonne, il avait plaidé en vain pour créer en France un Institut d'étude de l'Islam. Arkoun nous manque d'autant plus aujourd'hui que c'est dans son œuvre exigeante que l'on trouvera sans doute un jour le vaccin contre la pandémie jihadiste qui se répand sur toute la planète.

Mon compagnon de voyage — ami diplomate à qui nous devons l'escorte armée qui nous précède dans une voiture banalisée — m'indique la bifurcation pour le douar d'Ouacif, situé à quelques kilomètres. Le panneau est directement hérité de l'administration des ponts et chaussées de l'époque coloniale — identique à ceux de l'Hexagone d'aujourd'hui à ceci près qu'il est bilingue arabe-français. Cette commune est connue pour abriter un maquis islamiste qui y végète au sein d'une épaisse forêt depuis la décennie sanglante de la guerre civile, dans les années 1990. Après l'éradication des GIA (Groupes islamistes armés) et autre Groupe salafiste pour la prédication et le combat, ce maquis a fait allé-

geance à la franchise nord-africaine du réseau jihadiste mondial de Ben Laden et Zawahiri — Al-Qaida
au Maghreb islamique, plus connue sous son acronyme d'AQMI. Mais Al-Qaida est désormais en perte
de vitesse, son business-model terroriste périclite.
Maintenant c'est Daesh, l'État islamique (autoproclamé) en Irak et au Levant, qui horrifie ou exalte
téléspectateurs et internautes, passe en boucle sur
les chaînes d'information en continu et explose les
compteurs des sites de partage vidéo dans le monde
entier grâce aux égorgements d'otages occidentaux
qu'il met en ligne. La rumeur court sur le Web que
le maquis d'Ouacif et son chef, Abdelmalek Gouri,
un quadragénaire qui a participé à toutes les équi-
pées sanglantes de l'islamisme radical maghrébin,
auraient tout récemment dénoncé la « déviance »
d'AQMI pour se rapprocher des nouveaux jiha-
distes stars de Facebook et YouTube, personnifiés
par l'avatar Abou Bakr al-Baghdadi. Ce dernier s'est
autoproclamé calife sous le nom d'Ibrahim par une
vidéo tournée à la mosquée de Mossoul en Irak ce
29 juin, au début du Ramadan — moqué par ses
adversaires qui le surnomment « le calife twitter ».

Au sortir du barrage de gendarmerie une énorme
Land Rover avec cinq passagers aux cheveux ras se
colle à nous. Je m'en inquiète en souvenir de tra-
quenards évités de justesse dans moult pays arabes,
mais le chauffeur me signale que l'escorte a simplement été renforcée, nous entrons dans une zone
sensible, cette portion de route a la réputation d'être
un coupe-gorge. Est-ce la splendeur des montagnes
boisées, l'impression de me retrouver dans mon élé-
ment ? ces souvenirs d'enfance me donnent un sentiment fallacieux de sécurité. Nous arrivons en vue du
village : les guerres incessantes entre clans et tribus

dans la montagne kabyle ont juché jusqu'à nos jours
l'habitat au sommet des crêtes. Il en allait de même
au temps jadis dans l'arrière-pays niçois où la crainte
des raids sarrasins rassemblait les maisons sur les
pitons abrupts et fortifiés éloignés des côtes. Mais
de ce côté-ci de la Méditerranée, les violences de la
guerre d'indépendance, puis celles de la guerre civile,
la persistance du banditisme entremêlé au jihad
concentrent encore la population dans les bourgs
plantés sur les éminences rocheuses. Je n'aperçois
aucune demeure isolée dans ces lieux sauvages où
l'on ne s'aventure plus après la tombée du jour.

Nous parvenons au col qui mène à Taourirt
Mimoun, le moteur peine tant la pente est raide.
Contrairement au reste du pays, où les panneaux
indicateurs sont tous bilingues français-arabe, je ne
vois plus rien d'écrit dans cette langue-ci depuis le
dernier barrage et le renforcement massif de notre
escorte, comme si nous avions passé une sorte de
frontière. Parfois, l'arabe a été barbouillé de noir,
comme le FLNC s'y amuse pour les toponymes français sur la signalétique routière de l'île de Beauté.
Ici, un panneau a été repeint à neuf en blanc puis
rédigé à nouveau en lettres noires : à la place de
l'arabe, les noms de lieux sont transcrits en carac-
tères latins qui reproduisent la prononciation kabyle
standardisée : Tizi Wezzu / Tizi Ouzou. À l'approche
des premières maisons, à un rond-point, on tourne
autour d'une statue en imitation bronze, qui semble
neuve et représente un maquisard grandeur nature
en tenue de combat. C'est le colonel Amirouche, l'ancien chef de la Wilaya III — la Kabylie — durant la
guerre d'indépendance. Ce héros est autant adulé
pour son courage que controversé pour sa cruauté
envers ses hommes, torturés à mort car soupçonnés

d'espionnage lors de l'affaire de la « Bleuite » montée par les services spéciaux du colonel Godard. Cette manipulation, qui consistait à libérer des prisonniers du FLN qui remontaient ensuite au maquis, avait fait craindre à Amirouche que ses rangs ne fussent infiltrés par des agents retournés. Les purges sanglantes qu'il ordonna décimèrent les intellectuels, en particulier, et devaient favoriser les plus bellicistes, qui donnèrent un cours radical à la lutte pour l'indépendance.

Il fut tué par l'armée française en 1959 ; par la suite, après la création de la République algérienne, sa dépouille aurait été cachée, sous la présidence du colonel Boumediene, originaire de l'ouest du pays et qui n'aimait pas ce maquisard trop marqué par sa berbérité. C'est pourquoi son nom gravé en kabyle exclusivement sur le socle de la statue vaut, en ces lieux, sacralisation : je lis *AMIRUC AT HEMMUDA* (Amirouche Aït Hammouda). Au-dessous sont rédigés ces quatre mots dans un cartouche, que seuls peuvent comprendre les berbérophones : *TAMURT TECFA YEF ARRAWIS* (« La nation se souvient de ses enfants »). Mais le terme *tamurt* est un vieux mot berbère qui désigne le *Heimat*, la patrie comme terre des ancêtres. Est-ce la nation au sens de l'Algérie tout entière, ou la nation kabyle, ou l'oumma islamique, ou encore un mixte entre les deux premières, ou entre les trois ? De ces identités qui se mélangent et se déchirent, de ces non-dits et de ces occultations, l'Algérie n'a pas fini de payer le prix sanglant. La statue a été inaugurée ce 29 mars pour commémorer le cinquante-cinquième anniversaire de la mort d'Amirouche au champ d'honneur. Il avait commandé dès décembre 1954 son premier maquis à Ouacif, plus bas sur la route, là où nous avons bifurqué, dans ce douar où sévit aujourd'hui le jihadiste Abdelmalek Gouri qui aurait donc, selon la rumeur du Web, fait allégeance à Daesh.

À la mi-août vient de se tenir sur la placette autour de la statue la onzième fête annuelle du bijou. La tribu des Beni Yenni — At Yenni en kabyle —, qui a donné son nom au douar dont Taourirt Mimoun est le chef-lieu, avait la réputation de réaliser les plus belles parures de l'Algérie, en corail enchâssé d'argent. Amirouche lui-même, avant de rejoindre le maquis, sertissait et vendait les fameux bijoux d'At Yenni dans la lointaine Relizane, en Oranie. Las ! Le prix du corail est devenu prohibitif, et les élégantes kabyles n'ont plus le goût de cette joaillerie qui leur semble trop rustique et vieillotte, quand elle ne leur évoque pas la terrible soumission des femmes à la coutume ancestrale — qu'avait dénoncée Arkoun par une fameuse conférence en 1952, au village, suscitant l'ire de son chef tribal, le redoutable vieillard Da Salem Mammeri. Il y a deux ans, on a même dû surseoir à cette fiesta folklorique qui n'attirait plus les bijoutiers ni les chalands — question de goût, et on réfléchissait à deux fois avant de s'aventurer sur la route coupe-gorge de la montagne, à en croire le journal local, *La Dépêche de Kabylie*. Elle a été relancée depuis 2013 grâce à des subventions publiques, pour animer la saison d'été, les enfants d'immigrés s'ennuyant ferme durant les vacances au bled.

La tradition orale de Taourirt Mimoun veut que cette appétence pour la joaillerie, surprenante dans ces montagnes perchées, loin de la mer pourvoyeuse de corail, sans mine d'argent à proximité et à l'écart des voies du grand commerce, soit venue de bijoutiers juifs chassés d'Espagne pendant l'Inquisition et réfugiés auprès des At Yenni pour des raisons inconnues. De la placette on distingue nettement, sur les crêtes vertigineuses du Djurdjura, à l'aplomb de la vallée qui l'en sépare, un insolite rocher sculpté comme une main aux doigts repliés, vaguement crochus. Il n'en a pas fallu davantage à l'antisémitisme bon teint des colons français pour surnommer « la main du juif » cette singulière pierre dressée qui se serait figée pour l'éternité en serrant dans un ultime spasme cupide quelques joyaux. Mais personne ne m'a éclairé sur l'entrecroisement possible de ces deux légendes juives.

Tandis que nous descendons de voiture pour gravir les étroites venelles du village, nous cédons le passage à une foule silencieuse d'une centaine d'hommes, précédés par le martèlement sourd de leurs pas, qui procèdent rapidement. C'est l'enterrement d'un mort de grande lignée, issu des « gens d'en haut » ; son cadavre enveloppé dans un linceul est porté sur une civière. L'islam prohibe les cercueils et exige que l'inhumation advienne le jour du décès, avant le coucher du soleil. Comme le veut la tradition, on convie ces étrangers, dont la venue a été annoncée et dont la forte escorte souligne la notabilité, à se joindre au cortège funèbre : les kalachnikovs ont été remisées dans les véhicules car nous nous trouvons, dans l'enceinte bâtie, sous la protection de la tribu qui nous accorde l'hospitalité. Nous rebroussons chemin pour emboîter le pas aux hommes endeuillés jusqu'au cimetière, en compagnie du frère cadet de Mohammed Arkoun, Ameur, jeune retraité dont la ressemblance avec feu son aîné est saisissante — il sera notre initiateur et guide à travers les rites mémoriels complexes de cette journée à Taourirt Mimoun.

On s'arrête sur un morceau d'asphalte à côté d'un

vaste carré d'herbes sèches parsemé de plaques tombales — certaines n'ont pas même d'inscription en arabe, simplement le nom du défunt en kabyle ou en français, les dates de naissance et de mort, précédés de « ci-gît » et non de la formule arabe et islamique consacrée : *houwa-l baqi*. Les proches du défunt font cercle autour du corps emmailloté dans la civière posée à même le sol, échangent des salutations à mi-voix dans un mélange de kabyle, de français et d'arabe dialectal algérien fortement berbérisé — dont les significations m'échappent. Je remarque le contenu d'un sac de ciment vidé en un cône gris sur l'asphalte, à côté d'un tas de sable brunâtre où est fichée une pelle, et un amoncellement de seaux et de couffins. Un grand gaillard est debout à mes côtés, en jeans et savates, casquette Coca-Cola vissée à l'envers sur le crâne ; de son tee-shirt à manches courtes sur d'énormes biceps dépasse un tatouage où je ne distingue que le mot « ÉCLAIR » en français — le tatouage est strictement prohibé par l'islam rigoriste car il change l'aspect de la créature d'Allah. Soudain la foule se recueille, les plus pieux mettant leurs mains en coupe vers le ciel, la plupart observant simplement le silence, bras croisés ou ballants — j'imite ces derniers. Un jeune imam barbu, en djellaba blanche, s'est juché devant la civière et se lance dans la prière des morts d'une voix forte. « Ô Allah, s'il était bienfaiteur, accorde-lui encore plus de bienfait, et, s'il était malfaisant, accorde-lui Ta clémence et accorde-lui par Ta miséricorde Ton agrément... » La confession de foi islamique est reprise en chœur par les plus vieux, certains portent le turban jaune des pèlerins de La Mecque.

Soudain tout va très vite : la civière est soulevée et menée au bord de la fosse, dans laquelle deux jeunes gens déposent le cadavre sur le côté, face vers La Mecque. Mon voisin à la casquette hip-hop et aux puissants biceps s'est précipité vers la pelle, mélangeant sable et ciment avec de l'eau pour préparer un mortier hâtivement chargé dans les seaux et les couffins avec lesquels on fait la chaîne vers la fosse : il faut travailler le mortier à la truelle avant qu'il ne prenne pour sceller les parpaings obturant la tombe, qu'on enfouira sous des pelletées de terre.

Nous reprenons notre montée vers le village — les commerces semblent se limiter à quelques échoppes, ou *hanouts*, chichement approvisionnées. En face de la mairie, on a délimité à la peinture blanche sur le mur les rectangles destinés aux affiches éventuelles des six candidats à la dernière élection présidentielle du 17 avril 2014. Je déchiffre leurs noms rédigés exclusivement en arabe, patronyme précédant le prénom, selon la coutume algérienne : Benflis Ali, Hannoun Louisa, Belaïd Abdelaziz, Bouteflika Abdelaziz... Ce dernier a été réélu avec plus de 80 % des suffrages pour un quatrième mandat, bien qu'il n'eût pas fait campagne lui-même à cause de l'attaque cérébrale dont il a été victime en avril 2013. Soigné à l'hôpital militaire du Val-de-Grâce puis des Invalides à Paris, où il est resté quatre-vingts jours, il a procédé de sa chambre aux nominations militaires du 5 juillet, qui célèbrent l'anniversaire de l'indépendance de l'Algérie en 1962, au terme de la sanglante guerre de huit ans qui a opposé les maquisards du FLN à l'armée française. Je ne vois aucune trace de colle ou de reste de papier à la surface de ces rectangles prépeints sur le mur, qui indiquerait que des affiches y ont été apposées. Officiellement, la participation n'a guère dépassé la moitié des inscrits. L'abstention a atteint 75 % en Kabylie. De temps à autre, sur une

paroi, on remarque les trois lettres françaises FFS
— pour Front des forces socialistes, le parti laïque à
base principalement kabyle, fondé par Aït Ahmed ;
dans un renfoncement, c'est un « FIS » — acronyme
du Front islamique du salut, dissous en 1992 — aux
couleurs passées. Très rares par rapport à Alger sont
les femmes qui portent le voile ; quelques-unes ont
passé autour de leurs reins, par-dessus des pantalons ou une robe, la jupe longue kabyle en tissu rayé
aux couleurs vives, caractéristique des villages de la
région.

La maison natale de Mohammed Arkoun est située
dans la partie inférieure du village — sa famille faisait partie des « gens d'en bas », les cadets sociaux.
Son père s'était exilé en Oranie pour y tenir un
hanout et faire vivre ainsi sa femme et sa progéniture, n'en revenant qu'épisodiquement. C'est par
l'extrême précocité de son intelligence que l'enfant
échappa à son destin prescrit. Nous sommes assis
dans la pièce commune où se serraient la mère et ses
petits pour se chauffer le matin et le soir, y partager
les repas, et où le jeune Mohammed faisait aussi
ses devoirs. On me montre la place de son bureau,
devant une fenêtre donnant sur la montagne —
aujourd'hui occultée par le bâtiment moderne plaqué
sur la petite maison traditionnelle qui ne demeure
là qu'à titre mémoriel. Autrefois, de cette fenêtre, on
apercevait le hameau voisin où il se rendait à l'école
coranique pour apprendre par cœur les Écritures
dans une langue qui était aussi étrangère à ce petit
Kabyle que le latin d'Église à un écolier français de
nos jours.

Son frère nous raconte les journées d'une enfance
marquée par une extrême frugalité : l'énorme
amphore, désormais vide, sent toujours lorsqu'on

soulève son couvercle l'huile d'olive à plein nez — on y stockait à chaque récolte un hectolitre pour la consommation annuelle, depuis la nuit des temps, jusqu'à ce que l'émigration poussât tous les enfants vers les villes ou l'Hexagone. Ils en rapportèrent les réfrigérateurs et l'électricité, transformant l'objet d'usage qu'était l'amphore en un fétiche de l'identité menacée. Les figues séchées constituaient aussi l'ordinaire des mois d'hiver — jouant un rôle si cardinal dans cette alimentation de subsistance que la figue sèche (*iniyem*, ou *tazart* au collectif) porte en kabyle un nom radicalement différent de celui des figues fraîches (*tibexsisin*). J'adore celles-ci, le parfum des figuiers de mon enfance lorsque le fruit arrive à maturité m'enivre toujours, et le goût de cette chair rouge délicieuse prépara sans doute le petit garçon que j'étais à l'adoration du culte féminin. Toujours est-il que je suis incapable de résister à ma pulsion devant un figuier lesté de ses lourds joyaux noirs, verts ou jaunes de plaisir sensuel pur. Je tombai sur un splendide figuier aux fruits noirs, à la fragrance capiteuse, pendant la montée vers la maison du maître — au coin d'une petite place ouverte sur le glorieux Djurdjura inondé de soleil. Après avoir complimenté mes accompagnateurs sur la beauté de l'arbre, du paysage, m'être enquis du nom des figues dans les parlers kabyle et arabe (*lkarmouss*) locaux, l'avoir comparé avec les termes usités en langue classique ou dans les dialectes orientaux (*tîn*) — je n'y tins plus et tendis la main vers le fruit irrésistible.

Mais au moment tant désiré où je le portais en bouche, proche de l'extase, l'on poussa les hauts cris. Comme je m'étonnais de cette contrariété à une jouissance que je croyais discrète et bienséante, on m'objecta qu'il ne fallait pas manger les figues chauffées par le soleil. Je me souvins alors vaguement d'un tabou semblable édicté par les vieilles de mon propre village, souvenir qui surgit soudain après un demi-siècle d'enfouissement dans ma mémoire — mais nous les enfants nous moquions des menaces de maux de ventre dont on assortissait cet interdit, et nous nous faisions des « fourres » — comme on disait — du fruit défendu en cachette des adultes. À Taourirt Mimoun, je me trouvai pris cinquante ans après, pour satisfaire un prurit compulsif, en flagrant délit de blasphème — sinon d'atteinte aux bonnes mœurs. Fallait-il éviter le gaspillage des figues chapardées sur l'arbre afin de préserver les réserves limitées qui seraient séchées pour l'hiver ? Ou les connotations sexuelles de la dévoration publique de la figue chaude étaient-elles *haram* — péché — selon la pudibonderie des mœurs villageoises ? La tradition kabyle — apprendrai-je plus tard de l'anthropologue Farida Aït Ferroukh — prohibe de manger les figues mûres sur l'arbre avant que la récolte ne soit rapportée à la maison et répartie entre tous, par souci d'égalité entre les propriétaires et les pauvres. Dès que les premières figues sont arrivées à maturité, m'apprendra-t-elle, une période de quarante jours s'ouvre pendant laquelle il est interdit de cueillir les fruits. L'infraction entraîne le paiement d'une amende. Le plus souvent, dans la Kabylie d'antan, cet interdit collectif était accompagné d'une malédiction, la *ddaεa*, prononcée solennellement par un marabout, lors d'une assemblée convoquée par l'*amîn*, le seigneur du village : ceux qui oseraient se servir en figues mûrissantes et les consommeraient clandestinement les verraient se transformer en oiseaux noirs qui picoreraient du bec leur estomac.

Pauvre de moi ! J'ignorais cet anathème et la transgression que j'en faisais, le châtiment de Prométhée que j'encourrais, où l'estomac du supplicié du Djurdjura se substituerait au foie du Titan attaché aux sommets du Caucase. Mais l'incident fut clos sans dommages, j'étais hôte de marque et sans doute mit-on mon geste sur la bizarrerie d'un *gaouri*, d'un étranger non musulman, qui ignorait les codes de bienséance de la tribu. Néanmoins je retins la leçon et résistai à la tentation devant les nombreux autres figuiers du village, torturé par un désir qu'il n'était plus question désormais d'assouvir.

Tandis que nous visitions la maison du maître, évoquions sa mémoire — j'admirais de loin les magnifiques figuiers du verger, me limitant au *plaisir des yeux* (et du nez) — un curieux incident se déroula. J'entendis des éclats de voix, et l'un des policiers en civil accourut, demandant si je parlais anglais, car une femme étrangère et non francophone venait de s'introduire dans la demeure par la porte entrouverte. Je l'accompagnai et tombai sur une jeune Japonaise que deux membres de l'escorte serraient avec suspicion, sans pouvoir l'interroger car ils ne possédaient aucune langue commune. Mon premier réflexe fut de penser qu'il s'agissait d'une disciple de Mohammed Arkoun, qui avait prononcé plusieurs fois des conférences au pays du Soleil-Levant et m'avait dit y avoir fait des émules. Par une coïncidence extraordinaire, elle aurait entrepris une sorte de pèlerinage sur son lieu de naissance le même jour que moi. Mais elle nous expliqua qu'elle était venue en touriste à Taourirt Mimoun par l'autocar de Tizi Ouzou ; égarée dans le labyrinthe des venelles, elle avait poussé la porte pour demander son chemin. Quant à Arkoun, elle me fit répéter son nom et me signifia qu'elle ne comprenait pas de qui je parlais.

Cette histoire ne convainquit guère mes anges gardiens, et ils lui demandèrent ses papiers. Elle n'accepta de les produire qu'après que je lui eus attesté dans mon meilleur anglais qu'ils appartenaient à la police — car rien ne les identifiait comme tels. Elle déboutonna alors son jeans, en ouvrit la braguette, et sortit son passeport humide du tréfonds de son intimité. Sans doute le dissimulait-elle là pour éviter un vol, mais cette impudique candeur asiatique ne faisait qu'accroître la bizarrerie de cette affaire. Elle jura qu'elle rentrerait le soir même à Alger et s'en envolerait le lendemain pour Madrid. Tandis que l'un des gardes l'accompagnait à la station d'autocars et qu'un autre prévenait de son arrivée les gendarmes de Tizi Ouzou, je m'interrogeais en vain sur l'éventualité de la présence d'une Mata Hari nippone en haute Kabylie comme sur la possibilité pour une jeune et jolie Japonaise de prendre seule l'autocar dans une zone où j'étais pour ma part si strictement escorté.

Après la visite de la maison, nous reprenons l'ascension du village pour voir la demeure des Mammeri, la famille seigneuriale, située tout au sommet, au pied du château d'eau construit là par la colonisation. En montant, ce sont les émanations de lisier qui me rappellent les déambulations estivales de mon enfance — les paysans de l'arrière-pays niçois conservaient les poules dans des basses-cours à proximité pour prévenir la prédation par les renards qui dévastaient la campagne. En entendant soudain mon prénom, je pense d'abord que je poursuis ma rêverie : pourtant un couple bien réel, que je n'ai jamais rencontré de ma vie, la quarantaine, la femme aux cheveux coupés court, me souhaite chaleureusement la bienvenue au village :

— *Azoul* (salut) Si Gilles, bienvenu à At Yenni !
Vous pouvez enlever vos lunettes de soleil, on vous
a reconnu !

— Bonjour madame, monsieur ! Très heureux !
Nous nous connaissons ? Euh... les lunettes, c'est
parce qu'il y a vraiment du soleil qui tape fort !

— Mais tout le monde vous connaît ici, on passe
notre temps à zapper sur les chaînes françaises ! C'est
trop fort que vous soyez chez nous, on vous a vu ma
femme et moi encore hier soir sur iTélé ! Quand je
vous ai aperçu, à l'instant, je lui ai dit : « Regarde,
Fatima, c'est incroyable, on dirait M. Gilles, celui qui
parle de l'islam ! » Et c'est elle qui m'a dit : « Mais
oui ! C'est bien lui ! Il est mieux qu'à la télé ! »

— En fait, euh... j'ai pris l'avion à Paris ce matin
et je suis venu directement de l'aéroport d'Alger !

— Jusqu'à At Yenni ! Ça alors ! Mais pourquoi ?

— Vous savez, j'ai été autrefois l'élève de Mohammed Arkoun, qui est né ici, et...

— En tout cas, nous on est d'accord à 100 % avec
tout ce que vous dites... juste il y a quelque chose
qu'on vous reproche !

— Ah ? Et quoi donc ?

— Vous ne parlez pas assez de la Kabylie !

J'explique alors, espérant me tirer à bon compte de
ce faux pas, que j'ai dédié l'un de mes livres à mon
épouse kabyle, et que j'ai fait rédiger par le graphiste
de l'éditeur son nom en *tifinagh* — l'alphabet berbère
(ou *amazigh*) reconstitué à partir des inscriptions
rupestres du Sahara, avec des glyphes utilisés surtout au Maroc et en Libye.

— Ah ! mais vous savez, Si Gilles, les livres ce
n'est pas important, de toute façon il n'y en a plus
qui arrivent en Algérie, sauf les conneries des islamistes en arabe, on ne lit plus rien... et puis le *tifi-*

nagh c'est pour les Marocains, pour que personne ne comprenne ce qui est écrit sauf deux ou trois érudits. Nous, on utilise l'alphabet français que tout le monde sait déchiffrer ! En tout cas, bienvenu à At Yenni ! Mais n'oubliez pas quand vous passez à la télé : la Kabylie !

Quelques pas plus loin, par-delà un nouveau figuier tentateur, nous arrivons sous un pont entre deux maisons. Là ont été ménagés des bancs opposés qui m'évoquent les mastabas, les banquettes rituelles blanches des anciens Égyptiens, ou, plus prosaïquement, ces bancs de la place de mon village où les vieux prenaient le frais. Sur l'un d'entre eux trône un ventilateur insolite. On m'explique que c'est ici que se réunit la *tajma'at*, l'assemblée rurale au cours de laquelle chacun s'exprime démocratiquement, à l'abri des pluies et des neiges de l'hiver comme des touffeurs de l'été (ce qui explique le ventilateur). En m'asseyant sur le banc, je me remémore les mots ironiques par lesquels Arkoun a narré, dans son livre *Humanisme et islam*, ses velléités de moderniser Taourirt Mimoun, et les obstacles auxquels il a été confronté lorsque le chef du village, l'*amîn* Da Salem Mammeri, l'a alpagué. En 1952, le jeune licencié en langue arabe de la faculté d'Alger prononce une conférence sur « la condition de la femme kabyle et l'urgence de son émancipation » au foyer rural qui vient d'être ouvert à l'initiative du docteur Driss Mammeri, l'un des membres de la famille seigneuriale. S'exprimant devant un public jeune et enthousiaste, cet enfant d'une famille de « ceux d'en bas » a défié, par le magistère de son diplôme tout récent, le pouvoir que « ceux d'en haut » détenaient sur la prise de parole en public devant la communauté. Le lendemain, Da Mammeri, frère de Lounès Mammeri, précepteur puis conseiller du sultan du Maroc, et père de l'écrivain Mouloud Mammeri, auteur du beau livre *La Colline oubliée* qui paraît en cette même année 1952, vient faire des remontrances, canne brandie en anticipation d'une correction physique, à Arkoun. Ce dernier a rédigé un récit de la scène où l'ironie crée l'anthropologie :

« Fils de *Lwannâs* (Lounès) *Ath-Waârab*, me dit-il d'une voix menaçante au milieu d'un public étonné, comment as-tu pu t'autoriser à prendre la parole devant la confédération *(lâarsh)* des Beni Yenni, sachant que ton respecté *(dâdâk)* Salem est toujours l'*amîn* (le seigneur) du village ? Ne sais-tu pas que tu appartiens à *"ceux d'en bas"* et que, si quelqu'un doit prendre la parole en kabyle, il revient à *dâdâk Salem* de le faire ; et s'il faut la prendre en arabe, il revient à *dâdâk Lwannâs* (Lounès) de le faire et si, enfin, quelqu'un doit s'exprimer en français, seul *dâdâk al-Mulûdh* (Mouloud) peut le faire ! Tu as transgressé les hiérarchies établies ; heureusement que ton père est connu pour sa droiture ; je t'invite à suivre strictement son exemple. »

Arkoun raconte qu'il lui fallut présenter des excuses au vieux seigneur, à la fois pour avoir enfreint le monopole de la parole publique réservé à « ceux d'en haut », et abordé un sujet — les femmes — qui touchait au code d'honneur *(ennîf)* dont celui-ci était garant, au moment où les hiérarchies sociales maintenues en place par la colonisation pour gérer le pays commençaient à craquer. Deux ans plus tard, la guerre d'indépendance commençait, Amirouche, fils de « gens d'en bas » l'animait à Ouacif quelques kilomètres en contrebas dans la forêt, et les maquisards l'emporteraient sur les notables et les lettrés par la force des armes.

Nous arrivons enfin au sommet du village, j'ai en tête la description que faisait Arkoun de la grande maison blanche que l'on apercevait à la ronde de tout le douar des Beni Yenni, et qui marquait la domination des Mammeri sur la confédération tribale. On me montre en tout et pour tout une modeste porte ouvrant dans une façade grisâtre sur laquelle une inscription en kabyle indique qu'il s'agit bien de la demeure seigneuriale que je cherche. Tout autour ont poussé d'innombrables constructions de briques et de béton dressant vers le ciel, en attente de futurs étages, des poutrelles d'où sortent des fers rouillés — comme des doigts de suppliants pour que tombe la manne des euros. Ce sont les maisons édifiées au bled par les émigrés partis travailler en France, qui ont gaspillé là les économies d'une vie de labeur pour faire la nique au seigneur et à sa descendance en enfouissant son château sous une laideur mondialisée au goût de revanche sociale — qui l'aveugle et le dissimule.

Avant de partir à Alger j'ai souhaité me rendre à Aït Larba, un autre village du douar, où Arkoun avait étudié dans le collège des Pères Blancs, ces jésuites enfarinés qui accompagnaient l'œuvre éducatrice de la colonisation française par une mission d'enseignement, interdite en métropole par le petit père Combes en 1903, mais autorisée outre-mer. Nous reprenons les voitures et roulons en cortège, encadrés par les voitures d'escorte. Le collège a été transformé en lycée auquel on a donné le nom d'un maquisard du cru. C'est samedi et l'établissement est fermé. Mais un passant, qui lui aussi m'a vu la veille au soir sur une chaîne de télévision française, nous offre l'hospitalité du village, s'empresse pour nous faciliter la tâche et va faire quérir le proviseur pour nous ouvrir. Celui-ci me dévisage avec méfiance, jauge l'escorte et nous laisse entrer.

Des bâtiments modernes ont été ajoutés pour accueillir les classes des lycéens de la région, mais le cœur du collège ancien demeure : la maison au toit de tuiles où Arkoun suivait les cours des révérends pères est toujours là. La chapelle avec son petit clocher, en revanche, tombe en ruine. On voit les traces du jardin de curé, de vieux rosiers remontants y émergent difficilement d'une végétation ensauvagée où les herbes folles se mêlent aux plantes rudérales pour les étouffer. Le proviseur nous fait part de son grand projet : arracher ce vieux jardin moche pour installer à la place un terrain de basket-ball goudronné. Mais les fonds manquent, malheureusement. Peut-être espère-t-il confusément que les huiles que nous semblons être feront passer son dossier dans un ministère à Alger ? Le monsieur qui nous a accueillis lui dit de n'en rien faire car c'est ici qu'a étudié le grand philosophe Mohammed Arkoun, l'enfant de Beni Yenni, et qu'il faut au contraire témoigner pour l'Histoire, garder les lieux en l'état, en faire un musée, un modèle pour la jeune génération. Le proviseur ne semble pas faire grand cas du penseur trop peu connu qui consacra sa vie à promouvoir l'« humanisme maghrébin » ; il lui rétorque que les élèves doivent faire du sport, et nous montre à l'appui de son raisonnement la seule inscription arabe monumentale du lycée, qui orne le portail d'entrée : *al 'aql al salim fi-l jasm al salim* (« *mens sana in corpore sano* »). Je remarque alors que les murs de la cour de récréation s'ornent de gigantesques fresques, illustrant le folklore kabyle ; des tissus, des poteries et les fameux bijoux en corail enchâssé d'argent des At Yenni. Un immense poème mural en français s'intitule « Berbérité » — il est de la plume de Mouloud Mammeri, j'imagine. On me propose de me photographier devant — mais le proviseur s'y oppose, se met à crier en arabe que c'est interdit, qu'il faut une autorisation officielle. Nous n'insistons pas et quittons les lieux après l'avoir remercié.

Il fait très chaud, j'ai soif, je me prends à rêver d'une bière. On doit bien en trouver, tous les cadavres de canettes qui jonchent le bas-côté viennent bien de quelque part. Je demande discrètement à mon hôte et téléspectateur d'Aït Larba si je pourrais m'en procurer au village. Il me regarde consterné : « Ah non çà, Si Gilles, c'est impossible ce que vous me demandez ! Il doit y en avoir à Alger ? » Après les figues, la bière : je ne cesse pas d'enfreindre les interdits, il est temps de partir, je vais finir par avoir des ennuis. On me signale qu'il existe une route plus courte et encore plus belle pour rentrer à Alger — mais l'escorte ne veut rien savoir : il faut rentrer par le chemin que nous avons pris à l'aller, nous obtempérons, je comprends qu'il est mieux sécurisé.

22 septembre 2014. Paris. J'apprends l'enlèvement d'Hervé Gourdel, guide de haute montagne du Mercantour, parti en randonnée avec des amis algériens dans le Djurdjura, sans protection particulière. Il résidait à Saint-Martin-Vésubie, un bourg des Alpes-Maritimes que je connais bien. La vidéo que diffuse *Jund al Khilafa* (« L'Armée du califat ») témoigne de l'allégeance du groupe des ravisseurs à Daesh par une longue proclamation verbeuse en arabe grammatical, accompagnée d'une incrustation de quelques mots rédigés dans cette langue qui

incrimine « Hollande chien de l'Amérique ». Le malheureux, assis par terre, son appareil photo autour du cou, lit en français une supplique au président de la République pour qu'il arrête immédiatement les frappes aériennes contre les positions de Daesh en Irak. Ultimatum de vingt-quatre heures. En recoupant les informations parcellaires qui me parviennent, je comprends que l'enlèvement a eu lieu sur le territoire jouxtant le maquis d'Ouacif, à un faux barrage. Sans doute Hervé Gourdel a-t-il pris, au dernier barrage de gendarmerie, la bifurcation que nous avons évitée. Et la vidéo a peut-être été tournée au cœur du vaste paysage montagneux qui s'offrait aux regards depuis Taourirt Mimoun — en tout cas à quelques kilomètres à vol d'oiseau. Ne s'est-il pas méfié ? S'est-il senti chez lui, dans un environnement familier, rassuré au sein de cette montagne si semblable au Mercantour, entouré d'un groupe d'amis randonneurs algériens et francophones ? Les informations qui filtrent incriminent Abdelmalek Gouri — qui aurait cherché, par cet acte copié sur les enlèvements suivis d'égorgements d'otages occidentaux en Syrie, à attirer l'attention sur son groupe et à s'assurer une aura mondiale en prenant la lumière médiatique de Daesh.

24 septembre 2014. Une nouvelle vidéo intitulée « Message de sang pour le gouvernement français » montre le supplice d'Hervé Gourdel, sa Passion en Kabylie.

PAYSAGE
AVANT LA BATAILLE

TEL-AVIV,
PROMENADE HERBERT-SAMUEL

Mercredi 11 juin 2014, midi. J'ai un peu de temps pour un brunch sur la plage avant de partir à l'aéroport m'envoler vers Istanbul. Des jeunes filles au corps sculpté par le Pilates, lourdes chevelures frisées, un tatouage en hébreu sur le haut de la cuisse en lieu de jarretière, vêtues de shorts effrangés et de tee-shirts siglés, sirotent des mimosas en se dorant au soleil, papotant dans une langue qui m'est incompréhensible, à l'exception d'expressions américaines récurrentes comme des flashes sonores. Les lampadaires sont pavoisés du *fag flag* — la bannière gay — et des petits vieux tout droit sortis de la nuit du *shtetl* polonais ou biélorusse, chemise boutonnée jusqu'au col, lunettes aux épaisses montures, fixent l'étendue liquide, certains en chaise roulante, ou un déambulateur à portée, échangeant quelques mots en yiddish. J'aimerais descendre dans cette Méditerranée qui paraît aujourd'hui si calme et insouciante, m'immerger en apnée, nager longtemps. C'est trop compliqué,

je n'ai pas le temps de me changer sous peine de
rater l'avion, avec les contrôles de sécurité tatillons.
Je porte un costume de lin, passé pour l'audience
que vient de m'accorder, à la chancellerie voisine de
la plage, le jeune ambassadeur de France, un géo-
stratège fringant. Il m'a fait la leçon sur le Proche-
Orient et la planète à grands traits, et asséné que les
universitaires, orientalistes et autres arabisants ne
servaient — et ne serviraient jamais plus — à rien.
Deux jours auparavant, j'avais déjeuné, plus haut
sur la promenade piétonne du bord de mer, avec un
journaliste du quotidien *Haaretz*, Assaf Ronel, dans
le restaurant *Boya*, aux murs décorés d'agrandisse-
ments des images du dessin animé *Valse avec Bachir*,
d'Ari Folman. Le cinéaste raconte l'expérience d'un
soldat issu de la bohème d'Israël pendant la guerre
du Liban de 1982, et qui a assisté au massacre des
Palestiniens des camps de Sabra et Chatila par les
miliciens phalangistes, en rétorsion après l'assassinat
de Bachir Gemayel, le président libanais signataire
d'un traité avec l'État hébreu. Ses cauchemars sont
hantés par une meute de molosses enragés qui le
réveillent en sursaut chaque nuit, réminiscence des
chiens qu'il abattait avec son fusil à lunette doté d'un
silencieux avant que son peloton n'investisse nuitamment les villages libanais.

Les événements relatés datent de trois décennies,
et le film lui-même, qui a connu un succès d'estime
international, de 2008 — il y a six ans. Mais tout cela
semble à des années-lumière des baigneurs et esti-
vants de la plage qui pourraient aussi bien bronzer
dans cette même ambiance à Venice, Californie ou
à Miami, Floride très loin du Proche-Orient, aux
antipodes de la Palestine. Le mur infranchissable,
aux blocs de béton immenses, ceint de rouleaux de

barbelé, scandé par les caméras et appareils électroniques, a créé une sensation de sécurité dont aucun ne soupçonne encore combien, dix jours plus tard, elle se sera avérée chimérique — une sorte de ligne Maginot post-moderne autour d'une bulle crevée par les obusiers du Hamas. L'artiste affichiste français JR, dont les milliers d'instantanés d'anonymes ornent actuellement la calotte protectrice du dôme en réfection du Panthéon parisien, en clin d'œil ironique aux Grands Hommes singuliers qu'y a inhumés la patrie reconnaissante, avait encollé en 2007 chaque côté du mur d'immenses photomatons de Palestiniens et d'Israéliens face à face, qui faisaient le même métier — cordonniers, maçons, cafetiers, étudiants. Ces images ont aujourd'hui disparu — elles ont un moment fourni aux deux peuples l'occasion de se tirer pacifiquement le portrait l'un pour l'autre, alors qu'ils ne se rencontrent plus que dans les reportages de guerre, les « opérations punitives » des uns ou les « opérations martyre » des autres.

J'ai passé la journée du mardi 10, hier, en Cisjordanie, traversant le check-point grâce à une voiture consulaire. Les Palestiniens, à l'exception des résidents de Jérusalem, sauf permis spécial délivré au compte-gouttes aux VIP, n'ont plus le droit de pénétrer en Israël, depuis les dizaines d'attentats-suicides perpétrés pendant la seconde Intifada du début des années 2000. Aucun Israélien n'est autorisé non plus à se rendre de l'autre côté, pour raisons de sécurité, sauf les militaires et les colons, dont les lotissements tous identiques, surmontés d'un chauffe-eau solaire de couleur blanche, ou les *mobile homes* flanqués de tentes de soldats surarmés dominent les collines à perte de vue, mitant le paysage, le drapeau blanc et bleu à l'étoile de David claquant au vent. Les maisons des Palestiniens se situent d'ordinaire au-dessous, dans les vallées en contrebas ou à flanc de coteau : les chauffe-eau sur les toits sont de couleur noire. On peut ainsi distinguer en toute certitude amis et ennemis, les deux camps du jeu d'échecs local : les blancs et les noirs.

J'ai participé au déjeuner des archéologues de l'Institut français du Proche-Orient sur le chantier de Sébaste, une ville séleucide des environs de Naplouse. Fruits et légumes savoureux venaient des champs et des vergers qu'a préservés le village de l'expansion tentaculaire des colonies : tomates, concombres, aubergines, cerises, les abricots et pêches pour lesquels il est spécialement réputé, et une énorme pastèque providentielle sous l'éclatant soleil, bref moment de bonheur convivial, agapes universitaires bénies par Phébus-Apollon dardant des rayons de son char la terre nourricière. Les Français, rattachés au consulat général à Jérusalem — qui fait fonction d'ambassade auprès de la Palestine —, n'ont le droit de fouiller qu'une portion du site, situé en « zone A », celle que les accords d'Oslo de 1993 ont concédée à l'Autorité palestinienne. L'autre partie appartient à la « zone B » qui demeure sous souveraineté israélienne, mais où les Palestiniens ont le droit de circuler et de résider tandis qu'ils sont globalement exclus de la « zone C », apanage des colons et de l'armée. L'arbitraire des guerres et l'inanité des traités de notre temps fragmentent de frontières aléatoires l'unité de l'Antiquité, otage impuissante de ses descendants irresponsables d'aujourd'hui. Comme pour conjurer cette absurdité et ce drame, un groupe d'étudiants de Ramallah, habillés à l'occidentale, rejetons de la classe moyenne palestinienne — certaines des jeunes filles sont dévoilées et maquillées — visitent, en se jouant de cette frontière invisible, colonnades et agora, propylées et acropole avec leur professeur d'histoire, qui leur narre la civilisation grecque en arabe. Après leur pique-nique, ils déposent sagement les boîtes vides de pizzas dans les poubelles disposées à cet effet par la municipalité du village moderne de Sébaste, serré autour de la mosquée Nabi Yahya — du « prophète Jean ». Elle phagocyte de sa maçonnerie fruste les voûtes ogivales et les travées de l'ancienne cathédrale gothique Saint-Jean-Baptiste, édifiée par les croisés venus de France à la fin du XIIᵉ siècle, sur les lieux où avait été inhumé le compagnon de jeux du Christ, après sa décollation par Hérode à la demande de Salomé.

À Ramallah, j'ai rencontré des journalistes et des membres des *think tanks* palestiniens. Ils ont de beaux locaux bien tenus, financés par des ONG scandinaves, des *Stiftungen* allemandes ou les contribuables de l'Union européenne. La plupart sont de sensibilité proche de l'Autorité palestinienne et de son président Mahmoud Abbas — Abou Mazen. Ils soutiennent le gouvernement d'Unité palestinienne qui vient de voir le jour : selon eux, le Hamas a dû l'accepter la mort dans l'âme, car il était en perte de vitesse, ruiné par la fermeture des tunnels de contrebande avec l'Égypte depuis que le maréchal Sissi est aux commandes, et lâché par l'Iran qui se préoccupe d'abord aujourd'hui de l'aboutissement de sa négociation avec les Occidentaux sur l'énergie nucléaire — prélude à son retour dans la communauté internationale, lorsque les mollahs les plus ardents auront cédé la place aux pragmatiques qui entourent le président Rouhani. Khalil Shqaqi me présente les sondages de son institut : ils montrent que les habitants de Gaza, qui avaient voté pour le Hamas en

2006 en réaction à la corruption et aux prédations du Fatah, lui sont désormais hostiles pour les mêmes raisons. Le mouvement islamiste est aussi pourri, il est intolérant et rend la vie impossible à tous ceux qui ne sont pas dans sa ligne et n'ont pas adopté l'habitus rigoriste mis en œuvre à coups de trique. Rien ne laisse présager, à la lecture de ces sondages, le cataclysme qui va s'abattre, et le regain immense de popularité qu'en retirera le Hamas, de la Palestine aux banlieues de l'islam françaises en passant par Al Jazeera. Khalil, libéral et pro-occidental, est le frère de Fathi Shqaqi, fondateur du Djihad islamique, un mouvement radical pro-iranien, tué à Malte par le Mossad en 1995. Dans beaucoup de familles palestiniennes, aux fratries nombreuses, les enfants se répartissent sur tout le spectre politique.

Sur la route entre Ramallah et Sébaste, en « zone B », se branchent des voies secondaires menant aux villages de la « zone A ». Aux carrefours se dressent de grands panneaux rouges aux lettres blanches, en hébreu, arabe et anglais : ils mettent les citoyens israéliens en garde de s'aventurer, au risque d'y perdre la vie, sur ces voies qui mènent à des villages palestiniens. Je me demande si, de mon vivant, nous verrons des panneaux comparables en Europe, à l'entrée des enclaves communautaires dans les zones populaires — comme dans ces quartiers de Wuppertal, en Allemagne, patrouillés par des barbus avec des chasubles fluos portant l'inscription « Shariah police ». C'est l'avenir qu'appelle de ses vœux Abou Moussab al-Souri, le théoricien du mouvement djihadiste qui a succédé à Al-Qaida, et que l'on nomme encore pour quelques jours « l'État islamique en Irak et au Levant » — Daesh selon son acronyme arabe. Cet ingénieur alépin formé en France et naturalisé espagnol, ex-lieutenant de Ben Laden, a révolutionné le business modèle du terrorisme islamiste. À la structure pyramidale, léniniste, d'Al-Qaida, du sommet de laquelle descendaient des ordres auxquels obtempéraient les exécutants, comme les dix-neuf kamikazes du 11 Septembre, dont l'organisation centrale payait les billets d'avion et les leçons de pilotage, Souri a substitué une structure réticulaire, articulée avec Internet et les réseaux sociaux, qui favorise l'autonomie des individus et les responsabilise. La théorie du rhizome révolutionnaire chère à Gilles Deleuze, en quelque sorte. Je me demande si, durant ses études en France, Souri, qui a mon âge, s'est familiarisé avec le gourou des amphis, ami de Michel Foucault, qui enthousiasmait les étudiants gauchistes post-soixante-huitards. Endoctrinés, formés aux techniques du combat, à l'égorgement et à la décollation des adversaires, filmant leurs actes avec leurs caméras GoPro puis les postant en ligne pour galvaniser les sympathisants et terroriser les ennemis, ces djihadistes du troisième type sont levés en priorité parmi les musulmans européens, comme le montrent les milliers de recrues qui ont rejoint les rangs de Daesh en Syrie et en Irak depuis Londres, Toulouse ou Bruxelles. Les attentats qu'ils perpètrent à leur retour, ainsi de Mohamed Merah ou de Mehdi Nemmouche, visent à faire surréagir les Européens contre les musulmans, encourageant ainsi la victimisation obsidionale de ces derniers qui, au nom de la lutte contre l'« islamophobie », vont rejoindre de façon exponentielle, selon le schéma de Souri, les rangs djihadistes, et constituer des enclaves islamistes autonomes sur le territoire européen, d'où lancer la guerre civile qui aboutira au triomphe final de l'islam au XXIᵉ siècle. Jusqu'à l'émergence de

Daesh et l'ampleur de ses recrutements en Europe, j'avais rangé au rayon des lubies ces élucubrations djihado-deleuziennes, que j'avais néanmoins traduites et analysées consciencieusement dès 2008 dans mon livre *Terreur et martyre*, au milieu de l'indifférence générale. Et je ne me doutais point que, quelques jours à peine après cette visite en Terre sainte, le double cataclysme qui s'abattrait sur ces lieux mêmes et en Mésopotamie se déroulerait en grande partie selon ces schémas.

Les routes de la « zone B » sont fréquentées à la fois par les Palestiniens résidents d'un village ou d'une ville de la « zone A », comme Ramallah, Naplouse ou Jénine, et par les Israéliens qui se rendent d'une colonie à l'autre. Elles sont surveillées par les Humvees de Tsahal, et l'on distingue les véhicules civils à la couleur de la plaque d'immatriculation, jaune pour les Israéliens (et les Palestiniens de Jérusalem), verte sur fond blanc pour les Palestiniens de Cisjordanie — notre voiture consulaire bénéficie d'une plaque diplomatique, précieux sésame qui lui permet de passer partout, les jours comme aujourd'hui, lors du calme avant la tempête. Je repère des jeunes colons qui font de l'auto-stop, des adolescents d'obédience religieuse, kippa sur le crâne — sans doute se rendent-ils au lycée dans une colonie éloignée de la leur et n'ont-ils pas l'âge de conduire, voire pas les moyens de posséder une automobile. Est-ce la sérénité du paysage biblique dont la beauté a endormi leur vigilance, le sentiment de la toute-puissance de l'État hébreu qui l'a émoussée — malgré les immenses panneaux rouges et blancs qui rappellent l'affleurement de la guerre à mort pour la terre, en dépit du calme apparent sous lequel l'a enfouie cette belle journée de la fin du printemps ? Je me fais la réflexion qu'il y a là une brèche dans l'immense dispositif sécuritaire israélien — et j'oublie cette pensée, que je me remémorerai le surlendemain, quand l'enlèvement, suivi de l'assassinat de trois jeunes colons auto-stoppeurs en Cisjordanie, fournira l'occasion du déclenchement, à nouveau, de la fureur des armes.

Lundi 9 juin, la veille, j'avais passé le plus clair de la journée à Tel-Aviv pour y rencontrer des responsables de *think tanks* israéliens de gauche et de droite — outre le déjeuner avec Assaf Ronel au restaurant *Boya*. Pour se rendre de Jérusalem où je logeais jusqu'à la métropole littorale, il existe deux routes. La principale, la route numéro un, qui traverse plusieurs des hauts lieux de la guerre de fondation d'Israël, où se dressent des monuments mémoriels autour de blindés empoussiérés ou d'affûts de canon des années 1940, est régulièrement embouteillée aujourd'hui par l'abondance de la circulation dans un pays où le culte américain de l'automobile rappelle l'adoration hébraïque ancienne du veau d'or. La seconde, la route 443, qu'a choisie le taxi pour éviter les kilomètres de bouchons annoncés par la radio, mord pendant quatorze kilomètres sur les Territoires palestiniens annexés unilatéralement, longeant le haut mur de béton, multipliant viaducs et tunnels emberlificotés de barbelés, de miradors et de caméras, ainsi que de cloisons anti-projectiles. De temps à autre, on distingue, en surplomb, des villages palestiniens avec leur chauffe-eau solaire peint en noir ; l'accès à cette route est, dans les faits, interdit à leurs habitants, malgré une décision en sens inverse de la Cour suprême israélienne. Durant la seconde Intifada, une demi-douzaine d'automobilistes juifs y avaient été tués par des francs-tireurs et, en février de cette année, le service secret israélien, le Shin Beth, a fait savoir que la route était *off-limits* pour la circulation des ministres, car insuffisamment sécurisée.

J'ai rendez-vous avec les fondateurs du Mitvim, un *think tank* récemment créé et classé à gauche. Il a réussi il y a un mois à inviter l'ancien ministre turc des Affaires étrangères, tentant de rabibocher, grâce à sa diplomatie parallèle, le gouvernement islamo-conservateur d'Ankara, inspiré par les Frères musulmans, et l'État hébreu, après l'incident du navire turc *Mavi Marmara*, arraisonné en haute mer en mai 2010 alors qu'il tentait, avec une flottille humanitaro-islamiste, de forcer le blocus de Gaza. L'opération s'était soldée par dix morts abattus par les commandos de marine et une incrimination juridique des responsables israéliens par la Turquie. Comme je me rends ensuite à Istanbul, j'essaie de comprendre quels liens tisse ce réseau pour renouer les fils fragiles du dialogue régional. La rencontre a lieu dans le café d'un immense parc, dans lequel le chauffeur se perd — comme si les arbres touffus figuraient l'épaisseur compliquée des sociétés imbriquées juive, arabe, turque, iranienne, avec leurs déclinaisons religieuses multiples. La serveuse qui prend la commande est une jeune sépharade de Sarcelles qui vient de faire son *alyah* — son émigration en Israël. Elle m'explique dans son français maternel qu'elle ne supportait plus la tension avec les Arabes en banlieue et la résurgence de l'antisémitisme dans les quartiers populaires. Cette année 2014, on annonce quelque cinq mille départs de juifs français partant s'installer en Israël, un record — qui place même l'Hexagone devant l'Ukraine et la Russie, pour la première fois. Ils sont plus nombreux que les quelques centaines de salafistes français « piétistes » qui effectuent, en un paradoxal parallèle, leur *hijra* — leur hégire — vers des pays musulmans où vivre l'islam intégral, permettant d'abord à leur femme de se dissimuler le visage d'un *niqab*, le voile facial désormais prohibé en France dans l'espace public. Même si l'on y ajoute le bon millier de salafistes « djihadistes » qui ont pris le chemin de la Syrie pour y rejoindre les camps d'entraînement des égorgeurs de l'« État islamique ».

L'après-midi, je rencontre le brigadier général de réserve qui dirige les études du principal centre de recherches lié à l'establishment sécuritaire. Israël demeure, pour des raisons évidentes, un État militaire — c'est dans ce cadre que se prennent les décisions fondamentales pour le pays, bien plus que dans les autres démocraties du monde occidental. Paradoxalement, il m'apprend que les notes pour le Premier ministre qu'il a supervisées plaidaient en faveur d'une reconnaissance du gouvernement d'unité palestinienne entre le Fatah et le Hamas — un cabinet de technocrates dont la plupart ont été choisis par Mahmoud Abbas et auxquels le mouvement islamiste n'a pas mis de veto. Il est informé du débat qui fait rage à ce sujet — nourri notamment par le lobby pro-israélien aux États-Unis : Hamas, en acceptant de participer à ce gouvernement, parce qu'il est étranglé financièrement et ne peut plus payer les salaires de ses agents, n'a fait de concession que tactique. C'est un leurre destiné à la communauté internationale. Il conserve la réalité de son armement et de sa branche militaire, qui ne reconnaît pas l'autorité du gouvernement d'unité, à la manière du Hezbollah, qui garde sa propre armée tout en participant au gouvernement libanais impuissant. Mais il estime qu'Israël ne doit pas rater cette ouverture, et qu'il est grand temps de reconnaître du pouvoir à l'Autorité palestinienne, pour en faire un interlocuteur valable. Si la situation actuelle perdure, si le pouvoir israélien continue à humilier sans cesse Mahmoud Abbas d'un côté, en poursuivant l'expansion de la colonisation, et à se constituer en meilleur ennemi le loup-garou du Hamas, afin de manifester au monde qu'il n'y a personne avec qui négocier — l'un trop faible, l'autre terroriste —, le chaos ne peut que se perpétuer, et l'explosion se produire à court terme. Au moment où je l'entends, je ne me doute guère de la justesse de son pressentiment et de l'imminence du déclenchement de la foudre militaire par deux adversaires empêtrés dans leur jusqu'au-boutisme. Il attribue le refus du Premier ministre de reconnaître le gouvernement d'unité palestinien à des considérations électorales, sa majorité à la Knesset étant tributaire de la droite de sa coalition, fortement dépendante du vote des colons de Cisjordanie.

J'ai résidé à Jérusalem durant tout mon séjour en Terre sainte, bénéficiant de l'hospitalité de notre consul général, diplomate du concours d'Orient et excellent connaisseur de la région, auparavant en poste en Turquie dont il parle couramment la langue. Les chambres de passage sont situées au dernier étage du bâtiment construit au début des années 1930 en belles pierres de taille aux reflets rosés provenant des carrières de la ville palestinienne de Beit Jala. À l'époque, la Palestine se trouvait sous mandat britannique de la Société des nations, en compétition avec la France, dont le mandat recouvrait Syrie et Liban, conformément au partage du monde conclu secrètement il y a un siècle par lord Sykes et

Georges Picot, les patrons du Foreign Office et du Quai d'Orsay. Le bâtiment, qui dispose d'une vue exceptionnelle sur les murailles de la vieille ville, surplombant la vallée de la Géhenne, a été édifié dans un style épuré qui réinterprète à travers les canons de l'art déco les voûtes et les ogives des cathédrales médiévales, à commencer par le Saint-Sépulcre voisin. L'architecte Marcel Favier, aidé d'ingénieurs et d'entrepreneurs chrétiens orientaux, a combiné dans son bâtiment construit sur un cahier des charges éminemment politique, orientant la façade vers les murs de la vieille ville et le soleil levant, les racines chrétiennes de la France et la laïcité de la République. Alors que les Anglais élèvent juste à côté, au même moment, le building massif et sans grâce aucune de l'hôtel *King David*, comme une anticipation de la victoire à venir du projet sioniste approuvé par lord Balfour, la France parle ici aux chrétiens d'Orient, sur lesquels elle s'appuie également à Beyrouth. Je laisse les rideaux ouverts et chaque matin, par l'oculus de ma chambre qui donne sur l'est, passent les lueurs de l'aube qui m'éveillent naturellement. Engourdi encore, les joues embarbouillées, je me précipite sur la terrasse immense et scrute au-dessus du rempart hiérosolymitain l'azur blanc qui s'empourpre promptement — soudain surgit le point d'incandescence rouge-orangé de l'astre solaire et la magie s'est estompée avec l'avènement du jour. Comme si les joues célestes rougissaient un instant, cent ans après les accords Sykes-Picot, d'avoir commis cette bêtise, créé le système improbable sur lequel a vécu et s'est déchiré sans fin ni cesse le Proche-Orient du siècle écoulé, dans le rougeoiement pérenne des massacres, qui battent de nouveau leur plein aujourd'hui. Et sans doute le grand branle des révolutions arabes et du chaos qui leur a succédé est-il en train d'engloutir le continent séculaire que nous avions façonné — sans que nous sachions ce qu'il en adviendra. J'ai un pincement de cœur en ce matin du 11 juin, comme chaque fois que je quitte cette terrasse où je suis revenu tant de fois lors de mes séjours à Jérusalem. Et il n'est pas indifférent que je parte aujourd'hui pour Istanbul, la vieille capitale que les accords qui dépecèrent l'Empire ottoman vaincu avaient reléguée dans le folklore et l'oubli. Elle resurgit désormais en force dans le grand jeu du monde sous les auspices de son gouvernement islamiste et conservateur, nostalgique de la Sublime Porte d'antan.

ISTANBUL, PALAIS DE FRANCE

Mercredi 11 juin 2014, crépuscule. Lorsque je pénètre entre chien et loup dans la cour du palais de France, la résidence que Louis-Philippe fit édifier pour son ambassadeur auprès de la Porte, la fragrance des tilleuls gigantesques me fait tourner la tête. Jamais je n'avais été enivré ainsi par ce parfum, si discret d'ordinaire, qui scande chaque année pour moi le retour de la belle saison, lorsque je le hume de bon matin à Paris en marchant vers mon bureau à travers les jardins du Luxembourg. Mais les vieux arbres titanesques des rives du Bosphore, enfants d'une pluviométrie et d'un ensoleillement également généreux, exhalent avec une intensité incroyable cet extraordinaire arôme, capiteuse infusion céleste qui tient de la madeleine de Marcel Proust et des lou-

koums de Pierre Loti. Le palais de France a souffert dans son orgueil grandiose après l'effondrement
du califat ottoman et l'avènement de la République
d'Atatürk dans les années 1920, puis avec le trans-
fert de la capitale de cet État jacobin vers Ankara et
l'abandon du nom officiel de Constantinople pour
celui d'Istanbul — qui ne désignait plus, selon l'éty-
mologie grecque de l'agrégat turc qui la signifie, que
« la ville vers où on va » *(is tin p (b) oli)* et non l'émanation du pouvoir impérial, byzantin puis ottoman.
Cet immense navire de pierre tarabiscoté, désuet et
charmant comme un pastiche, l'une des rares contri-
butions du très-bourgeois roi des Français à l'histoire
de l'architecture, ancré dans un quartier déserté par
les bourgeoisies levantines arméno-grecques fuyant
un pays qui les massacrait pour s'épurer, se trouva
soudain échoué dans une vasière urbaine où s'agglu-
tinaient les affamés chassés d'Anatolie par l'exode
rural. La prospérité retrouvée depuis la fin du siècle
dernier, l'ascension économique et politique des
grimpeurs sociaux montés des préfectures d'Asie
Mineure avec un diplôme en poche et le Coran pour
viatique, gentrifia et fit revivre sous les couleurs d'un
quartier branché ses venelles décaties. C'est le para-
doxe de cette Turquie tout à la fois post-moderne et
islamo-conservatrice. L'entrepreneur barbu d'Anatolie, qui a combiné éthique islamique et esprit du
capitalisme et fourni le socle financier de la conquête
du pouvoir par l'AKP de M. Erdogan, doit cohabiter
avec une jeunesse urbaine, qui maîtrise les codes de
la classe moyenne mondialisée, communie dans la
bière et la *world music* à flots. Il y a une trentaine
d'années de cela, je m'étais fait courser nuitamment
dans la ruelle — alors sombre — qui mène au palais
de France par un individu patibulaire dont un seul

biceps m'avait semblé, dans ma frousse, aussi gros que mes deux cuisses ; je n'avais dû mon salut — et la sauvegarde de ma maigre bourse — qu'au policier de faction dans sa guérite à côté du portail. Aujourd'hui, dans les rues nocturnes éclairées *a giorno*, les nuisances sont d'un autre type : il a fallu insonoriser les fenêtres donnant vers la rue Istiklal, l'artère piétonne du quartier de Galata, à cause du vacarme techno des discothèques jusqu'aux petites heures, qui trouble le sommeil des diplomates et de leurs invités. Face à la grille du palais se dressent les façades repeintes de couleurs pimpantes du siège central du Grand-Orient. La franc-maçonnerie d'influence française fut le vecteur de la modernisation turque, le socle d'une laïcité issue des Lumières qui émancipa les élites d'antan du joug des superstitions religieuses. Mais elle fut aussi adoptée par l'armée, qui en fit la religion du totalitarisme kémaliste — et les mouvements qui l'ont combattu ont jeté ce bébé laïque-là avec l'eau du bain militaire, permettant aux islamistes de faire un bout de chemin avec les démocrates et de se parer de leurs plumes pour élargir leur assise. Je lève la tête, attiré par le brouhaha des voix : sur la terrasse du dernier étage, dans l'immeuble du Grand-Orient, des maçons en costume-cravate sombre célèbrent leurs agapes, grisés peut-être comme moi par l'arôme nostalgique des tilleuls géants.

J'ai bien failli ne pas arriver à Istanbul. En quittant Israël, au contrôle de sécurité paranoïaque de l'aéroport de Lod, j'avais dû présenter ma feuille de route électronique — sur laquelle l'agence de voyages, insouciante des sensibilités politiques exacerbées et contradictoires de l'Orient, avait scrupu-

leusement consigné les étapes consécutives de mon
périple. Après le vol Tel-Aviv-Istanbul, Turkish Airlines me conduirait d'Istanbul à Téhéran. Pour éviter
les soupçons et les soucis, j'avais présenté à l'agent
ma feuille pliée au-dessous du segment à parcourir ce jour, dissimulant à l'avers du papier l'étape
suivante. Le piteux stratagème fut immédiatement
éventé, et la vue du mot « Téhéran » eut l'effet du
chiffon rouge sur le taureau. On me conduisit sous
bonne garde auprès du superviseur, seul qualifié à
interroger le terroriste potentiel harponné par la
vigilance de l'employé, après avoir isolé mon bagage
d'un cordon sanitaire par précaution contre toute
explosion. On s'assura d'abord que je n'étais pas juif
— mon patronyme prêtant à confusion et m'ayant
valu, dans le passé, quelques articles acrimonieux
d'une certaine presse arabe convaincue qu'un arabisant non musulman était nécessairement descendant
des tribus de Moïse, et donc ennemi de Mahomet et
de ses zélateurs. On est toujours le juif de quelqu'un,
paraît-il... mais, en l'occurrence, je fis état lors de
l'interrogatoire de ma qualité de gentil. Des décennies de relations complexes avec les polices défiantes
de l'Orient m'ont convaincu de ne jamais vraiment
mentir — quitte à ne pas toujours dire toute la vérité.
On examina mon passeport — je présentais celui
que j'utilise pour voyager aux États-Unis, en Israël et
dans les pays qui ne boycottent pas l'État hébreu —
dissimulant au fond d'une poche l'autre, surchargé
de tampons arabes et orné d'un immense visa iranien, vaguement inquiet si une fouille à corps le
découvrait, avec la perspective de rater l'avion pour
le moins, malgré l'avance prise en anticipation des
ennuis. Je jurai mes grands dieux d'athée de n'avoir
aucun ami en Iran et de m'y rendre pour de pures

raisons professionnelles, en tant que professeur d'histoire — l'invocation de cette discipline convainc d'ordinaire les flics de tous les pays de mon innocuité, leur rappelant peut-être le souvenir d'un enseignant qu'ils chahutaient au lycée, tandis que les sciences politiques éveillent d'emblée les pires préventions. L'inspection de mon bagage, qui ne contenait que du linge propre soigneusement plié, fut le premier pas vers le salut. Mon air ahuri, l'anglais basique et dépourvu de toute grammaire que je m'appliquais à parler avec l'accent de feu Maurice Chevalier, acheva de les convaincre de laisser partir le benêt. J'avais éliminé tout texte en arabe, ayant passé des heures autrefois en garde à vue dans ce même aéroport pour avoir rapporté de Naplouse un échantillon d'épices locales dont les noms étaient transcrits dans cette langue, offertes par mon ami Mounib Masri, patron de Palestine Telecom, qui s'est fait construire sur les hauteurs de la cité une réplique de la *Villa Rotonda* de Palladio, pour faire la nique aux colonies de peuplement juives voisines par l'ostentation de sa réussite financière. J'en fus quitte pour attendre des heures au salon le départ de l'avion, au voisinage de dames stamboulotes sépharades d'âge mûr qui jacassaient en un mélange de ladino, de français de l'Alliance israélite universelle et de turc, tout en se gavant de sucreries.

Notre consule générale à Istanbul est la fille d'un ancien collègue universitaire : brillante et efficace, elle a conduit une carrière rapide et remarquable et m'a préparé un agenda de ministre pour ce bref séjour. Tout cela ne m'en donne pas moins un sacré coup de vieux — et je me rends compte avec effarement que je suis plus proche de la génération des mémés sépharades de l'aéroport de Lod que de la sienne. Nous dînons en compagnie de… vieux amis turcs, anciens gauchistes francophones avec qui nous avons partagé, depuis trois décennies, cuites, voyages et quelques amours. Dans les années 1990, tout athées qu'ils fussent, ils ont commencé, par haine des militaires, à se distancer explicitement de la laïcité kémaliste qui servait aux « fascistes » de ressource idéologique. Les jeunes femmes voilées, étudiantes issues de familles modestes, leur ont paru incarner la promesse de l'émancipation sociale et les valeurs de gauche, sans que leur foi ostensible pût contredire ce postulat. Je me rappelle cette réplique de Georges Marchais, au cours d'un entretien dont j'ai tout oublié par ailleurs : le fameux dirigeant du Parti communiste français y avait déclaré être plus proche d'un ouvrier catholique que d'un bourgeois voltairien. La solidarité de classe prévalait sur les clivages culturels hérités des Lumières. Aujourd'hui, mes vieux amis ont mis pas mal d'eau dans leur vin nouveau islamiste : Erdogan, pour lequel il leur est arrivé de voter en conscience, leur apparaît désormais comme la réincarnation du totalitarisme liberticide. La religion, qu'ils avaient cessé de critiquer afin de ne pas désespérer la jeunesse barbue/voilée socialement défavorisée, fait retour dans leur propos de ce soir, entre deux verres de chablis, sous son parfum suranné d'opium du peuple, tandis qu'ils vitupèrent les multiples mesures législatives du gouvernement pour aller graduellement vers l'application de la charia — des entraves à la vente d'alcool jusqu'à la légalisation du port du voile par les agentes de l'État. Et depuis le printemps, la polémique fait rage entre l'AKP et ses anciens alliés, disciples de la confrérie fondée par Fethüllah Gülen, un maître spirituel islamique exilé aux États-Unis. Ces derniers, qui constituent une sorte de franc-maçonnerie sunnite, bien implantée dans la police et la magistrature (comme l'étaient les maçons laïques autrefois), ont mené campagne pour faire juger et emprisonner des centaines de généraux kémalistes, à la plus grande satisfaction de l'AKP et de mes copains gauchistes — puis se sont retournés contre M. Erdogan, son entourage et ses ministres, diffusant des enregistrements qui ont fait scandale, conduisant à des démissions en cascade. Dans le même temps, la politique syrienne du Premier ministre a suscité une violente polémique : la frontière turco-syrienne, au motif d'aider les rebelles hostiles au régime de Bachar el-Assad, est devenue une passoire pour les djihadistes européens, qui rejoignent depuis la Seine-Saint-Denis, Roubaix ou Marseille les maquis de Daesh. Et la plupart de nos djihadistes français, munis d'une simple carte d'identité, comme leurs compatriotes touristes qui font leur shopping au Grand Bazar avant d'aller bronzer sur les plages d'Antalya, font halte à Istanbul avant de repartir vers le front syrien.

12 juin. Prière de l'aube. C'est l'appel à la prière de l'aube en provenance d'un minaret voisin qui m'éveille, prenant le relais de la discothèque dont les portes ont fermé. À l'époque kémaliste, laïque, pudibonde et misérable de ma jeunesse, on n'entendait rien d'autre au petit jour que le clabaudement furieux des mouettes montées du Bosphore pour se disputer leur pitance sur des monceaux d'ordures. Et en cette lointaine décennie 1980, avant la fin de l'innocence numérique, ni l'ordinateur portable ni l'Internet n'avaient été inventés. Ne pouvant me rendormir après le hurlement du haut-parleur du muezzin qui a saturé l'espace sonore de ses grésillements, je jette un coup d'œil sur l'écran où clignotent d'innombrables alertes, et j'y découvre que la grande bataille de Gog et Magog a commencé. J'apprends que, dans le pays d'où je viens d'arriver la veille au crépuscule, trois jeunes colons auto-stoppeurs ont été enlevés en Cisjordanie et que l'armée israélienne a lancé une gigantesque opération de ratissage à leur recherche. Je me remémore immédiatement le pressentiment que j'ai eu avant-hier sur la route entre Ramallah et Sébaste, dans la zone B, en apercevant les auto-stoppeurs en kippa. La brèche sécuritaire a été enfoncée — mais je ne peux imaginer quel cataclysme va s'abattre. Car je me concentre sur une autre information qui me semble plus importante encore, et concerne le territoire que je vais survoler demain en me rendant à Téhéran : Daesh a lancé un raid fulgurant sur Mossoul. Les soldats irakiens envoyés par Bagdad, chiites pour la plupart dans cette ville à majorité sunnite, se sont enfuis ou ont été massacrés, abandonnant aux djihadistes le matériel militaire ultra-moderne livré par les États-Unis à l'armée de l'État central, également chiite dans son essence. Plus encore, le consulat général de Turquie a été investi, les diplomates et les employés pris en otages — et Daesh a installé dans les locaux ce qui lui tient lieu de quartier général, amenant le drapeau kémaliste rouge orné d'un croissant et d'une étoile et dressant à sa place la bannière noire où se détachent en arabe les mots de la double confession de foi islamique : « Il n'y a de dieu qu'Allah et Mohammed est Son envoyé. » On apprendra quelques semaines plus tard que ce bâtiment qui abritait la représentation de la Turquie républicaine est désormais le siège du nouveau califat autoproclamé par Abou Bakr al-Baghdadi, consacré sous le nom de « calife

Ibrahim » par ses zélateurs — mais que ses détracteurs surnomment le « calife Twitter ». Près d'un
siècle après la disparition du califat ottoman d'Istanbul, un califat djihadiste virtuel a surgi d'Internet, porté par des égorgeurs dont plusieurs centaines
viennent des quartiers populaires de l'Hexagone ou
de Grande-Bretagne, et sont passés par l'école laïque
de la République française ou le système éducatif du
Royaume-Uni.

J'ai rendez-vous dans la matinée avec les dirigeants du *think tank* SETA — (Fondation pour les
recherches politiques, économiques et sociales). C'est
la boîte à idées d'Ahmet Davutoglu, universitaire et
ministre des Affaires étrangères turc, penseur de
la « profondeur stratégique » de la Turquie post-
kémaliste de l'AKP. Le ministre a voulu rétablir la
centralité ancienne d'Istanbul au cœur d'un espace
qui s'étend des Balkans à la Mésopotamie. Il a mené
une action vigoureuse de présence culturelle, économique et politique dans les anciens territoires
arabes de l'Empire ottoman, dont celui-ci avait été
séparé après le dépeçage opéré sous les auspices
de MM. Picot et Sykes, tandis que Constantinople
devenait, avant de changer de nom, la métropole
provinciale d'une Turquie nouvelle ayant Ankara
pour capitale. Les locaux sont installés près de la
brèche où l'armée de Mehmet le Conquérant perça
la muraille imprenable de Constantinople en 1453,
dans un immeuble moderne dont les murs sont
revêtus d'un parement de pierre et de brique alter-
nées, qui imite l'opus de la poliorcétique byzantine.
À l'intérieur, des bureaux design dernier cri. Les
intellectuels et stratèges islamistes qui me reçoivent
ont été formés aux États-Unis, portent des chemises
à col ouvert de fabrication locale, mais calquées

sur le patron de celles de Brooks Brothers qu'affectionnent les membres des *think tanks* de la Beltway à Washington. Des hôtesses strictement voilées circulent avec du thé en décoction dans de petits verres ornés de la *turgha* ottomane — la signature officielle des sultans-califes. Je m'enquiers de la razzia de Daesh sur Mossoul — et de la capture des quarante-six Turcs du consulat général par les djihadistes. On me rassure, dans un anglais accentué à la manière de la côte Est des États-Unis : les services de renseignement turcs connaissent bien les combattants sunnites de l'État islamique en Irak et au Levant — qu'ils ont aidés à passer la frontière pour livrer bataille en Syrie contre le dictateur alaouite Bachar el-Assad. Et depuis les zones que Daesh contrôle dans l'Est pétrolifère de la Syrie, les djihadistes se livrent à un fructueux trafic par camions citernes, grâce à des contrebandiers kurdes. Le baril est vendu à 35 dollars — le tiers du cours mondial — à des acheteurs turcs et même à l'État syrien. Les otages, m'assure-t-on, devraient être libérés grâce à ce fructueux climat de business, une affaire de quelques jours au plus. *(Ceux-ci ne seront en réalité libérés que le 20 septembre 2014, à la suite de « négociations » entre Ankara et Daesh[1].)*

1. L'auteur remercie Hugo Micheron et Alexandre Kazerouni qui l'ont accompagné, en Israël-Palestine et en Turquie respectivement, dans cette mission sur les études françaises consacrées à la Méditerranée et au Proche-Orient.

APPENDICES

Remerciements

Ce livre est né d'une conversation avec Pierre Nora, à qui je montrais des relations au fil de la plume de mes voyages dans le monde arabe en révolutions, à l'été de 2011. Il m'offrit d'en publier quelques pages dans la revue *Le Débat*, tandis que Régis Debray en faisait paraître d'autres dans *Médium* et que la version électronique du journal *Le Monde* en proposait d'autres encore à ses lecteurs. L'accueil curieux que ces carnets rencontrèrent m'encouragea à continuer d'en tenir, bien qu'irrégulièrement, au long de la trentaine de séjours que j'effectuai à des titres divers dans la région entre le printemps de 2011 et le début de 2013. Jusqu'à l'été 2012, je m'y suis rendu avec récurrence pour préparer un colloque international de trois jours sur les révolutions arabes que j'organisai à Paris, à Sciences-Po, le 23 juin, et qui serait le chant du cygne de ma contribution à cet établissement, où j'avais accompli toute ma carrière de professeur. Je sais gré à toutes celles et ceux qui, dans le cadre du programme de recherche dont je m'occupais alors, m'ont aidé à organiser cet événement, tout particulièrement Dorothée Ousset et Amandine Bressand.

À partir de cet été-là, je suis allé plusieurs fois sur le terrain avec le réalisateur Frédéric Brunnquell et un ingénieur du son pour y tourner un film documentaire sur le même thème, que m'avait commandé le producteur Michel Rotman. Les contraintes propres à la télévision accélérèrent considérablement le rythme des rencontres et des entretiens, comme cela se ressent dans le tempo du récit. C'est alors que l'architecture d'un livre a pris corps et que j'ai commencé à tailler dans la masse des feuillets, envisagé qu'il s'ouvrirait à Jérusalem et s'achèverait en Syrie, revenant sur les pas du chemin de Damas de ma jeunesse, qui passait par l'éblouissement d'Antioche et le franchissement de la « porte du vent », afin d'éclairer l'itinéraire final de mon âge mûr. Pour écrire, je disposai désormais, en plus des souvenirs dont les sédiments s'amoncelaient dans ma mémoire vive, des images du tournage, qui me fournirent une matière abondante de dialogues.

Pour les besoins du film, nous nous sommes également nourris de l'incroyable profusion de vidéos postées sur les sites de partage dans l'instant où se produisaient les événements dramatiques des révolutions, enregistrés en permanence par des milliers de téléphones portables, composant un palimpseste numérique que je n'abordais qu'avec réticence. Je ressentais l'effroi et le dégoût d'un homme de plume de l'ancien temps envers cet étrange voyeurisme qu'alimentent tant d'images obscènes d'une souffrance humaine infinie soudain mise à nu par les violences et les guerres. Il me fallait pourtant bien les décrypter, sauf à me condamner à l'incompréhension, tant elles façonnent la représentation du monde des générations nouvelles. Merci à Gwen Aboujaoudé d'avoir collationné et classé cette masse colossale pour en faciliter l'interprétation.

J'ai eu l'insigne bonheur d'être accompagné dans la mise en œuvre de ce procès solitaire par de grands professionnels et beaucoup d'ami(e)s. Olivier Salvatori, mon *lecteur* aux éditions Gallimard, après avoir jeté un regard sévère sur une jactance désordonnée, m'a aidé avec longanimité à lui imprimer sa forme définitive. Jean-Baptiste Lopez, qui m'a autorisé à utiliser ses magnifiques photographies de Libye en couverture et dans le cahier hors texte, a éduqué mon œil. Mon vieux complice Jacques Ferrandez a aquarellé le tracé de mes voyages, lui donnant des couleurs que nous partageons.

Ces pérégrinations ont été l'occasion de revenir sur des lieux que j'avais arpentés, mais aussi d'en découvrir d'autres. Elles furent une initiation à la Tunisie et à la Libye, dont l'ancien régime restreignait les accès. À Tunis, Yadh ben Achour et Ghazi Gherairi, Frida Dahmani, Mohamed Kerrou, Imen, sans oublier Habib Mokni et Driss Guiga, m'ont généreusement ouvert leurs carnets d'adresses. En Libye, Ibtissam et Mohamed al-Kilani, Moussa Grifa, Mohamed Nagem n'ont pas épargné leur peine pour me faciliter des accès autrement fort malaisés. En Égypte, Mounir Neamatallah m'a fait partager des moments de bonheur calmes dans le maelstrom révolutionnaire, Bernard Rougier et Stéphane Lacroix m'ont constamment stimulé par la finesse de leurs analyses et l'étendue de leur savoir. À Oman et au Yémen, j'ai une dette particulière envers Malika Berak et Franck Gellet, à Bahreïn envers Christian Testot et au Qatar envers Jean-Christophe Peaucelle — sans oublier leurs équipes, aussi dévouées que compétentes. En Syrie, je n'aurais rien pu entreprendre sans la guidance de mon camarade des années damascènes Wladimir Glasman, grâce à qui j'ai notamment fait la connaissance de Fahad al-Masri, une source de contacts, d'informations et de commentaires infiniment précieux. Mes derniers étudiants de doctorat, en particulier Tine Gade, Paloma Haschke et Alexandre Kazerouni, m'ont permis de partager leurs réflexions et leurs approches.

Que toutes et tous, ainsi que celles et ceux qui, mentionnés dans les pages de ce livre, m'ont gratifié de leur temps pour m'aider à comprendre les événements que je vivais, trouvent ici l'expression de ma profonde gratitude.

L'administration de Sciences-Po, en détruisant les études arabes dans cet établissement, m'a poussé à chercher refuge auprès de l'Institut universitaire de France. J'y ai trouvé l'opportunité de me recentrer sur l'écriture, après tant d'années consacrées en priorité aux étudiants de doctorat, que j'étais désormais empêché de former. Je suis infiniment reconnaissant à cette institution remarquable de m'avoir élu en son sein comme membre senior : sans elle, l'Université française ne serait pas la même. Je lui dois la liberté de construire une œuvre — dont je porte, pour le meilleur et pour le pire, la responsabilité.

Enfin, je dois à ma famille, à Yasmina, Ianis, Charlotte, Nicolas et Milan, le bonheur de vivre. Je crains, une fois encore, de n'avoir pas été à la hauteur de leur affection, absorbé que j'étais par la gésine de cet enfant de papier.

Index

PASSION ARABE

II

ÉGYPTE

III

TUNISIE

IV

LIBYE

V

OMAN, YÉMEN

VI

ÉGYPTE II

IX

QATAR

X

BAHREÏN

DU MÊME AUTEUR

Aux Éditions Gallimard

JIHAD. Expansion et déclin de l'islamisme, 2000. Repris dans « Folio Actuel », n° 90, nouvelle édition refondue et mise à jour, 2002.

CHRONIQUE D'UNE GUERRE D'ORIENT (automne 2001) *suivi de* BRÈVE CHRONIQUE D'ISRAËL ET DE PALESTINE (avril-mai 2001), 2002.

FITNA. Guerre au cœur de l'islam, 2004.

LE PROPHÈTE ET PHARAON. Les mouvements islamistes dans l'Égypte contemporaine. Repris dans « Folio Histoire », n° 194, 2012 (1ʳᵉ édition : La Découverte, 1984).

BANLIEUE DE LA RÉPUBLIQUE, 2012.

QUATRE-VINGT-TREIZE, 2012. Repris dans « Folio Actuel », n° 157.

TERREUR DANS L'HEXAGONE. Genèse du djihad français, avec Antoine Jardin, 2016.

Aux Éditions du Seuil

LES BANLIEUES DE L'ISLAM. Naissance d'une religion en France, 1987. Repris dans « Points Seuil », 1991.

INTELLECTUELS ET MILITANTS DE L'ISLAM CONTEMPORAIN. Ouvrage collectif, en collaboration avec Yann Richard, 1990.

LA REVANCHE DE DIEU. Chrétiens, juifs et musulmans à la reconquête du monde, 1991. Repris dans « Points Seuil », 1992 et 2003.

LES POLITIQUES DE DIEU. Ouvrage collectif sous la direction de Gilles Kepel, 1992.

À L'OUEST D'ALLAH, 1994. Repris dans « Points Seuil », 1995.

Aux Presses de Sciences-Po

LES MUSULMANS DANS LA SOCIÉTÉ FRANÇAISE. Ouvrage collectif en collaboration avec Rémy Leveau, 1988.

EXILS ET ROYAUMES. Les appartenances au monde musulman. Ouvrage collectif sous la direction de Gilles Kepel, 1994.

Aux Éditions Flammarion

TERREUR ET MARTYRE. Relever le défi de civilisation, 2008. Repris dans la collection « Champs », 2009.

Aux Éditions Bayard

DU JIHAD À LA FITNA, 2005.

Aux Presses universitaires de France

AL-QAIDA DANS LE TEXTE. Ouvrage collectif sous la direction de Gilles Kepel, 2005. Repris dans la collection « Quadrige », 2006.

Composition Nord Compo
Impression 🦁 *Grafica Veneta*
à Trebaseleghe, le 8 décembre 2015
Dépôt légal : décembre 2015

ISBN : 978-2-07-046856-0./Imprimé en Italie